從萊佛士爵士到李光耀，駕馭海洋的小城大國

新加坡的非典型崛起

John Curtis Perry
約翰・培瑞——著　林添貴——譯

SINGAPORE UNLIKELY POWER

目錄

新版推薦序

最熟悉的鄰居——新山人眼中的新加坡

莊仁傑（台灣師範大學東亞學系助理教授）

當八旗編輯建智向我邀稿，寫一篇有關《新加坡的非典型崛起》的文章時，義不容辭就答應了。一方面是大學友人的邀請，一方面則是自己和新加坡的淵源等，讓我覺得可為這本書寫篇推薦序（恰好，我第一次念這本書時就在新加坡）。

作者約翰・培瑞（John Curtis Perry）是全球史和海洋史專家，因此在《新加坡的非典型崛起》中可看見作者如何從這兩個角度書寫新加坡，而這也是全書最有價值之處。

作者把新加坡放入十八世紀至今的全球史脈絡，探討英國逐步主宰世界的過程中，如何促成新加坡的興起。現代新加坡的出現，與英國息息相關。作者指出，英國自大航海時代起積極擴張。英國在十八世紀控制印度後，為了與中國貿易，所以積極在中印航線上尋找適合的停靠點，為英國船隻提供補給與修理船隻的服務。英國取得麻六甲海峽北端的檳城後，又再取得南端的新加坡，不但確保通往中國的航線暢通，更保證帝國生命線的健康。現代新加坡就因為英國的帝國擴張，而進入世人的眼簾。

進入十九世紀，英國的工業革命急需東南亞各種原料，而新加坡成為這些物資原料及開發人力的集散地。同時，蘇伊士運河的開闢與電報的大量使用，不但縮短歐亞之間的距離，也使得英國與其亞洲殖民地的結合更為緊密，促成新加坡成為大英帝國在遠東的重要據點。作者從世界史的角度，特別是航運的角度切入談新加坡史，可說是首開新例。這讓人了解新加坡的崛起不只是英國在東南亞的重要樞紐，更因為十九世紀的交通與通訊科技的大躍進，促成新加坡成為大英帝國的遠東樞紐。

在談論十九與二十世紀的新加坡時，作者也頻頻從海洋史的角度切入。新加坡位於航線上，不但是大英帝國的關鍵據點，更是世界重要的商港。新加坡自開埠起，就秉持自由貿易的精神而成為自由港，並吸引大批的商人來此經商，因此促成新加坡成為世界矚目的商港。獨立之後，新加坡更引入集裝箱貨運技術，讓其世界商港的身分歷久不衰。

商港身分也促進新加坡金融也的發展。由於新加坡位於航線上，因此許多貿易在此進行，這不但促成銀行在此設立，海運保險業也在此萌芽。時至今日，新加坡不但是東南亞重要的金融中心，也是亞太世界的重要金融樞紐。

作者特別從航運技術的發展解釋新加坡的發展也是一大特色。十九世紀的木船靠風航行，所以不但航速較慢，且需要較多停靠點補充物資，也需要在停靠點修補船隻。因此當船隻從印度橫渡孟加拉灣進入麻六甲海峽之後，新加坡就成為這些船隻整修與補給的地點之一。進入蒸汽鐵船時代，新加坡的重要性仍然不減。在蒸汽引擎時代，船隻不但需要大量的煤作為燃料，更需要常常靠岸以補充煤。所以新加坡依舊是眾多船隻的煤炭補給站。雖然進入二十世紀，鐵船的燃料變成了石油，但是新加坡也隨之成為石油的補給站，繼續扮演船隻的補給中心。

船隻整修與補充燃料的需求，不但影響新加坡至今，而且新加坡的造船業與石化工業是新加坡的重要經濟命脈。新加坡利用自己是世界重要商港的地位，積極發展造船修船事業與石化工業。十九世紀的新加坡位於航線上，而開始發展修船與造船業，其中丹戎巴葛船廠與自當時發展至今的吉寶企業（Keppel）就是新加坡的重要船廠。獨立之後，新加坡並不故步自封，不但與日本船廠合作，也參考其他國家的方式，不斷精進自己的修船造船業。新加坡獨立後，發揮商港與區域中心的優勢，積極發展石油提煉工業。雖然周圍的東南亞國家也隨後跟上（例如鄰近新加坡的巴西古當港口是當地的化工中心），但是新加坡作為區域內的重要石油提煉中心地位始終不退，仍是區域內的領頭羊。

雖有不少新加坡歷史的著作，但目前只有此書結合世界史／海洋史的角度來談新加坡。許多研究指出新加坡的自由港身分吸引許多人前來，並形成多元雜處的社會，也談論這多元社會的樣貌與運作。但是培瑞老師不談這點，而從世界史／海洋史的角度切入，從大英帝國的興衰，以及世界航運及其技術的演變，來談新加坡如何演變成今日樣貌。這不但是其他作品沒注意到的地方，更是發前人之未發，見人之所未見之處。

但從區域史和地方史的角度來看，這本書有許多地方值得商榷。新加坡開埠前的廖內群島的商業地位、馬來統治者與英國人在新加坡開埠初期的競爭，以及柔佛天猛公在追捕海盜上的貢獻等關注較少；對識得英文與馬來文的人數比例、馬來半島上的華商地位、馬來社會的風氣、蘇卡諾對馬來西亞的態度轉變、甘榜（Kampong）的意義和新加坡的填海政策等，也有些誤解。雖然如此，但仍瑕不掩瑜，許多地方有精妙之處，特別是從世界史與海洋史談論新加坡這一角度所展開的獨到論述，令人驚豔。

如果從馬來西亞人的角度（特別是新山人）來閱讀這本書，又有不同的趣味。雖然新馬兩地的讀者或許對此書提及的地方史和區域史有「不同的理解」，但卻也不斷提醒新馬的讀者：新加坡的成功不是僥倖。當作者談到新加坡獨立之後的發展時，不斷指出新加坡不但努力追求成功，也對自己是否可以繼續維持成功感到焦慮。

除了前述的世界史與海洋史視角，作者不斷指出新加坡的領導層如何與時並進，積極推動各種政策，讓新加坡不斷往上發展。例如在戰後積極發展集裝箱貨運、製造業和金融業，以及推動賭場等新計畫，都讓新加坡在發展上不斷地推陳出新。近年來，新加坡積極發展精密工業（例如飛機引擎製造），也不斷努力提升其航空中心的地位，但始終不斷提醒國人失敗的可能（先不論其目的為何），都顯示新加坡不斷追求成功的努力與焦慮。

雖然從外部來看，新加坡因這些政策而發展得光鮮亮麗，但也因為這些政策而讓整個新加坡社會失去一些事物並引發好些問題。例如新加坡失去過去的田園風光，以及在生活上的各種限制，導致一些人覺得新加坡的生活太壓抑。雖然書中提到新加坡的公積金政策讓許多人受惠，但實際上新加坡政府的福利政策仍引起爭議；特別是近來物價高漲，令人喧譁不已（雖然政府壓制房價，但是租金卻快速提升許多）。

但是這些成功卻是讓周遭國家羨慕的地方。李光耀過世時，網路上幾乎都是對李光耀歌功頌德之聲。許多馬來西亞華人認為，李光耀促成新加坡的成功，並轉而對馬來西亞有恨鐵不成鋼的心情。這些反應，恰好反映了許多馬來西亞人雖然會取笑新加坡人的怕輸、瞧不起大馬人等等，但是又羨慕新加坡的成功。

更更有趣的部分，是從新山人的角度觀察新加坡。作為一個自小在「新加坡旁」的新山（當時碧桂園的廣告一直這麼稱呼新山）長大的人，新加坡再熟悉不過。從小就看新加坡的電視節目、到新加坡拜訪親戚朋友和觀光（幾乎每個新山人一定會有親戚在新加坡，反之亦然），甚至求學和工作也在新加坡。更甚至，最後入籍成為新加坡人。對新山人而言，新加坡就是一個超熟悉的地方。

當馬來西亞和新加坡政府因各種理由而爭執（不論因為供水或新山的治安），新山人總感到理由上會被新加坡說服，再加上受新加坡影響甚深，因此常常顯得和其他馬來西亞各地的人格格不入。因此，《新加坡的非典型崛起》在談及新加坡的成功之處，不但點出了許多新山人知道的事情，更指出這鄰居有許多特別的地方（馬來西亞人甚至新山人都不知道），讓我們在看這鄰居時，有不同的視角來理解。

簡言之，《新加坡的非典型崛起》是一本瑕不掩瑜，值得一讀的好書。作者發揮自己的專長，從海洋史和世界史的角度出發，按時間順序剖析新加坡的成功因素。這視角可說是前所未見的新角度，也讓學者和一般讀者從嶄新的視野和角度觀察新加坡。即使是馬來西亞人或其他新加坡的鄰居，這本書也有值得閱讀的精采之處。不但複習了新加坡的成功之處，也可進一步了解這鄰居的成功並非偶然，也有許多必然及其努力不懈之處，值得鄰居們思考，甚至模仿。

推薦序（一）

假如新加坡不算奇蹟，世上還有奇蹟可言？

沈旭暉（香港中文大學社會科學院副教授及全球研究課程主任）

約翰．培瑞的著作《新加坡的非典型崛起》可謂研究新加坡的國際經典，喜見終於有中譯本面世，值得詳加介紹。

提起新加坡的獨立故事，相信不少讀者都有所認識：原本作為馬來西亞一部份的新加坡，在一九六五年被其國會全票通過驅逐而「被逼」獨立。李光耀由一州之長，一夜間，變成一國總理。當時他在鏡頭前落淚，訴說其「大馬來西亞情意結」、說星馬兩地血濃於水云云的片段，成為經典一幕。但李光耀又隨即堅定地向世界宣告，新加坡將不分語言、文化、宗教而團結一致，成為一個多民族國家，更豪言「新加坡會生存下去」（Singapore will survive）。

李光耀沒有嘗試乞求馬來西亞讓新加坡「回歸祖國」，這在今天看來，顯然是一個明智的決定：當地經濟在獨立後快速增長，人均生產總值遠遠拋離同區其他國家，超過前宗主國馬來西亞四倍以上；新加坡擁有區內最負盛名的大學，亦是區內高科技產業、金融服務業等高端產業發展最蓬勃的國家，同時擁有堅實的煉油、造船、機械等工業基礎。根據聯合國開發計劃署二〇一九年的評估，新加坡的「人類發展指數」（Human Development Index），在一百八十九個國家當中位列第九，再一步印證當地的整體發展程度已達到世界最先進的水平，在東南亞各國中鶴立雞群。新加坡不但「生存」了下來，而且活得比大部分地方都要好。

不過若我們是一九六〇年代的新加坡人，卻一定會對自己家園的未來充滿徬徨和不安。而這一份徬徨，相信今天不少其他地方的華人都有所感。

事實上，新加坡也不是一直屬於馬來亞。當英國人在十九世紀初開始殖民統治馬來半島時，他們是把新加坡、檳城、麻六甲這些港口合組成「海峽殖民地」（Strait Settlement），與當時的柔佛王朝及其他土邦分開管理。到後來，英國重組馬來半島的殖民地成為馬來亞聯邦，也沒有把新加坡併入其中。事實上，新加坡只有在一九六三至六五這兩年被納入馬來西亞版圖。

換言之，可以確定的是李光耀那「大馬來西亞情意結」並非甚麼家國情懷，而是赤裸裸的現實政治考慮：新加坡這片彈丸之地面積，只有香港的一半，缺乏經濟發展所需的一切資源，內需也極為有限，沒可能支撐當地上百萬勞動人口的工作需求。失去了馬來西亞，新加坡就是一個沒有腹地的港口，空有航運便利，而沒有相應的進出口需求。更嚴峻的是，在新加坡居住的民族多樣化，有馬來人，有華人，有印度人等，各自有其文化傳統，故當地從來都沒有一個自然生成的民族身分。也就是說新加坡這個地方，確實有可能被民族矛盾及衝突瓦解。

不過，新加坡的人民行動黨政府卻很成功的把這些先天劣勢，轉化成建構新加坡國民身分認同的上佳材料。新加坡政府很清楚這個地方的最大、且唯一優勢，就是它位處全球最重要海上貿易路線之一的要衝，於是他們相信，既然新加坡無法利用馬來西亞這個近水樓台，就只能夠全力開拓海外市場，運用其地理優勢大力發展轉口貿易，把歐洲、美國、日本這些強大經濟體，統統轉化為自己的腹地，從而賺取比單單依靠馬來西亞市場豐厚得多的經濟利益。

因此，新加坡政府花了很多心力，為當地打造國際海洋貿易樞紐的品牌。舉例說，他們在早年發展新加坡的工業時，都集中資源發展造船、煉鋼等與海洋航運相關的產業。他們特意設計一個教育制度，去迎合新加坡發展成國際港口的需要，包括著重於培養國民的英語能力，讓新加坡男女老幼，不論是什麼種族的國民，都操得一口流利英語，於是新加坡就消弭了他們與歐美先進國家之間的語言隔閡，方便外商與新加坡人合作做生意，或是聘請當地人為他們打工時的溝通。他們著重培養國民的實用學識和技術，亦相當與時並進。譬如近年資訊科技產業發展迅速，新加坡政府就要求學生必修程式語言，以迎合國際市場不斷變化的需求。新加坡政府一直擁抱自由主義市場經濟，盡量減少政府對市場的控管，把稅率維持在相對低的水平，並致力把這些特點向世界宣傳。這些種種，曾經都是香港的強項，但此消彼長下，世事變幻無常，恐怕未來就是另一幅光景了。

另一方面，新加坡政府又成功創造了另一個奇蹟：超越當地民族社群差異的強烈國民身分認同。新加坡突然「被迫」獨立，當時的新加坡人自然是晴天霹靂，憂慮這個小港口會從此失去靠山，無法生存。但李光耀和其他建國元老，卻把握這個機會，在國民間營造新加坡勢孤力弱的氣氛，藉此刺激新加坡人的憂患意識：「新加坡人必須不分種族，團結一致，才有活路」這種思想，從那時起就植根於新加坡人的思想中，成為新加坡人國民身分認同的堅實基礎。而這股隨時會「國破家亡」的危機感，也成為新加坡人發憤自強建設國家，造就傲人發展成就的推動力。

即使到今時今日，新加坡作為亞洲航運及金融中心的地位早已蜚聲國際，並經常被拿來跟功能近似的香港作比較，但上述的憂患意識仍然存在，擔心當前地位可能會因為國際政治格局變化而失落。李光耀生前不時這樣那樣的警告，一旦國際形勢大變，新加坡可以不復存在。但新加坡人又擔心要是一面倒擁抱西方價值觀的話，又會失去新加坡一直擁有的獨特性，畢竟這是一個華裔主導的社會，不得不顧及另一邊的世界。因而新加坡仍然用各種方法，維持其國民的「愛國情懷」。

要在彈丸之地、小國寡民當中建構這個「非典型強權」，教育和兵役是兩個重要的渠道。新加坡國民還是兒童時，就開始愛國教育，培養他們對新加坡國民身分的認同感，並將國民身分塑造成壓倒所有其他民族、宗教、文化身分的第一身分，對一個多民族國家而言，這是殊不容易的。而且新加坡毫無戰略縱深，萬一遭別國軍事侵略，其實完全無險可守，只能依靠美國、澳洲等盟友出兵解救。儘管如此，新加坡仍然實行強制服役制度，所有新加坡男子只要滿十八歲，就會被徵召入伍兩年，箇中原因之一，自然是要培養他們不論是什麼種族，都要效忠國家的意志，其次也是訓練勇武意志。結果，新加坡政府一直以來不斷努力地鞏固國民身分，總算讓新加坡免於因為種族矛盾而撕裂甚至瓦解，並可集中精力，繼續走只有這個港口城邦才能走下去的成功道路。假如這不算奇蹟，世上還有奇蹟可言嗎？

推薦序（二）

小是新加坡最大的優勢，但它的心很大

林韋地（新加坡醫生、作家、草根書室董事）

我在新加坡工作和定居已經七年有餘，其實自我出生開始，新加坡就一直和我的生命有所交集。小學時放暑假每次從台灣回馬來西亞，常會順道到新加坡玩。在那個年代，對很多馬來西亞人來說，「出國玩」就是去新加坡，「國際比賽」就是有新加坡的學校或團體參加。中學時讀歷史常常會讀新加坡，新加坡史是馬來西亞重要的一部分。大學時留學英國，每次回檳城老家都會在新加坡轉機。在英國工作數年後想回亞洲，也是新加坡（而不是馬來西亞或台灣）在第一時間給我工作，歡迎我到那定居。

但也是一直到我在新加坡定居和工作，並參與文化產業，認識很多在地的藝文人士後，我才對新加坡有比較深刻的認識。在那之前其實也和這世界絕大多數人一樣，對新加坡只充滿粗淺的刻板印象，包括亮麗的經濟表現、獨裁專制的政府，與無所不在的嚴刑峻法。

新加坡是個相當特別的存在，它很小，小就是它最大的優勢，所以管理容易，制度上有很多很精密的設計。但新加坡的心很大，其歷史和世界文明史上的幾個重要大板塊都有重要的互動。因此要完全理解和「懂」新加坡其實是件很不容易的事情，不同的人（包括新加坡人自己），看新加坡都會有不同的角度不同的結論，如本書的作者就是美國角度。

要看到新加坡的全貌，理論上必須要能夠涉獵，包括馬來人在內的南島民族史、伊斯蘭世界對南島民族的影響、全球華人的移動史、印度文明早年對東南亞的影響和近代印度人的移動、大英帝國的全球殖民史、新加坡歷史上和中國日本以及近代美國等世界強權的互動、新加坡如何作為東協的首都，以及新加坡的本土社群包括華人印度人馬來人各自的歷史。

作為一個海洋國家，新加坡是非常務實的，凡事都追求一個合理的平衡，不大喜歡向世界解釋自己，但總是緊盯著世界，並根據世界局勢的變化迅速地調整自己。新加坡社會非常資本主義，為吸引資本稅率很低，貧富差距很大，但卻有非常社會主義的作為，如完善的社會住宅／政府組屋和獨特的公積金制度，超過九成的人民擁有自己的房子。人民行動黨表面上一黨獨大專政多年，但新加坡議會民主的歷史自英殖民時代就有，獨立建國以後也從未間斷，比台灣還多了數十年，執政黨是人民一人一票自由選擇投出來的，而且一直都有三成到四成人民支持反對黨。新加坡強調法治，法律的制定和刑責十分嚴格，但個人的權益也因此受到法律的保障，治安十分良好，在一定的範圍內人民其實過得很自由而免於恐懼，貪汙腐敗的官員都會受到法律制裁，而且在近年社會氛圍有愈來愈開放的跡象。

當然，新加坡並不是完美，因為它一直不停地自我調整。新加坡人凡事都喜歡做最壞的打算，可以預期在李光耀已經過世、李顯龍也即將交棒的未來，新加坡將走入全新的時代，也會遇到更大的挑戰。

我覺得同樣作為海洋國家，台灣和新加坡其實有許多可以互相學習和互補之處，近幾年也有愈來愈多台灣人到新加坡工作，新加坡人也喜歡到台灣旅遊，購買台灣的文化商品，新加坡和中華民國台灣到今日都還有軍事上的合作。所以我希望台灣社會可以對新加坡有更多的了解，而不要只停留在表面的刻板印象上，或有錯誤的競爭意識，（如政客口中的「鼻屎大的國家」、「只會捧中國LP」，「五年超越新加坡」）。

這本《新加坡的非典型崛起》作者約翰．培瑞是美國塔夫茨大學佛萊契法律與外交學院的海洋歷史系教授。海洋歷史本身就是在研究人類在海洋上的互動和交流，作者約翰．培瑞之前的著作也多與海洋有關，如《西進：美國與太平洋的開啟》（*Facing West*），同時也是東亞研究的專家。因此作者在寫這本書時，是從一個由西向東看的角度，和一個世界海洋史的角度來看新加坡，談新加坡在人類海洋大歷史中所扮演的角色和所處的位置，因此書裡花了不少篇幅談大英帝國，也以獨特的眼光點出一些歷史的關鍵，比如麻六甲海峽的繁榮其實來自蘇伊士運河的開通，給了位於麻六甲海峽咽喉的新加坡莫大的優勢。

作為一個美國人，作者在書寫大英帝國時總帶有一點嘲諷的口吻（至少在我這個大英帝國的遺民後代讀起來是這麼覺得），大英帝國日不落的威名確實是帶有一點歷史的幸運成份，在那個世界還很大的年代，確實是不容易去控制全世界的海洋，因此大英帝國給各地的殖民地很高的自治權力，而這個威名在上個世紀被日本所打破，但日本也沒有成功地建立大東亞共榮圈和其海上霸權。

我個人揣測作者為什麼要書寫新加坡，仍是出自於其對美國的關懷，因為美國才是過去五十年這世界上真正的海權帝國，而新加坡（當然，還有台灣），是她在海洋上重要的策略盟友。新加坡在獨立建國之後，就很快速地修正其作為前英殖民地和共和聯邦成員國的傳統，轉而在外交經濟和軍事上向美國靠攏。作者對新加坡的描寫，我個人觀察在一些部份其實很典型美國人，比方說個人英雄主義、放大李光耀（們）對新加坡成功模式的影響力，以及將新加坡的成功幾乎都歸功於李光耀（們）的努力，所以很接近新加坡的官方史觀，或是一種亞洲版的美國先賢開國史。但在頌讚新加坡之餘，又不忘對新加坡不夠「美國」的部份做出批評，如不夠「民主」，不夠「開放」，不夠「自由」。這個心態其實非常典型白人（英美和澳洲的白人），一方面很喜歡批判新加坡，一方面身體又很誠實地喜歡到新加坡定居工作遊玩，覺得很安全，乾淨，現代，和可被信任。作者在書中對於「亞洲」、「中國」、「華人」、「儒家」等概念的描繪，也是比較趨近西方的理解，和華文世界一般讀者的角度會有些落差（弔詭的是，人民行動黨和新加坡社會的英文菁英對這些概念的理解可能反而和美國人比較接近），對於本土社群、馬來人和伊斯蘭社會的描述也少（因為英殖民的歷史對印度反而可能比較熟悉）。因此，用很粗淺的形容來說，這本書比較著重在新加坡的「國際性」和「海洋性」，而不是「亞洲性」和「本土性」。

我覺得這本書可以分成三個角度來閱讀，一是單純地當作一本新加坡故事來讀，二是從「海洋」的角度出發，以新加坡作為個案去反思全球海洋國家／帝國的互動歷史，三是思考美國人到底怎麼看待海洋／海權這回事，怎麼看待美國在海洋之中的位置，以及她和重要的海洋盟邦（如新加坡，還有台灣）之間的關係。

《新加坡的非典型崛起》這本書是理解新加坡很好的開始，因此我在此想將這本書推介給台灣的讀者。

推薦序（三）

偉大領袖出現的前後

劉曉鵬（政大國發所教授兼亞太研究英語學程主任）

「李光耀……主政期間，新加坡從一個瘧疾橫行的英國貿易中轉站崛起為一個耀眼的經濟傳奇。」（《華爾街日報》，二〇一五年三月二十二日）

「新加坡什麼都沒有，蔬菜水果都沒有，現在卻是東協的鑽石，老天給新加坡最大的禮物是偉大的領袖李光耀。」（韓國瑜，二〇一七年五月六日）

對許多讀者，包括台灣的讀者而言，新加坡在「偉大的領袖李光耀」出現前，彷彿只是一個村落，不存在有意義的歷史。《新加坡的非典型崛起》這本書最大的貢獻，就是作者以其海洋研究的訓練，用一半以上的篇幅與輕鬆的筆調，敘述新加坡在李光耀出現前的發展。作者從海洋民族的角度切入，敘述過去當地繁榮的貿易與統治遺跡，指出今天的新加坡，與「大約七百年前在此地蓬勃興旺的先人，其實沒有太大的差異。」（頁五八）

新加坡後來的發展雖然中斷，但經過英國一八一九年後的刻意栽培，加上地理優勢與蘇伊士運河開通，使其成為十九世紀亞洲重要的運輸與貿易樞紐，吸引了來自各方的移民，因此十九世紀末人口就到達三十萬。到了一九三〇年代，汽車、冰箱與電力就已十分普遍，支持殖民者的優渥生活。堅實的政治與經濟基礎使英國再增加投資，一九三八年更以「一個偉大的海軍基地聞名全球」（頁二一八）。其政經中樞地位解釋了為何日本發動太平洋戰爭時，新加坡是其在東南亞的首要目標。就算是戰後初期，新加坡的生活也不差，因為「新加坡原本人均所得和生活水平就比鄰近地區高，反映出在殖民時期百年來建立的經濟基礎，就基礎設施和體制而言都相當穩固。」（頁二五二）

總之，新加坡在李光耀一九五九年執政前很久，就不僅僅是一個村落或中轉站，肆虐的疾病早已控制，已經是東南亞的鑽石。一九六五年新加坡正式獨立時人均GDP約五百美金，常被拿來當作當年貧窮的象徵。但是貧富是比較出來的，台灣同年人均GDP僅約兩百美金。台灣有蔬菜水果，新加坡當然也有蔬菜水果。

新加坡發展論述為何常被集中在李光耀身上，在本書的下半段也可看出端倪。李光耀在一九五〇年代全球反殖反帝的背景中崛起，與許多「共產黨」如林清祥等人成為同志，也在他們的支持下取得政權。但執政之後與老同志衝突加深，一九六三年再逮捕這些「一直未經法院認證成立」的共產黨，「林清祥因長期坐牢，政治生命自此終結，而此次行動從此消滅了對人民行動黨有組織的反對勢力，使人民行動黨此後主導政壇，且權力一直緊緊把持在李光耀手中。」（頁二六一—二六二）

林清祥的身分從同志變成階下囚，表示李光耀由左轉右，也改變了李光耀在西方的名聲。雖然李光耀一九五九年就執政，但西方官學界對李光耀的讚譽是從一九六〇年代末他走親美路線才開始。人民行動黨原本的左派背景使美國擔心「一個剛從英國獨立的國家變成敵國，對美國利益的影響堪憂。但是李光耀提供了保證，他成功以自己居於高位的一黨統治，為一個嚴格管理的威權國家奠定基礎。」（頁二六五）在冷戰的背景下，從友共變反共，許多溢美之詞自不待言，對李光耀的想像也就此形成。新加坡的過去愈落後，李光耀的成就愈大，威權管理愈合理，領袖地位就愈鞏固。

作者並非新加坡的政治制度的研究者，因此這本通史即使知道「政治犯受到的待遇比定讞的刑事犯待遇還更嚴峻」（頁二六四），對李光耀的認識大抵循西方官學界一般意見，也就是李光耀雖然威權，但「睿智」，是個有「敏銳的頭腦和便給的口才」（頁四二）的政治家，使新加坡在獨立之後有卓越的發展，也就是以開明專制維持新加坡的繁榮。西方官學界尊重他的開明專制，卻不會模仿開明專制。模仿新加坡的概念，僅盛行於兩岸。

兩岸在一九八〇年代末期都遇到政治自由化的問題，新加坡治理模式因而成為顯學。台灣的政治自由化阻礙了經濟發展，學界與媒體因而時常倡議以新加坡為師，暗示的正是對過去開明專制時代經濟快速發展的思念。而中國大陸希望在一黨專政之下持續保持經濟發展，有系統的派人去學習，就是作者指出「中國人不斷研究新加坡有彈性的威權主義，以便運用到本身的政治操作上」（頁三六九—三七〇），等於把新加坡當海外黨校。雖然很少聽說新加坡制度實際運用在兩岸，但以信仰者之多，為作者所形容許多人將李光耀當「半神」（頁三八八），提供了極佳的寫照。

兩岸對新加坡的想像主因之一就是族群共通性，而族群也是西方學者在撰寫新加坡近代史時會遭遇到的普遍性問題。應該是由於語言障礙，作者的參考資料中幾乎沒有中文著作，絕大多數以英文作品為基礎撰寫，忽略占新加坡百分之七十五的華人與早年的中文出版品，也因此在近代史的記載上常傾向殖民者視角。在以英語為母語的人士眼中，許多華人反殖民運動很容易與共黨陰謀活動相結合，而對印度人鮑斯（Subhas Chandra Bose）在新加坡從事的反殖民運動，則顯得同情，甚至以「印度未來的喬治．華盛頓」（頁二三五）稱之。兩者的差異，解釋作者為何也注意到「左派被不公平、不正確地貶抑到主流歷史的陰暗角落」（頁三八三）。

關於新加坡的未來，新加坡國立大學東南亞研究所的 Jason Salim 批評本書對新加坡的發展論述有點跟不上時代，因為新加坡的新政策不再努力成為貿易與運輸中樞，而是要促進各項產業多元化。關於這點，作者仍有其論據，因為轉型是否成功還有待觀察，特別是作者指出「目前還沒有新加坡製造的原創產品在世界市場嶄露頭角」因為「創新需要有創業和勇敢冒險的精神，以及承擔失敗風險的意願，這是新加坡文化被詬病缺乏的東西」（頁三七五）。

因此台灣讀者在羨慕新加坡的同時，也不要妄自菲薄，忽略彼此文化差異。台灣沒有威權政府，民間不斷的挑戰使官員們看起來不睿智、沒頭腦也沒口才。台商沒有政府做後盾，以獨立冒險的精神在全球開疆拓土，毋需依賴政府控制的大企業。作者最後一句話「究竟什麼是『成功』？新加坡現在也在苦思摸索。這也是我們所有人的共同課題」（頁四〇三），為台灣也為新加坡的未來發展做了結尾。

序言
海洋的力量

身為長期研究亞洲太平洋文明的學者，我對新加坡的興趣起於遙遠的童年時期。我還記得小時候撫摸一艘小型模型船的光滑木質表面時觸覺感受到的振奮。它雖然已經沒有風帆，但桅杆還在，我喜歡隨身帶著它到處跑，想像有人坐在船上，就躲在甲板下方的空間裡。我父母親告訴我，這艘船叫做prau（或稱proa與prahu），是一艘來自「遠東」的馬來亞船隻，而遠東是地理十分遙遠的地方，離我的老家紐澤西州的楓木鎮（Maplewood）相距超過幾千英里。

一九三〇年代的楓木鎮是紐約市郊的住宅區，一個傳統的中產階級郊區，經驗與眼界都非常有限，在那個貧困的年代裡和美國大部分地區沒有兩樣。當時經濟大蕭條肆虐，大人們儘量不讓小孩子知道他們吃了多少苦。破產的公司解雇大量的員工。無家可歸的流浪漢經常來到廚房門口討飯吃。包括我們家在內，許多人捉襟見肘、勉強餬口，美國以外的世界根本與大家無關。

我們家是個舒適的普通房子，和大部分住家沒有兩樣，位於小鎮綠樹成蔭的一條普通街道上。但是屋子裡大不相同，讓我覺得自己很了不起。我有一些朋友沒有的東西，一張虎頭、虎鬚和閃閃發光的虎牙俱全的老虎皮，平鋪在透光的玄關上；我們家的狗很喜歡象足充當的字紙簍，雖然象足早已和象身分家多年，顯然它的氣味對狗很有吸引力。房間裡的擺飾還有黃銅托盤、鴉片菸斗、儀式用的匕首，和有副非常細長的鼻子的、蠟染棉花布製成的木偶面具。最後一件物品對孩子來說真是既恐怖又迷人。

這些東西都只能看不能拿來玩，只有小船是例外。這些東西是我父母親一九二〇年代早期在東南亞生活所留下的收藏品，為街坊帶來回味無窮的異國情調。我就在這些文物周圍長大，餐桌故事通常以「當年在東方」為開頭。我會聽到一些包頭巾的僕人、人力車的故事，以及眼鏡蛇在父母的橡膠園平房意想不到的地方出現。或者他們偶爾會到新加坡作客，外國遊客心目中這個城市最著名的酒店是萊佛士酒店（Raffles）。直到一九二二年，該酒店還有以美國標準來說相當原始的水管，其盥洗室被泛稱為「雷箱」（thunder boxes），一個配上裝滿冷水的巨大陶瓷缸，聽到下列故事的飯店工作人員絕對是既好氣又好笑：一個鄉巴佬客人，不知該從水缸中舀水沖身體，反而爬進水缸裡洗澡，然後說他覺得水缸「很舒適、但太狹窄了」。

我們小時候享受的全家旅行，就是開車到距離我家大約四十五分鐘車程的紐瓦克機場參觀。飛機從頭頂上飛過仍然是很罕見的景象，因此只要聽到飛機的引擎聲在我們的房子上方隆隆作響時，我們無不急著衝出去仰天觀望。我們到紐瓦克機場，趴在圍欄上觀看飛機的起落。我們心裡忖想，它們要飛到哪裡去？或是從哪裡回來？

泛美航空公司（Pan American Airways）當時在一九三〇年代後期開啟從加州飛往中國的水上飛機航線，在為期一星期的跨太平洋旅程中，沿途需停靠幾個島嶼加油。這只是少數人才能經歷的旅行，絕大多數人還是像我父母親十五年前那樣必須水路跋涉。[1]他們要到「遠東」，必須先搭乘火車到達加州，然後乘船前往夏威夷、橫濱和香港，然後才到達新加坡。這種旅行被視為一輩子難得有一次的冒險經歷。當時的人們幾乎無法想像，在今天的世界裡，每天有班機直飛十九個小時，從紐瓦克經由遙遠的北方航線到新加坡，把我們送到地球的另一端。那似乎是在法國作家朱爾．凡爾納（Jules Verne）*的小說裡才會出現的景象。

今天的旅客搭乘飛機抵達新加坡，首先映入眼簾的就是底下港口裡聚集許多船隻，歷歷在目地展現新加坡在全世界各海港中首屈一指的地位。在熱帶黎明的朝氣中，沿著一條花團錦簇的公園林蔭大道乘車進入市區，只見許多嶄新大樓高聳入雲，提醒大家全球經濟近年來已經驚人地由大西洋稱霸轉移到以太平洋為爆炸性發展的中心。新加坡絕處逢生、力爭上游的故事彷彿天方夜

＊〔譯註〕朱爾．凡爾納是十九世紀法國作家，被譽為「現代科幻小說之父」。他的著名作品有《地心歷險記》、《海底兩萬里》和《環遊世界八十天》等。

譚，而它藉此展現它脫胎重生的能力，也證明了促其實現的海洋的力量。

新加坡是一個克服千辛萬苦、擊潰多重致命威脅終於生存下來的成功故事。精明幹練、志氣遠大的領導人，一邊心懷憂患，一邊發憤圖強，不僅構畫出發展的藍圖，更胼手胝足把新加坡打造成今天的模樣：一台堪稱巧奪天工的神奇發電機，不僅設計精良，而且衝勁十足。

但是，在當代之前，誰都不能預料新加坡有這樣的成就。

我們為何應該關心？

對英國人而言，他們可以說服自己帝國統治對新加坡獨立後的成功功不可沒，來稍微彌補二戰期間英國在新加坡慘敗的記憶。對美國人而言，雖然大多數美國人幾乎不知道新加坡位於何方，我們與新加坡卻有極大的利益關係，金融和軍事上皆然。我們在這個彈丸之地投資的總金額，是在整個中國投資的兩倍。既然企業界的攸關利益如此之大，美國人不只具有重大經濟利益，也因為取代英國成為全球海洋安全與秩序守護者已經有相當長久一段時間，我們也有關鍵的戰略利益要確保船隻能夠開放通過海峽。[2]

美國人應該感謝新加坡提供戰略資產給美國海軍，現在我們已經不再能使用位於菲律賓蘇比克灣的海軍基地。我們的艦隊發現新加坡是個歡迎我們的東道主，即使美國最大的航空母艦也可泊靠，而且海軍把好幾艘新式近海作戰船艦停靠在新加坡。因此新加坡提供支援給美國海軍在東南亞前進部署，這是其他國家所無法提供的，這點對我們宣示的「重返亞洲」具有特殊的重要性。

近年來民族國家的效率表現不彰，新加坡的成功告訴大家，城市可能是人類未來之所繫。這個城市國家現在能夠欣欣向榮，導致某些人以為小就是未來的浪潮。城市在全球舞台扮演的角色，可能變得比國家更重要，至少在某些領域，譬如環境保護就是一個實例。在傳統上，城市自古就是孕育思想、創新商品的中心。在美國，大城市的生產占全國經濟極大比重。[3]

一九九五年五月，當時的新加坡外交部第二部長楊榮文在東京談論城市的未來時，發表一份頗有先見之明的演講。他指出「在未來一個世紀，最要緊的經濟生產、社會組織和知識創造的單位將是城市或城市／區域……有點像民族國家時期之前歐洲的情況」。[4]其實他還可以說，當時的航海城邦如威尼斯、熱那亞或阿姆斯特丹皆異常繁榮。新加坡現在十分積極地行銷自己是座全球城市，希望能超越國際商務的區域中心，或許更能成為世界海商首都，躍居「新倫敦」。

新加坡雖然不是烏托邦，但它在當代的成就非常鼓舞人心，我們可以欽佩其在面對困境和克服艱難時的勇氣。許多人批評新加坡的威權主義，可是卻肯定它的領導人在促進人民福祉、維持社會對新機會及新思想的開放的同時，還能維護社會和諧穩定的重大成就。但是，和古代城邦雅典一樣，新加坡政府相信社群利益必須超越個人利益。而許多外界人士現在也認同此一見解。

新加坡的週期性危機

在最早的年代，也就是七個世紀之前，新加坡面臨來自敵對鄰邦對其生存的威脅，也失去作為重要海港的地位。英國人在一八一九年抵達當地時，首先得克服環境的不適，於險峻、蕪蔓的叢林邊緣開闢出臨時性的屯墾地。此地的熱帶環境讓許多屯墾者飽受其害，大量嬰兒因此死胎或夭折。

倫敦當局基於歐洲地緣政治的原因，原本威脅要懲罰先到的屯墾者，後來遲遲才核准此一快速發展的帝國新據點。一個世代之後，英國在鴉片戰爭（一八三九至四二年）擊敗中國，戰利品之一就是曾經荒蕪而後快速成為英國重要港口的香港島。在此之前新加坡被稱為「前進中國的門戶」（gateway to China），因而當它被香港取代後很可能也會失去和中國的貿易，而這正是新加坡建城的理由以及繁榮致富的首要因素。

十九、二十世紀之交，全球商品交易的波動起伏劇烈，尤其是橡膠這項主要轉口商品的需求彈性很大，顯示新加坡十分依賴非其所能控制的全球市場。第二次世界大戰的戰火陵夷，以及日軍的殘暴占領，又再次痛苦地證明新加坡一直無力抵抗外在世界力量的進犯。

一九六三至六五年，與馬來西亞經歷動盪、短暫的結合之後，新加坡突如其來地變成完全獨立的國家。許多人對這個新國家捏一把冷汗，認為可能凶多吉少。失業率飛漲、社會失序動盪、罷工打亂了生產、亂民於街頭流竄。許多人嚮往共產主義，而且新加坡面臨侵略性極強的惡鄰印尼。

有許多人民嗷嗷待哺，但新加坡資源匱乏，僧多粥少，這個脆弱的新政治實體面臨的挑戰是必須在種族、宗教和語言紛亂混雜的基礎上，建立穩定的經濟和國家意識。主導開國大業的李光耀總理甚至也說，建立海上城市國家的構想根本是一個笑話，國族認同持續困擾著新加坡。

但是李光耀本身擁有雄心壯志，對於新加坡的前途也信心滿滿，他巧妙地運用人民渴望自由的心理來激勵他們，同時利用英國殖民統治遺留的威權主義機制逐步建立政治控制。可是當經濟發展到能創造就業、緩和社會緊張之際，英國卻開始在一九七一年撤軍，對新加坡的國防和經濟帶來沉重打擊。英國的基地創造新加坡將近五分之一的國民生產毛額（GNP），也雇用了新加坡十分之一的就業人口。

今天新加坡是世界上最依賴貿易的國家，這也表示它面對超乎其控制的全球經濟力量時相當弱勢。居安思危的憂患意識在政府巧妙運作之下，持續驅動該國在人才教育、國防備戰、節約能源、強化經濟競爭力、提升全球地位等方面屢創佳績。

「**雄心**」和「**焦慮**」二詞是孜孜矻矻的新加坡人的最佳寫照。新加坡領導人不斷利用焦慮心理勸諭人民接受而非抗拒領導人所追求的改革以及政府採行的戰術。前任總理吳作棟表明，新加坡「在通往未來的路上沒有成功的保證，必須團結一心，相互合作、保持競爭力，在波濤洶湧的

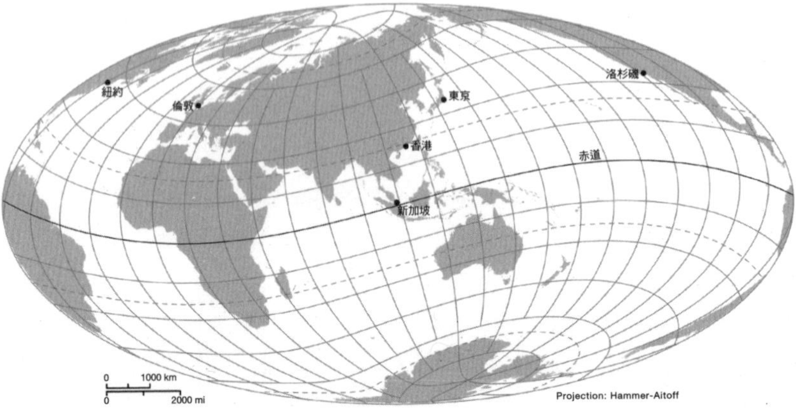

圖表0-1　新加坡在全球脈絡的地位。

資料來源：塔夫茨大學「地理空間科技服務中心」（Tufts Geospatial Technology Services）的強納森·蓋爾（Jonathan Gale）和派屈克·佛羅倫斯（Patrick Florance）

大海中奮力航行」。[5]

新加坡如何辦到？

二〇一五年一項研究調查把新加坡列為「經濟實力」全世界第六強的城市，僅次於紐約、倫敦、東京、香港和巴黎。[6]以整體經商方便性而言，世界銀行與《經濟學人》週刊皆把這個城市國家評選為全球第一名。[7]新加坡的人均國民生產毛額在三十年內由五百美元增長至一萬五千美元。[8]以二〇一四年的美元現值折算，這個數字等於五萬五千一百五十美元，[9]與前母國英國相比高出將近三分之一。[10]拜政府給予雇用低工資工人的企業稅負抵免之賜，失業人口低於百分之二。[11]

新加坡人甚至可以誇耀具有全世界最高的平均智商。近年有一項研究指出智力和健康的關聯。不受傳染病困擾的國家，人民平均智商高於疫情嚴重的國家。而新加坡的相對疾病率低，且根據比較智商計分，在全球最高智商率排行榜上名列前茅。[12]

在美國，某些小學教師發覺他們的學生達不到最佳國際標準，因此開始關注「新加坡數學」的教學方法：這套注重數字和計量概念的教學觀已幫助新加坡學生在該科目上高居或接近全球頂端。[13]此外，在科學此一學科上，在全世界先進經濟體當中，只有芬蘭學生的分數高於新加坡學生。[14]

無論是創造或維持傑出的經濟表現，教育都是公認的最終關鍵。新加坡非常注重基本閱讀和數學能力。求知欲通常來自家庭，而華裔新加坡人在這方面特別明顯。雖然英語仍然是最重要的，新加坡人通常都能說第二甚至第三種語言。在日益全球化的世界，這是美國人欠缺的優勢。

政府公職吸引第一流人才，其支付的薪水不遜於民間企業。豐厚的薪酬和嚴刑峻法使人不敢起貪瀆枉法之心。財閥及特殊利益在新加坡沒有什麼政治影響力。政府具備高超的理財技巧，以審慎和節儉聞名。它設立的「公積金」制度（Central Provident Fund）強迫工人及雇員儲蓄，藉此提供人民國民住宅和退休年金，也使政府有龐大財源投資基礎設施。

新加坡領導人接受全球科學界對氣候變遷的共識，沒有像美國人一樣心存質疑。新加坡學校的生物課裡也不會教授反對演化論的「智能設計論」（intelligent design）。新加坡人可以指出，雖然他們的政治可能很敏感、受到政府管制，但是和美國大不相同的是，在基因研究這類事物上，他們沒有意識型態的束縛。

除了照顧其遍布全球的經濟利益之外，新加坡採取不干預主義的外交政策。該國從來不打算把資源投注在戰爭之上。它維持一支訓練精實、裝備精良的小型軍隊，意在發揮嚇阻戰略，把大約四分之一的政府經費花費在國防事務上。為了克服其領空太小的限制，新加坡利用外國基地訓練部隊，它也因而可以自誇具有東南亞最現代化、最有戰鬥力的空軍。雖然女性免服兵役，新加坡實施強制服役制度。政府認為這個義務兵役不僅提供國防之需，也有助強化社群及國族意識。

新加坡已經為自身爭取到顯著的國際地位，無人能忽視其存在。早在一個多世代之前，《金融時報》（*Financial Times*）就稱呼新加坡是「東方的蘇黎世」（Zurich of the East），影響力遠超過其狹小國土。[15]許多人欽佩新加坡，也有些國家想要效法它，視其為榜樣。杜拜學習它的商業作法；喬治亞共和國總統米哈伊・薩卡希維利（Mikheil Saakashvili）曾經自誇他的國家是「具有新加坡元素的瑞士」。[16]巴拿馬和新加坡相似，扼居航運戰略要衝，喜歡自命為未來「中美洲的新加坡」。[17]在中國惡名昭彰的薄熙來還在擔任大連市長時也曾說，他以新加坡為師，種植樹木、重懲汙染，並且「獎勵市民檢舉粗暴的計程車司機」。[18]

一位緊張兮兮的西班牙人視它為轉放存款的地方，甚或是舉家搬遷重啟新生活。盧安達總統保羅・卡加梅（Paul Kagame）宣稱他要把國家建設為「中非的新加坡」，不過盧安達和新加坡兩者有天壤之別的差異。盧安達是內陸國家，缺乏與其他國家的連結，人民的教育水平也低。至於中國，新加坡亮麗的基礎設施、財富和學科測驗的優異表現吸引不了它，但是新加坡的軟性威權主義政治卻是中國效法的對象。

即使在美國，也有位美國房地產開發商表示，希望紐約法拉盛（Flushing）的海岸「景色像新加坡」。[19]

天時得宜顯然是新加坡成績斐然的原因之一。當前的新加坡很幸運能在過去五十年崛起，這段期間世界財富大躍進、全球經濟大整合，舊海洋帝國紛紛瓦解，許多新近獲得自由的民族，特別是海洋世界的人民，釋放出「原始的求生本能」，科技又突飛猛進。

天時得宜之外，新加坡成功的另一個原因是地利亦得宜。一切都從地理開始。新加坡的總面積只有二百四十一平方英里，僅及美國羅德島州的一小塊地區。以交通而論，你可以在一小時之內從國家的這一頭開車抵達另一頭。現在該國人口已超過五百萬，對於一個城市而言人數不少，就國家而言卻又不足。

新加坡的領土面積狹小限制了其國內市場及人力資源的供應，這導致了新加坡的憂患意識。但是，小歸小，也有優勢。在邁向現代化的進程中，不會有龐大、落後的農村部門妨礙高度城市化的國家。

面積狹小也保障了迅速且密集的溝通渠道，使得新加坡可以透過安撫組織和促進共識強化社群意識，更方便、更有效地組織人民及其行動。鄧小平曾經對李光耀感嘆：「如果我只有上海需要擔心就好了……可是我有整個中國呀！」[20]

新加坡除了有個位於全世界最具戰略重要性的航線上的海港之外，缺乏任何天然資產。麻六甲海峽連結起印度洋和太平洋。[21]新加坡控制住麻六甲海峽的最東端入口，形成目前歐洲和東亞之間、美洲的太平洋岸和南亞之間的全球航路最重要的一環。就本區域而言，它又是半島和群島東南亞地區交會之處。因此新加坡屹立於世界主要海上航路上，夾在中國和印度這兩個自古以來即是東亞和南亞的重要文化中心之間，它們現在也是世界上增長速度最快的兩大經濟體。

麻六甲海峽每年承接將近全世界一半的海上貿易，現在已超越英吉利海峽，成為全世界最具戰略地位的商業航道。[22]無論任何原因使得這條航道交通封閉，整個世界經濟將哀鴻遍野，受傷最重的將是需要進口石油的中國、韓國和日本，最終無可避免地也會衝擊到美國。

新加坡位於全球重要海上貿易航路上，其風平浪靜的天然深水港又轉變為全球主要港口，這都是該國的寶貴資產。新加坡在一九六五年獨立的新主權，又躬逢其盛地趕上人類利用海洋空間的革命性變化。

雖然已經不再是唯一選項，海洋仍然是資訊流通的主要媒介；現在超過百分之九十以上的全球網際網路通訊是透過海底光纖電纜流通，百分之九十的洲際貨櫃也藉由海路輸送。[23]物流業者、標準型鋼鐵貨櫃和超級輪船的出現，一起聯手讓運輸成本大幅降低。這些改變刺激全球海運

圖表0-2 二〇一四年全球最重要的海洋城市

單位：四捨五入後的十億美元

城市	GDP（購買力平價）	人均GDP	人口
東京	1,617	43,664	37,027,800
紐約	1,403	69,915	20,073,930
倫敦	836	57,157	14,620,400
上海	594	24,065	24,683,400
香港	416	57,244	7,267,900
新加坡	366	66,864	5,472,700

資料來源：根據二〇一四年美國布魯金斯研究所研究員派瑞拉等人所著的〈全球城市追蹤報告〉（Joseph Parilla et. al, “Global Metro Monitor,” Brookings）。

大幅增長，而新加坡因為善於利用這些新工具而靠著海運崛起，從貿易到製造業、再到服務業，靈巧地在經濟價值鏈上一步步高昇。這個迷你國家已經創造出獨樹一幟的全球商業地位，是全世界唯一重要的當代海上城邦。

新加坡港口每年經手約五億噸的貨運，是亞洲最早接受貨櫃輪的港口之一。[24]它也是全世界主要的船用柴油供應國。它還是全球的主要「石油港」，為船隻加油且轉運石油到各國，和休士頓、阿姆斯特丹並列為主要的石油提煉港。[25]

新加坡可以泊靠巨型商船，碼頭又靠近倉庫和工廠。海浪和海潮沖刷著港口的深水出入口，除了緊鄰著海岸的碼頭之外，不需要再人工疏濬。麻六甲海峽兩側的山脈遮蔽著航道，免受惡劣的天氣侵襲；和中國沿岸的香港與上海這兩個商務競爭對手不同，新加坡沒有颱風的威脅。即使在今天，颱風仍是海員最可怕的災險。

但是地理位置只是客觀條件，還有待人為的開發利用。富有創見的領導人善於組織及管理人們賣力工作賺錢，更能讓他們樂於工作，藉此為新加坡提供了巨大的經濟動力。海洋生活使得新加坡有今天的風貌。李光耀曾說：「沒有港口，我們連一半的成就都不會有。」[26]新加坡如何利用海洋與時俱進的經驗，告訴我們海洋作為全球經濟引擎仍然十分重要。

精打細算的華人創業精神與井井有條的英國殖民治理兩相結合，孕育出新加坡的活力。這一結合奠定新加坡作為殖民地的前景，也使它今天繼續發展。即使英國人不再治理新加坡，政治穩定和威權統治的傳統仍然存在。

新加坡孜孜不倦地開發人力資源，尤其特別著重領導人才，但也不僅止於如此，這使得大家常公認「審慎管理」（prudent management）是該國能有卓越經濟成就的主要原因。受過高等教育、幹練又務實的菁英，全心致力於解決就業、住宅、大眾運輸、衛生和教育等具體問題，使新加坡得以快速現代化。最終關鍵是人。不論是領導人或追隨者，新加坡人民都提供該國最大的資產。

新加坡歷史中有兩位傳奇性的傑出人物。自信、果斷的史坦佛・萊佛士爵士（Sir Stamford Raffles）因為在一八一九年開創了他口中的「我的殖民地」，至今在新加坡仍是家喻戶曉的名人。另一位則是長期擔任總理、近年才去世的李光耀，他敏銳的頭腦和便給的口才打造出精采的政治生涯。李光耀睿智的聲譽和珍貴的建言，使他在國際上名聲斐然，也提升各方對其國家的尊敬。

李光耀雖然得到許多忠誠的得力助手的輔佐，但他對新加坡之所以能締造今天的輝煌局面的貢獻超越任何一個人。他在一九九一年的一次演講提到人類的動力，他論及這件事的方式充分展現出他的威權作風。「**一個民族的品質決定了一個國家的結果。你如何挑選人才、如何訓練他們、如何組織他們，以及最後如何管理他們，決定了差異。**」這裡頭的關鍵字，是「管理」。[27]

批評者立刻能指出威權政府對自由所造成的代價。新加坡政府干預、指導並指揮公民生活的程度，雖然肯定小於日本在二戰期間的軍事占領，卻遠大於英國的殖民當局。新加坡政府公認的高效率為其鋪上一層光環，讓人看不到它近來逐漸軟化的威權主義，而大多數人民因為滿足於生活水平的提升，迄今仍默認政府的強勢作風，把選票投給這樣的領導人。然而這種政治傾向是否會持續下去仍有待觀察，尤其是那些沒有經歷過去貧困的人們。一九六五年新加坡獨立時，貧困是常態，但如今已經幾乎不見蹤影。

李光耀在二〇一五年三月去世，全球各地紛紛表示哀悼，許多人感念他為新加坡做出的傑出貢獻，獨裁者及潛在獨裁者則讚揚他這個人，也隱然崇拜他的鐵腕治理，渴望用新加坡的繁榮來合理化他們的專制統治。李光耀的去世意味著新加坡面臨新的時代，我們的故事基本上在此停住。

第一章

在航海時代之前

赤道的叢林沼澤不太可能孕育出世界級城市。在新加坡之前，熱帶地區不曾出現過全球城市；在此之後亦仍無來者。廣大的馬來世界不僅種族種類繁多，地理亦十分廣袤，從歐亞大陸塊最南端展延開來，跨越分布極廣的印尼群島。新加坡島只是這片廣大世界的渺小一點。一千年前，新加坡島上和沿著麻六甲海峽其他地方的少數早期居民，發現這片溫暖的熱帶水域有豐富的生物多樣性，從珊瑚礁、沙灘和退潮後在岸邊礁石上留下的水窪，提供許許多多糧食來源。另外，在小溪和河流入海口的鹹水潟湖，散布著紅樹林沼澤和泥灘。本地緩緩流動的潮汐和潺潺流水，與風力相互作用，持續不斷地供應生生不息的海洋生態。

在航海的輔助工具出現之前，當沿海船員小心翼翼地穿過點綴著沙洲和島嶼的淺水區時，會發現沿岸的紅樹林有無數隻螢火蟲在夜晚中閃爍，引導著他們。由於礁石可能會撞壞船身，這航段需要高超的操作技巧。正如我們從二〇〇四年印度洋大海嘯了解到，紅樹林保護著海岸線的根基。在二〇〇四年這場大災難中，高度開發的海濱和沿海地區遭受的損失遠超過那些相對未經斧頭或推土機拓墾破壞過的地方，這些地方還有紅樹林簇擠在大海邊緣，猶如起了防波堤作用。

早期，駕駛帆船通過六百英里長的麻六甲海峽可能需要一個月時間，視風力方向強弱而定。季節性的風暴對海員是個威脅。本地區重大的天氣現象，也就是所謂的「蘇門答臘颮線」（Sumatras squall line），是一種突如其來、短暫又強烈的對流，它夾雜著一連串的強風與雷雨，發生在三月至十一月之間，對於小型船隻而言特別危險。熱帶的傾盆大雨和狂風大作，使得早期

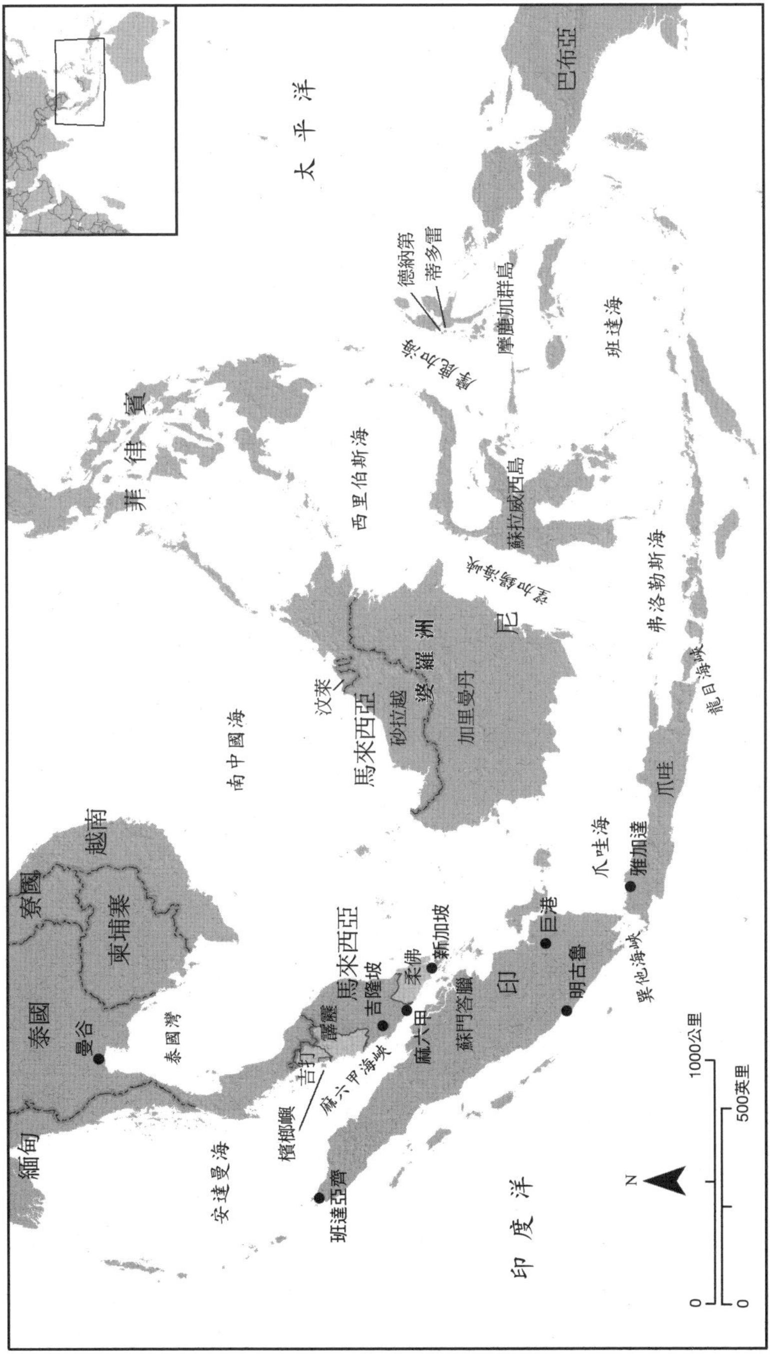

圖表 1-1　新加坡位於東南亞的相對位置

資料來源：塔夫茨大學「地理空間科技服務中心」的強納森．蓋爾和派屈克．佛羅倫斯。

的居民有時候生活相當不便。不過，至少他們從不知道嚴寒滋味。

與東北方的南中國海不同，那裡有風暴、淺灘水域、隱沒在水面下的岩石和沙洲威脅著海員，但在通往新加坡的海峽內卻很難感受到季風的力量。這裡是季風出生與死亡的地方。在早期，即使是原始和簡單的帆船也可以在位居戰略要衝的新加坡島和鄰近的廖內群島之間相對安全地移動；而今天，快速渡輪頻繁往來在印尼和新加坡這兩個截然不同的世界之間。

在海峽當中，太平洋亞洲季風與印度洋季風相遇，為船隻和人員的休息和補給、互動和交流，提供一個天然的平台，並且等待反方向的風將他們送走。在夏天，季風向北吹向南中國海；冬天則向南方吹，簡化了領航員的任務，使他不需因操縱的耗時費力或調整船隻行進方向傷透腦筋。與在印度洋一樣，這些可預測的季風流動，在十九世紀帆船時代結束之前具有極大的重要性，它們鼓勵貿易商在海峽等待，直到風向改變，或是客戶到達。

赤道附近的氣候易於沿海植物的生長，使得陸路交通相當不便。茂密的植被使得陸地旅行舉步維艱，促使人們不得不利用河流和海洋作為四處移動的方式。島嶼受海洋環繞具有特殊優勢，因為它們增加了這些移動機會。

河口提供避風港，讓人們躲避海上風暴或海盜襲擊。溪流成為內地的叢林通往大海的通道。便利的水上運輸使貨物和人員能夠順暢流動。深入內陸的船隻可以帶出野生蜂蜜、藤條、樟腦和樹脂，並從熱帶森林送到沿海市場，而海灘則供應海藻、珊瑚和海龜殼等物品。這些流動促進了小港口的興起，交易場所形成一個多元且生生不息的天地，其中新加坡是一個代表。

不像印度或中國擁有肥沃的土地，此區土壤的礦物質因受到強烈的熱帶降雨沖刷變得較為貧瘠，只能支持小規模人口生活。麻六甲海峽和印尼群島的海岸沒有大平原，無法發展大規模、持久的農業社會。由於土地無法維持大量人口，人們而非土地，成為本地區最大的資源，而多水環境則提供了流動性。

在歷史上，沿海地區從未長期存在過大型國家。在典型以土地為中心、農業為重的爪哇島和沿海商業據點之間相對勢力的興衰起伏，構成了本地歷史的基本節奏，而後者通常較為強勢。

南亞的泰米爾人（Tamil）王國，或並不以其海上成就聞名的中亞游牧民族蒙古人等外來人，偶爾也對本地區進行零星襲擊，但是並沒有對本地造成重大變化。另一方面，華人和阿拉伯商人持續在本地區活躍，並為港口區帶來恆久的文化影響。政權的分分合合是本地區的常態，因此當歐洲侵略者經由海路衝進這個馬來世界，穿過海峽，渴望直接取得只有熱帶地區才能提供的香料，然後再前往中國沿海尋找絲綢和瓷器時，這地區幾乎毫無招架之力。[1]

海洋民族

生活在麻六甲海峽沿岸的許多不同民族，我們現在通稱他們為馬來人。他們是河邊森林的居民，懂得利用內陸叢林資源。沿海地區的民族被稱為「海人」（Orang Laut），這是一個適用於海上游牧民族的通用名詞。他們在陸地的邊緣、海洋的開端這片空間找到穩定的生計來源，並且善加利用。他們扼制沿海情勢，得以建立貿易網路。

大約一千年或更久以前，海人定居在新加坡島、附近的廖內群島以及本地區沿著海峽和南中國海的主要河口。他們從岩石海岸和海灘收集烏龜蛋、牡蠣、明蝦和其他美食。他們也是一流的水手和漁民，在海上追捕鯡魚或鯖魚等頂級魚類，以及鯛魚和鯔魚等一般魚類。他們熟練地操作划槳或風帆，他們熟悉海流、風和海岸線，並且能幹地建造了靈巧敏捷的小船。他們的船隻居住空間寬廣，不僅經常作為住家，也作為討海生活的載具。

海人的船隻和東南亞其他地區的船隻，本質上都是用樹幹挖成的獨木舟，在更北方的地區，中國海岸的木筏歷史更久遠。這兩種原始類型衍生出了木造船隻，例如馬來人的帆船（prau）和中國人的中式帆船（艅船，junk），兩者在經過多個世代使用的過程中逐漸演變出各種不同的形式。

譬如prau這個字，馬來文字面意思是「船」，是一個通用名詞，涵蓋各種各樣的馬來船隻，從簡單的舢舨到重裝帆船都在內。速度快和容易操縱是這些船隻的特色，歐洲人最早在印度洋碰上海盜時領教了它們的厲害。在這些船隻當中，有些是雙船身的舷外浮桿獨木舟，具有相同形狀的船首和船尾，配有多個三角帆。其中一種因為造型優雅，在馬修·培里准將（Commodore

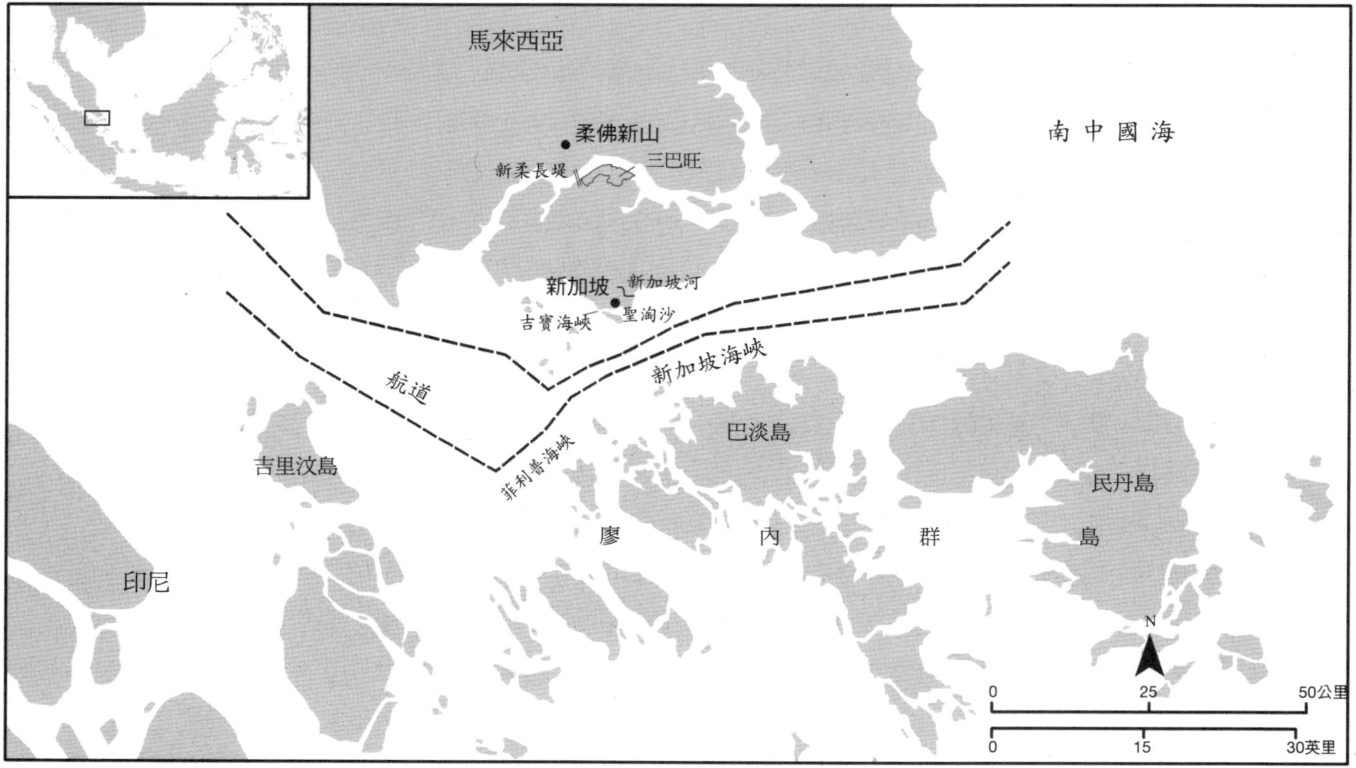

圖表1-2 新加坡及其海峽

資料來源：塔夫茨大學「地理空間科技服務中心」的強納森．蓋爾和派屈克．佛羅倫斯。

Matthew Perry）一八五三年三月前往日本的途中於新加坡停留時，吸引了他的注意。[*]他買了一個木製模型，日後送給紐約遊艇俱樂部（New York Yatch Club）收藏。[2]

有位歐洲觀察家非常欽佩地指出，海人是超凡的游泳健將，他們「像魚一樣跳入水中；可以在水下逗留半個小時，等到再次現身時，已在一百或五百碼[†]遠之地。在這方面，男人和女人，甚至小孩子都一樣泳技一流」。[3]他們不耕種，但是這些早期的新加坡居民發現，出售像海參和玳瑁這類近海產品所提供的額外收入，可以用來購買他們想要但無法自給自足的稻米、布匹或鐵製工具。

他們靠從海上採集食物為生。在沿海地區，人類早期攝取的大多數動物蛋白質都來自海洋。淺海水域和岩石海灘滋養了大量的貝類及甲殼類：蟹、蝦、貽貝以及可食用的海藻。雖然海人的捕魚技術並不高明，但是他們自有求生之道。他們發現，藉由臥在或跪在以他們的腳推動的平板上，他們可以用雙手舀起用長矛不能取得的東西，並且隨時注意鱷魚的出沒。可怕的鱷魚在夜間出動覓食，白天則可以看到牠們在潟湖和潮水的沼澤中昏昏欲睡地曬太陽。牠們融入環境，有如浮動的原木或棕櫚樹枝，看似無精打采沒錯，但是一逮到機會就會毫不留情地大快朵頤。牠們有時會把一個人從船上撞倒、落水，淹死他，然後把屍體拖走、埋在泥裡，直到入味才吃掉它。

除了因為經常接觸海水而容易患有皮膚病，海人對比於外界人來說可謂非常健康。他們經常泡在水裡，「和鹽一樣新鮮」，因此個人衛生遠優於最早來到東南亞的歐洲人。他們也沒有像當時的歐洲人一樣，遭受生活在擁擠、骯髒和疾病肆虐的城市中的折磨。雖然他們飲食中的蔬菜很少，但是吃了許多水果。他們的飲食很少有肉，但是有含豐富蛋白質的海鮮。各式各樣豐富的香料可以增加風味。他們嚼食的檳榔固然可能會弄髒牙齒，卻能防止蛀牙。

海人與現代漁民不同，不會過度捕撈。他們不會保留誤捕的漁獲。現代生活已經消滅了這些古老傳統，連海人本身也即將絕跡。一九三〇年代，仍然可以在新加坡島最偏遠地區的紅樹林沼澤中看到他們，但今天他們已經從新加坡島絕跡。他們的人數一向稀少、分散各地，他們缺乏任何中央權威人物，這使他們在與其他更有組織的文化互動時處於弱勢。

在現代，海人經常被貶抑為不文明的族群，而歐洲人更是不公平地把他們抹黑為海盜。他們本身通常不是海盜行為的發起人，而是因為嫻熟海上技能才被招募，進而從事那些被歐洲人譴責為犯罪的行為。海盜行為在本地區相當普及，本地人心中也沒有因這行為而有任何恥辱感。

---

* 〔譯註〕美國海軍將領培里一八五二年出任美國東印度艦隊司令官，奉令打開當時實行鎖國政策的日本之門戶。他率領四艘船艦從維吉尼亞州出發，跨大西洋、繞好望角，經由新加坡、香港、琉球、小笠原群島，於一八五三年七月在今天神奈川縣橫須賀市入港。培里提出開國要求後，因補給問題將艦隊開到琉球泊靠。一八五四年培里艦隊再度到達日本，於三月三十一日強迫德川幕府簽訂《美日親善條約》。培里也曾在台灣基隆泊靠幾天，登陸查勘基隆煤礦，並在返國後，提出報告力陳台灣適合作為美國的遠東貿易中繼站，主張占領台灣。

† 〔譯註〕一噚約為一點八公尺。

海上襲擊者往往來自生活比較靜態的馬來人部落，他們擁有建造和運作大型船隻的資本和組織能力。通過這種方式，他們才能創造真正的「海盜機器」，使它成為馬來人海洋傳統的重要組成部分，甚至因此出人頭地。[4]就和英國的佛蘭西斯．德瑞克爵士（Sir Francis Drake）一樣，[*]成功的馬來海盜不但獲得戰利品，也獲得榮譽。[5]

但是也有一時興起、玩票的海盜，他們原本是走私客，通常更只是漁民，但是把航海技能應用於攫取更大、更有暴利的獵物。海盜是人們可以隨時做一票的行業，取決於經濟環境的起伏變化。兼職偶爾幹一票的海盜總體上比全職海盜重要得多，一旦饑荒或地方動亂爆發，海盜人數就會增加，而在情勢好轉時則會減少，直到今天仍然如此。

十四世紀的淡馬錫

散布在麻六甲海峽沿岸有一群相當複雜的民族在此交集，他們各自反映著東亞、南亞和東南亞的海洋式生活。歷史上，這片海域扮演人員、商品和思想流通重要的管道。今天其全球地位更為重要，這個漏斗狀的海峽區隔開大陸東南亞和其群島部分，承載將近全世界一半的海洋貨運。海峽的大部分長度太過寬敞，你無法同時看到兩側陸地，但是在其東端，新加坡海峽匯入南中國海，航道不到一英里寬。在這兒，靠近這個戰略要衝，我們今天稱之為「新加坡」的地方出現一個聚落。

海上東南亞不是因為作為各個國家交流互動的舞台而興起，而是成為世界性的商業交流中心。根據傳說，有位早期的訪客逃離爪哇，來到今天的新加坡島，他在名為淡馬錫（Temasek）的一處砂岸登陸，看到一隻黑首、紅身的奇獸，他認為牠是一頭「獅子」。他宣布將在此地建立一座城市，取名「新加普拉」（Singapura），名字源自梵語（Sanskrit），意即「獅子之城」。[6]淡馬錫／新加普拉這個貿易城市在十四世紀時就在島上、靠近麻六甲海峽最狹窄的小河口建立，隨後日漸繁榮。我們對這座城市的歷史所知不多，資料來源稀少，而歷史又與神話摻雜在一起；不過馬來人的口語相傳和考古學發現卻告訴我們若干事情。我們現在比起三十年前知道了更多故事，但是仍然不夠，很多事情仍屬猜測性質。[7]

這個地方不只是個前哨站，它位居連結爪哇和泰國、並且延伸到印度和中國的國際貿易流通上之要衝。在新加坡歷史上，淡馬錫位處一系列滿潮線上的首位；這座城市能夠繁榮是因為它的戰略位置、它的複雜居民有能力及時出口他們自己的商品或其他地方的商品，以及他們能夠隨著

---

*〔譯註〕德瑞克為私掠船長出身，一生充滿傳奇，毀譽參半。在英國，他是名留千古的英雄；而在西班牙卻是惡名昭彰的海盜。西班牙國王菲利普二世曾經懸賞兩萬銀元（合今天幣值八百萬美元）通緝他，不論生死。他最著名的事蹟是一五七七至一五八〇年間，駕船環遊世界一周。英國女王伊莉莎白一世於一五八一年封德瑞克為爵士；他在一五八八年是英國艦隊副司令官，抗擊西班牙無敵艦隊。

國際環境變遷，針對需求變化做出調適。

考古學家讓我們對淡馬錫的實體特徵有些了解：位於一座俯瞰新加坡河的階梯狀小山上，有宮殿、市場、防禦工事、土製壁壘和護城河。土牆表示當時的人們打算要定居了。甚至皇家宮殿也沒有採用永久建築材料。不過我們有一些從十三世紀末和十四世紀初期留下的烤磚和殘石，它們可能是用來建造佛教寺廟的。不幸的是，在英國殖民的早期階段，為了急於開發，很多古蹟遭到破壞。傳說反而卻因此產生，並且在正史上揮之不去，讓人家以為直到一八一九年英國人到達之前，新加坡並沒有任何歷史可言。

作為一個宗教和商業中心，淡馬錫似乎融入馬來人港口城市的格局，但它的土牆則是例外。這裡的宗教反映了印度人的影響，而非中國人的。代表須彌山的山頂擁有宇宙哲學的意義，在印度佛教徒和印度教傳統中都認為它是眾神的居所和形而上學的宇宙中心。由於缺乏勞動力，為了建造這個神聖的地方，興建者利用自然景觀而非像興建偉大的吳哥窟一般，硬是以人工砌建起來。然後，他們小心謹慎地分配下層的空間，用牆和水來區隔它們。眾神住在最高的地方；工匠們住在山坡較低處，保持相當的距離，他們在此製作諸如陶器、玻璃器皿和高級珠寶等物品。[8]

在這裡有一群華人，他們或許是東南亞第一個華人社群，並與本地人混居，沒有另闢自己獨立的街坊，這反映了這個海洋城市的居民多樣性；他們擔任和中國貿易的仲介買辦，在經濟上極具重要性。對於淡馬錫，他們給予「土壤貧瘠，穀物稀少」的評語。[9]

為了生存，就需要有貿易。出土的硬幣相當精巧，精緻的瓷器也顯示居民渴望高品質而非本地製造的陶瓷。淡馬錫因此在「陶瓷之路」（ceramic route）居於重要地位，有如歐亞大陸中央上的「絲路」的南方海上版。笨重又易碎的陶器只能藉由海路大量運送。為了交換這些貴重的中國商品，淡馬錫為海外市場提供一種高檔奢侈品「犀鳥象牙」（hornbill casques），這種珍貴的鳥類象牙深受中國人喜愛，而且比其他象牙更容易雕刻。

海灣附近由於岩石地形被稱為龍牙海峽（Dragon's Tooth Strait），住著一個海人社群，他們的生活方式與鄰近山上的居民不同。雖然華人瞧不起他們的粗鄙、視他們為海盜，他們卻很機靈地提供海洋產品作為貿易項目，譬如海龜殼、珍珠和珊瑚等，因為光靠象牙無法支撐起整個貿易經濟。淡馬錫也以種種比較平凡的項目，如錫、棉花和次級的檀香木供應鄰近的顧客。

北方的暹邏與南方的爪哇／蘇門答臘這兩股勢力在海峽交會，本地區的馬來人的港口城市如淡馬錫、或蘇門答臘上的巨港（Palembang），* 有如今日的新加坡，由於統治者有能力透過商業創造財富而享有自主地位。和今天一樣，亞洲整體的經濟決定了新加坡的興衰起伏。外地人才是這場博弈中的主角，本地人只是配角；而所謂外地人，主要就是中國和印度這兩個歐亞大陸超級經濟體。

* 〔譯註〕巨港又稱舊港或巴鄰旁。

淡馬錫夾在泰族人（暹羅人）和爪哇人之間，受到雙方夾擊，其統治者逃之夭夭，老百姓也隨之四散。它只存在一個世紀就讓位給附近的港口麻六甲，後者因為與中國朝廷保持友好關係而崛起。淡馬錫／新加普拉作為貿易國家、或作為政治神經中樞地位自此沒落，一蹶不振。英國人在十九世紀初來到此地時，面對的大抵就是這一局勢，但是它在馬來人歷史上仍然很重要，在其神話中具有一席重要地位，且被視為是在本區域的麻六甲、柔佛和附近的廖內群島相繼興起的朝代的發源地。

新加普拉這個名字今天以新形式出現，淡馬錫則在國際投資界因為一個重要主權基金以它為名而家喻戶曉，它的雄厚資本凸顯了新加坡的卓越的經商手腕。但是新加坡島上古老遺址留下的殘破古蹟卻成了殘酷的警告：過往的繁榮可以被徹底地一掃而空，徒留給後人模糊的記憶。

因此我們知道，在歐洲民族國家闖進來之前，在麻六甲海峽周遭其實曾經出現過繁榮的、國際性的東南亞多元文化海上社群。它有疆域但沒有國界，它渴望貿易流通帶來的財富，它發揮關鍵地利之便，但卻受制於其近鄰地區以及更遠方的財富、權力和文化超級樞紐的需求和慾望。

我們今天在新加坡看到的欣欣向榮的全球城市，與大約七百年前在此地蓬勃興旺的先人，其實沒有太大的差異。[10]

十五世紀的麻六甲

出逃的淡馬錫統治者在麻六甲重建基地，該地和今天新加坡的距離為一百二十七英里，幾乎就和紐約州首府阿爾巴尼到曼哈頓的距離相同。麻六甲這個名字非常貼切，源自阿拉伯文，意思是「交會地」、「匯集點」，它的源起就和之前淡馬錫或新加普拉的源起一樣模糊，大半只是傳說，但是在十五世紀，此地出現一個印度教王國，在巡迴商人從西方引進穆斯林信仰後又變成穆斯林王國。

麻六甲沒什麼新奇之處，與東南亞其他國際性的海上轉口港一樣，是個貿易站。在此，一個個傍海而生的一個小漁村或是發展成商務活動中心，或是演變成想利用其戰略地位向過往船隻勒索過路費，或許，我們說得更直白一點，那就是一個海盜窩。

東南亞絕大部分貿易城鎮都位在易於守備的河流上游，避免海上流寇覬覦，麻六甲卻不然，它大膽地坐落在一條泥濘溪流的河口，停泊在這裡的船隻輕輕地隨著海流划動，或是以簡易的操縱方式在岸邊找到避風的、安全的落錨之處。

在此地興起的這個城鎮幾乎完全依賴貿易，除了魚之外，甚至連糧食都全部仰賴進口，其他大多數民生物資也都由外地輸入。它的土地是由濃密的叢林開闢而成，雖然盛產水果卻不適合種植穀物。水果不宜運送到遠地，在熱帶氣候下尤其如此。如果想吃水果，就得自己種。麻六甲背對著蠻荒的叢林，缺乏大陸腹地。除了在城鎮近郊之外，我們看不到任何有人願意去清理出土地來耕種的跡象。[11]

因為麻六甲沒有方便進出的腹地，貿易乃是它的生命線。雖然並不位於海峽最狹窄的位置，但麻六甲可以控制眾多大洋船隻經過的水路。[12]它位在印尼香料種植中心摩鹿加群島和埃及亞歷山大港之間的最短航路上，而埃及這個中途港又把商品轉到威尼斯、供應歐洲各地。麻六甲發展為海峽的商業中心，興盛了一個多世紀，其人口應該永遠比不上威尼斯，但足可媲美當時的倫敦。和本區域其他貿易城鎮一樣，它大半獨立於任何更大的地域權威之外。海洋是它真正的勢力範圍，是「領地的軸心」（the axis of the realm）。[13]

麻六甲在十五世紀達到權力顛峰時，控制了海峽兩岸和各島嶼，但是其強盛之處不在於陸上領土，而在於保護貿易流通和人力、糧食的來源。[14]

就麻六甲城鎮而言，海上航路供應基本生活所需，如米、鹽、鐵鍋、衣服，以及有錢人喜愛的奢侈品。港口可因叢林產品和製成品的交易獲得相當的財富；而這些商品是由一波又一波經過此地的商人帶來及帶走，他們經常在本地停留，等候合適的海風。

麻六甲以東是前往中國的貿易通路；以西則有橫跨印度洋、銜接亞洲西南部和伊斯蘭心臟地帶的多條路徑。當阿拉伯人和印度商人帶著信仰來到麻六甲時，統治者皈依伊斯蘭。這個港口崛起成為實踐、研習和散播伊斯蘭及其文化的傳播中心，也是馬來伊斯蘭文學這種新文學類型的大本營。它和阿拉伯世界的關係變得很重要。因此我們或許可以說，這個港口不僅交流商品，也製造知識。[15]但是麻六甲本身內部有政治問題，未能建立團結一致的菁英階層，或是凝聚其多元人種的忠誠。它活躍的生命因而很短，是今天的新加坡必須警惕的借鏡。

麻六甲的市區街景是以純樸、有棕櫚茅草屋頂且木造的馬來人傳統高腳屋構成，清真寺、宮殿和市集在其中很醒目。由於馬來人通常不用磚塊或石頭做建材，所以這些沿海城市的建築風貌和歐洲城市截然不同。他們不期待那些建築能流傳千古。

人們以唾手可得的蘆葦和樹皮蓋房屋；房子可以很容易、迅速地拆解，換個地方再重新組建，整個城鎮都可以搬遷。即使遭到常見的祝融之災，也能快速重建。歐洲人來了之後才沮喪地體認到，控制人民要比控制地方來得重要。他們可以占領一個地方，卻留不住它的居民。

麻六甲聲勢鼎盛時期的人口組成充分展現其多元種族、多元文化的海洋生活特色。賦予其多采多姿、活力充沛的是華人、爪哇人、塔加祿人（Tagalogs）、波斯人、來自南印度的泰米爾人、海灣地區的阿拉伯人、來自南亞次大陸最西北部的古吉拉特印度人（Gujarati Indians），甚至還有少許走遍世界的偉大商人——亞美尼亞人和猶太人。總而言之，來自整個亞洲沿海、甚至更遙遠地區的人，為了做生意而匯集於熙熙攘攘的麻六甲街道和市集。

早期一位來自歐洲的訪客形容麻六甲海峽是文化和商業薈萃的中心、「亞洲的咽喉」。他強調它在香料貿易上無遠弗屆的影響力，宣稱「只要成為麻六甲君王就可以扼住威尼斯的咽喉」。[16]威尼斯是把香料配銷給歐洲各地消費者的中心。如果威尼斯是「歐洲的樞紐」，那麻六甲就是「歐亞大陸的樞紐」。[17]

訪客只要耳聽四方，各種多國語言、南腔北調就源源而來；有位具有非凡耳力的早期葡萄牙旅人，聲稱他可以聽到八十四種不同語言。馬來語是麻六甲和整個東南亞海洋世界的通用語言，這和日後的新加坡情況一樣。麻六甲成功的真正關鍵在於來到此地的人們，以及他們編織的商業網絡。每個族裔團體都帶著他們的專業來到這個海港。波斯人擅長珠寶和醫藥品生意；古吉拉特印度人以航海技術聞名，出售他們的技藝本事；好戰、分布廣泛的海上民族武吉士人（Bugis）來自印尼群島的更東部，也加入本地馬來人，成為本市最早的居民。

大量武吉士人在日後來到現代新加坡，他們會定期駕著數百艘船出現，使港口帆桅林立，並帶來一整年的農產品與當地以物易物。但是武吉士人的專長似乎是暴力。他們做海盜的聲名和做生意的能力一樣遠近馳名，太過莽撞，不能安分定居下來過城市生活。在殖民時期的新加坡，有一條以他們之名命名的街道經常有人滋事，武吉士人的名譽因此變得惡名昭彰。在現在治安良好的新加坡，武吉士街（Bugis Street）已經被洗白，成為過往草莽事蹟的回憶。不過直到不久之前，武吉士街仍是喝醉酒的水手、扮裝者和目瞪口呆的觀光客流連之地。

在麻六甲，馬來人構成居民的主體；蘇丹和菁英從事商務活動，平民百姓卻選擇不當商人；大部分人以捕漁或勞力過活，供應過境社群的需求。以城市本身的需求而言，海上通路供給生活必需品，也供給奢侈品。

和歐洲海洋城市大異其趣的是，麻六甲被動接受時代趨勢，而非主動領導時代的開創者；它比較像是名遵循劇本的演員，而非撰寫劇本的編劇。而這個城市的表演生命未能持續超過一個世紀。今天，由於淤積和開發海埔新生地，麻六甲古代的市中心已經不再緊鄰大海。雖然這個港口城市的發展歷程比淡馬錫更為轟轟烈烈，今天在博物館之外，我們卻看不到太多遺跡可以提醒觀光客這個繁華的早期現代國際港口也有輝煌一頁。

來自中國的移民與船

位於一個具有國際色彩、但馬來人占極大比例的海洋世界，現代的新加坡是如何變成華人占總人口四分之三的國家的？而這又代表什麼意義？要回答這個問題，我們得先檢視中國，看看華人海外社群的獨特、以海洋為重的移民文化之原動力來自哪裡。這是人類史上規模最龐大、影響也最重大的海外移民之一，構成人員、物品、思想流通的引擎，不僅出入中國，也建立遍布東南亞各地、交互連結的社群網絡，而新加坡在其中形同神經突觸，被視為是「中華商業帝國的西方交流站」。[18]

絕大部分向外移民的中國人最後都選擇到東南亞。中國人稱呼這片地區為「南洋」，連結起海洋空間和其邊陲。這個概念的商業性質重於政治或地理的意義，也適用於人民，即本地區的華裔，以及地方。離開中國時，移民帶走他們的文化，但通常都放下他們的政治歸屬。最後，華人散布到更遠於南洋的世界各地。今天，全世界還有哪個地方的重要海港城市裡面沒有中國城的嗎？

中國華南沿海破碎的海岸以及許多港灣易於居民的出海，也孕育出中國持久、非官方，且大多沒有記載的海洋史。在此一歷史中也有許多外國人參與，阿拉伯人、波斯人和印度人的水手和商人經常出沒於華南沿海的碼頭中。

中國政府忙著對付來自北方及西方陸地邊境的夷狄入侵，不太注意這些從海上而來的外夷，聽任他們自行管理。地方漁民、商人和海盜也不理會天高皇帝遠的首都官員。對於在帝都北京舞文弄墨的中國官員而言，海洋不僅遙遠，也是天然疆界，這道海上長城只有將不受歡迎的陌生人阻絕在外的功能。

但是中國南方的中國人早就與大海融為一片，甚至把他們的智慧和積蓄都投資到海外創業。許多中國人遷移到東南亞，在麻六甲海峽闖出名號。同鄉、同宗關係往往把人們和故國結合在一起。縱使如此，許多人的確一去不回頭，永遠離開中國。

早在歐洲人於十六世紀之交抵達之前，華人已經在本地四處建立小型聚落，其中之一就在新加坡島。這些人有些只是過客，他們希望日後回鄉，拿在海外攢的錢回鄉養老。在海外，他們尋找具有商機且政治安定的地方，想好好賺一筆錢。

華人移民帶著貿易商品來到南洋的貿易通道和海港，通常也留下來落地生根，為當地稀少的人力做出貢獻。他們更前往其他遙遠地區，傳授開採黃金和錫礦的技術。他們教導本地農民如何改進種稻或栽種甘蔗，也把黃豆、荔枝和高麗菜等新品種引入當地飲食當中。

中國陶瓷技師製造大型儲水甕，使其成為日常生活用品，譬如可擺在浴室內盛水。中國木匠和櫥櫃師傅改變本地人生活習慣，引進矮桌和矮床等新式家具。在海上，中國人靠其航海技術載運人們和貨物來往四海，即使在當時就提供了後來被新加坡掌握的沿海船運。

留下來的華人往往和本地人通婚，但也有許多人不然。那些未與本地人同化的華人在沒有本國政府監督或保護之下自我管理，住在華人獨有紅磚房裡，保持故國禮俗，享用家鄉食物，穿著傳統的棉褲和短袍，在自己的寺廟裡燒香祭祖。他們祭拜的海上保護神「媽祖」更是眾人熟悉的神明。

外界人士往往把這些華人歸為同一個文化族群，他們確實也全都來自中國東南沿海，但是對他們來說，區域內部劃分也非常重要。他們講的是彼此都聽不懂的方言，其差異就和另一國語言一般。如果識字的話，他們可以在書寫文字中找到共同的語文元素。人們可以認字，但以不同方言發音。不過能識字的人實在不多。

在這些華人的日常生活中，法律的重要性遠不及風俗習慣。傳統上創業和經商都離不開家族，家族也試圖維持住對他們擁有的事業之控制。這些作法往往驅使出身微寒的才智之士不得不自行創業。由於在南洋擔任政府公職已經不再可能，一流人才投入經商，不像在本國，科舉功名才是最光宗耀祖的正途。在這個海外商業世界裡，許多華人非常成功，在鄉親之間擁有極大影響力。

南來北往的商業交流為麻六甲帶來滾滾財源，因為它的地理位置讓它可以可以作為理想的集貨與轉運中心，發揮轉運港的作用，而這正是日後新加坡的雛形。而大部分事業掌握在華人手中。

中國絲（生絲、絹絲和絲綢）及日本銀器，和中、日兩國的其他製品一同從北方輸入麻六甲。高檔的商人出售上等的日本武士刀，它有著全世界最銳利的刀鋒，在武術精湛的好手上可以一刀把人砍為兩半，據說你只會看到刀鋒一閃，卻看不清楚劍客的動作。[19]針對大眾市場，日本人發明廉價摺扇，它是生活在熱帶揮汗如雨的人們必備的流行商品。

來自南方的則有所謂的「海峽產品」，出自叢林和海岸，這是只有熱帶氣候才能生產、專供中國市場的上品，譬如檀香木、香料、胡椒，以及營養豐富的海草、洋菜膠，或海參等美食珍饈。歐洲人可能因海參蠕蟲般的長相而反感，它的外表也的確不討喜，但是在亞洲，海參因其膠質與可以為料理增色而向來受人珍賞。

美食家們特別喜歡鳥類以唾液築成的燕窩。勇敢的採集者在東南亞海邊的懸崖峭壁上攀爬，在鳥類有機會下蛋之前便摘走牠們的巢。燕窩富有光澤的質地堪與魚膠媲美，不過更加清脆。廚師把燕窩放在沸水中熬煮，製成可口又營養的濃湯，深受老饕喜愛。

中式帆船（junk）是海外華人貿易網絡的重要工具，成為前現代海洋中國的代表。但是junk這個字實際上源自阿拉伯語或馬來語，反映了外來人在這類型船隻發源的中國沿海地區的影響力。中式帆船是一種多功能船隻，能載運大量貨品冒險出海，但是船總會選擇盡可能地挨著海岸線行駛，利用季風助力，冬季向南，夏季向北。

中式帆船這個名稱可適用於各種各樣的大小船隻，千百年來它們也不斷進化。這些帆船在麻六甲海峽和整個太平洋亞洲水域很常見，直到近年都還很普遍。甚至在第二次世界大戰前夕，它們還停泊在新加坡港口進行商業活動。

一千多年前中國人藉著中式帆船達到的航海科技成就，是歐洲人在很久以後才得以望其項背的。中國水手使用可升降的方向舵，以適應不同的水深；他們航行的船隻有雙層厚度的船體和水密艙壁，可以區隔不同的艙體。他們的漁民極富巧思，他們希望船上裝有水槽，能夠把新鮮漁獲帶到市場。歐洲人要到十九世紀開始使用鐵殼船時，才建造這種有隔離艙室的船隻。

中式帆船能在河流和公海上運行，證明了它們的堅固和多功能。帆船的木材用釘子固定在一起，浸泡在有防水作用的桐油裡，船帆有如威尼斯百葉窗般裝上竹製板條；帆船的水手使用羅盤和水深探測儀。中式帆船的特色是船尾高出船頭。歐洲人把船隻建造成魚的形狀，船頭凸出、往船尾逐漸變細；中國人則把船隻建造成水鳥的形狀，船尾部分膨脹。就像今天的巨型油輪一樣，它的上層建築在船尾抬得很高，桅杆遠遠布置在後方，為船的前半部留下充足的貨物存置空間。

中式帆船從華南人口眾多的省分，運載著遠渡重洋的乘客南下，他們或許只想短暫居留，也或許是想在海外永久安身立命。這些人沒有帶來精緻文化；在國內，他們大部分屬於弱勢群體，只盼望在海外另覓生路。但是，那些永久定居下來的人將成為新加坡華人社群的骨幹，加入早先到來、可能已經在海峽沿岸生活了好幾代的人的行列。

雖然移民帶著文化外移，他們沒有任何政治羈絆。朝廷官員不鼓勵或甚至禁止他們出海，認為出走者不忠於國家，從此恩斷義絕，不相往來。假如當初中國朝廷換個角度來思考，新加坡這個移民城市今天可能還是中國的一部分，一個遠在海外的省分、渴望脫離中國統治而獨立，就如二十世紀中葉它想爭取脫離英國統治而獨立一樣。

走私和海盜猖獗增強中國官員的信念，認定海洋是亂源而非機會。「即使朝廷的治理不止步於海濱，但肯定不會抵達大海之上。」[20]雖然這個預設的疆界想像在日後仍將被外來侵略者打破。但在這之前，北京朝廷也曾經起心動念，以一樁前所未有的航海行動突破此一障礙。

鄭和下西洋

十五世紀初，明朝政府展開一系列遠征，航行遠至非洲海岸，駛入中國人非常陌生的水域。

這對中國人來說是全新的體驗。在雄才大略的皇帝明成祖的授權下，一位太監組織了這些航行，他是我們所知足跡走得最遠、事功最為彪炳的中國航海家。對凡事尊重傳統的中國政府來說，這件事相當反常。而且，中國過去所有關於移民和貿易的事蹟也都未留下人名。這是一件大規模的政府壯舉，相當壯觀，卻收效甚微。

鄭和是一位穆斯林、一位太監，又來自中華帝國邊陲地區的少數民族，理論上在儒家學者官僚的階級世界中應該是格格不入的外人。也許這也是為什麼儘管他不是水手，皇帝仍選擇他擔任艦隊的主帥。當然，他的宗教背景在印度洋世界也可能很有用處，在那裡他找不到幾個華人，但需要與許多阿拉伯和其他穆斯林商人和官員打交道。

在朝廷指揮下，鄭和於一四〇五至一四三三年間率領大型船隻組成的壯大艦隊七度下西洋。我們無法知道他是否曾經停留在新加坡島；但是他肯定行經過龍牙海峽，而鄭和在今日的新加坡也是家喻戶曉的名字。觀光客現在還可以登上以他的一艘船「仿製」而成的船隻遊港。

鄭和研究各方已知的海洋航線，並聘請外國航海員，與日後仿效他的歐洲人並無二致。他將自己的目標定位為拓展外交，他的艦隊是宣揚天威的道德象徵，僅僅是用於勸說而非武力的工具。

但是，這只是理想，並不是事實。

在友好的外交辭令和閃閃發亮的絲綢大旗、刺繡精美的長袍之下，以火砲武裝的船隻事實上是一支今天我們所稱的海上艦隊，是一種足以懾服或征服異國的工具。多達兩萬八千人至三萬人跟著艦隊一起航行；他們之中大多數是士兵，這說明鄭和本人是一名專業軍人，以驍勇善戰聞名。他艦隊上的兵力超過法國國王的整個常備軍隊。[21]

如果講道理行不通，鄭和隨時準備好動用武力。事實上，他綁架過斯里蘭卡的一位國君，並將他押回中國。這是「砲艦外交」（gunboat diplomacy）一詞還未時興之前的砲艦外交。鄭和的遠征是中國古典外交政策的一個縮影：以道德勸說為優先，倘若勸說失敗，則毫不猶豫地兵戎相見。

鄭和的遠征增加了中國人對東南亞的了解，但是遠征卻戛然而止，沒有產生長遠的政治或戰略的成果。鄭和的傳奇意義遠勝過歷史事實，在現今的地位超越他所處的時代。今天，中國政府歌頌他是中國「和平崛起」的先行者。一位北京大學的教授將他描述為「一位傑出的友好文化使節」。[22]當代新加坡華人沒有人不知道鄭和，不過在穆斯林馬來人心目中，他更加受到尊敬。據傳，當他在麻六甲停留時，他留下的人員與本地馬來人通婚，生下了通稱「峇峇娘惹」（Peranakans）的土生華人，又稱「海峽華人」（Straits Chinese），這些人成為新加坡文化中的一個重要族群。

鄭和在死後被奉為道教的一位神明，在許多道觀受到祭拜，被水手視為守護神，甚至有人說鄭和的糞便會變成榴槤。[23]它是一種具有刺鼻氣味的熱帶水果，其味道之強烈導致今天新加坡的大眾運輸網禁止乘客攜帶榴槤上車。

然而美食家非常喜歡榴槤的美味，甚至不可自拔。十六世紀一位佛羅倫斯商人或許是第一個寫到榴槤的歐洲人，他說：「我不喜歡它，而且先前聽到它時也覺得可笑……已經習慣吃它的人對它讚譽有加。此外，在觸覺與視覺上它也不討喜，其外皮多刺，坑坑疤疤像松果，聞起來的味道非常刺鼻。」[24]但是當他習慣了，他便開始欣賞它的味道，並驚嘆於每一個吃它的人似乎都能發現不同的滋味和氣味。《紐約客》作家約翰．麥克菲（John McPhee）對榴槤的描述最傳神：「聞之有如糞便，嚐之彷彿提拉米蘇。」[25]

當代新加坡舞台劇也注意到鄭和。劇作家郭寶崑（一九三九至二〇〇二年）是新加坡前衛藝術界的巨匠，他利用他筆下一部關於鄭和的劇本，反抗他認為由政府所推動的「庸俗現代性」。他通過採用暴力、性和不服從的挑釁主題來表達。郭寶崑說：「在邊陲……我找到了最具啟發性的空間和時代。」[26]

對於中國的帝國政府來說，鄭和和他的航行可能只是茫茫大海中的一點泡沫或浪花。但在民間，海上生活的浪潮持續透過大海承載一波又一波的移民，而中國在東南亞海域的重要影響力也與日俱增。

海外華人穩定地為長年不墜的繁榮貿易提供一個現成網絡，但是直到現代它仍然限於亞太地區，是一個區域性而非全球性的現象，是海灣性質而非遠洋性質。鄭和的航行雖然精采非凡，但是他並沒有改變歷史。歐洲水手的船隻比起鄭和的寶船要小得多，而且數量也少，卻在之後的一百年內改變了歷史，他們渴望與中國直接貿易，驅動海洋歐洲開闢直達東亞的海上通路。這項偉大創舉的成果之一，就是英國政治秩序與華人創業精神的結合，以及現代新加坡的誕生。

第二章

海上強權的爭奪

當十五世紀向十六世紀邁進，大無畏的歐洲人也在一系列爆炸性和革命性的活動中揚帆前進，把歐洲向世界海洋開放，首度把歐亞大陸塊的兩端——中國與歐洲——透過海上航路打通，甚至與美洲連接起來，讓人類得以重新團聚。真正的全球化，於焉開始。

列強紛紛駛向亞洲

文藝復興時期，地中海中義大利北方的那些重要城邦，主要是威尼斯、熱那亞和佛羅倫斯，提供伊比利半島資金、知識和傑出人才，鼓舞了葡萄牙人和西班牙人率先向大西洋前進的壯舉。受到東印度香料和中國絲綢、陶瓷的吸引，他們想要尋求貨源，於是不僅駕船繞過非洲向東前進，也繞過南美洲向西前進。

為了向更遙遠的歐亞大陸延伸海上貿易通路，他們成為駕船穿過麻六甲海峽的第一批歐洲人。葡萄牙人在拓展全球勢力時，也設法鞏固全球商務的安全，他們不占領廣袤的土地，而是在戰略要衝建立據點。

但是最終收割歐洲人全新的長途貿易路線成果的卻是荷蘭人和英國人。另一個很早就參與海上爭雄的法國，一直要等到十九世紀才在東南亞比較有影響力。

伊比利雙雄來到東南亞時，除了引進新的軍事技術，也帶來與中國人不相上下的自信。但是和中國人不同，這些羅馬天主教徒懷抱傳教熱忱，不只傳播基督思想，還全面宣傳他們的文化，即使是忙著做生意的商人也不乏此一傳教熱忱。他們和中國人還有另一點不同，即使他們遇上的「野蠻人」希望維持自身的文化，他們仍要強迫對方接受教化。

這些大西洋國家的到來，起先並未大幅改變長久以來東南亞的陸地與海洋的互動模式。[1]歐洲人的活動一面倒集中在海上和沿海地區，尚未觸及內陸地區。葡萄牙人於一五一一年占領麻六甲之後，他們在當地興建一座石牆城堡，在本地區這可是新鮮事物。葡萄牙人蓋的這座「法摩沙堡」（**A Famosa**，意即「有名的城市」）完成時，當地絕大多數居民打包遷居，搬到如蘇門答臘島的亞齊等海港城鎮，或位於內陸、鄰近的柔佛。麻六甲作為一個貿易中心的地位開始急遽衰退，雖然它和早先的淡馬錫／新加普拉不同，並沒有完全喪失影響力。

在這些新來的歐洲人手中，麻六甲再也沒有恢復昔日的風光。就城堡而言，葡萄牙人蓋在海岸邊以便船隻可以在受到城牆保護的情況下在附近定錨，而它本身亦容易從海上取得補給和增援。興建者沒有打算利用這個巨大的石磚建築向陸地進軍，而是著眼於海上需求，可是葡萄牙人卻又缺乏砲艦提供足夠火力。興建法摩沙堡的本意是耀武揚威，卻意外地被人看穿它的虛實，暴露出當時的歐洲人其實實力有限。大砲的射程，不論是從海上算起或從岸上算起，即是歐洲強權勢力之極限。

荷蘭人一發現通往太平洋亞洲的貿易路線，立即和葡萄牙人展開激烈的競爭，因為葡萄牙人自認這片廣大海域為其獨有的勢力範圍。他們之間的競爭於一六〇三年激化，爆發衝突。

一六〇三年二月二十五日，葡萄牙巨型帆船「聖塔卡塔莉娜號」（*Santa Catarina*）停泊在新加坡島海岸。號稱「浮動城市」的這艘大船負載過量貨物，船上的士兵、商人及許多不同國籍的男女老少共超過八百多人。它乘著季風，循好幾個世代中式帆船走過的航線，從華南沿岸的澳門前往麻六甲。

大帆船上的貨物，是典型的與中國貿易的常見商品，只是價值奇高（後來估計約值當時荷蘭東印度公司總資本的一半），包括生絲、錦緞、金繡花布、瓷器、糖和香料、用作香水基底的珍貴麝香，以及令歐洲人嘖嘖稱奇、工藝相當精湛的其他奢侈品。[2] 船上有些亞洲女子和孩童，也可說是貨品，他們即將被賣為奴隸或小妾。歐洲人對亞洲孩童的興趣，造成華南沿海地區長期以來謠言不斷，指控葡萄牙人綁架小孩，將他們殺了並煮來吃。

一六〇三年當天上午，三艘荷蘭小型船隻組成的艦隊發現「聖塔卡塔莉娜號」，開始砲轟它，瞄準風帆而非船隻本身，攻擊持續一整天。荷蘭人的計畫是使船動彈不得，但不傷及其貨物。葡萄牙人抵抗到最後，尋求停火。船長投降，交出船隻和貨品，交換全船人員性命無傷並安全前往麻六甲。此一事件是葡萄牙一連串軍事挫敗與荷蘭人堂堂進入亞洲的開端。但是它的重要性更大於此。

荷蘭人不僅海戰告捷，法律戰也一絲不苟。「他們起用第一流的人才展開文字攻勢」，延攬年輕律師許霍・德・赫羅特（Huig de Groot），亦即鼎鼎大名的雨果・格老秀斯（Hugo Grotius）

為之辯護，宣稱攻擊和搶奪這艘葡萄牙船隻是正當戰爭行為。[3] 格老秀斯在他不具名的著作《海洋自由論》（*Mare Liberum*）中力主海上自由，以及打破葡萄牙人對東南亞海域的貿易壟斷的權利。該書奠定了國際海洋法的基本規範，而論文的作者也因此名留青史。

荷蘭人與葡萄牙人較勁時，充分發揮其海軍力量和精明的商業頭腦；後者是葡萄牙人明顯欠缺的技能，他們是勇敢的水手，卻是差勁的生意人。荷蘭人一方面在國內努力凝聚國家認同，一方面為爭取獨立而奮戰，並建立世界第一個現代經濟體。他們四處尋求商業機會，踏遍五湖四海，到了十七世紀末已在「香料群島」——今天印尼摩鹿加群島的德納第（Ternate）和蒂多雷（Tidore）——掌握主宰全局的影響力。全世界只有這裡生產荳蔻。

在海峽東端，荷蘭人於一六四一年花了三個月時間圍攻，終於從葡萄牙人手中搶走麻六甲。他們改建法摩沙堡，利用精通治水的本事，在其陸地防禦環上添建護城河網。但是他們發現這個據點無利可圖，甚至計畫要拋棄它。他們以投機眼光開始打量附近的新加坡和其他島嶼。

爪哇位於印尼群島的中心，成為荷蘭在東南亞的首要利益所在，因此相較於麻六甲航線，介於爪哇和蘇門答臘島之間的巽他海峽更加吸引荷蘭人。巽他成為從好望角直到荷蘭在亞洲的權力樞紐巴達維亞（Batavia，即今天的雅加達）之間的關鍵要道。如果荷蘭人能夠固守亞洲大陸以及群島，似乎就能將其他歐洲國家阻絕於其外。

隨著對茶葉的愛好日復一日，英國人愈來愈有興趣開發和中國的貿易。他們希望繞過討厭的荷蘭對手，因為荷蘭人已封鎖住麻六甲和巽他兩個海峽。英國人對荷蘭的厭惡甚至出現在今天的語言文字裡：「荷蘭式對待」（Dutch treat）指的是客人也要付錢；「荷蘭大叔」（Dutch uncle）指的是嚴格執行紀律的人；「荷蘭金屬」（Dutch metal）指的是假黃金；當然還有to get in Dutch指的是「陷入麻煩」。據說十九世紀初英國政治家喬治・康寧（George Canning）講了一句名言：「在商業上，荷蘭人的缺點就是給的太少，要的太多。」但是英國人雖不服氣卻也從很早之前就佩服荷蘭人。十七世紀作家約翰・艾佛林（John Evelyn）簡明扼要講出這份愛恨交織的情愫：「除了嫉妒之外，荷蘭人樣樣超越我們。」[4]

十九世紀初，剛獨立不久的美國雖然還未真正威脅到英國，也揚帆出航投入東南亞貿易，這也引起英國人的不滿。麻州塞勒姆（Salem）商人在十八世紀末開始投入蘇門答臘的胡椒貿易。在這一行業，相對小型的投資就能得到豐厚利潤。到了十九世紀前半葉，數百萬磅的胡椒透過美國船隻，幾乎全都送到歐洲市場販售。

包含胡椒商人在內的美國商船要前往亞洲，通常是從美東走非洲行路，繞過好望角，因為這條航線比繞過南美洲更短、更容易。不過還是有些船長繞過南美洲最南端、危險的合恩角（Cape Horn），先駛往美國的太平洋西北地區，再前往今天加拿大的不列顛哥倫比亞（British Columbia），取得光鮮的海獺皮，接著再橫跨太平洋到夏威夷載檀香木，這兩樣商品在中國市場都可以賣到好價錢。

前往東南亞的美國商船通常載運廉價的飾品和墨西哥銀幣，或乾脆就載銀子和壓艙重物；回程載著珍貴的胡椒，這種生意使許多美國人致富。進口關稅非常高，光是塞勒姆一地每年貢獻的稅金就高達聯邦預算的百分之五。[5]商人的投資報酬率可以很高，可是故事並不是永遠那麼幸福快樂。

從塞勒姆出發的美國船隻為了尋求商品，先前往蘇門答臘島西端的亞齊，再到沿著海峽的其他小港口。有位美國人在途中死亡，屍身放在裝滿胡椒的棺木運回塞勒姆。多年之後開棺，報告寫說：「他依然栩栩如生。」[6]這些價值不菲的胡椒是否另作他用，已不可考。

一八二四年之後，荷蘭人開始收緊在印尼群島的統治，不再友善對待其他國家的商人，且英國人也竭盡全力阻撓美國人。美國這一行貿易事業於是急遽消失。

英國人發現新加坡

英國人緊密跟隨著荷蘭人，終於成為後人所謂「地理大發現」的繼承人。他們從伊比利雙雄打開的海洋世界中獲得最大好處，開始能夠馳騁全球、縱橫四海，似乎擁有無窮無盡的機會。一七〇三年，一位蘇格蘭船長、貿易商、冒險家亞歷山大・漢彌爾頓（Alexander Hamilton，與日後那位同名同姓的美國政治家並無親屬關係）很奇怪地婉拒柔佛蘇丹把新加坡島交付給他的好意。不過當時的英國根本沒有興趣在麻六甲海峽建立領土據點，英國的重點是印度，對東南亞的興趣日後才逐漸浮現。

英國當時對東南亞的知識相當有限。沿著海岸叢生的熱帶森林看起來相當神祕、險惡，瀰漫著溽熱與死亡，棲息著吃人的動物與「野蠻人」。可是當他們更清楚寶貴的香料和具異國風味的熱帶特產的真正來源，以及麻六甲海峽是通往中國最直接的門戶時，這個重大誘惑使他們興趣大增。他們所缺的是在此一戰略通路上能有個安全的庫房。

英國政府批准東印度公司（East India Company）這個準政府事業為英國在全亞洲商務的全權機關。東印度公司職員亞歷山大・達林波（Alexander Dalrymple）是未來皇家海軍第一位水道測量師，並於一七六九年指出英國應該取得一個專門作為對華貿易之用的基地。他是第一位有這個想法的英國人，且身體力行、極力爭取。不幸，他選擇錯誤的地方作為基地——在加里曼丹（Kalimantan，即婆羅洲）附近的一個小島。該島離印度的港口太遠，不能作為船隻在前往中國途中有用的中停站，它也缺乏有生產力的內陸來增加收入。經過短暫占領之後，英國人棄守，但他們在麻六甲海峽找到更合適的地點。

在新加坡島進入英國人的想像之前，一位高瞻遠矚的前任皇家海軍軍官佛蘭西斯・萊特（Francis Light），在一七九〇年說服吉打蘇丹這位馬來君主，把麻六甲海峽西端的檳榔嶼以年租金六千美元出租給他的雇主東印度公司。[7]高傲的萊特依循歐洲傳統，把本地人原已通用的地名改取歐洲名字，他把檳榔嶼取名威爾斯親王島（Prince of Wales Island），城鎮取名為喬治市

（Georgetown）。

英國人在興建帝國時一向尋覓島嶼，因為島嶼可由砲艦保護，不需要大批駐軍。英國有船隻，但是兵員並不充沛。因此，本國和其海外據點相同，都是和大陸分開來，只要英國控制海洋，英國人就有安全感。

貿易商需要有地方「恢復元氣」（refreshment）——當時這個名詞指的是有個安全的地方讓海員能修理、整建船隻和補充補給品。木造船隻即使在最佳狀況下都很脆弱，需要費心地保養維修，特別是在熱帶海域。因此就這些帝國締造者而言，西印度洋的模里西斯和檳榔嶼，以及後來的新加坡和香港，都是所謂帝國生命線上關鍵的連結點。

印度的一份報紙分析，萊特選擇多山的檳榔嶼，是基於人體健康因素考量，因為歐洲人容易染上病毒性發燒。荷蘭人的巴達維亞已經以「白人的墳場」惡名遠播，其低窪地形和無數運河是帶有瘧疾病毒蚊蟲的溫床。把不流通的水源拿來回收使用、汙水處理都容易導致腸道疾病。菸癮和酗酒也無助身體健康。許多人即使只是短暫居留都可能命喪異域，因此外國商人儘量避開這個地方。

至於檳榔嶼，他們的說法則是：「這裡既沒有孟買劇烈的氣候變化，沒有孟加拉的沼澤惡臭，也沒有馬德拉斯（Madras）*的酷熱。」[8]可是即使如此，包含三位總督在內，仍有許多英國

---

* 〔譯註〕今名為清奈（Chennai），是印度東南沿海重要城市。

人在島上病死。

一旦英國人對於對華貿易的興趣漸增，他們發現麻六甲海峽是更好的航道，但是需要有個合適基地。檳榔嶼位置太偏西，不足以主宰海峽，因此他們把視線轉向東方。他們在一七九五年從荷蘭人手中拿下麻六甲，短暫地占領，這和英國短暫進據爪哇一樣，是為了阻止這兩個地方落入法國人手中，因為此時拿破崙才剛併吞荷蘭。英國人認為戰爭結束後麻六甲會被交還給荷蘭，因此思考把它的商務和人員遷移到檳榔嶼。作為搬遷的第一步，他們花費巨大代價炸毀葡萄牙人從前興建的堡壘法摩沙堡；只要是代表其他歐洲國家永久性存在的象徵都必須摧毀，法摩沙堡的巨石建築正是箇中翹楚。

圖表2-1　史坦佛・萊佛士爵士塑像

由法蘭西斯・李加特・錢德瑞爵士（Sir Francis Leggatt Chantrey）製作，陳列於新加坡國家圖書館。

資料來源：Wikimedia用戶Jacklee拍攝。

像佛蘭西斯・萊特這樣的英國人已經看到海峽具有先天商業利益，麻六甲城及其偉大的貿易傳統無疑證明了這一點。某些人認為，最理想的模式就是英國人建立一個基地，織造一個商業網絡，把來自印度、中國、東南亞和母國的眾多且各色各樣的產品結合起來，替英國賺取龐大利潤。每筆交易都可以賺錢，不論是英國的鐵製工具和五金，印度的棉花和鴉片，中國的陶瓷和茶葉，或是馬來亞的翠鳥羽毛、草藥和熱帶硬質木材。

在此之前，在歐洲人進入麻六甲海峽，建立東南亞與大西洋世界的新連結時，新加坡島的地位未被重視。島上大部分的居民早就遷徙到其他地方，曾開墾過的土地也大都變回叢林，這在熱帶地區只需一眨眼的時間。當英國人一八一九年踏上新加坡島時，前人遺留的事物已不多，只剩下淡馬錫／新加普拉過去精采繽紛的傳說。

湯瑪斯．史坦佛．萊佛士（Thomas Stamford Raffles）在此時於我們的故事中登場。他在當時與後來都有無與倫比的影響力，以至於即使萊佛士本人清楚地知道他的新加坡確實曾有一段光榮的歷史，但他本人的耀眼光環導致發生在他之前的事大多被遺忘，淪為不值一提的歷史雲煙。

萊佛士與新加坡的誕生

一九三〇年代有部膾炙人口的卡通，片中黃包車上的乘客告訴車伕，送我到「萊佛士」。黃包車伕很困惑，列出十來個可能的地點。今天，以萊佛士為名的地方可又更多了。在新加坡這個海洋城市國家，走到哪裡都有可能碰上湯瑪斯．史坦佛．萊佛士這個名字。自從羅馬神話人物羅慕路斯（Romulus）和雷穆斯（Remus）兄弟以來，有哪個偉大城市會如此以創始人的大名為各式各樣的地點命名呢？*

在走過今天的中國城、政府行政區或新加坡河畔時，萊佛士的都市規畫依然清晰可見。他的肖像很多，他的名字無所不在，有萊佛士酒店、俱樂部、醫院、碼頭，也有一條史坦佛路，甚至新加坡航空公司班機還有萊佛士商務艙（直到二〇〇六年才改名）。在新加坡，他的名字毫無例外代表了高尚高檔。英國其他前殖民地都沒有像新加坡這樣，對舊日主子如此尊崇，南非航空公司的商務艙絕不會取名羅德（Rhodes）級†、埃及航空公司也不會取名柯羅默（Cromer）級‡。

萊佛士本人一定會為他的盛名流傳青史感到陶醉。他作為象徵的重要性遠遠超過他的實質成就。[9]現在大家都曉得別人和他一樣貢獻卓著。

一八一五年，也就是英國和法國為印度和印度洋最後一次戰爭結束之後，「第二大英帝國」（a second Bristish empire）崛起。它的性質是「帝國的」，而以前以大西洋為中心的大英帝國則不然。舊帝國的同質性相當高，新帝國則涵蓋非常複雜的族裔和文化。這讓它足以與羅馬帝國相比，而英國人會喜歡此一對比。十九世紀的大英帝國締造者很有意識地自認是末期的羅馬人。作家、藝術家和建築師從古典羅馬取材，許多人流連於羅馬和英國成就兩者之間的相似。所有受過教育的人至少都略諳拉丁文。

但是私底下，英國人自認高出羅馬一等。他們的帝國橫跨全球，不只是稱霸地中海一隅，也堅持以更高的道德標準作為行為準則。

萊佛士去世多年後，維多利亞時代晚期的人才將他納入為帝國效命的崇高典範。他有一尊半身肖像，身穿類似羅馬元老的服飾。鑒於他喜歡自命為高人一等的「羅馬總督」，加上他的第一位傳記作者（也是他的遺孀）試圖強化此一形象，這裝扮看起來特別適合。萊佛士永遠蓄勢待發，預備好在歷史洪流中大顯身手。

萊佛士熱愛名聲，又善於自我吹捧，因此很多新點子就算出自別人也被他掠為己用。他從不吝於貶低其他人在參與創建他所謂的「我的殖民地」上的功勞。他有一批朋友和仰慕者，但可想而知，他也有批評者和敵人。

---

* 〔譯註〕根據羅馬神話，羅慕路斯和雷穆斯這對雙生兄弟是羅馬城的創始人。

† 〔譯註〕西席爾．約翰．羅德（Cecil John Rhodes）是生長於南非的英國企業家、礦業大亨和政治人物，曾任開普殖民地總督。羅德極力支持英國帝國主義，他創辦的「英國南非公司」在一八九五年以他的名字建立羅德西亞（Rhodesia）——南羅德西亞獨立後成為今天的辛巴威、北羅德西亞為今天的尚比亞。南非的羅德大學（Rhodes University）也以他的名字建校。羅德非常重視教育，捐出資產建立羅德獎學金運作至今。

‡ 〔譯註〕艾佛林．霸菱（Evelyn Baring）出身英國政界及銀行界世家霸菱家族，從一八八三年至一九〇七年在英國占領埃及期間，擔任駐埃及總領事，這個職位使他實質控制埃及的財政和政府治理。霸菱的政策導致埃及某些領域的經濟發展受限，深化對經濟作物的依賴和結構上的低度開發。他先在一八九二年被封為第一代柯羅默男爵，於一九〇一年又晉封為柯羅默伯爵。

萊佛士自行其是，有時候甚至違背上級命令或指示。他的行為使得上層對他評價不一。他們欣賞萊佛士的工作熱情和機敏，但是鄙視他的投機和專斷。他能夠如此自由行動，有一部分是因為當年通訊速度極慢。

在電報科技出現之前的年代，在天高皇帝遠的地方，有極大空間可以讓有膽識的人獨自便宜行事。倫敦和「遠東」之間的通信一來一往可以費時兩年，因此地方官員可以先斬後奏，做出決定後再向母國報告，萊佛士因此如魚得水。其實並不只有他一人如此，其他的英國人，如檳榔嶼的佛蘭西斯．萊特和詹姆斯．布魯克（James Brooke）——後者在加里曼丹島的砂拉越自立為「白人土王」（white Raja）——就是當年第一線果斷的英國官員在倫敦尚未批准或根本不知情的的情況下，就毅然決然有所作為的最佳案例。

萊佛士一七八三年出生於加勒比海的海上，這一年英國人在美國約克鎮戰敗，以大西洋為中心的第一大英帝國實質結束。不久之後，他那位商船船長父親顯然就拋棄了他們母子兩人，班哲明．萊佛士（Benjamin Raffles）自此以後不存在於萊佛士家族史上，只在一八一一年的家書中曇花一現，提到他不幸因負債累累而坐牢。

因此湯瑪斯身為家中唯一的兒子，不到十四歲就必須從倫敦的學校輟學，賺錢支持家計。他日後十分遺憾自己缺乏正式教育。但是他以積極上進彌補此一缺憾。好學不倦、百折不撓（我們或許可說他有極高的ＥＱ）的萊佛士求知若渴，像啟蒙時代的所有人一樣，什麼都想學。

萊佛士非常孝順母親，照顧手足。在慈母專心呵護之下，他就像麥克阿瑟和小羅斯福那樣的領袖人物，從深厚的母愛中獲得極大自信。萊佛士具備高昂的志氣、遠大的目標、熱情和獨立等領袖特質，有勇氣挑戰權威。當然，有時這會給他惹來麻煩。

在一段短暫的職業生涯中，他樹敵不少。但是他的魅力和口才出眾，讓他得以非凡的能力討好權貴繼續提拔他。

年輕的湯瑪斯先在東印度公司倫敦總部的印度大樓（India House）擔任文書員。由於他的努力，許多人看好這位年輕人前途無量。他日後的平步青雲或許不只是因為他的聰明和勤奮，也同樣因為他企圖心和熱情。可是，他能夠從倫敦總部的文書員一步登天，被派到國外擔任管理職務的這個過程其實非常不尋常，其原因我們迄今不明白。

萊佛士吸引到上級的賞識，安排他到新建立的檳榔嶼就任。他在一八〇五年九月抵達，正是特拉法加戰役（Battle of Trafalgar）之前一個月，而英國因為特拉法加之役戰勝，奠定海上霸權。*萊佛士偕新婚妻子來到檳榔嶼，卻發現很難獲得他人的認可。在英國殖民生活的階層中，

* 〔譯註〕一八〇五年，拿破崙主政的法國與以英國為首的第三次抗法同盟又爆發戰爭，拿破崙計畫進軍英國本土，為牽制住強大的英國皇家海軍，拿破崙派法國和西班牙聯合艦隊與英國海軍周旋。一八〇五年十月二十一日，雙方艦隊在西班牙特拉法加角（Cape Trafalgar）外海相遇，法西聯合艦隊遭受慘痛打擊，主帥被俘，不過英軍主帥納爾遜（Horatio Nelson）海軍中將也在戰鬥中陣亡。在此戰中法國海軍精銳盡失，從此一蹶不振，拿破崙被迫放棄進攻英國本土的計畫。

萊佛士沒有財富和顯赫的家世背景，在社交上被視為低人一等的圈外人。但在他的工作上，他卻有能力超越他的同儕小圈子，發揮他的才華贏得上級的眷顧與友情。他也花費不少時間鑽研與馬來文化相關的議題。

具有語言天賦的萊佛士自修法文有成，也足以寫出法文詩詞。對他的職業生涯更重要的是，他利用前往東南亞的長途旅行，至少掌握了日常的馬來語，一旦抵埠，他的馬來話就說得比翻譯官還好，不過這可能不是因為萊佛士本人太厲害，而是翻譯官的本事有限。但努力學習馬來語無疑對萊佛士的前程極為重要。

馬來人非常欣賞這一點，就萊佛士而言，語言成為和馬來人拉近關係的重要工具，而他的同僚根本不曾嘗試這麼做。萊佛士求知若渴，拚命吸收馬來藝術和文化的各種面向，包括他們的結婚禮俗、喪葬規矩、工作態度，以及交易貨物。他的腦子裡出現一個地理和文化覆蓋極廣的馬來世界，遍及半島和群島，從大陸迤邐直到印尼最遠端。萊佛士一直保持宏觀視野，想像在和英國人合夥下恢復馬來人的盛世榮耀。

他發現馬來人比起他大多數同胞更有趣，他們不僅喜好冒險，且精於生意。他認為，在海上，他們和英國人一樣，若是在英國人善意的指導下肯定比在「暴君式」的荷蘭人治下，會有更偉大的前程。

麻六甲當時名義上仍屬荷蘭所有，但因為母國遭到法國占領，因此暫由英國託管。兩度訪問麻六甲之後，萊佛士看到在海峽更東的地方建立英國據點的效益會比在檳榔嶼更高。這個地點因為位於從印度到中國最短航路上，也更接近印尼群島的東端——加里曼丹、蘇拉威西（Sulawesi，荷蘭名西里伯斯島〔Celebes〕），以及荳蔻、丁香等香料的來源地摩鹿加群島——會占有貿易之便利優勢。萊佛士以爪哇副總督身分（最高文職官員）在英國短暫占領此一重要島嶼期間掌握大權，他拚命設法讓英國不把麻六甲歸還荷蘭。就英國貿易據點——通稱「工廠」（factory）——而言，他把目標鎖定在廖內群島，這是靠近新加坡的一群小島，位於麻六甲海峽最東端。[10]

一八一七年回英國述職期間，萊佛士出版一本爪哇史專書，攝政親王*授予他爵位榮銜，他決定捨棄湯瑪斯之名，保留較有貴族氣的史坦佛。史坦佛爵士回到亞洲，奉派前往蘇門答臘島西海岸的明古魯（Bengkulu，又名明古連〔Bencoolen〕或馬爾波羅堡〔Fort Marlborough〕）出任副總督，這個偏遠的英國小據點早在一六八五年即設立。派到這個地點令他大失所望。它位於蘇門答臘島的西岸，根本不在重要航線上，更不是英國商船前往中國必經之地，因此虧損累累。在未經上司任何鼓勵之下，閒不下來的萊佛士四處尋找戰略上對大英帝國更好的地點，當然對他個人

* 〔譯註〕英王喬治三世從一七六〇年至一八二〇年長期在位，晚年健康狀況欠佳，兒子自一八一一年起代為攝政，日後繼位為喬治四世。

而言也是更好的地方。他不甘居於一個偏僻角落的位子。

一八一八年九月，他前往加爾各答向轄區兼及東南亞的印度總督哈斯汀勛爵（Lord Hastings）申訴。哈斯汀被萊佛士的巧言令色搞得團團轉，竟然允許他自己起草指令，雖然並未報經倫敦授權准予選擇新加坡島，仍准許他在海峽覓地建立基地。萊佛士被告知不得招惹已經占領他第一選擇的廖內群島的荷蘭人。他於是把注意力轉向靠近蘇門答臘、現屬印尼領土的一個花崗岩島嶼卡里蒙島（Karimun），但他發現此地山勢陡峭又有茂密叢林，恐怕不適合闢建海港。

既然卡里蒙島條件欠佳，萊佛士接下來想到新加坡也很理想，它比卡里蒙島大，既有島嶼的安全又環抱大陸海岸，有河口可供船隻停泊，是理想的避風港。該島不受颱風侵襲，那是中國海域水手的惡夢。此外，這個避風港早已位於很重要的國際航線上，後來也發現它是一千英里之內最深的港口。[11]

在挑選新加坡的過程中，萊佛士並不是唯一的決策者。他會聲稱，在新加坡於一八一九年始建之前，他就認為它是在海峽中對英國最具戰略意義的地方。但是我們知道選擇新加坡其實是在始建前夕才決定的，並非在那之前，而且也是出於集體決策。[12]

今天的新加坡博物館小心翼翼地指出，萊佛士不是唯一的創始人，威廉・法誇爾（William Farquhar）也應該同享這份榮耀。法誇爾在當地工作，且多年來都是負責人。他是萊佛士的下屬，但後來兩人失和。雖然遭到萊佛士惡意對待，法誇爾和藹的態度讓他在當地交友廣闊。

萊佛士只到過新加坡三次，逗留時間從來沒有超過八個月，可是他很聰明、成功地以創始人自居，厥功至偉。用今天的話語來說，萊佛士和他太太是說故事的大師。傳記家經常引述他的遺孀為他撰寫的傳記，因為書中載有許多他的信件，只是今天皆已佚失。第一手資料的不足經常導致他們全面採信她的觀點。

地點、地點、地點。事後來看，新加坡這個選擇其實遠比萊佛士和法誇爾兩人想像的來得更好。可是，新加坡沒有任何可以說得出口的資源。這裡只有幾百個居民，絕大多數是捕魚為業的海人。也有少數中國人靠耕種小量胡椒和甘蜜（gambier）*為生。這個地方就跟十四世紀新加普拉的遺跡無異。

因此所謂「泥淖建國」的神話就一直流傳下來，宣稱新加坡完全是十九世紀的產物，從一片荒蕪的沼澤中憑空誕生。二十世紀新加坡獨立建國時的一位著名領袖拉惹勒南（Sinnathamby Rajaratnam）的確也說過：「在萊佛士來到這個前景黯淡的島嶼之前，如果要說新加坡有何建樹，恐怕也乏善可陳。」[13]一直到相當晚近之前，即使歷史學者也對一八一九年以前的歷史棄之不顧，對還可以往上追溯七百年的歷史毫不關切。

當地馬來人的政治紛爭也有助萊佛士說服地方土王，允許英國人以東印度公司名義於一八一

* 〔譯註〕甘蜜可作為胃腸藥。日本人的正露丸、仁丹的成分中均含有甘蜜。

九年在這個戰略要地建立貿易站。當時的馬來人若是知道英國人如何預估從他們手上得來的權益，定會大吃一驚。馬來人認為他們只是把貿易權出租給英國人，英國人卻把它解讀成是贈與領土主權。土王們只想在他們的內部權力鬥爭利用英國人，而英國人卻要了他們。

在建立這個殖民地的過程中，真正的阻礙是倫敦，而非馬來土王。萊佛士進行談判時，荷蘭聯省共和國（Dutch United Provinces）在歐洲已經成為日益衰弱、盛況不再的國家，不再有力量威脅擾亂全球海上航運。荷蘭人無法在中國沿海建立勢力範圍，就想到或許可以利用中國人的帆船網絡與中國貿易往來。另外，即便荷蘭是唯一獲准在日本做生意的歐洲國家，他們在日本人嚴密監控下僅於長崎分配到一個狹窄空間作為基地。不過在東南亞，他們仍是英國強大的商業競爭者。

萊佛士認為荷蘭人是「荒謬、邪惡的敵人」，他的通信中充滿對他們各種尖酸刻薄的批評。[14]他擔心荷蘭人若是控制住麻六甲海峽和巽他海峽，英國與群島東南亞和中國的貿易就得「任憑他們宰割」。[15]他表示擔心「東方各島充斥眾多毫無原則的冒險家，尤其是中國人、阿拉伯人和美國人，他們在這些國家的勢力既不會強化英國國民的利益，也不會提升當地土著的境遇」。[16]他渴望英國能在競爭中成為勝利者，他特別不喜歡來自塞勒姆的美國胡椒商人，認為他們太好鬥。

但是最讓他忌憚的是荷蘭。他寫道，他們「只關心本身的商業利益」，「他們在與這些地區的交流中，總是堅持一種比對待任何國家都更冷血、吝嗇、不自由的政策，除非我們把歐洲國家在非洲的奴隸海岸的所作所為排除在外」。[17]萊佛士厭惡奴隸制度不下於厭惡荷蘭人。然而鑒於荷蘭聯省共和國已經式微、不再是世界強權，萊佛士似乎有些過度焦慮。

雖然激烈的商業競爭使得英國在海外與荷蘭交惡，倫敦卻對在歐洲大陸要削弱荷蘭有諸多保留。如何維持歐洲的權力平衡才是英國的主要顧慮，因此它希望加強荷蘭的實力，以制衡宿敵法國主宰歐陸的威脅。新加坡這個遙遠的亞洲小島據點，能經得起這個戰略考量而存活下來嗎？

倫敦爭論不休，這個殖民地的未來也懸而未決。

荷蘭堅決主張，萊佛士和馬來人的協議無效，因為它屬於早已位於荷蘭勢力範圍內的領地。位於加爾各答的總督哈斯汀撤回他對萊佛士行動的支持，位於倫敦的印度大樓（東印度公司總部）更是強烈反對。

可是其他的英國商業利益把這個位於的印度、中國航線上的新據點視為理想的中途站。倫敦《泰晤士報》認為荷蘭針對英國在東南亞商務的敵視是無理取鬧，主張「新加普爾」（Sincapoor）是「純粹的防禦陣地」，旨在保護對中國貿易。[18]兩派辯論陷入拉鋸戰。

焦慮的不確定感持續了一段相當時日。雙方之間的談判始於一八二〇年，直到四年之後荷蘭才勉強提出妥協方案。無力回天的荷蘭很不情願地接受英軍進入麻六甲海峽。

英國對經濟利益的重視勝過政治考量。一八二四年簽訂的《倫敦條約》（Treaty of London）

解決了歐洲方面的爭議，把群島部分劃歸荷蘭、半島部分交給英國，在歷史上第一次以麻六甲海峽為界劃分東南亞，從半島邊緣和眾多群島之間將馬來亞分割為政治上兩個不同勢力範圍。同年，英國人支付一筆現金，說服馬來人放棄對整個新加坡島的主權。這時候，英國人尚未完整探勘新加坡島，許多地方仍被濃密的森林盤據。

當時的英國外交大臣喬治・康寧對荷蘭沒有好感，他相當滿意地向下議院宣稱，新加坡「使得大英帝國在印度完整如一」。[19] 確實，從加爾各答予以統治，新加坡這個殖民地底下的殖民地，被認為是「更遠的印度」（Further India）。

英國人在馬來半島的尖端末稍開墾之際，馬來人悄悄地默認了。儘管萊佛士期許甚深，馬來人卻對商業沒有興趣，而且馬來人海盜頻頻騷擾商船。萊佛士向馬來治安當局「天猛公」（Temenggong）提出抗議，後者卻反駁說他的祖先代代是海盜，這是完全可以尊重的行徑，它等於是對經過的船隻課稅，是合法的稅收來源。雖然可能沒有正式得到許可，這些「海盜」或許該被稱為「私掠船」（privateer，意為戰時受政府之命攻擊敵國船隻之民船）。英國人來到東南亞抱怨當地海盜似乎有點說不過去，要知道他們一向自誇的伊莉莎白時代的水手在兩百年前也和馬來人如出一轍，在皇家許可下攻擊商船，不但皇室藉此獲利，私人也因此發財。

荷蘭人勉強接受英國人出現，把自己局限在島嶼世界。他們日益著重領土擴張，而非純粹商業利益。他們建立農場經濟，從貿易轉向種植農作物供銷市場。到了十九世紀末，他們已經鞏固了對今天印尼大部分地區的控制，對母國的富足貢獻良多。

發明新加坡的歷史

隨著新加坡此一新殖民地迅速成長，苦力們推平丘陵，拿廢土來填平沼澤。沒有人阻止對殘存的歷史陳跡無情的破壞。直到相當長久之後的一九二六年，工人們才在福康寧山（Fort Canning Hill）的一個廁所底部挖掘出成堆的金飾。許多人相當雀躍，也點燃了對遠古歷史的新興趣，但是有組織的考古挖掘直到一九八四年才開始。[20]

研究沉船的海洋考古學現在正在努力蒐集文獻證據和陸地上的短簡殘編，以便把新加坡的歷史置於更深層次的脈絡中。當代證據能證明萊佛士對新加坡的過去的信念是合理的。

萊佛士為了尊崇現在，想方設法把它和他相信的過去結合在一起。他堅稱某些土塚是巨大城堡的遺跡，因此十分重要。他堅稱它們是「古代海上馬來王國的首都」的遺跡。[21]他談到這一段歷史，並說「但是就我對馬來歷史的研究，我幾乎不知道有這樣一個地方存在，不僅僅是歐洲人，而且印度世界也都不知道。」[22]他的副手約翰．克勞佛（John Crawfurd）頻頻點頭稱是，附和說：「這個地方過去非常偉大，非常強大。」[23]

他們的判斷後來經證明是正確的，但當時遭到許多人嘲笑，貶抑這些臆測純屬幻想。有些人質疑原始的馬來人城市是否真的在新加坡島上，反而主張應該是在鄰近的大陸上。[24] 和萊佛士同時代的一位人士指出：「古老的偉大成就根本未留下遺跡，連一絲一毫的殘餘都沒有被發現。」[25]

萊佛士不為這些懷疑氣餒，他理解的新加坡歷史是一個偉大海上帝國中心的歷史，而「他的新加坡」就是那個古老文明的當然繼承者。這個主意讓此一微小、覆蓋在未開發的叢林下的島嶼殖民地享有正當性和尊嚴，以及原本沒有的光榮歷史。萊佛士緊抓住新加坡是古老海洋帝國的後繼者，是海上馬來人貿易的中心，類似於在海峽沿岸蓬勃發展的麻六甲。對新加坡的這番理解使他對未來的想像得到認可。

萊佛士雖是忠誠的保皇黨，卻沒有像當時許多英國人那樣，以英國皇室之名為殖民地命名。試想，全世界有多少地方名叫做維多利亞！他選擇「新加普拉」為名，藉此把新與舊串連起來。英國人很快就把新加普拉稱為新加普爾（Sincapoor），最後就成了新加坡（Singapore）。

萊佛士工作非常勤奮。多產且優秀的寫作能力是他最大的優勢，撰寫有說服力的報告成為他能夠成功的關鍵之一。他花很多時間閱讀和吸收資訊，當年擔任文書員的經歷使他筆下功力深厚。拿起鵝毛筆，挑燈夜戰，他把大量資訊濃縮為精鍊、有說服力的論據。

萊佛士和他那個時代的許多知識分子一樣，興趣廣泛、無不涉獵。他的研究和寫作超越政治和專業職責，涵蓋地理學、民族學、植物學和動物學；他撰寫的爪哇史展現出他廣泛的興趣。他不只閉門造車，積極好動的他喜歡在叢林中闖蕩，熱衷蒐集各種東西。

他的馬來助手記得他把毒蠍子、蛇和蜈蚣泡在酒桶中淹死，然後在回國的長途旅行中用同樣的酒精將它們裝入瓶中保存。萊佛士也喜歡與動物互動，他的家簡直就是一座動物園，後院裡養了一隻小老虎，頭頂上有鳥兒自由飛行，還有一頭猩猩穿戴整齊，戴帽子、穿外套和長褲，在房子裡自由走動。

萊佛士既是個決策者，也是個思想家，他把個人的意志與喜好貫徹在「他的殖民地」的機構以及最早的實體建物上。他反覆思索重大問題、國家戰略，展望未來以及檢討過去，但無論如何總是會回到他的首要關懷：新加坡。萊佛士的遺孀寫道，他認為「就海上優勢和商業利益而言，它的價值遠高於整個大陸的領土」。[26]不過，如果可以把爪哇納入大英帝國，他肯定樂意而為。

就英國利益而言，萊佛士在此一新殖民地上看到偉大的未來，因為它連結了印度洋與太平洋、中國與印度這兩個世界的古老貿易傳統。對於繞過好望角東來的旅人而言，新加坡作為中繼站沒有縮短從英國到中國的路程，異他海峽比麻六甲海峽更適合。但是，就過去已有、而今愈來愈多由紅海、印度或斯里蘭卡東來的船隻而言，麻六甲海峽和新加坡提供了最短路徑。

中國一直是萊佛士嚮往的國度，他覬覦當地還未對英國人開放的巨大市場。英國紡織廠開始生產巨量棉布，其中絕大部分要出口外銷。棉布廉價、輕柔、容易染色、可以洗等等特性，使棉紡織工業成為十九世紀全世界最重要的製造業。[27]不過萊佛士想到的是羊毛。中國華北地區有數百萬人在寒冬中顫慄，應該會喜歡英國羊毛織品的舒適。他說：「我看不出有任何理由，為什麼中國人不能全都穿上來自英格蘭的衣物。」[28]如果他看到今日英格蘭的衣物都由中國供應，不知會做何感想？

萊佛士也超越商業而心懷更宏偉的目標。他希望「他的殖民地」能成為東南亞知識和教育的中心。寫到英國及他自豪的帝國精神，他說：「如果商業為我們的國家帶來財富，文學和慈善事業的精神將教導我們如何把它運用於最高尚的目的。正是這一點使英國在列強中以她強大的力量向周遭各國帶來恩惠。萬一時候到了，在帝國衰亡之際，即使她的勝利化為空名，這些象徵帝國美德的紀念建築將會永續存在。」[29]他一定會很高興看到當代新加坡接受英國大部分的傳統，儘管還尚未擴展到「文學精神」。

當帝國湧向時代大洪流時，沒有任何一個地方比新加坡躍進地更迅速。緊接著一八一九年之後，這個殖民地以驚人的速度增長，好像成千上萬的人就在海上等待要把英國國旗在這個島上升起。原本微不足道的人口於三年內成長為一萬多人。來自不同國家的船隻將港口擠得水洩不通。但是對前途的不確定感，一直延續到一八二四年條約的簽訂。

新加坡倏忽而來而且勢不可擋的飛躍性成長的主因在於，在這個歐亞大陸塊的最南端，已經有古老且靈活的馬來人和華人的貿易網絡，把大陸和群島結合起來。這些人口的流動模式是順應季風而生，決定了人的移動，同時需要有個避風港供水手和貿易商休憩。對於這些人，新加坡的深水避風港提供理想的選擇。自由貿易和開放移民更吸引許多人前來。

萊佛士打從創立此一殖民地起，就不希望開徵進口稅。他在一八二一年一月十九日致藍斯唐尼侯爵（Marquess of Lansdowne）的信上就說：「我非常滿意我們所有更東邊的殖民地都是最嚴格字義上的自由港。」[30]奉行亞當・斯密理論的自由貿易將成為新加坡的特色，這對當時無論東方或西方的任何海上傳統來說都十分不尋常，雖然本國尚未採行，但是這種新手段在整體上卻富有英國色彩。新加坡穩定、不干預主義的政府將提供強大的吸引力。這個殖民地可說是強而有力的例子，證明在沒有礙手礙腳的限制之下，以最低度的公共資源投資，民間企業就能有所發揮。既然關稅在財政上無關緊要，因此可以輕易取消。

自由貿易成為「不斷拓展的國際體系的前鋒，工業化的英國在這個體系中是主要的實踐者和宣揚者，以民間企業為基礎的自由貿易被理所當然地認為可以促進財富的最大化」。[31]在殖民地新加坡，它肯定運作良好。

從一八一九年二月至五月，萊佛士第二次訪問新加坡期間，他觀察到短短幾個月內各方商賈蜂擁而來的情況。他的第三次、也是最後一次訪問從一八二二年十月延續到一八二三年六月，他看到數千艘船隻駛進港，其中大多數是土著小船或中式帆船。然而，也有數百艘懸掛歐洲國旗的大型船隻。[32]自由是最大的吸引力：沒有沉重的關稅，對移民沒有設限，也沒有奴隸；廢奴雖尚未全面制度化，但大英帝國自一八〇七年起已宣布禁止販售奴隸。

來到新加坡的中國移民主要分布在馬來半島靠海峽的沿岸。他們有些來自麻六甲，有些則來自坐船只需六天的華南，他們的人數很快就超過了馬來人，占了過半數。新加坡也吸引了其他許多人，再加上歐洲人之後，它比全盛時期的麻六甲還要國際化。

逐漸地，英國透過和馬來人的一系列協定取得愈來愈多的統治權威。不過，雖然萊佛士打著東印度公司的旗號進行談判，東印度公司卻已經表明，它無意對歐洲人之外的其他民族行使統治。於是其他人獲得相當大的自治自由。

萊佛士對荷蘭的態度顯示出他深具憂患意識，有時候並不理性，這種意識不時也會出現在新加坡歷史上。起先，焦慮源自擔心這個海外蕞爾據點能否在本地馬來人反對、倫敦當局輕忽、荷蘭人頑強抵抗下存活下來。這些問題解決之後，又有其他問題浮現，焦慮接連而生。

隨著殖民地日益成熟，它的面積狹小，又無堡壘可守，也遠離做為其保護者的權力中心，再加上與本區域周遭的強勢文化和民族的疏離，焦慮感日甚一日。除此之外，新加坡的性命與命運完全仰仗國際經濟景氣的波動，偏偏這一點又是新加坡人無從控制的。

很不幸地，在萊佛士最後一趟返回英格蘭的行程中，他的座船「名譽號」（*Fame*）爆發水手們最忌憚的大火。船隻載著萊佛士在東南亞居住期間蒐集的所有材料統統沉入海底，耗費多年心血的研究成果毀於一旦：一百二十二箱的書籍、物品、標本、筆記。他在過去三年，五個子女中已有四個相繼去世，更早之前第一任妻子也撒手人寰，全都死於歐洲人在亞洲最經受不起的熱帶性熱病。

備受打擊的萊佛士於一八二四年八月回到母國，面對他的雇主東印度公司的控訴。公司控告他帳目不符，積欠公司大筆款項。萊佛士或許是個天資聰穎的領導人，卻不是個優秀的經理人，特別不善理財。他在私生活中往往揮霍無度，不去考慮自己口袋深淺。

他的健康狀況一向不佳，常常突然失明、劇烈頭疼。現代醫學會診斷他可能得了腦瘤。一八二六年七月五日，在他四十六歲生日的前夕，親友發現他已倒在家中樓梯口氣絕。

今天，他的雕像坐落在西敏寺大教堂（Westminster Abbey），旁邊是他的好朋友、主張廢除奴隸制度的勇士威廉．威伯福斯（William Wilberforce）的雕像。萊佛士是倫敦動物園（London Zoo）創辦人之一，動物園裡有個專廳以他姓氏為名，只有受邀請的貴賓才能進入，不過今天工作人員已經不太記得他是何許人了。但是萊佛士一定很高興今天他的名字在新加坡無所不在。

第三章

通往中國之路

新加坡的誘惑

英國人占領新加坡正好也是第二次海洋革命勃興之時。第一次海洋革命打開世界海洋，把歐洲人帶到東南亞。到了十九世紀，第二次海洋革命運用化石燃料作為蒸汽運輸動力，運用電力輸送資訊，強化英國人出現的影響。距離不再是阻礙，時間立刻大幅收縮。

蒸汽、鋼鐵和織布機的誕生開啟了全球新工業時代，英國是領導者。一七八〇年之後大規模利用礦物能源供生產製造和資訊流通之用，也提供了讓英國雄霸天下的技術。一個小島就可以擁有史無前例的巨大影響力，英國的棉織品、煤礦、冶金術、工程技術和電報，把世界推進到一個全新的海洋時代。

小小的新加坡島作為遙遠的海洋歐洲之延伸，邁入全球海上世界的新生活。在歐亞大陸塊的西南端面向大海，這個小小殖民地缺乏與陸地的任何連接，直到一九二三年蓋了一條堤道跨過狹窄的柔佛海峽，才開通一條道路。儘管有海盜常年在附近海域出沒的棘手問題，拜其優質海港、串連印度和中國的戰略地位，以及堅守貨品與人員自由流動之賜，這個殖民地立即成為門戶孔道和交易地點的成功模範。

打從一開始，新加坡就因為包括糧食在內所有民生必需品都需要進口，而與海洋脫離不了關係。除了地點先天吸引力之外，傳統海峽海洋社群的極端機動性，以及其網絡的流動性，都是人口即刻呈現爆炸成長之因。人員比空間提供更重要的資產，這個殖民地設法透過吸引有幹勁、想出人頭地的人來補充大量人力資源，這些移民大部分是華人，也有不少人來自海峽沿岸其他地方，尤其是鄰近的馬來人，只不過人數沒那麼多。因此，島上原本的多數民族就變成少數民族。

只有外來人才會認為馬來人是單一民族。在新加坡，他們成為沉默的少數民族，形象很模糊，出沒在歷史背景中。馬來人具有共同的語言和文化認同意識，但是他們構成非常複雜的族裔群體，有些人來自半島，有些人如武吉士人跨越廣大的群島來自遠方。即使馬來人當中的穆斯林也分裂為不同的派別，虔信程度也不一樣。

和基督徒不同，這些穆斯林並不汲汲於傳教；他們的宗教活動只專注在維護既有信徒的基本信仰原則。宗教信仰和海港使新加坡成為準備前往聖城麥加朝覲（Hajj）的集合地點，所有虔誠的穆斯林都希望一生至少能前去朝聖一次。

來自印尼的馬來人融入新加坡本地人，但是這個新殖民地與群島或馬來半島沒有絲毫的實體連結，因為兩者大體上都是農業社會並非商業社會。簡化的、洋涇濱（pidgin）式的馬來語，成為整個新加坡社群的通用語，跨越族裔藩籬。[1]今天，通曉馬來語的新加坡人，人數恐怕還超過通曉中文、泰米爾語與英語這三種官方語文的人。但是由於目前強調英文是首要國際語言，情況可能會改變。父母們認為通曉英文在經濟方面會占優勢，現在非常鼓勵子女學習英文。

打從新加坡殖民地誕生起，馬來人就比華人更頑強抗拒社會的現代化。他們堅守舊價值，抗

圖表3-1　各式各樣人種—華人、馬來人和印度人—聚集在新加坡街頭（時約一九〇〇年）。

資料來源：G. R. Lambert and Company 拍攝。

拒物質主義浪潮。馬來人習慣過農村群體生活，住在高腳茅草屋裡，家禽家畜就養在房子底下。他們喜歡農村大於城鎮、農莊大於工廠。在當代新加坡快速變化的步調下，馬來人的生活方式比其他族裔更落後一截。他們因而受到歧視。

不久前，有個現在已是青少年的十歲馬來人小女孩，數學考試成績不理想。她的老師試圖安慰她便說：「你們馬來人本來就不擅長數學，」他表示願意替她補習。小女孩隨後努力證明自己資質並不差，她相繼選修許多數學科目，而且成績優異——即使她並不喜歡數學。但這位老師只是反映許多人的刻板印象，包括政府最高階官員也有這種想法。[2]

馬來人很少出任政府或企業高階職務。他們在軍中也很罕於被拔擢擔任敏感職位，這反映出一旦與印尼或馬來西亞爆發衝突，他們的忠誠度會受到懷疑。一九六七年擔任新加坡總統的尤索夫・賓・伊薩克（Yusof bin Ishak）似乎是明顯的例外，不過這個職位的象徵地位大於實質權力。我在一九六七年第一次到新加坡時，向我的華人東道主問起誰是總統，他們似乎覺得是誰並不重要：「你為什麼想知道？他只是個馬來人。」當然，種族刻板印象並非新加坡獨有的現象。

新加坡的印度裔人比起馬來人是更加分裂的群體，他們因語言、族裔、宗教和階級而各有區分。最底層是來自印度南部、皮膚黝黑、從事勞力工作的泰米爾人，其中有些是服刑犯人，在早年被引進新加坡開闢叢林、疏濬沼澤、做填海造陸的粗重工作。泰米爾人和華人後來成為漁民和碼頭工人。地位向上攀升的奇提爾（Chettiars）*是由泰米爾的放貸人和貿易商構成的種姓階級，因為穿白色衣服和在前額以白堊抹上種姓標記而十分突出。[3]來自印度北部的古吉拉特人水手和商人，人數比泰米爾人少了許多，後來也帶來他們的語文和文化，融入新加坡。

阿拉伯人在新加坡的勢力曾相當強大，但是人數更少。他們最早大多是商人，從事消費品買賣，而萊佛士很佩服他們的創業精神。[4]宗教禁忌使他們不能販賣豬肉和烈酒，加上他們不熟悉

＊〔譯註〕奇提爾是印度南部許多商人、地主階級種姓所使用的頭銜。

華人的喜好，不利他們的零售業生意，到了十九世紀末期，生意大幅下跌，但是他們仍然相當成功地累積資金，轉向房地產投資。

到了十九、二十世紀之交，阿拉伯人擁有新加坡約一半的土地，[5]他們在穆斯林社群內的影響力相當大。[6]但是二十世紀推行的房租管制加上政府徵收土地，削弱阿拉伯人的經濟勢力，而年輕一代似乎缺乏前人的理財本事。有人嚴酷地批評他們：「喝酒、跳舞，玩到家道中落。」[7]他們不再富有，影響力也一落千丈。[8]

和紐約一樣，新加坡自始就是一個移民城市，歐洲人——絕大多數是英國政府官員、軍人或商人，當然也不乏某些流浪漢和離經叛道人士——一直是比例較小的少數民族，其中大半以上是過客，不是來此安身立命的。除了來自鄰近地區的馬來人，以及來自遠方的阿拉伯人和印度人之外，這個港口還吸引了一小群黎巴嫩人、亞美尼亞人和希臘人。亞美尼亞人蓋了新加坡最著名的「萊佛士酒店」。但是和華人相比，所有這些族群在人數上統統不足為道。

中國城

許多華人來自麻六甲及其附近，也有些人來自中國大陸。當英國人開拓新加坡之際，中國卻和國勢蒸蒸日上的英國大異其趣，悠久而燦爛的帝國即將邁入多災多難的最後一個世紀。不過中國農民的生產力和商人的技藝使中國仍然位居世界主要經濟體之一。對於身處這段亂世的中國人而言，帝制秩序瓦解，亂局愈演愈烈，前所未見的大量人口遠走他鄉、另謀生路。新加坡成為他們鍾愛的目的地，逐漸演變為母國之外最大的華人城市。

沿著鋸齒狀的華南沿海，貧瘠的沿海土壤，大雨和崎嶇的山脈將狹窄的沿海平原與內陸隔離開來，阻礙了農業的發展，迫使那些在沿海地區討生活的人們向海洋尋求生計，就像麻六甲海峽的紅樹林沼澤和叢林海岸一樣，把人們向外推。位於台灣對岸的廣東省和福建省成為中國向外移民的中心。許多人湧向東南亞，新加坡將因他們的到來受惠良多。

地理孤立、自成一格，使得福建方言繁多高居全中國之冠。一個村民只要走上幾里路，竟會發現他完全聽不懂另一個村子裡的人講的方言。福建面積約略小於希臘，占中國海岸線將近五分之一，被形容是全省「八山一水一分田」。[9]廣東位於福建南部，當時一位作家針對該省有許多河流、湖泊和運河，稱許其為「水上王國」。[10]弔詭的是，近年來這些沿海省分成為二十世紀後期中國新財富的發動機和首要中心。

萊佛士在新加坡島上發現的一小撮居民，馬來人占大多數，但是即使當時也已經有不少華人蹤影，他們大部分是小農民，耕種胡椒和甘蜜。甘蜜是一種堅實的攀緣藤蔓，華人稱之為「貓爪」，這種多葉的樹脂物質，可以像檳榔一樣咀嚼，也作為草藥吞下，或用作製革染色劑。

工人從甘蜜樹砍下枝條，拔掉樹葉，放進淺水鍋子煮開。將葉子從鍋子取出後小心地留下液體，然後將其攪拌到固化而為一團黃漿。等硬化後，再把甘蜜曬乾、做成塊狀。取出來的葉子也可以作為附近種植的胡椒之肥料。[11] 甘蜜很快就耗竭土壤，由於新加坡土地有限，很快它就不適合作為經濟作物。縱使如此，這種熱帶作物也在大陸上生長，可以再運到境外，因此是新加坡初期重要的貿易商品，也是華人重視的經濟活動。就東南亞而言，它成為最早出口、供外國工廠採用的原料。

中國人對新加坡並沒有太多了解，但是相當嚮往之，認為它具有可以在離鄉較近的地方另謀生計的可能性。至於在世界其他地方，如美國和加拿大，華人並不受歡迎。新加坡大體上並沒有不歡迎華人，對許多人而言，新加坡可以作為集散點，他們可以先到這兒之後再四散到東南亞其他地方尋找出路。[12]

這些新移民與分散在全球各地的其他貿易商群體，譬如黎巴嫩人或亞美尼亞人並沒有不同，只不過他們大多數是一般勞工而非生意人。而且他們人數十分可觀，反映出其母國的人口壓力使他們有不得不向外遷徙的必要，而且離老家航程也較短。由於他們不是學者或官員，沒有留下太多文獻資料讓我們能夠重新建構他們的生活面貌，因此他們的歷史罕為人知，殊為可惜。

華人移民方言駁雜，光是新加坡華人至少就有半打以上不同方言。外界人士不察，往往把這些華人歸納為一個文化共同體成員，而且他們確實全部來自中國東南沿海省分。但是在華人本身的圈子裡，區域內部的劃分非常重要。閩南人、潮州人、客家人、廣東人和海南人各自不同，每個社群各自稱霸新加坡某一特定地區。方言不同使他們各自孤立。

有些人經濟地位較高。商人在新加坡定居，找到機會利用古老又普遍的族群、語文、同鄉、同宗關係，他們可以從華南老家一路延伸到整個海洋東南亞。這些商人主宰了主食稻米的生意，譬如泰國米的特色是長梗、半透明、有香味，經常再出口到廣大的東南亞各地。而且華人商人享有在本身社群內的市場。新來的移民會需要能撫慰其鄉愁的商品，而可以供應他們需求的華人商人就在眼前。

這些移民的後代未必就丟掉和母國的感情聯結。即使今天，在福建廈門這個華人的原鄉，一位觀光導遊追述，她不止一次聽到新加坡觀光客說：「來到廈門，我覺得像回到老家。」[13] 食物、語言和住家設計全讓從東南亞歸來的華人後裔有相當溫馨的家的感覺。

這些華人移民以伶俐幹練聞名，有許多人力爭上游、想要飛黃騰達，他們穿針引線，擔任海洋東南亞本地人與那些不熟諳本地作風的其他外來人之間的商務買辦和文化媒介。英國人沒有華人那麼擅長外國語言，華人經常自幼就會講一種以上的方言。某些華人在麻六甲接受學校教育，能說英語，很早就在新加坡出任文書員和會計員。英國人沒有這種通曉多種語言的人才。

在海外華人當中，有些人早已是麻六甲海峽的老面孔，他們是早期移民到南洋的華人之後裔。新加坡富裕之後，吸引許多這些長期居留在本地區的華人居民來到這個新城市尋找機會，他們就是所謂的峇峇和娘惹，能講馬來語的男性和女性。他們經常與本地人通婚，失去了原有的某些家鄉習慣和語言、服飾和食物等風俗，發展出混合的海峽華人文化，與本地的馬來人融合卻又有些差異，保留了某些華人特色。我們今天可以享用他們的美食，獨特的料理豐富地反映了馬來／華人雙重文化的根源。

後來到來的華人往往抱著過客心理而來，他們打定主意要在賺足了錢之後返回中國頤養天年。峇峇和他們不一樣，峇峇與中國大陸只有薄弱的文化和個人關係，而且幾代下來關係也不可避免地日漸淡薄。這種現象在海外華人社群中非常普遍。他們離開大陸老家並沒有得到任何當局的正式核准，甚至通常也沒有法律規範。母國長期以來對於他們漠不關心，甚至把漂流異鄉的人視為數典忘祖（雖然實情並非總是如此，即使是那些從未回歸祖國的人也未必放棄自己的文化）。

傳統華人在開創與管理企業上都是以家庭為核心單位，而家庭也想方設法維持對他們已有的事業之控制。這些作法往往驅使出身微寒的才智之士自行創業。由於在殖民地新加坡這種外國異鄉不可能出任政府公職，所以第一流的聰明人往往踏入商界，不像在中國老家，取得功名、擔任一官半職才是光宗耀祖的出路。

商人展開長途貿易要以信任為基礎，因此偏好與家族成員來往，若非家人，近鄰也好，他們一向重視本身的小圈圈關係。對他們而言，習俗優先於法律。華人奉行三個原則：家族、個人信任，和建立在人情之上的人際網絡「竹網」（bamboo network）。[14] 在壓力之下，竹節雖可能彎曲卻不會被折斷。

在新加坡和東南亞其他地方，家庭和同宗的忠誠關係以及階級的差異，經常比寬鬆的同鄉或同族關係更加重要。祕密社團和行會在日常生活當中也居於重要地位。因此，華人形成非常複雜的社群或一系列社群的關係。彼此之間的敵意，尤其是相互仇視的祕密社團間的緊張可能升級為暴力衝突，甚至爆發街頭械鬥也很常見。英國人首要關切的是維持秩序，允許華人自主自治，而一位英國遊客指出，當局認為這些騷亂是「可怕的滋擾」，儘管武裝駐軍的存在可以讓人心惶惶的華人社群因隨時傳來的「英國軍鼓聲」而感到寬慰。[15]

海盜肆虐

就新加坡而言，此時歐洲列強處於和平時期，海盜是海洋貿易唯一的大敵。歐洲商人（華人也是）對海盜的劫掠深惡痛絕，於是說服殖民地政府採取行動。對於在太平洋亞洲的英國人而言，在東南亞海域與海盜的作戰比重新打開日本門戶更為優先。他們把打開日本門戶的任務留給美國人在一八五三年完成。

在皇家海軍能夠綏靖海路之前，許多事件證明這裡的海盜有多猖獗。一八二六年，荷蘭雙桅帆船「安娜號」（*Anna*）在前往巴達維亞途中遭到海盜攻擊，海盜在新加坡喬裝成普通旅客混上船。在這一事件中，船員合力把海盜丟下海。海盜另一種奸計是應徵當「船員」，瞞過迫切需要人手的船長。

海盜以槳操作的船隻相對於帆船更靈活機動，後者受到風和潮流變幻莫測的限制，使得海盜的偷襲經常成功。海盜四十到五十英尺長的長艇，配置小型鐵砲或黃銅砲，可以容納裝備匕首、刀劍或火槍的許多人，突擊在無風或擱淺時很容易被侵襲的普通帆船。有些海盜也使用心理戰，刻意披頭散髮、面目猙獰，以營造凶神惡煞的氣勢。[16]

海盜神不知鬼不覺地發動偷襲，然後躲入附近既適合偷襲又適合撤退的隱蔽處，他們在自己的地盤出沒，熟悉其島嶼、礁岩、海灣、洞穴、沼澤分叉和河口。

他們對四通八達的水道瞭如指掌。緝捕者通常缺乏這種優勢，又沒有機會找到和滲透攻擊者的巢穴。即使在一八三〇年代，英國人在新加坡定居後十多年，仍有許多海盜出沒此地，他們可以很方便蒐集資訊、取得補給和分贓戰利品。

有個女嬰日後成為新加坡著名銀行家湯瑪斯．賈克遜爵士（Sir Thomas Jackson）的夫人，她和母親有過一段死裡逃生的恐怖經驗。一八四一年十二月底，母女倆搭乘「墨爾本子爵號」（*Viscount Melbourne*）從新加坡前往香港，不幸卻在加里曼丹海岸沉船。乘客和船員棄船移動到三艘小船上，準備靠風帆駛回六百英里外的新加坡。

船長坐的小艇落後在另兩艘船後方，但是彼此還在視線範圍內。某個星期天上午船長正在禱告，水平面上出現一艘用堅固柚木造的馬來船，大約單桅帆船大小。從遠處看它像艘平凡的馬來人船隻。船長放下拖在船後的一艘小艇，派一名部下帶一個會說馬來話的船員划向這艘馬來船。當距離一拉近，馬來船傳來呼喊，他們要和船長說話。這艘馬來人船隻直接開到英國人船邊，表示他們前來拯救沉船，會保護他們平安靠岸。英國人懷疑他們的動機，一口婉謝。

這時候，這些馬來人顯露敵意。一群人從船底下咆哮衝出來、擠滿甲板，手上揮舞著長矛、長棍、火器和彎刀——英國人曉得彎刀尖刃通常浸了毒藥。英國人已做好最壞的打算，己方人數少，手上也只有浸濕的、派不上用場的火器。馬來船船員試圖拋出藤繩，把兩條船拉湊到一起，英方廚師因為持有刀具，勇敢地把繩子砍斷，他們乘機脫身，大家拚命划槳，在馬來船的砲擊中逃跑。砲彈從船長和女嬰母親兩人中間呼嘯飛過，竟沒傷到兩人。但是馬來船上的馬來人已經爬過來占領小艇，把船上值錢的東西，包括衣飾、糧食、武器統統洗劫一空，甚至有一個裝滿水的木桶被海盜看上眼也要拿走。

但是馬來人的首領卻出人意料地允許這條小艇離開，去和仍在遠方、視線可及的另兩艘友船會合。他甚至搶了船長手錶後還和船長握手，交給他三品脫的水（約一點五公升）和一籃碩硪米（sago），挾帶戰利品揚長而去。三艘英國船終於會合，並且奇蹟地在八天之後抵達新加坡；船上眾人謝天謝地，沒有被抓去賣身為奴或丟了性命。而那些海盜可能還在繼續打劫其他人。[17]

對於追緝海盜的官方而言，很幸運的是這類事件愈來愈少有，蒸汽船取代帆船的交通革命已經使得權力平衡轉為對海盜不利。馬來人海盜一蹶不振，但是華人海盜又繼續肆虐數十年，讓合法的生意人傷透腦筋。蒸汽動力船隻比較容易追上海盜，鐵甲艦也比木製船牢固。海盜的船隻既非以蒸汽為動力，也非鐵製。大西洋世界以外的任何國家起先也沒有這種船隻。

因此，透過擴大大西洋周邊和世界其他地區之間的差距，工業革命立刻在全球產生影響——擁有機械的國家和沒有機械的國家，高下立判。少數人現在能夠主宰許多人，這在權力上產生了翻天覆地的變化。十九世紀中葉英國和中國的戰爭將證明這一點。

華人和英國人

新加坡殖民地開闢初期幾十年，許多人聞風而至，城市快速發展起來，部分原因是此地吻合本區域長期以來的海洋傳統：沒有腹地的港口，和麻六甲一樣是貿易暢通的國家，而大海才是希望之所在。[18]新加坡歡迎新移民，其中絕大多數是華人。

除了海盜肆虐，外在威脅其實微不足道，內部衝突才真正是大問題。商人和居民的隔閡不僅存在廣大的華人社群內，也在華人和其他可能嫉妒華人的財富的民族之間，並引發地區性的矛盾。縱使如此，殖民政府仍建立一個基本上穩定的平台。

英國人卓越的治理加上華人冒險犯難的精神，合寫了創造商業成長的方程式。華人具備充沛的商業熱情，而英國人把此力量引入全球軌道，而海洋成為雙方合作大展身手的舞台。

一八一九年英國人抵達之後的十年期間，新加坡河兩岸都已開闢，作為港口及日後城市的中心，建築物如雨後春筍紛紛冒出。按照萊佛士的規畫，右岸成為政府中心，有許多公共建築，左岸則作為倉庫──本地人稱之為「貨棧」（godowns）──及各種不同的海洋活動之用。萊佛士很粗暴地設計城市，以種族和職業作為區別來遷徙及隔離人民，拆除既有的建築物，以及分配空間。萊佛士及其追隨者希望有筆直的道路、以磚瓦為屋頂的石造建築。他們盼望有個整齊又乾淨、美麗又有秩序的城市。

和其他海港一樣，各個族裔絕大部分各自生活，很少有通婚現象，歐亞混血社群仍然很小。儘管隨著英國駐軍而歐洲人人數增多，多年之後，此地軍隊規模和英國在印度的駐軍愈來愈接近，但整體歐洲人在總人口數百分比中仍相當渺小。經濟而非種族，最終決定一個人會居住在什麼地方。歐洲人社群在寬敞的、綠樹成蔭的空間中享受居住平房（bungalow）的生活，有錢的華人商人也跟進；窮人只能擠住在嘈雜的市廛。

在英國人當中，這個地方很快就有了綽號：「東方的馬德拉」（Madeira of the East），而馬德拉島以氣候宜人著名。* 新加坡看來相當有益健康，許多下葬本地的英國人大多是來自印度，希

---

*〔譯註〕馬德拉位於非洲西海岸外，是葡萄牙在北大西洋上的領土。今日，它是一個遊客絡繹不絕的度假勝地，每年大約有一百萬名遊客造訪。

望在此養病卻不幸事與願違的人。一八三〇年代末期，英國海軍軍官席拉爾德・歐士朋（Sherard Osborn）如此描述讓他留下深刻印象的新加坡的活力：相形之下，「故步自封的印度是個腐朽、暮氣沉沉的世界。」[19]

偉大的生物學家艾佛瑞德・羅素・華萊士（Alfred Russel Wallace）於一八五〇年代到訪，發覺新加坡相當迷人，不僅有各式各樣昆蟲和老虎陷阱，還有豐富的亞洲文化、宗教、種族、生活方式、色彩和快節奏步調。港口裡布滿各式各樣的船隻，反映出貿易和工藝的多元風貌，本地人的馬來船、華人的中式帆船、歐洲人的高桅帆船，還有愈來愈多的蒸汽船星羅棋布在海面上。政府官員、駐軍和商業領袖是英國人。但是在帕西人（Parsee）商人*、孟加拉人洗衣工、馬來人船員、爪哇人傭人和其他各色人等當中，華萊士發現華人最顯著。

樂於冒險、不安於安逸生活的伊莎貝拉・伯德小姐（Miss Isabella Bird）是十九世紀晚期一位全球旅行家，†她把歐洲人占絕大多數的地區形容為「沉悶和了無生機」，與繁華的華人世界形成對比。[20]華人店東營業時間很長，其他人都打烊了，他們的商店晚上照常營業。櫛比鱗次的店鋪，樓下是零售店面，樓上則作為住家，空間灰暗且通風不良，使他們的小鎮相當擁擠。不過這些店鋪只有少數保存至今，為了招攬遊客而費盡心思。

商業生活流溢到街上，小商店販售各式各樣的商品和服務，如水果、湯、蔬菜、熱炒快餐。在車水馬龍的人群中，剃頭師傅當街擺攤替客人剃頭，還以各式各樣小工具替人掏耳朵。[21]木匠鋸木、釘棺材和木箱；鐵匠鍛造槍枝。

城裡其他地區，英國商人——許多是蘇格蘭人——開設稱為代理行（agency houses）的公司，處理貿易事宜。他們找來貨品，或買或賣，在本地和國際間交易，並跨足進入相關服務行業。銀行業興起，起先是英商及外國銀行開設分行，隨後本地華人為了服務移民需求也開設銀行。華人與顧客的關係很緊密，英國人和其他外國人則不然。華人肯讓顧客賒帳，因此熟練地從銷售跨足進入金融業，他們的銀行擔任本地生產者和顧客們之間的媒介，而英國銀行則提供和倫敦及世界市場的連結。

英國作家魯德亞德·吉卜林（Rudyard Kipling）如此描述新加坡：「不知情的人以為英格蘭擁有這座島嶼……但是當我徹底浸透在華人菸草味中時，我知道我已經到了天朝帝國的邊境。」[22]新加坡殖民地不僅是英國人的成就，也是華人的成就。英國人打通海路提供了新加坡發達的基礎，但將其發揮的淋漓盡致的是華人的買辦，還有生於海峽沿岸的峇峇從旁領路，因為他們熟諳英語，也有能力與其他亞洲人溝通。

---

*〔譯註〕西元八至十世紀間，一部分堅持信仰瑣羅亞斯德教（Zoroastrianism）的波斯人，不願改信伊斯蘭教而移居到印度西海岸古吉拉特邦一帶。這些波斯移民在印度被稱為「帕西人」。

†〔譯註〕伊莎貝拉·伯德是十九世紀英國探險家、作家、攝影家，也是入選為英國皇家地理學會（Royal Geographical Society）的第一位女性成員。

有位早期的英國居民對華人買辦有如下描述：「他們以獨到的方式成為東方的模範生意人。對於他們這樣的人來說，我們在這些島嶼上的商業成功很大部分要歸功於他們。他們通常非常可靠。他們性情溫和，隨時都精打細算，但看起來無一不貪圖享樂、富的流油，而且年復一年愈來愈富裕，愈來愈腦滿腸肥。」[23]新加坡的確靠華人的努力而壯大，他們生性勤奮、節儉，又重視教育。他們留下的生活痕跡到今天仍隨處可見。

華人主導貿易，英國人主宰政治，兩者互補而不競爭。持續擴張又獲利的商業企業緩和了其他的衝突，使雙方都對現狀感到滿意。雙方各自與另一個遙遠的經濟體、一個網絡連結起來：華人的是區域網絡，英國人的則是全球網絡。新加坡可說是相當幸運，葡萄牙人和荷蘭人沒有成為它的殖民主人，因為作為帝國，他們都失敗得很慘。英國人雖然缺陷不少，在新加坡卻頗有建樹。

貿易使得英、華混居的新加坡這個小小彈丸之地，和全球串連起來。

華人擔任買辦和文書員，但也有人成為治安官和法官，或是成為富商。來來去去的英國商人和官員，與華人買辦合作，奠定今天全球國際商業文化的基礎。蘇格蘭人則會帶著威士忌酒和高爾夫球加入他們的行列。

華人發現這種合作模式是賺錢的康莊大道，而這也攸關英國的利益，因此許多英國人感謝他們的服務。對於英國人而言，華人還有其他特質。萊佛士起初不喜歡他們，認為華人「狡猾、唯利是圖」，但是日後他改變想法，讚許他見到的華人苦幹實幹，成為英國人和中國打交道時不可或缺的仲介。其他人也和萊佛士一樣欣賞華人，譬如十九世紀攝影師約翰・湯姆生（John Thomson）曾說：「關於華人的本事，我只需要說，他們可以做到歐洲人所要求的任何事情。在貿易方面，由於他們有無遠弗屆的網絡，他們是我們不可或缺的助力。」[24]

鴉片與帝國

新加坡一直要到第二次世界大戰之後才單獨成為一個殖民地實體。英國人起先把它當作「更遠的印度」，由印度直接治理新加坡，直到一八六七年才把它和檳榔嶼、麻六甲合併組成「海峽殖民地」（Straits Settlements），並以新加坡作為這個「直轄殖民地」（Crown Colony）的行政中心。和新加坡蒸蒸日上的活力相比，檳榔嶼和麻六甲兩者懶散的步調使得三者的組合相當奇異。本地殖民政府採取威權統治，雖然沒有管太多，但只向倫敦報告。新加坡人沒有太多話語權，對政治也沒有興趣，商業才是他們最關心的議題。

殖民政府的目標很單純：維持秩序、確保財產安全，盡可能不介入商業活動。絕大多數人不關心有無社會福利。進入二十世紀，稅負仍然很輕，而且採累退制（regressive），因此政府不需承擔什麼經濟責任，當然也不會率領進行開發，一切任由市場自由運作。

身為不課徵關稅的自由港，新加坡吸引各式各樣的人前來，它的必要支出取自人性惡習，而非美德。政府把烈酒和鴉片訂為專賣事業，只准地方特許商人分區專賣。烈酒特許商負責向買烈酒的顧客收稅，不論是進口來的蘇格蘭威士忌酒或是本地釀製的「燒酒」（samshu）。這種燒酒由發酵的大米釀製，有位外國人描述它「像苦艾酒一樣，後勁特別強烈」。[25]萊佛士厭惡賭博，下令查封賭場，把業者和賭徒統統處以鞭刑。但是從博弈產業能課徵的稅收太誘人，以至於禁賭令宣告作廢，這個行業一直合法到一八二九年，政府當局意識到它的罪愆和造成許多不幸，於是再度立法取締賭博。

殖民政府依賴這些特許專賣事業作為稅收主要來源，而當地社群則抗拒前者在和平時期課徵所得稅或關稅的任何企圖。[26]

英國殖民統治的最初幾十年期間，生鴉片是主要的貿易商品，由於它的重要性，新加坡殖民地可說是早期版的「毒品國家」（narco-state）。即使到了一九三〇年代，政府稅收仍有將近三分之一仰賴鴉片。支持販賣鴉片政策的人辯稱，吸食者有權買鴉片，就和有錢人有權享用香菸和粉紅杜松子酒一樣。

新加坡的鴉片「農人」並不種植罌粟，他們從印度進口原料再予以加工，大半供應給華人移民。鴉片販子是華人而非英國人，顧客大部分是經濟底層的窮人，譬如黃包車伕、在碼頭扛煤的工人或是耕種胡椒和甘蜜所需的勞力工，本地人稱他們為「豬仔」（piglets）。

豬仔必須靠體力維持生存。他們活在社會底層，住在破舊且過分擁擠的貧民窟，大多是單身漢，缺乏家庭溫暖慰藉。他們營養不良、工作過勞、短命，經常透過抽鴉片菸排解生命的痛苦，許多人因而難免染上毒癮，躲到鴉片攤陰暗的角落，蜷曲在床榻上抽菸，渾渾噩噩度日。

透過東印度公司的代理，英國人控制了印度東北邊的孟加拉省。在波羅奈（Benares）和帕特納（Patna）之間半乾旱的恆河平原（Ganges Plain）上，印度農民找到種植罌粟的理想環境。透過這種有價值的作物，農民從朝不保夕的飢餓邊緣獲得喘息的機會。當然真正賺錢的是中盤商，譬如把鴉片賣給新加坡及其他地方吸食者的菸販。

英國人加入鴉片生意其實相當矛盾，因為當時的英國人有相當強烈的道德意識，以至於會派遣皇家海軍追剿海盜和奴隸販子，在一八〇七年宣布禁止販賣奴隸，並於一八三三年解放黑奴，比美國人早了很多年。但是把販賣鴉片放在時代脈絡裡觀察，或許它並沒有一般描述地那麼罪惡滔天。這種藥物早已存在於中國藥典中，是華人移民帶到新加坡的醫學文化。十九世紀上半葉，英國醫學界也認為鴉片是合法藥品，普遍將它作為鎮定劑、止痛藥，甚至用在治療發燒和腹瀉。作為一種治標不治本的藥物，它和酒精和菸草一樣被大量使用，尤其在窮人世界。

在英國，鴉片相當便宜，隨時可買到，「溫斯洛夫人止咳糖漿」（Mrs. Winslow's Soothing Syrup）等等許多藥品都含有鴉片成分，幫助好幾個世代哭鬧不休的嬰兒平靜下來。有錢人在酒杯中也加幾顆鴉片。藥房販賣鴉片，在雜貨鋪、甚至書店也能買到鴉片。

毫無疑問，鴉片能瞬間讓許多人飄飄欲仙，但確實有可怕的副作用。即使用量溫和，鴉片也會使皮膚變黃，造成便祕，後者因為英國人長年飲食缺乏新鮮蔬果，已經是重大問題。當然吸食鴉片最後會上癮，在當時的大西洋世界，吸毒成癮還不普遍，但是在新加坡則已經蔚為風氣。首要受害人是那些華人移民，他們為了逃避生活的苦悶而吸食鴉片。

傳統吃鴉片的方法是吞食進肚子，比起當菸抽危險少了許多。當西班牙、葡萄牙和荷蘭海員把抽菸的風氣帶進南中國海周邊地區，某些水手開始把鴉片放進菸管裡。菸草的尼古丁強化了鴉片的效果，抽菸變成攝取毒品最有效的方法，還出現特製的鴉片菸管。

水手們後來又把廉價的香菸推廣到整個海洋世界，而太平洋亞洲成為重度吸菸地區，它對公共健康造成的傷害竟遠大於鴉片之害。今天中國每年超過一百萬人因吸菸而去世。

由於十九世紀的大西洋世界並沒有汙名化鴉片，許多人很慢才察覺到鴉片的不道德。加拿大名醫威廉．歐斯樂爵士（Sir William Osler）直到一八九〇年代還說鴉片是「上帝自己的藥品」。[27]但是到了十九世紀中葉，各方態度已經開始改變，英國人和中國人爆發的一場戰爭將是造成此變化的因素之一。

陷於低潮的中國

英國和中國打了兩場戰爭，第一場是一八三九至四二年，第二場是一八五六至六〇年。前者在歷史上被稱為「鴉片戰爭」，根據英國的說法宣戰的理由是從事貿易的英國公民遭到中方不公正的對待，更具體地說，是為了抗議中方搶奪他們的財產：原本要賣給中國人的許多箱鴉片遭到中國沒收。但是在表面理由的背後，其實英國希望打開對英國商人封閉的中國市場——在新加坡及其他地方的英商都很不滿意中國對貿易設下的限制。

一部分是因為期望太高，在新加坡的英國人對於與中國的貿易失望透頂。萊佛士的夢想未能成真。雖然英國可以叱吒海洋縱橫世界，但和中國外交交涉的觸礁顯示英國在岸上的勢力還未超過艦砲的射程。

英國人想要在中國開港通商卻未能如願，在外交關係的建立上也四處碰壁，這讓英國人火冒三丈。歐洲人認為在外國首都派駐代表是標準作法，但是中國人卻認為此舉匪夷所思。除了短期朝謹及受到天朝邀請，否則蠻夷絕不可能被允許進入北京。

中國官員琦善向道光皇帝報告英國人的情況，聲稱：「是固蠻夷之國，犬羊之性，初未知禮義廉恥，又安知君臣上下。」[28]中國政府沒有興趣與英國人或其他任何西方民族增進關係，雖然皇帝或許覺得歐洲時鐘和船隻模型很迷人，但他和中國政府一致認為和外國通商貿易毫無價值。

兩方交流的障礙最終導致了文化衝突和武裝對立。英國首開其端，代表大西洋世界希望以他們期望的方式與中國發展外交關係，也為他們的商人打開中國門戶，並且將鴉片貿易合法化。雖然英國人贏了戰爭，第一次鴉片戰爭並沒有解決問題。法國派兵加入冗長的第二次戰爭，中國對歐洲人的要求降服，天朝威望大受打擊，中國史無前例地向大西洋世界門戶洞開。

英國對付中國與對付其他國家一樣，在海上享有來去自如的絕對機動優勢。英國軍艦配備巨大的火力，又能載運部隊（在鴉片戰爭中，英軍大部分是通稱「西帕依」〔sepoy〕的印度傭兵），可以任意馳騁在中國沿海。在海上，他們簡直無可匹敵。在河流上，他們掌握蒸汽動力驅動的鐵甲砲船的優勢，這種武器在當時世界大部分地區還是聞所未聞。

能在水上穿梭的蒸汽砲艇利用河流網創造了一種戰略革命，使內陸空間暴露於外國入侵之下，使得海上強權的力量得以入侵難以防備的內陸水域。在大海上，大西洋海上強權長期以來都暢行無阻。有了這些新式船艦，他們在帆船不易施展的水域，也都可以利用蒸汽砲艇。倫敦認為這種武器很適合用來對付中國。

對於當時的旁觀者而言，這實在是令人咋舌的一幕，利物浦製造的「復仇女神號」（*Nemesis*）代表此一嶄新、但仍不脫實驗性質的砲艇技術。這樣一艘鐵甲船需要高超的冶金技術，因為它得有厚度一致的大塊鐵板，以及一絲不苟的切割、成形和鉚接作業。她的創新性也使其在服役初期遇到許多問題。「復仇女神號」的正式定位是一艘武裝商船而非軍艦，她的底部扁平，吃水不深，只有五至六英尺，因此很適合在內河航行。以她寬度二十九英尺而言，船身一百八十四英尺是稍長了一點。這艘船的主要火力是兩門使用三十二磅砲彈的重砲，再佐以幾門小型砲。

「復仇女神號」的引擎帶動兩具槳輪，每天需燃燒約十一噸的煤。即使只是偶爾點燃，船上載的燃料只夠引擎運作不到兩星期，因此必須經常泊岸補充供給。幸運的是，「復仇女神號」也配有風帆作為輔助之用，使得船隻即使只開一具槳輪或必須只靠風帆時也能前進。她的航程距離雖受燃煤之限，卻沒有妨礙通常行駛距離較短的作戰或追緝海盜任務。最大的問題在於如何使她從英國出發前往亞洲駐地？除了燃料問題之外，她還得擔心由於吃水太淺，她能夠經得起海上洶湧的波濤嗎？

「復仇女神號」將是第一艘繞過好望角、駛進亞洲水域的蒸汽鐵甲船。中途停靠開普敦，此地桌灣（Table Bay）*強勁的西北風使船長威廉・霍爾（William Hall）十分擔憂。還好他的船可以儘量貼近可起保護作用的海岸。之後船長記錄下：「數千民眾驚嘆圍觀。有些人無法相信鐵打的東西竟然能夠浮在水面上！」

交戰時，「復仇女神號」宛如一艘無敵艦隊。她能在淺水中行動自如，這是大型帆船辦不到

* 〔譯註〕桌灣是位於南非面向大西洋海岸的一處海灣，形成開普敦半島的海港。

的。她可以在帆船之間傳遞訊息，當帆船遇到逆流或沒有風時，可以拖著它們前進。她可以載運部隊，在部隊登陸後再以砲火支援。儘管此一新武器讓中國人慌了手腳，有位官員卻向皇帝擔保英國人的弱點：「他們的船上只有大量的乾貨，但是少了他們極為熱愛的肥肉，他們撐不了多久。」[29]再者，該官員指出英國人非常需要新鮮的水，除此之外英國部隊的綁腿非常緊，使他們的腿腳不能彎曲，如果他們摔倒了很難站起來，因此很容易成為攻擊的目標。[30]英國人則認為中國人的食物難以下嚥，並且嘲笑中國人在船頭畫龍點睛，卻忘了他們崇拜的古希臘人也如出一轍。

「復仇女神號」在鴉片戰爭中大顯神威。後來在新加坡，她又是在麻六甲海峽追剿海盜最有效的神兵利器——麻六甲的海盜行動自古以來即很猖獗，已經蔚為傳統，本地人甚至酋長也熱切參與。

華人海盜實際上利用新加坡作為基地，在此地脫售他們的贓物，讓船員休息和補充補給品。柔佛海峽的馬來人海盜每次出動動輒是四、五十艘船。當季風吹起時，他們改在近岸地區捕魚。但是新科技斷了這些不法之徒的生路。建造燈塔可以幫助導航，它和街道上的瓦斯燈一樣，讓海盜在鄰近海域不方便作業。一直到二十世紀以前，海盜都追趕不上科技進步的速度。不過我們將會看到，他們日後也會利用最先進的技術進行反撲。

英國戰勝中國，使英國於一八四二年取得香港島。英國人又主動創造出另一個世界級的海洋城市。中國人一如當年前往新加坡一樣也一窩蜂來到香港，在原本只有少數小漁村的地方快速建立起城市。香港及中國沿海口岸開放的消息使新加坡惶惶不安，深怕會威脅到它日後在對華貿易的角色——畢竟促進對華通商是新加坡建埠的主要理由。

新加坡是位於加爾各答和廣州之間的中途站，是和中國作戰極有用的基地。縱使如此，它離中國海岸有一千六百英里的距離，太過遙遠以至於很難完全發揮對華貿易的功能。雖然萊佛士曾經主張新加坡可以扮演「英國的澳門」，卻無法完全彌補在中國沿海地區缺乏立足點的影響。香港的位置靠近中國大陸且有優越的港口，因而找到成長和繁榮的利基。

今天，香港和新加坡這兩個港口的競爭十分激烈。因為恐懼被對方取代，兩者戰戰兢兢地不敢落後一步，迫使兩者不斷追求創新、精益求精。兩個港口都夠小，方便實踐理性、迅速的決策。兩者互相角力搶奪全球港口龍頭大位，同時也提心吊膽，密切注意中國沿海其他對手。它們每年盯著報紙報導，焦慮地注意誰的裝卸貨噸數居於冠軍。目前全世界第一大港口的殊榮已經讓給了上海。

熱鬧非凡的港口

雖然華人在新加坡的商業活動中扮演領導角色，而且新加坡可能看來更像華人殖民地而非英

圖表3-2　丹戎巴葛造船場（約一八八五年）

資料來源：皮博迪埃塞克斯博物館（Peabody- Essex Museum）。

國殖民地，且儘管華人對貿易興致勃勃，事實上中國本身只占新加坡的國際生活的一小部分。新加坡的不斷成長得歸功於成功地服務兩大海洋商路，包括跨歐亞大陸的長程貿易，和區域性的短程貿易，而後者包括東南亞半島及群島。

隨著十九世紀的演進，新加坡沿岸海域千帆攢動。海港的貨運量和城鎮人口都大幅增長。沒有人預料到殖民地竟如此一飛衝天。傳統馬來人海洋世界的流動性是原因之一。許多人發現來此定居沒有什麼障礙。自由貿易的發達更加重要。新加坡商人很高興能夠不用繳交無理的關稅，以及免於在其他港口經常碰上的貪瀆官吏的索賄。新加坡港口的成果更加繁茂，服務蓬勃的區域市場，也對新工業科技推動新需求而日益發展的國際長途航運提供服務。

在十九世紀中葉及隨後幾十年，傳統的馬來人和華人海上交通仍是載運區域貿易最重要的管道。但是華人商人逐漸採用歐式船隻，因為似乎可以用於嚇阻海盜。再者，來自大西洋世界的船隻通常都有保險，使得許多華人貿易商從使用中式帆船改為多桅帆船，最後再改用蒸汽船，進而得到和英國商人相同的優勢。另一方面，幾十年下來，馬來人和大部分本地人因沒有轉型採納新方法和新船隻，堅守使用傳統船隻，使他們逐漸失去商業競爭力。

一八五〇年代新加坡貿易有長足躍進，而且英方部署強大的區域駐軍，使得荷屬巴達維亞無法競爭。荷蘭人偏袒自己國民，英國人在新加坡則對非英籍船隻或商人都表示歡迎。自由港的概念吸引了使用人，雖然包括荷蘭人的港口在內的各地港口日後都追隨新加坡的作法，它的領先優勢已經無人可及。自由貿易成為這個殖民地的最高原則，即使好幾任總督為了平衡收支而幾度想廢止，都沒有成功。

同一個十年期間，在新加坡港，沿著所謂「新海港」（New Harbor）的深水泊靠處，碼頭紛紛建立。港口取代河流此一傳統的航運中心，不過河流持續供許多船隻行走，載運本地交通。航運商發覺新加坡河愈來愈小、愈來愈壅塞，不足以應付日益增長的交通需求。一八六〇年丹戎巴葛碼頭公司（Tanjong Pagar Dock Company）的成立顯示他們意識到需要更寬廣的空間。「新海港」是為蒸汽船而開發，後來改名「吉寶港」（Keppel Harbor），紀念著名的海軍將領哈利．吉寶爵士（Admiral Sir Harry Keppel）。吉寶從一八三八年至一九〇三年幾度進出新加坡，是個成功的海盜追緝者。他明察秋毫、個性海派，在新加坡的歐洲人圈子很有人望。直到今天，吉寶的名字因同名的全球造船商——起家和總部仍在新加坡——聞名於世。

對於從事長途航運的大型船隻而言，新海港提供一個有自然潮水沖刷的空間，水深足以讓船長不虞船隻會刮到海底而受傷，而且不需要昂貴的疏濬或維護。[31]最大的船隻泊靠在丹戎巴葛碼頭，帶來重機具和其他歐洲製造商，並運送海峽蔬果出口。小型船隻、小貨船和本地貿易商大部分則繼續使用新加坡河。

較大的船隻停泊在港口外的一個水上空間，避開湍急的洋流與漲潮，可以安全地落錨，同時輕型船隻被所謂的「混亂」的系統中接收或裝載貨物。[32]從船隻裝、卸貨會有受損或被偷盜的危險，比起使用碼頭更耗費時間。航運公司也為碼頭盜竊頻傳而傷透腦筋。丹戎巴葛碼頭的工人大部分都脫不了偷盜之嫌。

大船營運利潤比較高，運貨量愈大則單位成本愈低。隨著現代城市增長，政府籌到財源改善港口，供這些大型船隻使用。碼頭鋪上大理石。鋼筋水泥的碼頭建物取代不消幾年就朽壞、撐不住熱帶氣候侵蝕和蠕蟲蛀食木質的梁木。

蒸汽引擎改變了所有港口，需要更深的港灣和更大的碼頭接待愈來愈大的船隻。木造帆船容易翻轉過來維修，但是蒸汽船則否，不時需要送進乾塢維修。對船東而言，時間永遠是個重要因素。船不動，就賺不到錢；停留在港口內的時間愈短愈好。有了可靠的船期，蒸汽船更宜於載運貨品。帆船必須等候適當的風，蒸汽船卻不必等。季風不再決定商業交易的時間和頻率，愈來愈多船，其中許多是蒸汽船，擠在海港和岸邊，加劇港灣壅塞的問題。新加坡和其他港口一樣，極力要超前新技術所創造出來的需求。

煤也讓壅塞問題雪上加霜。帆船載來煤，必須找出儲存空間。煤又重又占體積，潮濕的煤因為特別容易自燃而有釀成火災之險，也需要與雜物隔離堆放。這種危險促使人們必須建造帶有傾斜或波浪狀金屬屋頂的磚棚。

本地商人擁有煤，碼頭公司則儲存煤。煤成為丹戎巴葛公司和港口整個加起來所經手的最重要的商品。就新加坡而言，當時的煤的重要性就如二十世紀的石油一樣。在新加坡，船員並不裝載煤或其他貨品，不過他們偶爾可能在上級監督下操作需要的機具。大部分狀況下，低薪勞力汗流浹背地負責此一吃力的工作，以扁擔挑負沉重的煤。他們每天工作十個小時，星期天也不休息。起先，馬來人是這些工作的勞力來源，但新來的大量華人移民取代他們，並以同鄉為基礎組成幫派。公司只需透過跟每個團體的代表溝通即可輕鬆管理。

公司由少數高薪的歐洲職員管理，但真正吃重的活全由亞洲人擔任。目光銳利的觀察者注意到，由於訓練不足，公司的現代機具並沒有完全或善加利用。處理載貨需要龐大、流動的勞力供應；他們大多是沒有一技之長的工人。到了一八七〇年代末期，公司把將近兩千名員工安置在擁擠的宿舍區。雖然個別工人工資不高，但是公司必須供養許多員工，卻使整體支出上升。勞動力必須儲備充足，以便應對即時需求，避免耽擱船隻。

丹戎巴葛碼頭公司的紅利不錯，甚至高達百分之十二，但縱使如此仍經常資金不足。[33]倫敦透過一個顧問委員會持續干涉公司營運，但是這並非不尋常，因為倫敦一直是在東南亞所有航運作業的大本營。[34]

由於蒸汽船的運作和燃料的供應密不可分，加煤站成為海權戰略極重要的一部分。英國占上風是因為已經在全球各地占領不少領地，可以在全球航線適當的中繼點儲存煤、提供補給燃料。同時，英國本土也有豐富的煤礦，可供己用，亦可輸出。

以地理位置而言，新加坡是個理想的燃料儲存地點及加煤站，具有新的戰略重要性。它的安全不再只是本地當局關心的重點，新加坡位於印度和中國之間的位置，使得它對皇家海軍而言更加重要。[35]有了新的海底電纜，皇家海軍更需要保護這個「維多利亞網路」。英國是世界第一個電信帝國，海底電纜在一八七一年觸及新加坡，構成日後英國全球網路的一部分。

鐵甲帆船年復一年載運沒有時效性限制的大宗貨品，如稻米、小麥、煤、羊毛或硝酸鹽，走南方長途的全球航線。蒸汽船相當昂貴，早期蒸汽的引擎需要極大量的燃煤，使得成本居高不下。因此，革命性的技術突破並沒有帶來「革命」這個詞通常所暗示的立即變化。但隨著引擎的改進，蒸汽引擎的使用迅速擴散開來，大家才開始意識到它們的優勢。於是，影響就變得具有革命性。

很顯然，蒸汽推進力在海洋歷史的演進上樹立了一個重要的里程碑，也成為為受海洋運輸形塑的現代國際關係史的一個分水嶺。它改變船隻的性質及其運作方式，也影響了航線，使船隻能夠前往帆船無法輕易行駛的地方。風勢不佳的紅海就是一例。但雖然蒸汽動力使船隻易於通行，要開發紅海作為長途貿易路線的潛力，尚待一條運河把它和地中海連接起來。這對於新加坡來說，其重要性更是十分巨大。

第四章

如日中天的大英帝國

蘇伊士運河與蒸汽船

到了一八六〇年代，新加坡的商業重要性已遠遠超過它的面積和人口。這證明新加坡的商人商業技巧純熟、銀行整合，政府也穩定運作。港口裡升起縷縷濃煙，表示愈來愈多蒸汽動力船隻——商船、軍艦都有——泊靠港口。

就這個殖民地而言，有三件重大事件在短期內陸續發生。東印度公司解散，一八六七年標誌新加坡脫離印度治理的起點。新加坡和其他的海峽殖民地結合，倫敦而非加爾各答將直接監理統治新加坡。新加坡這個殖民地再也不是所謂「更遠的印度」。

一八六九年，法國開通蘇伊士運河，大大減少新加坡和海洋歐洲之間的旅程。一八七一年，英國人把新加坡納入日益成長的全球海底電纜網路。蘇伊士運河和電纜把大西洋世界大大向遙遠的太平洋海岸拉近，加快貿易成長和人員及資訊的流通。沒有一個地方比新加坡更受到其影響。

大西洋國家自發打造蘇伊士運河和海底電纜，它們湊巧與對印度洋興趣大增，盼望一路延伸勢力到中國海域的英國，在時機上不謀而合，另外也刺激了法國對太平洋亞洲的新興趣。歐洲人認為運河不只是一條路，而是通往界定還不甚清楚、充滿異國情調的東方世界的新通路，是兩個世界的通道。運河在心理上的意義尤其明顯，它作為轉折點就好比早先葡萄牙人繞過好望角前往亞洲，會丟掉湯匙以示踏進不同生活方式一樣。大西洋世界認為蘇伊士運河是個新管道，帶著海洋歐洲「優越」的文化前往遙遠的歐亞大陸另一端。

一千多年來人類早就意識到從地中海經由紅海進入印度洋的好處。但是蘇伊士地峽位於戰略地位重要的三洲交會之地，擋住可以連結幾個海洋的海上快速公路。到了更現代，某些人以全球意識認為這是透過印度洋連結大西洋和太平洋之間的通道，空前地銜接歐亞大陸塊的偏遠邊境。

英國一家航運公司在一八四五年將服務向東延伸，利用蒸汽船和陸運，讓驢子、駱駝載運信件、旅客和輕貨物，走行經幼發拉底河和波斯灣，或是大家比較偏好的埃及航線，後者又分二條，一是跨越西奈陸橋到紅海，另一是經亞歷山大港、尼羅河、開羅，再穿越八十五英里的沙漠到蘇伊士。

在一八六九年蘇伊士運河通行以前的年代，旅客可以預期會直接暴露在狂風沙、粉狀灰塵和熾熱的沙漠豔陽之下。至於進食，據說你無法避免在張嘴吃飯時不連同蒼蠅一起吞進肚裡。新加坡某位商人是第一批嘗試這趟行程的旅客，形容餐食「既少又悲慘」。[1]他說：「旅行過程同樣糟糕。」馬車伕非常無能，不時翻車，傷了乘客。

陸上轉運效率也極差，光是一艘船的載貨就需要三千多頭駱駝乘載，因此若是載貨過重，取道好望角的傳統路線仍是唯一的選擇。[2]但是就旅客和高價位、低重負的貨品而言，基於距離和時間考量，儘管天氣熱、一路沙塵不舒服，紅海這條路還是上選。

繞過非洲好望角、前往南亞和東亞這條路一打通，歷三百年之久，使得海洋歐洲再無雄心壯志想要開鑿運河。不過到了十八世紀末、十九世紀初，這個構想重新浮上檯面。

興建運河的原動力有一部分來自克勞德—亨利・聖西蒙（Claude-Henri Saint-Simon，一七六〇年至一八二五年）這位法國社會哲學家擁抱透過工程克服自然的雄心壯志。在種種熱情中，他特別熱衷興建運河，認為運河是把人類送往未來黃金世紀的工具。他的追隨者特別推崇蘇伊士運河的構想，認為它可以結合世界各地，連結東西方，創造前往印度和中國的兩條新航線之一。他們認為開鑿巴拿馬地峽是第二條新路線，[3]但是，他們承認這必須假以時日。

航海員傳統上都厭惡紅海。紅海天氣極熱，沿岸荒無人煙，即使今天都還是不討人喜的一條通路，既沒有什麼港灣、也幾乎無任何可泊錠之處，更難以取得飲用水。載有大批水手的划船只能勉強熬過，突然而起的沙塵暴掃過海面，讓水手吃盡苦頭。潛在危險的珊瑚礁相當多，而且沒有勘繪良好的海圖。不利的風和洋流，以及貌似平坦的海面都在挑戰領航員。紅海從不被認為是連通海洋的主要航線之候選，但是運河和蒸汽船將使一切改觀，使紅海這條路線成為從歐洲前往新加坡、乃至東亞其他港口的最短航路。

大西洋世界有些人認為埃及有可能成為「世界大商場」，還記得它過去在地中海世界的角色，但是大家對它的興趣恐怕是它過去的「位置」而不是它的現況。[4]對於海洋歐洲而言，埃及似乎是打開前往遙遠的歐亞大陸另一端門戶的鑰匙，可以取得巨大財富。有些人回顧威尼斯的經驗，注意到威尼斯商人透過亞歷山大港，重新配銷亞洲出口物品的流通而大發利市。[5]法國人開始想利用馬賽港重新創造亞洲商貿盛世，而蘇伊士可以幫助他們圓夢。

精明又善觀風向的法國政治家塔列朗（Talleyrand）於一七九八年三月寫道：「法國在埃及建立勢力將促成歐洲商務的一大革命，對英國將特別是沉重打擊……恢復蘇伊士航線將影響到她……有如發現好望角對熱那亞人和威尼斯人在十六世紀的致命打擊。」

針對東西向交通運輸之需，英國人想要開發義大利的里亞斯得（Trieste）和威尼斯，成為以鐵路連結的港口來對付馬賽，但是使用這條航線會涉及到打開大宗物資、重新裝卸貨物的費用。相形之下，傳統的好望角航線在這方面居經濟優勢，許多英國人因此堅持利用該航線，認為它是「全面性、安全、大膽、真正英國」的路線。[6]好望角航線不需要有特殊船隻或新的領航技巧，但若走紅海航線就會需要。

法國人持續對埃及和運河感興趣，讓英國人坐立不安。許多人對建造運河的可能性感到不滿，擔心會對航運造成衝擊。由於帆船不易通行於紅海，運河這一條新航道會使全世界航運公司——英國已是業界領袖——捨棄既有的帆船隊，改用剛問世不久、還未經考驗的蒸汽船。甚且，除了新增燃料費用之外，還要繳交運河通行費。

縱使如此，反對興建運河的《愛丁堡評論》（*Edinburgh Review*）也覺得不能不承認「地峽問題是最為重大的一項問題；半個（大英）帝國位於運河的一端，另一半位於另一端：在這兩端之間能夠省下的每一英里距離和每一小時時間，對國家都是正面有利」。[7]

蘇伊士運河造成航程更短、更快，也增加更多來回班次。航程更快，資本回收就更快，投資成本也更低。經過運河，一艘船可以從新加坡到歐洲來回兩、三趟；同樣的時間，繞過好望角只能走一趟。多跑幾趟當然代表多賺錢。走好望角航線多花好幾個月時間，代表載的貨可能敗壞，投資下去的錢也跟著泡湯。由於快船可比慢船多跑幾趟，噸數就不成為問題。載運費率下降，消費者付的貨品價錢也下降。因此，從帆船走好望角航線改為以蒸汽船經運河，使新加坡商人資金賺的利潤倍增，如此節省下來很容易就補足通行運河及蒸汽船使用燃煤的費用。[8]

蒸汽動力使船隻可以通行紅海，蘇伊士運河也使它成為可行。興建運河大體上就是挖掘所謂的髒水溝，搬移石頭和泥沙。鏟子和鋤子，加上剛出現的蒸汽動力機械使得開鑿工程得以進行。運河成功使得航運商不再建造帆船，帆船數量開始減少。海港裡的煙霧增多、風帆減少——新加坡立刻就注意到此變化。

新式蒸汽船創造出「東方貿易的全面革命」。[9]距離縮短代表對燃料需求降低，好望角航線對商業蒸汽船來說太過漫長，因為早期的引擎需用太多燃料，「復仇女神號」砲艇艱苦萬難才開到中國，已經證明了這一點。蘇伊士運河使倫敦到孟買的距離縮小一半，促使人們改用燃料效率更高的蒸汽引擎。從海洋歐洲到新加坡縮短的行程達到三千五百英里。

大運河的啟用代表國際貿易融合成為單一的、不斷發展的全球架構，以及運河數量大幅增加的開端，也代表現代航運業的開始。透過大宗原物料變得可以更廉價購得，蘇伊士帶領航運界刺激海洋歐洲在其全球工業霸業的最後幾十年又更加增長。雙向交通也鼓勵歐洲製商品的市場發展，如今在東非、西南亞、南亞、太平洋亞洲，甚至澳洲，這些商品都變得相當普及。新加坡報紙《海峽時報》（*Straits Times*）相當了解蘇伊士運河的重要性，把一八六九年形容為「偉大的商業和海洋國家生命新時代的開端」。[10]英國作家卡麥隆（D. A. Cameron）在一八九八年評斷蘇伊士運河是「一種維護和平的手段」。[11]但是哲學家厄尼斯特．芮南（Ernest Renan）在一八八五年四月痛批倡建運河的斐迪南．李西普（Ferdinand de Lesseps）：「你已經為未來劃出一個大戰場。」[12]

有些人擔心運河會打破距離的藩籬，使得荏弱的歐洲在哲理上和生理上都暴露在亞洲危險的傳染病之下。恐懼之情最後凸顯在邪惡的虛構人物傅滿洲（Dr. Fu Manchu）和「黃禍」的幻想之中。據說，中世紀時期的鼠疫瘟疫就是從克里米亞透過船隻傳播到威尼斯，這個記憶讓民眾相當不安。

英國人擁有全世界最大的工業工廠，有資金和知識建造適合於運河上航行的船隻，也能生產貨物裝上船隻外銷。支付第一筆通行費、穿過蘇伊士運河的是一艘英國船，運河營運的第一年，通過它的船隻有百分之六十二以上懸掛英國國旗，這個百分比還會再增加。[13]

一八七五年，英國首相班哲明．狄斯雷利（Benjamin Disraeli）得知有機會購買運河股權，此時國會休會中，他找上朋友羅斯柴爾德男爵（Baron Rothschild）向他借款四百萬英鎊。英國政府拿這筆錢買下運河四成以上股權，這是史上空前最大一筆單一股票買賣。國會後來雖有抱怨，還是核准此一先斬後奏行為。有些國會議員對女王陛下政府從事商業行為感到「粗俗」，深表遺憾，但是他們大多是不喜歡狄斯雷利的人。不過，維多利亞女王喜歡他，民眾也支持他，狄斯雷利的當機立斷使英國控制此一重要通道。

蘇伊士運河在一八六九年通航，次年英國完成海底電纜由大西洋世界連結印度、一八七一年再連結到新加坡的大業，成為人類使用海洋作為人員、貨品和思想流通管道的劃時代大事。巴拿馬運河在一九一四年開通，則完成了全球海運由非洲南端好望角和南美洲南端合恩角，向更接近全球經濟核心的兩條運河北移的重大蛻變。全球航線向北移動對新加坡極為有利，但是運河也挑戰新加坡港口向新型船隻調適的能力，港口深度必須符合蘇伊士運河的深度，因為使用運河的蒸汽船是新加坡的主要顧客。

英國作家約瑟夫．康拉德（Joseph Conrad）寫道：「打通蘇伊士地峽，就像大壩決堤一樣，使得新船、新人、新交易方式如洪水般湧入東方。它改變了東方海洋的事實，以及他們生活的精神，以至於早期的經驗對新一代的海員來說毫無意義。」[14]

蒸汽引擎使得工程學自此成為航海生活的一部分，變得愈來愈比海員技術重要。鏟煤工作凌駕於駕馭風帆的技術之上。海上生活的經驗起了變化：波浪拍打、木材吱吱作響和風帆颯颯作響的聲音，轉換成機械的轟鳴聲音；引擎的油煙壓倒了海風的鹹味。船上的人們前所未有地脫離了大自然環境。

蘇伊士運河自始迄今都以服務全球航運為職志，它是長途貿易流通的工具，而非用於地方交通運輸。船隻穿越它，「就像針穿過布一樣，從這頭進去、從另一頭出來」。[15]很少貨品在此上岸，船上也很少人踏上埃及國土。埃及伊斯梅利亞（Ismailia）和塞得港（Port Said）都和把握其位於麻六甲海峽位置優勢的新加坡不一樣，它們都沒有成為主要的轉運港，為其內陸腹地開發出創造財富的關係。尼羅河流域還是埃及自給的河運中心，但今日亞歷山大港已繁榮不再，沒有恢復昔日作為西方與東方中繼站的光榮角色：當年威尼斯商人紛紛來此購買蘇門答臘的胡椒或摩鹿加群島的丁香。

直到運河在一九五六年被收回，之前的埃及並沒有從運河得到太多好處。鄂圖曼帝國的最後一位埃及總督阿巴斯・希爾米二世（Khedive Abbas Hilmi II）*在一九三〇年評論說：「我們應該永遠記住，在它成功執行的過程中，埃及人的生命付出沉痛的代價……啊！確實，運河已經證明，對於利用它的公司而言非常划算，但是埃及從未獲得一丁點的好處；運河反倒一直是埃及苦難的主要原因。」[16]

＊〔譯註〕阿巴斯・希爾米二世生於一八七四年，卒於一九四四年，是鄂圖曼帝國在埃及和蘇丹的最後一位世襲總督（Khedive，或稱赫迪夫），在位期間為一八九二年至一九一四年。

運河開通的頭幾十年，貿易流通是互補的。北上的是沉重、占體積的原材料，南下是製成品，重量較輕、數量較小。直到一九一四年，歐洲大西洋邊緣是世界市場的中心，坐擁豐富物資、為市場提供動力，是最大的買主也是最大的賣家。煤仍然是最重要的燃料，供應主要的貨運，猶如今天的石油。

克拉運河的可行性

在別的地方興建大運河的可能性也引發許多人的想像力，尤其是在蘇伊士運河證明成功之後。其中一個可能性是在新加坡北方的克拉半島（Kra Peninsula）開鑿一條運河。這個主意出現在檯面上已有相當長一段時間，對於利用麻六甲海峽的交通肯定會產生相當大影響。

葡萄牙人在十六世紀的戰略眼光已經想到在馬來半島窄腰開鑿一條運河的可能性。[17]實際上，在一六七七年，法國正力求與暹羅（今天的泰國）建立外交關係時，有位工程師到泰國訪問，即提出建議，但在當時並沒有下文。

這個主意很早就打動泰國人的心，他們對此念念不忘，其原本初衷是戰略思考大於一切——想以此更有效地對付宿敵緬甸。不過有位泰國詩人在一七九三年提到它時，說的是「恢復我國的光榮」。[18]這種心願偶爾還會浮現，不過現在通常是經濟意義大過戰略思考。

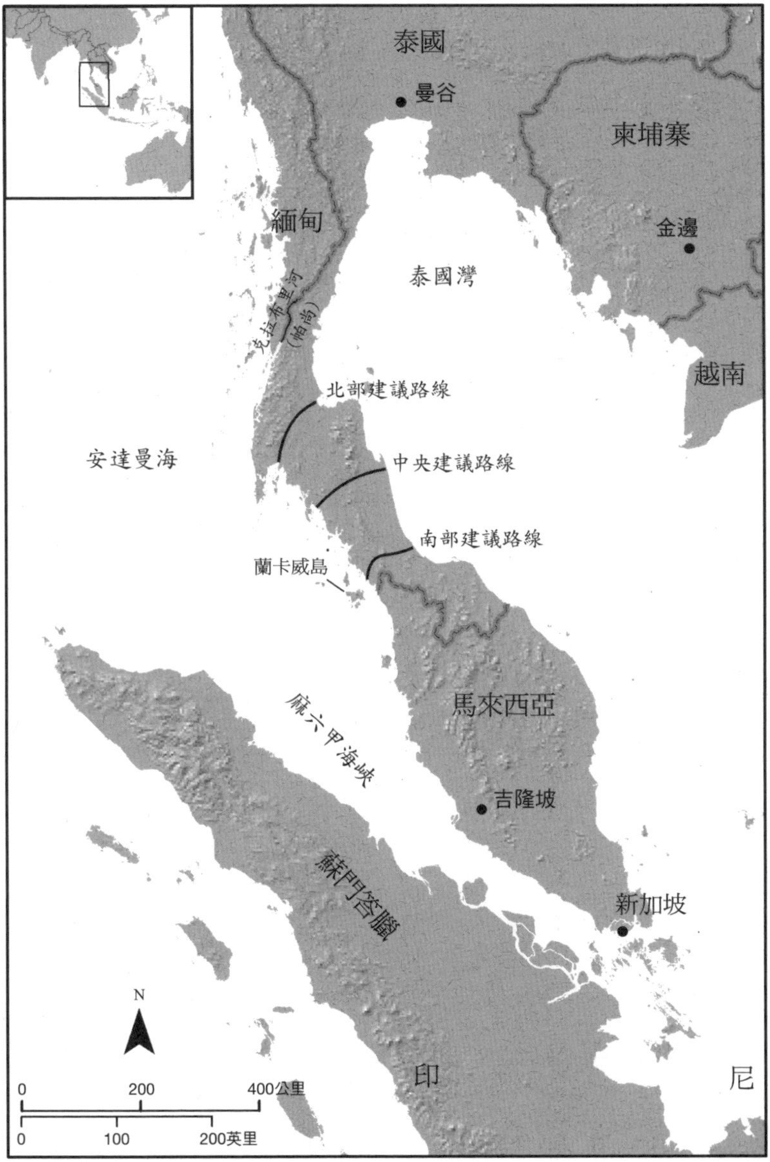

圖表4-1　克拉運河幾條建議路線

資料來源：塔夫茨大學地理空間科技服務中心的賽斯．派特（Seth Pate）、強納森．蓋爾和派屈克．佛羅倫斯。

克拉運河的可能性威脅新加坡作為港口的角色。支持開鑿克拉運河的人士推銷它是往返中國和印度之間的另一條替代通路，可以連結印度洋和太平洋，作為繞過新加坡、取代麻六甲航線的捷徑。在十九世紀，新加坡擔心的是法國人可能進行此一運河計畫，以與他們的宿敵英國競爭。一八五七年印度爆發叛變，一度讓英屬印度當局震驚，又使這個問題被擺在不同格局下重新審視。它讓英國人注意到建立一條水路，連結孟加拉灣和暹羅灣的戰略意義，它可以縮短經由麻六甲約六百英里的距離，使皇家海軍的中國艦隊的軍艦和載運的部隊，比經由更南方的麻六甲海峽更快速抵達印度。有些人覺得：如果當時克拉運河已經存在，印度叛變很可能才剛起事就立刻被壓制。而利用印度廉價勞工去興建運河的機會，使得計畫更有吸引力。

英國政府在沒有考量到新加坡的情況下，就和泰國人討論這項計畫，並向國會提出一份研究報告；報告強調：「興建此一工程對商業，尤其是對英國利益的好處，是不可估量的。」[19]但在一八四三年，真正到現場參訪的首位英國人報告說，興建運河「不實際」，[20]因為工程必須切穿馬來半島山脈的花崗岩山脊，要挖掘的土方十分驚人。後來在一八四九年，來自附近緬甸勃固（Pegu）的副高級專員愛德華．歐萊利（Edward O'Reilly）考察後，卻對此一計畫的可能性相當贊同。但是他選擇了不同的路線規畫，將河口位於暹羅和緬甸國境交界的北棧河（Pakchan River）納入路線之中。

歐萊利評論運河在對華貿易上能給予加爾各答當局的利益，但很不客氣地將麻六甲海峽貶得一文不值，認為它不只因為需要借助季風系統而使路程漫長、乏味，又因為導航複雜而十分「危險」。開鑿克拉運河的另一個好處是可以打開馬來半島固鎖的資源，一般已知道它錫礦豐富，可能也有大量煤礦，正好可用作新引進的蒸汽船的燃料。

本地熱帶森林傳統的「植物產品」也可開採利用，譬如柚木和其他木材、樹脂、染料和樹膠等。一八五九年剛卸下香港總督職位的約翰．寶靈爵士（Sir John Bowring）想像更往北邊的一條運河路線，他認為只需跨越約五十英里，而且預計只需要挖掘幾英里。他認為：「如果可行的話，一條供船隻通行的運河，其重要性將僅次於目前所提議的，在美洲達連地峽（Isthmus of Darien，即今日的巴拿馬地峽）和埃及蘇伊士地區所興建的運河……這的確將是一項崇高的工作。」[21]

開挖克拉運河的議題在一八六三年又再度浮現，印度政府派孟加拉工兵團亞歷山大．佛瑞瑟（Alexander Fraser）上尉和佛龍上尉（J. G. Forlong）前往調查。這兩位英國軍官從北棧河溯河而上，來到克拉村。接下來他們爬上半島險峻的山脊，來到另一條小河的發源地，再向東下山，抵達暹羅灣海岸。經過快速、粗淺的勘察（過度低估馬來山系的高度）之後，這兩位軍官承認建運河並不可行，但是他們建議改為興建一條鐵路，「不僅相當實用，也可能比在印度蓋鐵路每英里造價成本低很多。」[22]他們說，由本地供應的木材可用來當軌道枕木、蓋橋梁，做燃料，也可拿來修建車站。英國提供鐵軌、火車頭和列車，而中國提供廉價的營建勞工。佛瑞瑟建議，克拉鐵路的好處是可以避開麻六甲海峽，正如他自己所說的，他把麻六甲路線貶抑為「太長、太危險、繞遠路」。

在所有這些歐洲人的考量中，暹羅和暹羅人的利益彷彿和計畫毫不相關，他們被天經地義地認為和其他所有使用者一樣，自然而然就會從此一計畫受惠。佛瑞瑟認為應該很容易得到暹羅國王同意撥贈土地，因為該計畫是那麼明顯地對暹羅國王有利。

拿破崙在一八一五年戰敗，使得法國只剩下帝國碎片，有些據點和小島零散分布在大西洋、加勒比海和印度洋。法國從來沒有成為海上霸主，而且還三不五時丟失海外基地、遭英國人占領。法國在海權爭霸中只占次要地位的模式，甚至延續到第二次世界大戰時期，但是十九世紀的法國在非洲和東南亞倒是頗有收穫，取得相當大面積的帝國新領土。法蘭西帝國比大英帝國小且更集中，其海洋勢力範圍也比不上全盛時期的葡萄牙或西班牙。縱使如此，法國在十九世紀還是設法成為僅次於英國的世界第二大海洋帝國。這不是仔細規劃和大戰略的成果，反倒是反映周期性的情緒浪潮和民族自豪感，隨著行動的發展，逐漸形成強大的使命感。

英國人對克拉運河的興趣在十九世紀後期逐漸淡化，但是法國人因為蘇伊士運河的成功，以及巴拿馬運河開鑿的可能性而興趣勃勃。十九世紀末期，在全球熱衷打造交通運輸路線之下，「運河熱」盛極一時。透過建立歐洲和中國之間商業新主流，法國人認為克拉運河會對他們在東南亞積極經營、已略有成就的基地西貢（Saigon，即今日的胡志明市）有利。有些人甚至夢想，藉由控制蘇伊士、巴拿馬和克拉三大運河，法國可以主宰全球海上通路。[23]

為了尋找適合開鑿克拉運河的地點，擔任暹羅國王顧問的英國水文地理專家艾佛瑞德・羅夫塔斯海軍中校（Commander Alfred J. Loftus）在一八八三年跟著一支法國探險隊一起出發。他留給我們這趟冒險的完全紀錄：只要有可能就坐船前進，即使河水湍急。若是陸路旅行，除了步行，騎象通常是唯一方法。羅夫塔斯花了相當多時間在一頭大象上，仔細觀察大象的行為，他告訴我們，最好挑母象當坐騎，公象脾氣急躁，更適合馱重、載運行李。

探險隊穿過濃密的叢林，途中偶爾才見到小村落，他們經常停下來，但設法維持每天走六至八小時，每小時兩英里半的穩定步伐，有時候要攀爬到高處、跨越高空的狹窄小徑。羅夫塔斯陰沉地呈報說：「在雨季，意外事故經常發生，有時小徑邊坡崩塌，人和獸直墜落谷再也回不來。」[24]他仔細記載他們吃的食物，早餐是最簡單的茶和餅乾，晚餐則不賴，「會伴隨著香醇的咖啡、白蘭地和雪茄。」他評論說，「法式烹煮的」猴肉很可口，「桌上只剩下骨頭」。[25]但是儘管美食當前，這趟旅行非常艱險。

探險隊爬到高峰，才能看清這片沒有繪成地圖的地形遠方會是什麼情景，他們經常測量，有時每隔十五分鐘就要測量，所用的工具五花八門，包括各式測量儀和指南針，他們仔細記錄數字、繪製草圖，夜間宿營時也要觀測星象，試圖盡可能蒐集更多具體資訊。

一路上，他們不斷拍打襲擊眼睛和鼻孔的螫人蒼蠅，還要從身上拔掉見到衣服有任何縫隙就亂鑽的水蛭。「長褲上的血漬就是被水蛭攻擊的第一個跡象。」[26]遭到水蛭攻擊的最壞結果是因失血而全身疲弱。另一個令人不高興的際遇是偶爾會碰上毒蛇和「許多」老虎，雖然看不見牠們卻聽得見，隊員們半夜席地而眠只想睡個好覺，偏偏就會聽到老虎的咆哮聲在暗夜迴盪。

健康是大家最重視的問題。為了抵擋「叢林熱」，大家每天都拿埃諾氏果鹽（Eno's Fruit Salts）*泡檸檬汁加糖喝。全體幸好都安然無恙。

羅夫塔斯後來發一封信給這支法國探險隊指揮官，表明「運河需要傾全國之財力及一個世紀之時間」，斷定「達成目標的機會猶如四天之內登陸月球」。[27]他的法國隊友也同意，認為該計畫所費不貲，因此不可能去做。他們提到的困難之一是，如何處理挖出來的那些東西？四分之三將是炸碎的岩塊，要擺到哪裡去？

簡而言之，無論航運距離被縮短多少，似乎都不值得耗費巨資建造這條運河。[28]與麻六甲海峽及其自由通路相比，使用運河需繳的通行費立刻和縮短航程的好處抵銷。根據許多人的判斷，新加坡長久以來已經奠定服務和交流中心聲譽，而且具有克拉運河無法撼動、長遠成功的前景。有位新加坡商人宣稱：「為什麼是運河必須付錢讓蒸汽船使用，而不是蒸汽船付錢使用運河呢？」[29]

其他人則看到它對新加坡貿易流通的威脅，因而評論法國興建這條運河對其所有的亞洲關係可能產生的更多影響。

薩道義（Ernest Satow）是英國最早派駐日本的外交官之一，後來出任駐曼谷總領事。他是一位具有長期和成熟外交經驗的敏銳觀察者，看到法國若是從泰國拿到一塊狹長土地，不論是否用於建造運河，都可能產生極大作用。運河問題其實無關宏旨，他認為真正的問題在於它將擴大法國在東南亞的影響力。但是如果真的要建造一條運河，他主張英國應該控制住它。[30]

法國仍未忘情於克拉運河，於一八九〇年代初期又出現熱切討論，令英國人警惕，他們並不希望其他歐洲列強出現在馬來半島。[31]這個問題此時又出現微妙變化，因為倫敦在一八九〇年代末期大體上希望與法國交好，而此時的德國已開始在歐洲大陸及遠方世界構成更大顧慮。

英國當時在國際上最忌諱的勁敵是德國，因此他們煩惱德國明顯有意在馬來亞西岸、吉打（Kedah）外海的蘭卡威島（Langkawi Island）取得加煤站——蘭卡威的位置相當靠近新加坡，令英國人心裡不舒坦。德國帝國艦隊的締造者阿爾弗雷德·馮·鐵必制海軍上將（Admiral Alfred von Tirpiz）已經宣稱，德國的貿易和德國的海軍「需要有自己的香港」。[32]

至於克拉運河，英國在一八九七年和暹羅簽署一項條約，暹羅同意，除了泰國人本身之外，未經英國同意任何國家都不能興建運河。這似乎解決了問題，不過一九三〇年代中期，修建運河

＊〔譯註〕詹姆斯·克羅斯雷·埃諾（James Crossley Eno）是十九世紀英國藥劑師，調配出來的抗酸劑果鹽迄今依然風行於市。

的興趣似乎又被煽動，此時有意興建運河的是日本而非法國。而今天，興趣最高昂的則是中國。

布線全球的海底電纜

南中國海位於大英帝國生命線的東端，在十九世紀對英國招致的焦慮遠比地中海小。就當時英國的利益而言，博斯普魯斯海峽（Bosporus，又稱伊斯坦堡海峽）是遠比麻六甲海峽重要得多的要塞。俄羅斯和法國明顯威脅英國在地中海的利益。英國的確擔心，一旦爆發戰爭，新加坡將難以承受俄羅斯海軍的砲轟。但是，俄羅斯和法國在中國海域都沒有駐屯重兵，似乎也沒有太大興趣。德國雖蠢蠢欲動，但實質上沒有什麼大國對英國造成威脅。美國對太平洋亞洲心有餘而力不足。十九世紀中葉的日本正從多年來的鎖國孤立政策轉向開放，但是直到十九世紀末尾都還不足以在國際舞台上扮演角色。

大英帝國首要的關切愈來愈專注在保護進出印度的安全，而今地中海和連接歐亞非三大洲的蘇伊士運河，正是扮演此一角色。戰略基地網從西班牙南部的英屬直布羅陀（Gibraltar）一路往東延伸，提供中途站，服務資訊、人員和物資的流動，和維持艦隊、保持遠方殖民地駐軍的功能密切攸關。海底電纜可以把這個帝國生命線連結起來，但是電衝需要不時更新，就像船隻的引擎需要重新添加燃料一樣。

英國在建設全球網路時享有極大的相對優勢，因為它擁有非常多的「帝國彩紙」[33]——原本不起眼、現在卻突然變得舉足輕重的小地方，有些甚至只能勉強站立——散布在全球，這些地方都飄揚著英國國旗，可為船隻添加燃料、傳遞訊息，滿足新的需求。

十九世紀初，英國人開始在靠近利物浦港口的地方利用機械信號傳遞船隻進港的消息。但是，當夜色黑暗或天氣惡劣會使它大部分時間失效。海底電纜配上陸地上的電報，使得一切改觀。

塞繆爾·摩斯（Samuel F. B. Morse）和幻想興建運河的克勞德—亨利·聖西蒙一樣是個理想主義者，預料他發明的電報技術會帶來新的烏托邦國際環境。國際事務上如此一個立意良善的革命尚未出現，但是在實際生活上，資訊快速收到可以加快生活步調，譬如重新組織商務的流動（包含航運在內）等。港口彼此之間可以快速溝通；還未排班、等候在港口裡的閒置船隻，可以比以前更快得知何時有貨要載的消息。

看到電報對商務發展的優點後，民間企業主動掌握。一八五一年，第一條海底電纜成功地布在英吉利海峽，從英國的多佛（Dover）延伸至法國的卡萊（Calais）。英國人主宰電纜的製造，訂下高標準，要求成分純淨、裝配精準。他們發現一種植物杜仲膠（gutta percha）非常有用，這是透過新加坡、從東南亞取得的一種類似橡膠的乳膠，它不但是優質的絕緣體、還能抵抗鹽水侵蝕。

可是當電纜網路從英國開始往外布建出去時，遇上許多挫敗。在布滿尖銳的岩石、地表又起伏不平而且沒有海圖可資參考的大海底下布放電纜，只是挑戰此一新科技的一部分困難。靠近海岸的地方，漁民的設備會纏上電纜，他們有時將電纜砍斷或將它拉上海面。通過溫暖的水域，電纜延伸至熱帶地區，可是各種動物會啃咬並纏繞電纜，使得信號減弱。但是就好像蒸汽船的效率逐步演進，電纜的成分和性能的品質也日益增進，對顧客而言，這代表訊息更快速送達。電纜線延伸得愈多，代表成本降低，整體而言具有更大的彈性和可靠性。

蒸汽船和電纜改變了做生意的方法。就渴望知道最新新聞的商船船長而言，港口是時事資訊重要的中心，傳統上也靠它提供清水或食物。在十九世紀末期，船上開始啟用冷藏和去鹽設施，罐裝食物也隨之出現，使得船隻不再需要頻頻靠岸。但是船上的人還是渴望知道最新新聞。和過去一樣，他們必須和在海上交遇的其他船隻招呼、打聽，要不然就必須等到泊靠下一個港口。

一八四〇年代之前，新加坡和倫敦之間的訊息往來非常緩慢，萊佛士爵士等人經常可以獨斷獨行。歐洲鐵路出現，加上日後開發出經由埃及的陸路郵遞系統，通信速度開始加快，電報又使通信起了革命性大變化。帆船需時幾個月才能傳送訊息，蒸汽船加快到幾個星期，電報只需幾分鐘。現在，重大新聞可以安全、快速、準確和普遍地傳遞。

在帆船的時代，船隻一出海，船長有絕對指揮權。船東除了對自己希望做到什麼下達一般性的指示之外，對於行程中會發生什麼、船已開到哪裡去，沒有太大的控制，因此就出現不確定性和風險。電報使得船長一靠岸，就受到船東命令節制。老家的貿易商現在成了決定該買和該賣什麼東西的關鍵人物，把他的命令下達到當地代理人。資訊交易可能開始凌駕於投機買賣之上。不論是政治或商務，中央的力量可以發揮新權威。

英國身為十九世紀全球頭號大國，握有地理上到處駐軍、資金、知識和武器的優勢，可以建立及防衛全球海底電纜網路。英國人規劃、出資和安排電纜網路的鋪設；英國工廠製造電纜，英國船隻施工布線；英國公司擁有它們，也發現儘管需要投資鉅額資本，卻有極高的報酬率。

但是，政治和經濟無可避免會決定此一全球網路如何布線。路線反映出北半球在全球所占的優先地位。英國政府後來必須補貼他們認為具戰略重要性、商業上卻無利可圖的線路，譬如通往南非的電纜線。電纜網路是把帝國凝結在一起的強大工具，賦予網路所有者極大戰略優勢。有些人甚至認為，比起皇家海軍，電報是英國稱霸全球的更重要的武器，使得政府能夠駕馭資訊，被形容是「英國擴張的核心隱喻、資源和關鍵工具」。[34]

就控制電纜及轉接站的人而言，海底電報纜線提供極大的安全。海底纜線和地面上的電報線不同，不容易被竊聽或切斷，只有熟知網路的位置又有強大海軍的英國人能輕易做到。由於位居網路的中心，倫敦比起任何地方都更早知道商品價格和最新的貿易流通，當然掌握極大商業優勢。想知道來自太平洋亞洲的最新新聞，美國人必須焦急地等候消息跨過印度洋、經由倫敦再跨越大西洋傳送過來，心知肚明英國人比他們掌握優勢。電纜線一直到一九〇二年才跨越太平洋，可是仍由英國人控制。

這下子英國人因為勢力跨越最大的海洋感到相當安心，深知自己控制了貫通於大英帝國內部的海底電纜系統「全紅線」（all-red line）。但是電纜雖然可能支持住英國霸業，它們也引起其他大國的嫉妒和疑忌，因此從這方面，我們可以很弔詭地說，它們也危害英國的安全。[35]

在英國，雖然國家密切關注電纜業的動靜，一般而言，建設網路的重大經費由民間企業承擔。向使用人收費就反映此一事實，在初期成本償付後，費率就降低，但是由於維修之需及追求獲利，價格仍然不菲。船隻一進港，可能立刻奉命調轉方向、駛向商業機會或許更大的另一個目的地。而且由於貨物移動的速度遠比有關貨物的資訊流通慢得太多，對於詭計多端的生意人就出現新的機會。為了進行生意，譬如股市波動等重要訊息，就靠電報傳輸。

但是，費用高昂意即絕大部分訊息仍靠信件傳遞。如果你從新加坡發信到倫敦，九個月內能夠收到來自倫敦的回信，你會認為這非常即時。但是有了鐵路，首度使陸地長途旅行比起海上旅行快上許多以後，信件遂結合水、陸兩路發送。這一來，從倫敦向新加坡發信，可以跨過英吉利海峽，然後乘上快速火車前往地中海某港口再送往目的地，郵遞過程不再經過大西洋，省下許多時間和距離。

基於安全理由，英國當局，尤其是軍方，只想借重海底電纜，而非一個結合海陸的網路。英國或許是海上霸主，卻未必獨霸陸地。英國政府補助建立一條從英國穿越地中海的纜線，但是認為它不夠完美，因為它途經葡萄牙和埃及時必須上陸。戰略理想是不要接觸到外國領土。[36]因此在一九〇〇年中國義和團之亂以後，英國政府在上海和華北的威海衛這兩個攸關英國商業利益的港口之間，鋪設一條海上電纜。藉由海底電纜把兩者連結起來，避免依賴不安全的陸上纜線。

新加坡的優勢

蘇伊士運河和電報，這些創新都對新加坡製造相當的優勢，這個城市找到繼續繁榮的新方法。到了二十世紀初，新加坡已經成為全球性的重要海港。[37]考量到北大西洋仍是全球戰略和商業的中心，這是不凡的成績。新加坡結合華人的商業精明和活力，以及英國人的工業技術、資金、金融技巧和全球網絡，已經固若磐石地屹立在其獨特位置上。

海底電纜於一八七一年抵達新加坡，這項革命性的溝通媒介意味在商業世界中，位於本國的買主可以對第一線的代理人下達指示，代理人再於本地借取做生意所需要的資金。代理人取代商人，成為關鍵人物；代理行的重心工作也隨之改變，由處理貨物變成處理資金。

電報和郵件服務加快，改變了工作的節奏，從偶發性的爆炸變成穩定的流動。有位老派的商人惋嘆過去美好的時光已經結束：「當時我們住在辦公室樓上，雖然人數不多，卻是一群非常快樂的夥伴。現在我們住在倫敦或這兒並沒有什麼差別，蒸汽船和電報使我們每天和舊世界通信。

星期天再也不屬於我們。我們不分晝夜工作、寫信。」[38]他或許還會再加一句：「起草電報稿。」

每年有一萬六千班次的船隻拜訪新加坡。港口對航運很重要，而航運是英國最重要的產業之一。新加坡是貿易的樞紐，既是貨品的配銷中心，又對東南亞提供倉儲、銀行和其他牽涉到海洋事業的各種服務。作為主要的區域轉運港，新加坡處理東南亞的植物和礦物資源，又分銷歐洲製造的商品。

蘇伊士運河也促使大西洋國家大舉進軍東南亞和東亞，刺激洲際海港城市的開發，這個現象在此之前很少出現在本區域。歐洲人抵達之前，本地的政體基於安全考量，把首都設在內陸。歐洲人帶來海洋意識，這是許多亞洲菁英原本欠缺的心態。新加坡是新開發的海港城市典範。包含新加坡在內，沿著亞洲海岸延伸的這個網絡，從孟買到橫濱，構成依據大西洋模式現代化的先鋒，透過電報和燃燒生煤的船隻彼此串連，也連結到更廣大的世界。

每個人都害怕在船上裝載和生火燒煤此一不可避免的、既耗時又骯髒的任務，對工人來說這是一項艱苦工作，對船上所有人來說也是不愉快的差事。在軍艦上，軍官和小兵都必須參加這項勞動。搬動煤炭會產生抹不掉的灰塵，令喉嚨窒息和眼睛刺痛，在接觸到的每個表面上都會留下黑色髒汙。為了搬運船上的煤炭，每艘船都有一個「黑幫」（black gang），它又分為兩組：火伕和觀看員。通常大多數船上的火伕每天分三班值班、每班生火一次，他們負責將煤鏟入火爐內，使用長棍撥火並不時清理炭渣。觀看員負責替火伕補足燃料，用推車把煤從儲藏室送到火爐旁，他們稱之為「跑腿的」，[39]通常這些人是孟加拉人或古吉拉特人，但英國航運界稱他們為「拉司卡爾」（lascar）。只要是亞洲人船工，不問是華人或葉門人，統統如此稱呼。*

不論是火伕或觀看員，在充滿灰塵、沒有新鮮空氣的環境中作業都是困難和危險的。在熱帶地區，溫度可能會飆升到難以忍受的程度。工人穿著厚重長靴，除了脖子上的一塊用來擦去眼睛和鼻子上的汗水和汙垢的破布外，幾乎衣不蔽體。燙傷頻繁，熱衰竭也是司空見慣的事。所謂「黑幫」工作與礦坑裡的煤礦工人的艱苦勞動不分上下。但是至少礦工每晚都可以回家，而黑幫工人可能會在海上工作一整年。

與時俱進的港口

港口是新加坡的心臟，迄今依然如此，雖然已經不是那麼引人注目，在過去兩個世代的海洋世界，還是十分重要。有位新加坡歷史學者說：「海上貿易說明了新加坡。你如果要說明新加坡卻不談港口，就好像不談國會卻要說明英國一樣。」[40]

蘇伊士運河使新加坡在大英帝國內的地位益發重要，凸顯它地理位置的重大戰略意義。但是

* 〔譯註〕lascar這個字源自阿拉伯文，意指守衛或士兵，後來英國人用以稱呼在印度洋至東亞航線上工作的亞洲船伕。

要保持活躍，新加坡和其他各地的港口都必須與時俱進，迎接蒸汽技術所帶來的新機器的需求。新型船隻需要工程師和機械士，港口必須有所準備，才能修理船隻的引擎並且配合精密工具的使用。港口的設計必須改變，才能接待大型船隻以及對燃料的新需求，要能更快地裝卸貨，建立更多的碼頭及更深的港口。這一切都需要大量投資。新加坡對這些需求也不例外，必須設法因應。

十九世紀末期，新加坡港拚命追趕、應付蘇伊士運河所帶來的船隻，現在它們已經全是蒸汽動力船隻。通稱P&O公司的「半島東方航運公司」（Peninsular and Oriental Shipping Company）最早的名字是「半島航運」（Peninsular），提供從英格蘭到伊比利半島的服務。後來公司在名字上加上「東方」（Oriental），成為「半島東方航運公司」，發展為英國首席商業航運公司。該公司在一八五二年首開先例在新加坡建立碼頭，有充分空間囤放煤炭作為船隻燃料之用，並在新海港選擇一個深水位置作為廠址。

後來丹戎巴葛碼頭公司開始開發新海港的海岸，添建碼頭、機械廠、鍛冶室、鑄造所和鍋爐廠等現代設施，全面使用蒸汽動力，直到一八八六年才換用電力。[41]碼頭和位於市區的辦公室可以用電報溝通，後來則改用電話。電燈的發明使得工作時間可以加倍。

但是碼頭和市中心相距約一英里，這點距離卻造成問題。直到二十世紀，手推車或牛車仍然是搬運貨物的載具，行動遲緩，沿著這條被戲稱「輪痕累累的大沙塵洞」的唯一道路移動。[42]這些敞篷的車輛不僅行動遲緩，由於路人順手牽羊，車上物品也經常減少。旅客則坐速度較快、較

圖表4.2　行人、黃包車和牛車行走在通往新加坡丹戎巴葛公司碼頭的路上（時約一九〇〇年）

安全的馬車。

手推車、牛車和馬車在新加坡慢慢才被取代。政府費盡心思推出鐵路、改進道路、開鑿運河，或使用小船，統統無效。政府有其他顧慮。因此，很弔詭的是，新加坡雖已經躋身世界級港口，老牛的步調卻決定貨運配銷的速度。

丹戎巴葛公司拚命努力對付船隻愈來愈大、載貨愈來愈多的龐大需求。交通變得非常忙碌，造成碼頭和倉儲區壅塞，從碼頭到倉庫的路也堵住。丹戎巴葛公司併購競爭對手，控制新加坡整體航運事業，又取得新海港整個碼頭空間。只有半島東方公司郵件輪船和煤炭使用的碼頭例外，沒由它控制。因此，港口的活動，乃至整個殖民地的經濟強弱，基本上全操於這家公司的績效表現。[43]

二十世紀掀開序幕時，該公司提出需求：要有更大的碼頭和倉庫、更多機具處理貨物，以及一座大型乾塢。[44]最大問題似乎不是如何在船隻和碼頭之間移動貨物，而是如何在碼頭和倉庫之間移動。這份提議引爆報導和討論，但是未能促成有成效的改進措施。

效率差造成新加坡有把加添煤炭生意輸給香港等競爭對手的危險。不論如何，這門生意受影響的主因是原本是好顧客的法國人，自己在西貢蓋了一座加煤站，不再需要新加坡。再者，船隻引擎的改良導致燃煤量降低，因此啟用蒸汽的大型船隻不需再為添加燃料而多次靠岸。

軍艦對港口也提出新要求，因為它們尺寸大、需要更大停泊空間，比起商船吃水較深。軍艦用的乾塢對商船而言可能太大，因此不符商業用途的經濟意義。但是新加坡想要爭取英國海軍部的生意，遂提議在政府支援下蓋一座乾塢。香港當時在這方面不足為慮，因為碼頭太小，容不下最新的軍艦。

海軍部沒有接受丹戎巴葛公司的提議，但是卻慢條斯理才回絕。這段期間，雖然由於與東亞的國際貿易上升、蒸汽船航線增加，而且中國爆發義和團之亂使得海軍活動大增，對新加坡港口服務的需求也上升，但是港口並沒有採取行動、增強實力。

殖民政府認定丹戎巴葛公司動作太慢未能及時現代化，遂於一九〇五年接管它，並於一九一二年將其改組為新加坡港務局（Singapore Harbor Board），這個組織比較適合處理愈來愈複雜的業務。港務單位從此能夠自稱有可靠的供水、瓦斯和電力；有了新方向，新加坡設法讓自己走在需求曲線之前。但是碼頭還是零散，與城市隔離，新加坡也仍然沒有合適的船塢。整個殖民時期，高度壅塞、船期延誤，一直困擾著新加坡港，一直要到第二次世界大戰之後才真正展開徹底的機械化。

不斷變化的貿易組合反映供應大眾市場的工業有了嶄新的大量需求。新加坡雖然仍然是商業和海運中心，也取得了本身第一個以陸地為基礎的商品基地。由於錫和橡膠開始變得更加重要，馬來亞腹地的地位也水漲船高。一八七〇年代，英國的新政策要加強它對馬來世界的控制，替新加坡商人供應世界市場，增強這些新興的商業機會。

錫與橡膠

自古以來，人類就需要錫，但在十九世紀末期，工業化推升了對錫礦的需求。馬來亞華人開始以原始方法開採礦砂。開採由華人出資，產品由華人買賣。一八五〇年代和六〇年代發現電鍍技術，能夠用來製罐，使得食品工業出現革命性變化，也大大提升工業對錫礦的需求。

湊巧這時候在馬來半島西側霹靂（Perak）以及河谷的沖積土壤中發現豐富的錫礦礦脈。鋼管、斗式挖泥船、碎石泵以及其他先進機械相繼出現，[45]用來更有效率開採資源，並且需要更多的資金（小型企業主因而受到傷害）。當然這也伴隨著環境成本的產生。採礦留下難看的痕跡、破壞表土、傷害景觀，把地貌破壞到慘不忍睹的地步。

馬來亞的政治不穩定吸引了英國人的介入。英國人擔任地方藩王顧問，有助建立法律與秩序，也因而為採礦業建立穩固基礎。採礦業渴望資金和關係，英國人可以提供，華人卻辦不到。十九世紀末期，歐洲人帶來新公路、鐵路以及機具，因此他們可以壟斷礦業。這一來，再加上廉價的華人勞工源源不斷，使得可以運用現代方法開採錫礦。錫經過新加坡送到世界市場，到了第一次世界大戰前夕，新加坡可誇稱是世界最大的熔錫廠，是產業的龍頭。

馬來半島的經濟開發因錫礦起始、復經英國人鼓勵，使馬來亞超過印尼群島成為新加坡最大的貿易夥伴。華人受惠良多，許多華人不再是勞工，有些人成為關鍵的中間人，作為歐洲人和馬來人之間的媒介。這些人是零售小販和小店東主，他們詳細研究市場，告訴雙方他們辛苦的同胞和本地人需要什麼。在一個充滿挑戰性的環境做生意的困難和危險，並沒有使他們卻步。

緊接著在錫之後登場的是橡膠，這是和前者完全不同的新產品。這個產業發源自從巴西偷運出來的種子，在倫敦偉大的基尤皇家植物園（Kew Royal Botanic Gardens）培植試種，然後再移植，先到斯里蘭卡再到馬來亞，也在新加坡稍微試種。在一八八八年之前，也沒有人特別注意它，直到植物學家亨利・尼古拉・萊德利（Henry Nicholas Ridley）突然對橡膠的商業可能性特別感興趣。萊德利研究橡膠樹，以及如何善加利用它，他在馬來半島到處流浪，口袋裝滿橡膠樹種子，試圖說服農場主人放棄咖啡或他們正在種的一切，改種橡膠，因而贏得「橡膠瘋子萊德利」的綽號。[46]有人形容他是「一個最有趣的談話對象，隨時可以討論園藝學和經濟植物學，雖然可能只有科學家才能確切了解他在說什麼」。[47]這個男人為橡膠工業奠下基礎，新加坡成為採集和配銷的中心。

到了一九一四年，全世界一半生橡膠來自馬來亞，蠻荒的叢林搖身一變成為秩序井然的橡膠園，種植一排排、數百萬棵的橡膠樹。農場主在黎明就率領泰米爾工人巡視，只要天氣夠冷乳膠能夠流動，就從樹上擷取。和錫一樣，輸往外國市場的橡膠經過新加坡，增加此一殖民地的出口值，於是鼓勵移民前來，人口接著上升，並刺激了港口的成長。

橡膠需要長期投資，其樹苗需要六年才成熟，因此會綁住資金。種植者找到一個聰明的解決辦法，沿著一排又一排新種的橡膠樹種起鳳梨。鳳梨只需十八個月就成熟，也只需要小額投資。當橡膠樹可以開採時，農民就可以放棄種植鳳梨。而且，新出現的錫罐可以用來包裝鳳梨，賣到廣大的市場。

歐洲人和華人都參與這類生產養殖。鳳梨特別吸引華人，因為他們比歐洲人更難以籌到長期貸款。馬來人對於開採錫礦和種植橡膠都沒有興趣，因此雇主到印度和中國沿海地方尋覓渴望受雇的非技術工人。中國政府放寬不准人民出海的禁令，新加坡也歡迎新來者——經濟陷入低潮、工作難找的時期當然例外。

沿海航運

同時，沿海航運也替新加坡扮演區域轉運中心的角色提供重大服務。在東南亞大部分地區，長久以來海洋是唯一的連結方式，自古以來就很重要。蒸汽時代只是增加海上公路的使用和常態性，把馬來世界構築得更緊密。華人和歐洲人通常井水不犯河水，各自經營自己的公司，只有「實得力輪船公司」（Straits Steamship Company）例外，這是一家華洋合資公司，它的黑藍白色煙囪非常醒目，在東南亞許多港口都可見其蹤影。

創業精神通常不存在於馬來傳統文化裡，當大規模的經濟變化排山倒海而來，馬來人顯得更加落後。大部分人落入從事非技術或半技術的職業、普通勞工或服務業。許多人對工商業沒有興趣，長久守著農耕或與海洋相關的古老職業：捕魚、潛水、織網、採集海藻和珊瑚，只要這些機會還存在的話。這種模式是新加坡馬來人長久以來生活的特色。

雖然有些馬來人覺得現代商貿生活頗具吸引力，想要學習如何操作船隻、投入本地和沿海貿易，但是受過高等教育的馬來人相對較少，因此當不了船長，不過許多人出海擔任次要工作。一到船上，往往因人種不同而分任不同工作。華語族群往往走向特定工作，譬如海南島人擔任乘客服務員。馬來人通常派到引擎間。華人在甲板上工作。馬來人和華人有不同的食堂，方便華人吃豬肉而不會冒犯馬來穆斯林。客輪還會有第三種餐廳，提供歐洲口味飲食。

服務小港口的船隻載著各式各樣的貨品，基本上是拿工業世界的製造成品去換取熱帶的原始產品。走向東南亞市場，小船載來機械和稻米，以及香菸、威士忌等消費品，以交換載回熱帶物品，如水果、魚、錫礦與橡膠。就乘客而言，這些小船的客艙相當擁擠、炎熱又骯髒。老鼠、蜈蚣和其他毒蟲很多，牠們被船上載的稻米吸引而來。有位美國傳教士乘客寫下：「我在客艙裡打死將近三十隻毒蠍。」[48]

海上閃爍著某些生物的磷光，這些水域有許多魚、海鯨、海豚和有毒的海蛇，牠們特別喜歡河口。沿海航行很少在視線看不到陸地的範圍外航行，通常船主自己導航，除了偶爾看得見的燈塔之外沒什麼輔助工具，更談不上領航員或拖船，只能完全依賴他們本身對海岸線及所有潛在危險，如礁石、淺灘、暗礁等之經驗開船。[49]有位船主威廉．布朗船長（Captain William Brown）記得有次藉漲潮之助，沿一條狹窄小河逆流而上，途中猴群跳到船上，「鸚鵡在籠子裡尖叫，鱷魚彷彿衛兵在兩岸守著」。[50]英國小說家約瑟夫．康拉德在小說《走投無路》（*The End of the Tether*）也藉由他的親身體驗描繪了這樣的河流環境。

沿岸船隻和遠洋大船不一樣，它們自己搭載著處理貨物的器材，裝卸貨都由船員自行完成，沒有岸上的勞工可以協助。海峽華人在此地生活已有相當年代，他們領導新加坡華商在商務上有所發揮，巧妙地利用華人網絡並將其跟大船航行、航途漫長的歐洲遠洋航線連接起來。

大洋公路

到了一八九〇年代，新加坡不再只是前往中國或更遠的太平洋亞洲其他地方的中途站，而是連結半島馬來亞、荷屬東印度群島和西澳大利亞的轉運中心。新加坡因具有馬來亞腹地而受惠良多，從腹地取得最近相當炙手可熱的錫和橡膠，銷往全世界。新加坡也輸送泰國米到香港、澳洲羊肉到英國。傳統的海峽產品，如乾椰子肉、碩硪米和甘蜜也是重要出口品。

新加坡成為運送貨物、供銷世界市場的中心，以及海洋航運的中心。到了一九一四年，已有五十多家航運公司使用新加坡港，[51]而在亞洲，只有香港和斯里蘭卡的可倫坡兩個港口比它大。[52]到了一八九二年，香港能夠掌握華南所有貿易，泊靠香港的航運公司船隻數量已經超過利物浦。日本也迅速崛起成為國際新秀，快速發展航運業，這是日本在東亞商業勢力崛起的第一個訊號。

在使用新加坡的許多外國航運公司當中，「海洋信使公司」（Messageries Maritimes）*是一家非常成功、以地中海為基地，但是服務包羅萬象的法國航運公司。海洋信使公司原本規劃為運送郵件及必要時載送部隊的公司，後來卻成了載運乘客和貨物到世界各地的公司，如印度、中國和日本。在新加坡港內經常看得見它的旗幟。

起先，這家法國公司向英國人買船，然後開始自己建造口碑甚好的鐵甲船身、螺旋槳推進的蒸汽船，而且不出所料地以供應美食著名。到了十九世紀末，海洋信使公司成為全世界最大航運公司，超過最大敵手英商半島東方航運公司。半島東方公司或許曾是英國在亞洲首屈一指的航運公司，但是許多人評斷，認為這家法國公司不僅美食出色，船隻大小、速度和設施也都優於它的競爭對手。

雖然法國有志在全球發展，但在國家高度的期許以及海洋信使公司的成功下，法國商船仍只占全球商業航運不到百分之五。雖然海軍名列全世界第二名或第三名，法國並未擁有海洋的根據地，也沒有全球海上通路。蘇伊士運河是法國的大好機會，但它是民間企業、並非國家計畫，而我們也知道，它很快就脫離法國人的控制。

到了一八四五年，半島東方公司一艘蒸汽動力郵務輪船來到香港，途中在新加坡暫歇。這家公司是新加坡最重要的航運公司。[53]後來出任半島東方公司董事總經理的湯瑪斯・蘇德蘭爵士（**Sir Thomas Sutherland**）長久在亞洲服務，曾任駐香港首席代理人。他在香港以謹慎小心出名，出門永遠帶一把左輪槍，睡覺時把槍塞在枕頭下，出席晚宴也會隨身攜帶，而且大剌剌地擺在座

---

*〔譯註〕海洋信使公司（Messageries Maritimes）是一八五一年成立於馬賽的法國商業航運公司，原名「國家信使公司」（Messageries nationales），後更名「帝國信使公司」（Messageries impériales），自一八七一年起更名為海洋信使公司，通常以英文字母縮寫稱為ＭＭ航運公司。一九九六年通用海運公司民營化，出售給「達飛海運公司」（Compagnie Maritime d'Affrètement），組成「達飛海運集團」（CMA CGM）。達飛集團是世界第三大貨櫃運輸公司，總部位於法國馬賽。二〇一五年十二月，法國達飛海運集團現金收購新加坡東方海皇集團（ＮＯＬ）。

位下，號稱是為了提防「僕人突如其來撒野」。

蘇德蘭認同香港超過認同新加坡，但是半島東方公司和他參與創辦的香港上海滙豐銀行（Hong Kong and Shanghai Bank）在新加坡業務相當強盛，事實上新加坡分行是該行在中國境外最賺錢的分行。中國沿海地區的洋人習慣它的俚名「鴻客及夏客」（Honkers and Shaggers），現在該行在全世界打的旗號是HSBC「你的鄰居銀行」，絕大多數顧客恐怕都叫不出它的全名。

利物浦的霍特兄弟，艾佛瑞德（Alfred Holt）是工程師，菲利普（Philip Holt）是生意人，兩兄弟創辦「海洋輪船公司」（Ocean Steam Ship Company），後來通稱「藍煙囪輪船公司」（Blue Funnel Line），是新加坡人家喻戶曉的一家航運公司。一八六六年，霍特兄弟派出旗下「阿伽曼農輪」（*Agamemnon*）繞過好望角前往亞洲，這是第一艘走這條路線的商用蒸汽船。艾佛瑞德積極參與開發複合引擎，使蒸汽動力在海上效率大升又實用，從此船隻不再需要載運比貨物更多的煤。霍特旗下船隻的大煙囪變成太平洋亞洲海岸常見景色。公司船隻大抵都以荷馬史詩裡的英雄命名。

藍煙囪輪船公司開往亞洲的船班雇用英國幹部、華人船員，分別從中國幾個不同地區召募，以防船員在不滿公司時串連組成聯合陣線。這些華人在引擎間工作，有時候也在甲板上工作。他們被隔離另住不同艙房，薪水也比英國職員低。公司告誡年輕英國籍幹部，要守住本身的尊嚴，避免和這些華人有交情，打鬧成一片。

隨著十九世紀即將落幕，情勢變得明顯：英國人逐漸失去在航運業的領先優勢。有人說，英國航運業者追求「眼前獲利，而非永久繁榮」。[54]他們面臨新的競爭對手。日本人進入航運業，日商「日本郵船株式會社」（Nippon Yusen Kaisha）提供高水準的服務及較低廉的費率，從歐洲業者搶走不少客貨運輸生意。歐洲業者本身也挑戰英國人，譬如德國船隻以大略相同的費率提供更佳的服務。

的確，在許多領域和許多地方，德國人開始成功地與英國人競爭，德國政府亦以補貼方式援助德國航運業。代理商貝美公司（Behn Meyer & Company）在新加坡設立辦公室，用來建立區域服務。*新加坡的德國商人圈成長到人數夠龐大、財力夠雄厚，足以建立大型會館「條頓尼亞」（Teutonia）。它在一九一四年解散，後以豪華酒店良木園（Goodwood Park）名義重振旗鼓。

北歐國家和荷蘭在這個全球海洋「新帝國主義」的競爭時期遲遲未起步，但是他們最後也加入競爭。航運界的競爭既反映民族主義的新緊張，也對其造成影響。

到了一八七〇年代中期，旅客、郵件和高價值貨品全都靠蒸汽動力船隻運送；帆船只載運笨重項目，它們低價值也無須計較時間快慢。一艘蒸汽船進入新加坡時，可能載運上千種不同物

---

* 〔譯註〕貝美公司是一家家族企業公司，一八四〇年成立於新加坡，以海外貿易起家，後來發展成專業化學公司，產銷特種化學品。公司總部現設於德國漢堡，但是業務活動仍以東南亞地區為主。

品，分別裝在不同大小尺寸的箱子、桶子、捆包和袋子裡。船隻也載運乘客，從華南沿岸港口乘載移民到新加坡，並且把不幸命喪異鄉的亡魂棺木送回中國安葬。同時，在新的休閒時代，大量來自歐洲的旅客蜂擁至亞洲遊玩，新加坡是他們經常停留的港口。

航運業因為變得具全球性，也就愈來愈複雜。它的整體環境反映目前的裝載容量、世界貿易總額，以及供需之間的平衡，全都關係到目前全球及區域經濟和政治起伏的情況，航運公司必須隨時因應。當品味喜好和生活方式演變，裝載貨品的組合也會不同，甚至季節變化也很重要。

歐洲船東發現載貨到東亞可以獲得財富，運去火車頭、縫紉機、腳踏車、鐵管、武器和其他資本財，以及肥皂、調理食品和威士忌等消費品。中國則輸出蛋製品、桐油、豬鬃、人髮和大豆等商人所謂的「渣土和卡車」（muck and truck）交易商品，取代原本傳統的奢侈品，如陶瓷、絲綢或中國茶葉。中國茶葉現在必須與日本人和印度人種植的高品質茶葉競爭。

茶葉不是新加坡貿易的主力產品，但是新加坡港口的戰略位置使它能夠扮演來自整個東亞和東南亞地區各式各樣貿易商品的分揀者、包裝者和再配銷者。至少新加坡也能藉由提供路過的船隻加油和基本補給品而獲利。

大型船隻吃水深、有更多載貨有待處理，使得許多小型港口派不上用場。航運公司以固定班次、固定費用載運貨物和旅客；航線不定的貨船則遊蕩全球、尋找載貨，通常載運比較廉價或大宗的貨品。這兩類船隻的差異是功能不是結構。特別設計的船隻，譬如冷凍船也開始出現，另外還有專載石油的油輪。第一艘油輪是路德維・諾貝爾（Ludwig Nobel）的「瑣羅亞斯德號」（*Zoroaster*），於一八七七年開始行駛於裏海。*這種船日後對新加坡非常重要。

隨著貨源和市場演變，貨物和船隻也日益專門化。十九世紀末期的新船隻需要巨大投資，在和今天同樣起伏波動的市場風險極大。和二十世紀的航空業一樣，航運業可說是一種「賭運氣的行業」。但是就船隻而言，至少有一項風險因素不復存在：蒸汽船比起帆船較不可能在海上沉沒。

就航運業而言，船隻本身不是唯一的成本，海洋事業需要許多支援維護，食物、燃料、清水、修理等在船隻航線沿途都必須待命，當然少不了加煤站。但是快速提升的引擎效能代表經常補充燃料的需求降低，也有更多載貨空間。

航程愈長、時間愈長，折舊成本和資金利息就愈大，這個行業也就變得風險太大，不宜由民間投資人單獨承擔。因此，英國政府補貼輪船載運信件，就變成對這個行業的穩定有重大貢獻，

---

*〔譯註〕路德維・伊曼紐・諾貝爾是十九世紀著名的瑞典裔俄羅斯工程師、企業家和慈善家。他是諾貝爾家族成員之一，父親伊曼紐・諾貝爾也是工程師，弟弟艾佛瑞德・諾貝爾（Alfred Nobel）捐款成立諾貝爾獎更是大名鼎鼎。路德維和另一位兄弟羅伯・諾貝爾（Robert Nobel）在亞塞拜然的巴庫經營「諾貝爾兄弟石油公司」，產量曾占全球的一半，一般譽之為俄羅斯石油工業創基人，他的財富在兄弟之中首屈一指，曾是世界首富之一；但是一九一七年布爾什維克大革命之後，共產黨把諾貝爾家族在俄羅斯的財富統統充公。

鼓勵興建更快速的船隻和有效率的蒸汽動力廠，而增進服務的可靠性。

嶄新又快速變化的科技的成本太高，只能靠政府補助彌補。商人強力推動它，商業界的聲音比起策略考量的聲音更加響亮。信件除了有助工業和貿易，還有一個作用，就是把帝國更緊密連結起來。政府提供補助時也附帶規定，一旦碰上國家緊急事故，受補貼的船隻也必須載運部隊和補給品。某些人堅決辯稱，快速船隻在必要時可改裝為襲擊敵人商船的軍艦。

造船廠愈來愈熟悉蒸汽動力之後，造船成本也下降，燃料效能高的複合引擎穩定地降低營運成本。然而航運業起伏不定的利潤，促使補貼持續支出，即使民眾非常不願意補貼業者。除了美國（在南北戰爭之後明顯退出公海）之外，其他國家，特別是北大西洋國家開始補貼運送信件，甚至很驕傲地讓他們的國旗飄揚全世界。

為避免貨運費率波動釀成災禍，船東們發覺他們必須控制住彼此殺價競爭。一八五〇年代，冠達郵輪（Cunard Line）和柯林斯（Collins）這兩家相互競爭的對手協商好訂定貨運費率，以及共享它們來自跨大西洋生意的所得。利物浦的約翰・塞繆爾・施懷雅（John Samuel Swire）在東亞航運界聲名響亮，個性強悍、直率、夙夜匪懈，受尊敬卻未必受歡迎，他曾經寫下：「競爭是一種代價不菲的奢侈品。」[55]

施懷雅奉行此一信念，創立一個東亞會議，後來被譽為「航運會議之父」，對東亞來說確實如此，他的名字今天流傳下來即是「太古集團」（Swire Pacific），這家東亞主要國際財團旗下最著名企業是國泰航空公司。[56]太古集團的「太古輪船公司」（China Navigation Company）規劃出一個策略，把相互競爭的航運公司召集起來，協商應收費率，消除施懷雅所謂的「割喉式競爭」。

對於優良客戶，業者給予優待，譬如現金折扣和退費以鼓勵忠誠。批評者痛斥航運業者「以勾結取代競爭」，指控業者會議壟斷市場、態度囂張。[57]可是就一個高度不確定的行業來講，這項作法提供某種擔保，施懷雅倡導的會議也引起別的業者在其他區域效仿。原本這個遠東組合雖然有濃厚的英國色彩，卻成為國際組織，法國、德國、奧地利和日本業者也紛紛加入。雖然是排他性質的專屬組織，但也接納新會員，只不過需既有成員核准通過才行。

新加坡商人和貨運代理人試圖雇用提供帆船和航線不定的貨船服務的其他航運業者，以打破會議的壟斷。身為消費者，他們希望降低貨運費率。雖然這個會議組織在法院為自己辯護成功，有許多航運公司使用新加坡港口，可是他們實際上是有相當多的選擇。但是新加坡的優勢不是只在費率上面。在東南亞，沒有其他港口可以挑戰其多年累積的經驗和培育的人才。新加坡港就和今天一樣，最著名的是快速、效率，又能便宜地處理裝卸貨，以及掌握區域配銷網絡。新加坡的商人是其最偉大的資源。到了十九世紀結束時，海洋活動和網絡界定了新加坡的經濟、社會和文化空間。

環球旅行者

蒸汽船使得航運公司可以安排定期航班從大西洋世界出走、前往遙遠的地方，負擔得起旅費的英國人也因此能夠探索帝國的偏遠角落。長途航行變成一種消遣，啟迪許多旅行文學。雖然並沒有旅遊業有規劃把旅客帶到新加坡，新加坡港卻是很自然的中繼站，歐洲人要前往中國，或者任何人環遊世界，都會在此停留。隨著蒸汽船動力改良，技術進步縮短了時間和距離，以新方式打開了世界。派駐在新加坡的人現在可以定期回老家探望。

旅客現在可以放心地知道他何時可以抵達、何時要離開。更高的可靠性、更快的速度，加上機械時代帶給某些人更多的財富，使得純屬好玩的長期旅行變成新的可能——至少對有錢有閒的人是如此。在二十世紀，人們稱呼經常搭乘飛機前往各地享樂的富豪為「噴射機闊客」（jetsetter），與此相似，「環球旅行者」（globetrotter）這個詞在令人既羨慕又嫉妒的眼光下，開始被用於稱呼北大西洋的這些逍遙自在、雲遊四海的人士。觀光旅遊在西方世界蔚為時尚，但亞洲人和非洲人卻很少以旅行為樂。

在此之前，歐洲旅客會在自己的大陸徜徉，有時候也到美國遊玩。更有冒險心的人或許會前往聖經聖地，或是在冬天到尼羅河遊玩。有錢的美國人則越過大西洋，探訪舊世界及其文化。蘇伊士運河開航後，環球旅行變得容易，讓觀光客有機會四處探險。

許多環遊世界的人士缺乏深刻的知識好奇心，並沒有深入挖掘他們探訪地的文化。地理的認識通常沒有超越船隻甲板，或者即使上了岸，譬如新加坡，也沒超越這個港口城市的界限。以旅客而言，他結識朋友的圈子通常不會超越同行的旅客或是他拿著介紹信上岸拜會的短期居民。

有些旅行者則是相當認真的有心人，享受更寬廣的體驗。旅行的悠閒步調允許旅客，甚至鼓勵旅客閱讀、寫作和沉思。寫冗長的敘事信在當時仍很流行。這些人的重要性通常在於他們的寫作，他們記下對世界的詮釋，也不論是對是錯，帶回給老家對遙遠國度一無所知、靠他們的書寫一窺堂奧的同胞。

在老家，即使是對求知若渴的人來說，遠方的資訊來源仍很稀少。一直到一九二〇年代，有位剛被新加坡《海峽時報》聘用的年輕英國記者都還承認他「對於新加坡位於哪裡，只有模糊概念」。[58]為了準備在新地方展開新生活，他前往倫敦一家書店。他在這家專精「遠東」議題的書店只找到一本相關書籍，這本書還是二十年前出版的，且此後一直沒有改版增新。

許多旅行作家是女性，最著名的例子是一八七九年到過新加坡的伊莎貝拉·伯德小姐。她在老家蘇格蘭被醫師診斷為痼疾難醫，醫師建議她出外旅行以改善身體狀況。她認真地接受醫生的處方，但是捨棄觀光客的熱門地點，反而一有機會就選擇踏上「沒人去過的地方」。針對知音讀者，她寫了許多觀察入微的書籍談論她的經歷，譬如《一名女子在洛磯山脈的生活》（*A Lady's Life in the Rocky Mountains*）、《三明治群島的六個月》（*Six Months in the Sandwich Islands*）。在

《跨越長江流域》（*The Yangtze Valley and Beyond*）中，她寫下搭乘舢舨船在長江一路逆流而上，直到舢舨無法前進的地方的見聞。她很少抱怨，並且以她一貫若無其事的態度，洋洋灑灑地寫下旅行中的不愉快和危險。

但是針對新加坡，她在《黃金半島及前往的路途中》（*The Golden Chersonese and the Way Thither*）寫道，熱帶的熱浪使她想要「脫掉她的肉」——她太胖了——並且「坐在她的骨頭上」。[59]她總結對新加坡的印象是：「翠綠蒼鬱、植物極多，色彩千變萬化，華人主導，人們熱情好客。」她受到本地外國居民的熱烈歡迎，生活在外國環境中的小團體突然出現新面孔總是令人好奇。

大無畏的伯德小姐喜愛異國風味，但是和她同時代的許多旅行家卻不願嘗試新的刺激，寧可留在熟悉的舒適環境，這包括他們的航行本身。有位這類型的作家肯恩（W. S. Caine）就陰沉地奉勸大家：「千萬要抗拒搭乘非英國郵輪的誘惑。他們習慣的方式絕對和我們不同。」[60]

對於來自大西洋世界的遊客而言，不特別涉及特定地區的一般書籍有很多。有些書籍提供許多指導。湯瑪斯・諾克斯（Thomas W. Knox）的《旅行指南》（*How to Travel*）於一八八七年出版，書中建議讀者不要過度揣想海上發生意外的可能性，因此用不著穿著救生衣上床睡覺。他說，如果必須跳水逃難，女士們應該脫掉緊身胸衣，並且又補充說，長裙即使可以暫時提供浮力，也會嚴重阻礙游泳，甚至漂浮水面。

諾克斯警告他的讀者，當天氣惡劣、海象不佳，推動船隻的螺旋槳三不五時會使船從水中上升，此時的振動可能會撼動整艘船，這可能令人擔憂，但是不會造成危險。他建議，船上的理想艙位是位於船隻的中央部位，因為可以避免於受向前撲的搖晃及船尾螺旋槳的振動所苦，在波濤洶湧的大海中比較少有波動。

在帆船時代，乘客被建議要攜帶大量行李，包括衣物，因為旅行的時間會持續多久無法預測，環境也可能很艱苦。但是在蒸汽船時代，亞洲的港口可以提供旅行者想要的任何服裝。雖然許多旅行指南都認為衣服的合身與否可能不符合倫敦或紐約的標準，但是不論男女旅客都可以快速且便宜地訂製所需的一切衣物。與帆船時代不穩定的航行時間不同，旅客搭乘蒸汽船並不需要攜帶任何食物或飲料，因為船上保證會有足夠的分量。

半島東方航運公司的木製郵輪「瑪麗伍德夫人號」（Lady Mary Wood），最早承擔新的合約、負責將郵件運送到新加坡，它在一八四五年八月四日抵達新加坡，她的到來是「在海峽殖民地備受歡迎且令人歡喜的一項活動」。英國小說家威廉・梅克比斯・薩克萊（William Makepeace Thackeray）在另一個場合也乘坐這艘船旅行，他寫到這艘船的廚師，「手臂上滿是刺青，在廚房的熱鍋中汗流浹背，他（帶著感情）把他的頭髮送進湯中請我們喝。」[61]不過自從薩克萊時代以來，情況已經穩步改善。

半島東方航運公司船上既充足又簡單的食物，反映出船上人們的口味清爽，以及「極盡英國式」的特徵。[62]菜單通常是肉類分量很重，蔬菜不多，包括湯、鹹魚、烤羊肉、煮牛肉、烤雞、包心菜和馬鈴薯這幾種版本，然後是甜餡餅和布丁。深怕客人口渴，半島東方航運公司提供一個開放的酒吧，隨時供應葡萄酒和烈酒，不過到了一八七四年停止免費提供這些服務。

所有的人都同意，暈船是許多人都躲不了而且最討厭的毛病，毫無疑問也因享用大餐而使症狀加劇。服務人員必須在各個艙房快速移動、擺放盆子。一位旅行者嚴肅地寫道，沒有特效藥，唯一的辦法就是躺到床上，「吐得一塌胡塗」。[63]看到攝食和噁心之間的關聯，諾克斯對於在岸上或船上舉行惜別派對特別不以為然，特別警告不宜舉辦提供大量食物和飲料的活動，尤其萬萬不可在船上。

有位醫生建議，容易暈船的人上船後立刻躺下來，在臥鋪上躺個好幾天，可以盡情吃東西，但是要盡可能保持平躺。這可能意味著讓艙房服務員把肉切成一口可吞大小，這樣就可盡量避免抬頭。醫生還開了瀉藥，建議穿緊身腰帶，還有在腹部塗抹芥末膏。但是如果一切都無效，在甲板上突然發作、噁心想吐，基於對其他旅客的禮貌，以及對自己衣服的保護，他敦促，要到船的背風面而不是迎風面嘔吐。

環球旅行者和旅居者不僅有時候會寫下他們的經歷，他們也會在正式講座和非正式談話中談到這些經歷。身為特權階層的成員，他們成為輿論的塑造者，甚至可能發揮更大的影響力。歷史學家菲利普·科廷（Philip Curtin）提醒我們，一個國家對另一個國家的政策不能只靠閱讀外交函件去理解。在電文報告世界之外，還有一個由假想組成的世界。環球旅行者對於後者有相當大的貢獻。

苦力

海上生活既危險又辛苦，很難吸引足夠的勞力。在帆船時代，英國皇軍海軍費盡心機要補足人手，強制徵募成為海港生活最惡名昭彰的一部分。通常一個倒楣的無辜者被騙到酒館喝酒，下藥迷昏，次日醒來已經在海上某艘船上，不情不願地變成水手是常有的事。

十九世紀中國沿海港口，一旦夜幕下垂，這套戲碼就上演。當時的中國男子入夜之後單獨在岸邊溜達絕對不是智舉。英文出現「被上海了」（to be Shanghaied）這個詞，*指的是遭到綁架，不是到海上工作——除非是海盜迫切缺人——而是在彼岸勞動。船隻只是載具，把受害人送往新生活。他被送到海外某地，譬如新加坡，當好幾年的契約工，其實就是奴隸。

通常掮客不會採取綁架手段。他們會對獵物好言相勸、威逼利誘。負責召募的騙子只要把

*〔譯註〕一八五〇年代，動詞shanghai這個字加入詞典，一般認為這個單字的來源出自中國的城市上海，它是當時運送受到拐騙的船員的主要地點。從這個單字衍生出「綁架」與「以欺騙手段從事某種事」等意思。

某個受害人送到暫時收容人員的「營房」（barracoon），就可以得到一筆賞金。營房一詞直接源自非洲奴隸貿易，指的是臨時收容所。一路橫渡太平洋被送往美洲的中國人，受到的待遇不比被載越大西洋成為奴隸的非洲人好到哪裡去。許多人死於海上。前往新加坡的航行雖然可能一樣糟糕，但是至少行程短得多，令人鬆一口氣，而且沒有賠上那麼多條人命。

當時的中國人把這種勞工稱為「豬仔」，把臨時收容所稱為「豬圈」，是在出航之前暫時關「豬仔」的空間。洋人則開始使用coolie一詞，它可能起源於印度語，指的是做粗活的勞力。在中文裡，coolie被翻譯成「苦力」，後來該詞也逐漸被中國人普遍使用。

有個廣州居民被強迫送上一艘小艇，進到澳門一個豬圈，他萬幸地活了下來，得以告訴我們他的經歷。「在派遣人員之前，大家在一個大房間或空地集合。管理員高喊，願意去的人請站到一邊，不願意去的人請站到另一邊。接下來，不願意去的人會被痛毆到答應為止。我也被打得死去活來……有人受不了，吞食鴉片自殺，也有人上吊身亡。」[64]

在豬圈，這些人接受形式上的體格檢查，只要通過——高度可能通過——會拿到一份合約要他簽字畫押，合約訂明簽署人必須工作多少年，以及可拿到多少工資。香港總督約翰．寶靈爵士親眼看到這個過程：「好幾百人在豬圈集合，全身衣服被剝光，在胸前畫上C就是要送到古巴，畫上P就是要送到祕魯，畫上S就是要送到三明治群島（亦即夏威夷）。」[65]他們被關在豬圈候船。寶靈爵士說，有些人逃出豬圈，「從廁所的糞坑管道潛入爛泥堆和河水之中」，他若是會游泳或許可以逃出生天。

受貧窮所逼，也有許多中國人自願離鄉背井到異國謀生。一八四九年加利福尼亞的黃金潮吸引追求渴望發財及新生活的窮人。東南亞的礦場和農場也吸引了一批人。前往新加坡的人所受的待遇，勉強比到其他地方強迫勞動的人好一些。他們絕大部分為男性，極少數女性通常是被綁架或被騙而淪落為娼妓，服務幾乎全是男性的社會。

從中國沿海省分出海移民東南亞，是由中國人所控制。清廷官方對人口外移的態度，不論他們是自願或被迫，類似它對鴉片貿易的態度。許多官員強烈批評，但是沒有人付諸行動制止，而且還有太多地方官吏從這些活動牟取個人好處。

前往馬來亞開採錫礦的人，處境雖然艱鉅，卻比跨過太平洋被送到美洲的人幸運。有人被送到秘魯外海沒有樹的荒涼小島，在烈日當頭下剷挖氣味熏人的鳥糞供作肥料；有人被送到同樣艱困的環境，在古巴農場種甘蔗。馬來亞的錫礦工人通常能夠做滿工作契約，然後改換比較好的工作。

對他們來而言，新加坡是個集合地點，是人與貨品的自由港。新加坡和其他許多國家不同，歡迎中國移民；他們大部分以契約工身分前來，透過新加坡，前往附近迫切缺乏人手的主要產業工作。那些留下來卻未能在經濟階梯更上一層的人，不是當黃包車伕，就是在碼頭扛米袋，在熱帶酷暑下終日勞動。直到二十世紀，移民絕大多數是男性。當一九一八年第一次世界大戰結束之後，女性移民才開始大量移入，華人社群才有所謂家庭生活，因而起了變化。

繽紛的國際色彩

苦力的勞動支撐住許多人的生活，這種流動，不論是環球旅行者或苦力的流動，各自以不同的方式，增加了新加坡的候鳥性格，但是也促成其獨特的國際色彩。多元文化色彩也呈現在本市的實質特徵當中。華人的廟宇和馬來人的清真寺增添了聖安德烈座堂（St. Andrew's Cathedral）的雄偉壯觀。

公共建築超越地方，更有香港或新德里的風味，不像是馬來亞城鎮。它們具有大英帝國建築的共同特色，彷彿宣示著秩序和權力，一般人都認為它們是「英式的石砌和鐵製成品」。[66]第二大英帝國的許多地區都可以看到這種古典的希臘羅馬風格但又屈服於熱帶氣候的要求，具有濃厚的亞洲（印度）色彩的建築。新加坡的第一座公共建築帶有加爾各答韻味，這倒不足為奇，因為建築師哥里門（G.D. Coleman）在來新加坡之前曾在加爾各答工作過。[67]

萊佛士精心規劃這個城鎮，詳細訂明各個不同族群的居住地區。它的店屋和街道網絡形成了東南亞第一個依都市計畫開發的商業城市。[68]萊佛士在配置店屋和分配空間時偏袒歐洲居民，將華人安置在商業區，印度人則在其附近。

牛車沿著一條原始公路運載港口貨物，這反映出二十世紀初的新加坡島大部分仍然是未開發的荒野，有紅樹林沼澤、茂密的叢林，或者，即使土地已經開墾，仍然是農村景色，錯落著一些種植甘蜜和胡椒的小型農園。這裡住了馬來人、印度人和一些華人，形成種族、語言和宗教殊異的社會。這是一個高腳屋的世界，棕櫚茅草屋頂的房子經常擠在一起，雞隻在房子底下啄蟲，肥豬也在路邊泥濘的水溝裡打滾，而今天全都轉變為線條流暢的高速公路和高大建築，是混凝土、鋼鐵和玻璃的王國。

所謂的「歐洲人」社區，絕大多數是英國人，點綴著少數其他國家國民，如德國人、法國人、荷蘭人、美國人等，各自生活在自己人圈子內。經濟和族裔決定了他們的生活模式。富有的華人商人和大西洋世界的菁英都舒適地生活在同樣高尚合宜的地方。

殖民統治階級住在郊區寬敞、通風良好的平房，自成一格地組成一個小社群。在早期階段，其成員大多是具有相似背景和品味的公立學校畢業生，至少見了面，彼此都相互認識。這種情勢在整個殖民時代都沒有太大變化。嚴格的內部階層制度把港務局員工置於社會和地理的邊緣位置，它的經理人員、工程師、機械師和碼頭領班在歐僑社區之外過著自己的生活，在自己的圈子裡生活，有自己的俱樂部和活動範圍。一名平凡的記者永遠不會被邀請參加總督每年主辦的大宴會。

歐洲人把絕大多數人當做背景噪音，他們將黃皮膚、棕皮膚或黑皮膚的人，統統視為「亞洲人」，通常只有交易買賣時才與這些人來往。

在這個社會裡，歐洲人通常身上不帶錢。他們使用的票據，類似一種本票，本票廣泛得到接受，甚至星期天上教堂，捐款箱裡也有蹤影。身為殖民地主人，英國人在此一種族多元化的社會中掌握大權，而白人明顯居於最重要的位置，他們自認是高人一等的優越民族，而且受他們統治的許多人也接受這種想法。

歐洲人瞧不起為數稀少的歐亞混血人，有個歐洲人嘲笑他們：「體格和道德向來都不及格。」[69]種族隔離是常態；白人有他們自己的俱樂部，通常只在業務往來或運動比賽中才和其他人打交道。另一位英國人說：「體育場是英國人和歐亞人平等相遇的地方。」[70]歐洲人非常注重體育活動，英國人將橄欖球和板球引進到政府大廈大草坪（padang），*即市中心那片大草坪，儘管天氣炎熱，他們在這兒拚搏競賽。亞洲人似乎並不介意熱帶氣候，但是有一位英國人形容他就像生活在「最近剛澆過水的溫室當中」。[71]

體育運動從未成為中國傳統的一部分，華人從來不像歐洲人那樣熱衷運動。孔子提倡舞蹈作為一種儀式，以強化君子的正確行為，他或其他的古代禮儀官員對運動的主張大抵也就是如此。有位歐洲人對於華人此一態度大惑不解：「與英國人不一樣，他要以不運動來保持自己的健康。」[72]但是作為一種觀賞性的運動項目，賽馬非常流行，華人和歐洲人一起享受這種運動，以及賭博的樂趣。

由於蘇伊士運河縮短了歐洲和新加坡之間的旅程距離，蒸汽船也縮短了時間，更多歐洲婦女來到新加坡，而出國休假也才剛成為可能，受到大家熱切期待，逐漸成為習慣。蒸汽船對來自中國的旅客也產生同樣的影響。更多華人女性來到新加坡，這些變化使新加坡愈來愈脫離單身男性組成的社會，逐漸成為由家庭組成的社群。

在十九、二十世紀之交，按照亞洲的標準，新加坡雖然約有三十萬人口，仍然是一個相當小的地方。雖然與其他熱帶城市相比，新加坡被認為是一個衛生的環境，但是仍然存在各種疾病的挑戰，譬如瘧疾、肺結核和痢疾相當流行。非歐洲人口嗜吸鴉片的比率很高。

但是亞洲菜餚可能比歐洲菜餚更有益健康。在歐僑社群內，或許除了非常有錢的人之外，飲食相當有限且品質很差。大多數食物仰賴進口，外國人發現新鮮蔬菜很少，水牛被認為不如肉牛，但它是紅肉主要來源。

早期的冰箱和煤油燈已相當流行。只有少數電車靠電力驅動，黃包車和舢舨船仍然是大多數人的交通工具。[73]由於沒有下水道，糞便的臭味襲人——偏偏糞便又被收集作為肥料。其他熱帶性、充滿異國風味的臭味也瀰漫在空中，譬如在港口區充斥橡膠的霉味和令人不快的氣味。一向高擎反傳統大旗的荷蘭建築大師雷姆．庫哈斯（Rem Koolhaas）還記得一九五二年，[74]他在年僅八歲時訪問新加坡的情景：「甜味和腐爛味都強烈得不得了。」[75]但除非是以今天的標準評斷，不然新加坡並不特別落後，它和當時亞洲其他海港一樣有類似的局限性。進入二十世紀相當長一段

＊〔譯註〕政府大廈大草坪是一個開放空間，位於新加坡市中心，是中央商務區的心臟。這片大草坪周邊環繞著幾座重要的標誌性建築，包括聖安德烈座堂、政府大廈和最高法院大廈等。

時間之後，世界各地的大多數城市仍然髒、臭，且容易遭受疾病侵襲。

英國地位的衰弱

一九一四年八月，歐洲爆發大戰，海洋英國從權力顛峰開始跌落。在快速變化的世界裡，有些人對英國的前景並不樂觀。上海碼頭一位卸貨總負責人在一九一四年回憶說：「光看運送的貨品就可感受到今非昔比！二十五年前我們還在進口棉花商品，但我們現在可以提供所有可能想到的商品。我看了堆積在碼頭邊和棚子裡的貨物，不禁想知道遠東人民如何在如此短的時間內取得這樣的進展。」[76]

他對上海的描述也可以適用在新加坡。同一年，英國海洋史學者亞當．柯卡迪（Adam Kirkaldy）評論說：「這個世界正處於充滿偉大可能的重大事件發生的前夕，或許最重大的事件就是東方的甦醒。」[77]他特別舉例說明：中國的鋼鐵已經可以成功地與歐洲和美國的鋼鐵競爭，勞工成本只及匹茲堡工人的五分之一，但是效率已經不遑多讓。「時機可能即將成熟，不僅中國的生鐵，連中國製的鋼骨都將打進美國市場。」[78]

但是大多數人很慢才看到此一重大改變。只有很少數英國人掌握到帝國消沉的悲觀前景，自滿之心依然當道。英國海軍事務專家阿奇博．赫爾德（Archibald Hurd）不清楚日本在海洋及商業上的成功，於一九二二年評論道：「以探勘和主宰海洋而言，以大規模開發和維持長途貿易而言，東方人的頭腦似乎普遍還調適不過來。」[79]

實際上大英帝國和大清帝國同步式微，只不過當時很少人做這個比較。強悍積極的帝國主義者塞西爾．羅德斯（Cecil Rhodes）曾說：「我們受到的詛咒在於，英國政客看不到這個未來。他們以為他們永遠是世界的製造大亨。」[80]德國已經在十九世紀末快速崛起，生產數據也看好美國勝過英國。

舉個證明情勢改變的例子，到了二十世紀初新加坡對美貿易超過對英貿易。橡膠和美國汽車工業是重大因素。但是這也反映英國作為世界首要工業大國的式微，以及美國崛起取代它的地位。商業上，美國比英國居於對新加坡更重要的地位，即使英國仍是新加坡的殖民主子。

整體貿易數量大增使新加坡欣欣向榮，成為區域主要港口。新加坡不僅只是東南亞港口，也逐漸具備全球色彩，這一來造成它非常容易受到影響，難以招架全球經濟的波動（最明顯也最痛苦的就是橡膠市場的劇烈起伏），以及經濟民族主義的浪潮，這是它無法控制的因素。[81]

除了經濟問題，從在動盪中成為殖民地起，新加坡就一直陷於揮之不去的不安全感。頭幾十年海盜猖獗，這是從事正當海上貿易的商人最頭痛的長年問題。但是內部的分裂也不時增添不確定的氛圍。由於祕密社團敵對，不同方言社群又不和，華人不時在街頭械鬥鬧事，威脅到法律與秩序，也造成英國當局擔心，甚至討論是否需要建立退守據點，以備緊急事故時抵抗暴民。內部威脅有時候和外部威脅一樣讓殖民當局憂心。

對於加爾各答當局或是一八六七年——新加坡在該年成為海峽殖民地的一部分，直接由倫敦治理——之後的倫敦當局而言，新加坡島是涉及帝國防務的許多議題之一。全球海路的安全攸關英國商業生命，是最高的考量。加煤站必然要被捍衛。但該怎麼做呢？是由海上的船艦保護，還是從海岸碉堡保護？不論是何種狀況，倫敦覺得本地人至少應該幫忙保衛，但是本地人不肯花錢這麼做。

在十九世紀，俄羅斯一直是英國忌憚的國家。一八七八年雖召開柏林會議，*但英國人仍害怕俄羅斯襲擊的可能性，也銘記阿拉巴馬州同盟成功背後的關鍵。†俄羅斯突擊艦於一八六三年短暫進入新加坡，她輝煌、戰績斐然的生涯即將迎來尾聲，不過她的實力仍可在麻六甲海峽帶來重大改變。英國人擔心他們的商業也明顯易受這種潛在的戰爭破壞影響。

隨著海洋殖民大國英國、法國和荷蘭擴張他們對東南亞的領土控制，區域的國際事務變得更加複雜。英國在馬來半島、法國在印度支那，而荷蘭在東印度。荷蘭首創歷史，在政治上統一了群島，為今天的印尼奠立基礎。但是萊佛士一定會很高興荷蘭在亞洲出了東印度就沒有影響力，即使他們在當地留下文化遺產，也不及英國在新加坡的滲透程度。

日本和美國在太平洋亞洲崛起成為重要新角色。日本在一八九五年占領台灣，美國在一八九八年接管菲律賓，兩者很快就成為新加坡生命的經濟力量。一八九九至一九〇二年的波爾戰爭（Boer

War），明顯揭露英國力量轉弱；新加坡人看到一個印度團兵力取代英國部隊，常駐防衛新加坡。

在一九三九年爆發更大一場戰爭之前，第一次世界大戰一般都被稱為「大戰」（The Great War）。大戰使得全球開始移向太平洋，一部分是因為歐洲自己深受重傷，始於英、德爆發兩次重大衝突。戰爭大規模地扭曲既有的航運模式，一則是強迫徵召造船計畫，再則是在交戰中船隻受到嚴重傷害或沉船，使得市場被打亂，航線也更動。

美國迅速興建巨大的貨輪船隊。德國商船從世界海路消失，德國商人也從國際市場消失。新加坡監禁所有德國居民。許多年輕英國人從新加坡回到母國參軍作戰。[82]德國巡洋艦橫行世界海洋，撼動了英國人的信心。有一艘德國巡洋艦「埃姆登號」（*Emden*）在檳城碼頭打沉兩艘軍艦：一艘法國軍艦及一艘俄羅斯軍艦。「埃姆登號」嚇壞許多人，但是德國軍艦並未進攻新加坡。英國人最

---

* 〔譯註〕一八七五年波士尼亞爆發反鄂圖曼動亂，不久蔓延至鄰近的保加利亞，鄂圖曼帝國軍隊在保加利亞進行殘酷的鎮壓，令俄羅斯以保護保加利亞人為由於一八七七年向鄂圖曼帝國宣戰。鄂圖曼帝國戰敗求和與俄羅斯簽訂《聖斯特凡諾條約》，條約訂明被鄂圖曼帝國統治數世紀的保加利亞獲得獨立，但各國恐新獨立的保加利亞會成為俄羅斯傀儡，令俄羅斯大大增加在巴爾幹半島及東地中海地區的影響力，於是巴爾幹地區情勢變得異常緊張。德國宰相俾斯麥以德國在巴爾幹地區沒有直接利益為由願意當上調解人，在柏林召開討論巴爾幹問題的國際會議，以平衡英國、俄羅斯與奧匈帝國的利益。

† 〔譯註〕一五三九年西班牙探險家德索托（Hernando de Soto）率兵入侵印第安人分支克里克人土地，是為克里克人與白人接觸之始。後來克里克人與英國殖民者聯合，共同反抗阿帕拉契人（Apalachee）與西班牙人。

棘手的問題發生在一九一五年初，從印度調派來防守新加坡的旁遮普部隊發生兵變。

一九一五年二月十五日，華人慶祝農曆新年的鞭炮聲中，第五印度輕裝步兵團（絕大部分為穆斯林）殺死軍官、占領營房、釋放德國戰俘。四十名英國人在事件中死亡。來自本國的印度民族主義者想要起義爭取獨立，煽動這場兵變。原本的計畫規模更大，預備號召居住在大英帝國其他地方的印度人也一起舉事，但新加坡是唯一發生暴動的地方。

叛軍完全沒有組織，戰略也不明，很快就被敉平。他們並沒有煽動起反抗殖民主子的大規模運動。僕人並沒有趁亂捲款潛逃，仍然按照既定時間端出飯菜。英國人起訴兩百名印度人指控他們共謀叛亂，將四十人處以死刑——或許不是偶然，這個數字等於罹難英國人的人數。數千人圍觀行刑。

大戰粉碎了倫敦作為轉運中心的霸主地位，它的港口從航運費用、碼頭作業、倉儲、保險和所有涉及調度、分類和重裝貨品的相關活動賺到大筆利潤，而戰爭則斷送了此一地位。美國的工業實力趁勢崛起，紐約開始挑戰倫敦，競逐全球港口龍頭老大地位。

第五章

世界大戰與日本統治

石油帶來的巨變

在所有國家當中，美國從十九世紀末、二十世紀初的海洋變化受惠最大。到了一九一四年，由於機械推進力和電力傳輸的技術成熟，海洋革命從此進入新的階段。乙太（ether）輔助電纜成為無線電的媒介。石油取代煤炭，成為大家偏好的燃料。這兩種現象使得英國屈居下風。

英國曾是以蒸汽和鋼鐵為代表的第一代新工業技術先驅，長期居於全球優勢地位，但是因推進力技術的重大演進，使石油產量豐富的美國成為最後的戰略和經濟受惠者。英國在歐洲紡織品製造國家當中最為領先，為原先的棉布商品訂定標準，但是美國人以汽車、機械和電器產品等新項目起而競爭。

在二十世紀的頭十年，首要能源由煤炭變成石油，加速英國式微的趨勢。煤炭的相對重要性下降，以及英國礦場的產量下降，代表一個有價值的出口品沒落。再者，英國人現在必須到世界市場去尋找新的主要能源來源，同時試圖確保供應無虞，以便維持其艦隊和工廠的運作。

內燃機引擎愈來愈重要，推升了對石油的市場需求。對於英國而言，這代表需要新的全球戰略，原本無關緊要的波斯灣變得至關重要，也帶給取道地中海和蘇伊士運河前往波斯灣的通路新的急迫性。從一九一二年至一九二〇年代初的十多年期間，世界對煤的需求巨幅下降，特別是航運業。柴油發動的船隻大為增加。

第一次世界大戰在一九一八年結束，美國擁有世界第二多的商船，絕大多數是新船，它還有一支挑戰英國全球霸主地位的海軍。雖然英國人仍然從遍及全球的貿易賺到錢，美國人卻不再經由倫敦引進他們的亞洲進口商品。橡膠現在從新加坡直接運到紐約，澳洲羊毛也從雪梨直接引進。德國潛艇在北大西洋的攻擊逼迫航運公司轉移、另外開闢新路線。再加上巴拿馬運河於一九一四年通航，為美國提供全球運輸新的替代路線。

雖然大戰結束時英國仍保持強大的帝國野心，甚至領土也有增長，但是由於戰時的人命傷亡和財庫損失，仍然元氣大傷。從倫敦一路延伸到橫濱的重要海路是帝國的生命線，影響到商務和戰略的重大考量，但是英國愈來愈缺乏力量保護這些遙遠的戰略據點。十年之後，爆發於一九二九至三二年的經濟大蕭條（Great Depression）使得問題惡化，更挫弱自由貿易和移民流動，同時也強化法西斯主義在歐洲大陸的崛起浪潮。

因此，帝國生命線變成國勢走衰的源頭，而非國力的槓桿。第一次世界大戰已經證明，在危機時刻，就英國的安全而言，跨越大西洋供給新世界糧食和原材料的路線，要比通往亞洲的路線來得重要。大戰也再次告訴英國人，強大的海軍十分重要，因為國家的生存繫於船隻把材料源源不斷地送回本國。

石油比起煤炭所需的儲存空間小了許多，又可以更迅速裝運上船。碼頭上再也看不到苦力以扁擔挑竹簍、拚死拚活挑煤炭的景象。一般水手的生活品質也大有改善：船上有更多的起居空間、拜冷藏冰箱之賜有了更好的食物，也有更多休憩設施。用石油當燃料，豁免掉水手裝填煤炭、維持火頭的苦差事，就全體船員而言，船上的生活變得更加乾淨。有位船員寫下：「那天晚上我自己一個人沖澡。這是我夢寐以求的享受。過去，我洗頭，三個人分配到一桶水，而且因為浴室太擠了，我一直沒把握我洗到的是誰的腿。」[1]

新加坡占了靠近加里曼丹和蘇門答臘油田的優勢，崛起為一座石油港口，今天更角逐世界第一大石油港口的寶座。這個殖民地走出一九一八年世界大戰時，貿易逐漸增長，修船業從大戰積累下來的需求而大發利市，但是整體經濟未見起色。雖然橡膠已經成為主要貿易項目，但價格搖擺不定，需求要看國際市場臉色，尤其是美國汽車工業的起伏。

縱使如此，拜地利之便，現在又加上廣泛的服務範圍，新加坡勝過區域內其他任何港口。它拉攏起以華人作為關鍵族群的區域連結，利用華人散布世界的網絡，建立資訊網及信賴網。新加坡可以提供商人和顧客最好的價格和最寬廣的選擇。對新加坡而言，它的華人是和本區域最重要的連接者；它的歐洲人則是通往倫敦此一悠久的全球轉運港的重要管道。

新加坡仍然專心致志發展自由貿易，為整個東南亞提供港口、貿易商和金融家的服務，也為主宰本地經濟的三大主力產業——錫礦、橡膠和石油——服務；這三者大部分輸出到先進的經濟體，尤其是美國、英國和歐洲大陸。舊的區域貿易仍然強勁，本地華人商人掌握了常見的熱帶蔬果和稻米、乾魚和糖等食品。

錫業由於本區域礦脈日益枯竭而漸衰，可是石油對新加坡的重要性卻上升。新加坡本身的外海小島遠離人民工作和居住之地，提供空間闢為儲油區，也可用來處理冶煉和精製等骯髒、討厭的過程，如此隔離開來也減輕了伴隨處理石化產品如煤油、燃料油和汽油等揮發性物質而產生的潛在危險。

煉油廠設在外島展現出它和本地經濟的隔離。新加坡配銷石油，但本身使用量不大，除了賣給船隻使用之外，也沒有自行銷售石油。新加坡吸引國際大型石油公司主要是因為其地理位置。除了地利之外，深水港、免稅、免繁文縟節規矩是新加坡的優點。再者，煉油和混裝也不需要太多人力，因此成本不高。石油貿易使新加坡習慣和跨國公司合作，在第二次世界大戰以及它獨立建國之後，這一點變得十分重要。

雖然規模小了很多，新加坡和鼎盛時期的荷蘭一樣，努力成為原物料和加工產品的集散中心，負責分揀、分級、加工和包裝。新加坡貿易委員會（Trade Commission）於一九三三至三四年製作的一份報告提到，在新加坡「沒有任何限制：一個人可以以最好的價格賣出他的商品，並收回他自己的市場要求的任何報酬率。新加坡的企業與倫敦相似，積累了商家的經驗、卓越的溝通品質，以及你總能為任何東西找到市場」。[2]

進口製成品的配銷，增加新加坡經濟生活的範圍和複雜程度。歐洲商社不再主宰貿易商的世界。競爭者包括華人與印度人。日本人在兩次世界大戰期間也逐漸加入，雖不是只著重紡織業一行，紡織業卻是日商特別著力的產業。華商開始跨越稻米業進入罐裝鳳梨和小型橡膠種植業，而且他們最熟悉華人的品味。

本地零售市場，即所謂的市集貿易，仍然重要。日本人在這方面和華人、印度人競爭激烈，而在消費者產品方面，日商大勝英商。第一次世界大戰打亂了既有的網絡，日本人乘機占了競爭優勢，他們販售的商品廉價，由低工資的勞工——通常是年輕女工——製作。英國產品逐漸退流行，行銷差勁（太昂貴）、又不能照顧本地人品味，而且交貨慢、後續服務又差。[3]

由於本區域缺乏鐵路和公路網，非常依賴沿岸航運，新加坡可以提供此一重要的交通服務。它的船隻服務煉錫廠、橡膠廠、製糖廠、碾米廠、椰子油廠，供貨給廣大市場。由於直到一九三二年才有堤道連結新加坡島和馬來大陸，新加坡本身絕對依賴海路交通來維繫生活的方方面面。小型工廠在城市裡出現，生產低技術的產品如專利藥、餅乾、衣服、家具、磁磚等。有創意的生意人嘗試以生橡膠製造水管、栓子、輸送帶、火車頭的煞車配件和橡膠底的帆布鞋。[4]

華人比歐洲人更精於投資這些產業，有些人因此成為巨富，更加傾向投資本地。他們認為，中國過去或許是把過剩資金匯回去的合理地點，但是中國的局勢已經愈來愈紊亂，因此新加坡華人的投資進入本地經濟，建立起房地產、工廠和航運業的財團。這又刺激華人銀行業，培養出許多精通英語的華人專業人士和經理人才，在本地商業生活的早期極大地輔佐了資深的海峽華人。

新加坡不是金融中心，它沒有證券交易市場。亞洲企業主缺乏關係網絡，無法在倫敦借錢。

歐洲銀行，如滙豐銀行，在新加坡設立分行，提供資金給貿易商，但它們不是發起者，只是回應市場需求。金融的主體大體上依然掌握在美國和歐洲手上，新加坡只是配角而非主角。

其他人也決定了全球航運的模式。主要航運公司經過蘇伊士、好望角，以及由印度各港口向外延伸。往東跨過麻六甲海峽後，延伸到澳洲和紐西蘭、半島和群島東南亞，以及東亞。新加坡保持住關鍵地位，但是世界經濟狀況決定了貿易流動的力量以及本地經濟的盛衰。

英國主子不能擦鞋

「歐洲人」——其實大都是英國人——在新加坡生活的壓倒性特色就是躊躇滿志的故步自封，幾乎談不上跟其他族裔團體有任何社交接觸。對大多數人而言，基本、「洋涇濱」馬來語是唯一的溝通方式。絕大多數歐洲人從來不曾到過地平線另一端的馬來大陸，認為它「太遙遠」。他們也很少回母國，人們通常每三、四年才回英國一次。倫敦一九二三年三月二十九日發出的一封信，到四月二十二日才到達新加坡。電報是計字收費，因此大家不敢囉嗦細節。這表示完整的訊息是以一艘郵件船隻的速度傳送，深度新聞很慢才傳到，使得新加坡不易理解世界大事的細微玄妙。新聞記者甚至有時候必須憑想像力給報導加油添醋。這一切使得歐洲居民生活在一個視野狹小、資訊不足、無根的世界。

不過休閒遊憩設施已有改善。有位英國訪客注意到一九三〇年代中期的新加坡，已經和第一次世界大戰前夕他所見到的景象大不相同。汽車、冰箱和電力改變了生活方式。大量的女性出現，加上她們建立的社交生活是極為明顯的變化。婦女鼓勵了階級分化意識，造成一位男性訪客有感而言：「白人女性出現在熱帶東方造成的問題，迄今還未找到滿意的解決方法。」[5]但是女性的缺席也一樣造成問題。由於社會不贊成跨族群或跨階級的交往，寂寞的單身漢從他們所謂的「往下走」尋找慰藉，其實就是到妓院尋歡。但是妓院缺乏醫事檢查，卻可能給嫖客和妓女帶來不幸的後果。

廉價僕人隨時可以請到。美國作家項美麗（Emily Hahn）*曾說：「熱帶最著名的誘惑就是傭人。」[6]即使住在寄宿公寓的最低階洋商人也花得起錢雇一名專用僕人。由於勞工便宜，有些女性擔心自己終日無所事事，只能等著丈夫任期屆滿一起回國。不過，至少她們還能和男性一起打高爾夫、網球或橋牌，而且有許多派對應酬可以參加。

下屬薪水不算太高，通常一天到晚努力工作。午餐（tiffin）通常是一盤咖哩飯，就在辦公桌上吃，飯後並無午休。但是高階洋商人或政府官員才是引領社群風氣的領袖。有位英國人說，他可能把傍晚時間花在放鬆心情，端著酒杯喝喝琴酒或威士忌，他認為是「比美國雞尾酒更乾淨、危害更低的飲料」。[7]在酒之後才是遲來的晚餐。由於有了冰箱，可以製作出多種菜色，主食菜單不再是罐頭湯和骨瘦如柴的雞肉。現在會有好幾道菜，每道菜都配葡萄酒，成為習慣。理想的境界是盡可能充分地還原國內上層階級的飲食，因此反而攝入過多的蛋白質和碳水化合物，水果和蔬菜卻不夠。晚餐之後，夜色已深，沒有太多時間做別的事，但是跳舞在女性之間蔚為風氣。似乎很少有人對思想感到興趣，生活舒適成為他們主要的關注點。萊佛士爵士工作一天後又利用晚上好學不倦的生活模式，在多年後承繼他的官員身上已經看不到。

兩次世界大戰期間，傳統逐漸式微，本土服裝開始變成歐式服飾，華人不再留辮子，泰米爾人放棄纏腰布，馬來人放棄紗籠。即使傳統避免不了的歐洲式白色棉布西裝也不再堅守得住。在萊佛士酒店裡，可以看到有男士穿短褲、無袖襯衫和白色襪子，對長期居民而言，這都是令人震驚的不正式服裝。一位訪客質疑殖民地菁英改變了著裝習慣，「對於一個住在東方城市的白人來說……重舒適、輕名聲，是否是明智的政策。」[8]老一輩警告年輕人絕對不要穿紗籠，即使在晚上也不行，以免「土著化」。[9]他們建議要堅持穿睡衣，或許根本不知道睡衣就是源自南亞人。

---

*〔譯註〕項美麗堪謂奇女子，是個早期的女權主義者，相當長壽，生於一九〇五年、卒於一九九七年，寫過五十四本書、兩百多篇文章和短篇故事，《紐約客》雜誌稱譽她是「被遺忘的美國文學瑰寶」。她在二十世紀的作品扮演重要角色，讓西方世界認識亞洲和非洲。大學時代因為教授貶抑女性缺乏數學和科學天分，她硬是唸完採礦工程學士。一九三〇年代，她到非洲比利時屬剛果住了幾年，竟獨自步行跨越中非。一九三五年她來到上海，教授英文、撰寫文章為生，結識詩人邵洵美和宋靄齡、慶齡、美齡姊妹，日後寫了一本《宋氏姊妹》和《蔣介石傳》。她也寫過萊佛士傳記。

經濟大蕭條也給原本特權階級帶來經濟壓力。歐洲婦女為了省錢，開始出現在市場採買，過去這被認為是十分不合身分的事。有些女人的丈夫丟了差事。有兩個英國人走投無路擺起擦鞋攤，但是當局立刻將攤子查封。因為「在東方，鞋子不應該由白人來擦」。[10]

有些人意識到未來的不確定，對於改變感到憂慮。一九三〇年代中期，具有新聞記者、外交官和間諜背景的布魯斯．洛克哈特（R. H. Bruce Lockhart）評論說：「大戰、一九一五年的兵變，尤其最重要的是，東方正在覺醒的惱人威脅，已經撼動一九一四年前的美好安全[11]……白人統治東方是以土著承認白人身心方面都較為優異作為基礎。大戰最主要的後果是白人在整個東方的聲譽已經驚人地下滑，是過去二十五年所發生的一切變化當中，最重要、影響也最深遠的一項改變。」[12]

布魯斯．洛克哈特又說：「新加坡不像利物浦。除了少數幾千名英國人的努力所帶來，並由英國的海權力量所維持的一層薄薄的西方文明之外，並沒有任何歐洲色彩。」他意識到他所知道的新加坡可能曇花一現，就像被外人摧毀的「新加普拉」一樣，它也有可能會回復成為叢林。[13]至於利物浦，英國人幾乎無法想像曾經偉大的這個海港，今天卻沒落得如此悽慘，只不過它的叢林是瀝青性質。

日本人躍上舞台

在新加坡的英國人看著一波又一波的歐洲敵手進軍國際舞台：荷蘭、法國和德國，相繼而來。現在輪到從另一個方向崛起的日本，朝西、朝南推進，首先被認為是商業對手，後來上升為戰略威脅。這個位於大英帝國生命線最東端的亞洲新興國家，與英國締結未確定的同盟（一九〇二至二二年），逐漸擴張變成競爭者，甚至是可能的敵國。日本威脅英國在南中國海的商業利益，甚至英國與印度的貿易。日本的棉紡織業和航運業打擊英國在這些產業領域的領導地位。日本強大的海軍首度發威，在一九〇四至〇五年的日俄戰爭戰勝俄羅斯，刺激澳洲的不安意識，甚至使英國憂心本身在印度地位的安全。

具有高度競爭力的日本逐步進入新加坡商業世界，凸顯出相當惱人的一個改變。讓英國人焦慮的是，日本占有愈來愈大的市場，即使因為日本入侵中國造成中國抵制日貨而傷害到日本銷售。日本這個新興工業國家在商業上的突飛猛進，加上和新加坡的經濟關係愈走愈近，使得此一殖民地愈來愈不依賴英國和歐洲。歐洲捲入第一次世界大戰是日本打入國際貿易千載難逢的良機，而其中有些機運日本在戰後也能夠持續掌握。歐洲人再也沒能搶回原本在世界市場的分額。

日本人非常有效率，以致其他國家深怕他們會搶走從生產、配銷到販賣整個鏈結的商業機會。有個英國人哀叫，他們在「幾乎所有以前由英國製造商供應的商品類別」中都有斬獲。[14]日本政府鼓勵商業南進，一群活力充沛的日本人就到新加坡設立公司，然後從個人演進為有組織的集體努力，英國人和其他人卻沒有察覺。有些人注意到日本人喜歡做筆記、畫素描和拍攝照片，卻不知道背後有個組織在操縱。東京鼓勵日本遊客蒐集資訊，也悄悄從散布在本地各個俱樂部和協會的日本居民蒐集報告。

日本駐新加坡總領事館也扮演情報機關的角色，蒐集和散布商業利益資訊，進而延伸到與軍事事務有關的事項，結果對軍方規劃——最後付諸實行——的入侵馬來亞、占領新加坡，有極大幫助。

謠傳日本可能出資興建克拉運河，造成英國擔心他們會切斷新加坡和全球貿易主流的連結。馬來亞的橡膠和錫屆時或許需另謀出路，而皇家海軍就不能以新加坡作為基地封鎖東西向的交通運輸。荷屬東印度總督指著克拉地峽的地圖向一位英國記者提出警告：「這是暹羅有一天將割地給日本建運河，或以日本資金自行建運河的地方……新加坡就再見了。」[15]

因此英國雖與日本在一九〇二年締結同盟，卻覺得愈來愈受到日本壓迫，對英日關係以及澳洲、紐西蘭的安全感到坐立難安。他們也擔心英日同盟可能讓英國捲入日本和美國的衝突。英日同盟於一九二二年終止，他們上述的擔憂也就消失。但是在一九三〇年代，沒有人知道日本真正的意圖，但它似乎愈來愈有野心。英國有如芒刺在背。

強弩之末的帝國

傳統的大英帝國生命線穿過地中海，到達歐亞大陸塊的遠東地區，為母國帶來滾滾財富，理論上也保護了無遠弗屆的帝國。英國工廠依賴來自外國的原材料，和進出外國市場以出售他們生產的貨品。只有大洋能作為如此流通的根本媒介，英國的經濟福祉繫於全球航路的安全。

第一次世界大戰已證明，如果沒有意外，進口食品餵飽全民肚子極端重要，遠遠超過進口原材料餵養工廠的需求。保衛海上通路才能使紐西蘭羊肉、加拿大小麥和阿根廷牛肉，端上英國人飯桌。但是美國提供大半重要食品的流通，沒有美國，英國就得挨餓。第一次世界大戰證明跨越北大西洋源源而來的物資使英國存活下來，形成支援該國生存的真正命脈。

因此，海上商務變得不只是經濟事務，也是攸關國家生存的戰略事務。大戰期間，海上作戰和陸地激戰同等重要；海上封鎖和潛艇戰更是關鍵。政治家聽見了，但是並未完全消化這個教訓。

在兩次世界大戰期間，迷戀戰艦的情結依然是海軍的不變思維。潛水艇是海上航路的大敵，在第一次世界大戰期間也表現卓越殺傷力，卻沒有辦法和戰艦一樣擄獲海軍的心。而且在大戰於一九一八年結束時，新型護衛艦的發展，以及海底聲納技術的改進，似乎都阻礙潛水艇的發展。再者，空軍也崛起成為另一空間層次的戰爭利器。對於英、美和日本而言，海上航空在一九一八年以後吸引了極大的戰略關注，占走相當大的預算。

由於擔心戰時遭到攻擊，長途航運被迫捨棄傳統的地中海、蘇伊士航線，太平洋和新加坡的商業重要性因而大增。橡膠和錫是世界市場炙手可熱的新興戰略物資，即使要運往英國，也由新加坡先往東跨越太平洋，而非往西取道地中海。一九二〇年代，新加坡更因世界貿易整體成長而受惠，這又是受到巴拿馬運河通行，以及日本經濟崛起刺激到對太平洋的興趣而扶搖直上。

新加坡這個殖民地受惠於它的商業知識、經驗，以及握有交易工具而聲譽卓著。新加坡的資金資助馬來半島各邦的橡膠農場主。在它本身境內，即使沒有保護性關稅的庇護，小型工業也生產大量雖然不驚豔卻有用、有利潤的產品，如罐裝鳳梨、帆布鞋和地磚。

分隔開兩次世界大戰的經濟大蕭條，造成世界貿易劇烈衰退。橡膠和錫的市場實際上崩潰，嚴重打擊航運業和新加坡經濟。但是新加坡的殖民主子卻發現它有新鮮的吸引力。

假如說英國人最初對這個殖民地感興趣，是因為其海上經濟前景和重要性，到了二十世紀，新加坡又發展出新的戰略價值，是帝國生命線上最重要的一站，可連結到澳洲和紐西蘭，以及太平洋亞洲。可是皇家海軍在新加坡，甚至地中海馬爾他（Malta）以東任何地方，都沒有大型船塢。即使英國人剛打贏所謂「終結所有戰爭的戰爭」，但在遙遠的亞洲設立海軍基地立刻成為重大問題。許多人認為有必要，而且迫切需要。

新加坡有不受颱風侵襲的深水港，又位居戰略要衝，似乎是合乎邏輯的上選之地。它的島上地形似乎可以防守。離日本有相當一段距離，它可以保護攸關帝國利益的這些海上通路。新加坡位於一個海上要衝的邊緣，是個控制全局或受制於人的關鍵點。它最狹窄的菲利普海峽（Phillip Channel），是麻六甲海峽進入南中國海的孔道，還不到一英里寬。

在擔心日本崛起的英國人眼中，新加坡似乎是有嚴重缺陷。自從很久之前的一八八〇年代以來，英國沒有在當地增添實質的防衛設施。當時的大砲和船隻已經過時，早已經被送進廢鐵場。對於野心勃勃的敵人而言，新加坡實乃切斷重要的海洋通道的理想地點，可是它也是設置海軍基地、防堵此一威脅的理想地點。但是，基地需要派兵長駐守備，且需有接近資源、服務和補給以及修理船隻的後勤支援。最重要的是，基地必須有一支艦隊，否則基地將徒有其名。回顧歷史的人們會想起，沒有軍艦防衛的石造法摩沙堡，注定使葡萄牙人遲早失去麻六甲。

在第一次世界大戰之後幾年，英國對蘇伊士以東世界的外交及防衛政策，只能說是一團混亂。情勢詭譎多變，誰都摸不透。日本既是前任盟國，又是日益崛起的潛在對手。日本帝國海軍巡洋艦「音羽號」（*Otowa*）艦上的日本陸戰隊，於一九一五年協助敉平新加坡的印度駐軍叛變，這一干預在當時有幫助，但是令未來發展蒙上陰影。邱吉爾所謂的「美國海軍瞻前顧後的力量」又是捉摸不定的可能參與者。

英國戰略家認為他們應該擁有一支遠東艦隊，來抗衡日本帝國海軍和美國太平洋艦隊。他們的目標很單純：維護帝國及其通信線路、貿易，以及維護成功所帶來的地位。要滿足這一點，英國需要維持一支海軍，在理論上這支海軍必須有全球戰力。帝國、貿易和威望，全部繫於海軍。英國人必須讓全世界信服，他們有能力防衛帝國。

但殘酷的事實是，英國已經不再有財力維持強大的海軍，因為大戰已經淘空了英國國庫。不幸的是，領導人發展出一套「幻覺戰略」，置現實於不顧，只按照自己的空想來制訂戰略。既是以虛假的前提為基礎，我們可以說英國政策是一廂情願的自滿，導致背離實際和猶豫不決的決策過程。

在英國，靠短期資金維持造船業的製造基礎，以及保留船塢及其技術純熟的設計師、工程師和工匠，讓預算拮据的海軍決策者十分頭痛。這些人不是不能取代，但是海軍畢竟不能在一夜之間建立起來。決策似乎是由財政部制訂，思考的依據是預算的需求，而不是由海軍部從戰略角度來裁決。[16]海軍部一再希望建造更多船艦；財政部則希望削減預算。繼戰後經濟大跌之後而來的經濟大蕭條，乃至再次戰爭的威脅，使得雙方緊張更加白熱化。

海軍部的如意算盤是讓各領地支付在太平洋亞洲部署新艦隊的大半經費，並以或許有可能的餘額維持在英吉利海峽和北海的本國艦隊。可是海軍部仍要控制太平洋艦隊和大西洋艦隊。受到傳統力量的鼓勵，海軍部仍然認為世界大洋是受到倫敦控制，而倫敦是海洋工業的世界首都、也是大英帝國的中心。可想而知，各領地並不接受此一想法。

海軍部派海軍上將約翰・傑利科子爵（Sir John Jellicoe）在一九一八至二〇年赴亞洲，花相當長時間考察。傑利科聲名大噪是因為一九一六年率領英軍在日德蘭（Jutland）一役建功。當時英軍對抗德國公海艦隊的表現，遠不及倫敦當局期望，但最後還是讓德軍望之卻步。今天傑利科之所以還被記起，或許是因為邱吉爾將這位將領在日德蘭的表現形容為「唯一一個可能在一個下午就打敗仗的人」。[17]

傑利科貴族氣息濃厚、目中無人、剛愎自用，如果要說服各領地接受倫敦的方案，理論上應該要有委婉技巧，所以他算是奇特的人選。傑利科對於英國在印度洋和太平洋應該有什麼樣的戰略，有他自己堅定、完整的主張，認為這片廣大區域是帝國重心，新加坡「毫無疑問是前往遠東的海軍要塞」。[18]因此，在英國眼裡，新加坡有了新的身分。

傑利柯建議在新加坡興建基地，並建造一支龐大的英國亞洲新艦隊，下轄八艘戰鬥艦、八艘作戰巡洋艦，外加相當數量的小型支援船艦。簡單地說，這支艦隊將大過整個日本帝國海軍。傑利科的計畫完全不實際，不但耗費成本高昂，也具有擴張色彩，甚至可說具有侵略性。

傑利科開始認為與日本很有可能一戰。外交部強烈不贊成，偏向維持英日同盟——當時正在討論同盟條約是否續約。外交官員對中國民族主義和俄羅斯布爾什維克主義的憂心，遠勝於日本擴張主義。有位英國國會議員宣稱，海軍部剛剷除掉一名宿敵（德國），但是「必須從某個地方找出新的威脅，因此很高興在太平洋物色到敵手」。[19]

傑利科的報告完全違背時代潮流，當時的綏靖主義和裁減軍備的氣氛，加上英國勞動階級政治勢力崛起，他們要求過更好的日子。光憑財政理由，興建新艦隊就完全不可行。一九二二年的華盛頓裁軍會議對於軍艦噸數設立上限，不得大於三萬五千噸排水量，而美、英、日三國海軍軍艦總噸數比例為五比五比三，這就使得傑利科想定的艦隊不可能存在。作為協定的一部分，英國放棄它的「兩大強國標準」，亦即維持英國海軍實力當於第二、第三大國實力之總和，並接受和美國同等實力的地位。根據華盛頓條約，英國也終止和日本的同盟。

因此辯論就轉變成：一旦發生緊急狀況需要時，亞洲水域的軍艦應該從哪裡來，以及在亞洲應該有多少艘軍艦。除了興建基地這部分之外，傑利柯的建議全部遭到摒棄。最後的折衷方案是：華盛頓會議凍結簽署海軍公約各國主力艦的數量，但是理論上允許在新加坡興建基地。

其實根本問題是要如何防衛大英帝國各領地。澳洲和紐西蘭應該專注自己的艦隊還是帝國艦隊呢？如果母國保護不了他們，倫敦擔心另一個難以接受的替代方案是，他們可能轉向美國求助，因而削弱大英帝國。

如果戰爭爆發，皇家海軍需要調動艦隊進入亞洲。但是英國在大西洋、印度洋和太平洋三大海洋都有利益，卻也都有強大的潛在敵手。英國最遠的亞洲前沿就是南中國海，該區域逐漸成為日本、美國和英國三大強權利益衝突的潛在戰場。英、美逐漸靠攏，而日本則獨自站在另一邊。在太平洋亞洲，英國現在成為三大海軍強權中最弱的一方，但卻是唯一承擔全球責任的國家。

保護亞洲前沿，要仰賴安全地進出其間。雖然埃及在一九三六年脫離英國保護國的地位，英國仍保有蘇伊士運河，但蘇伊士運河只是日益衰弱的帝國生命線沿線上必須保衛的要塞之一。責任和資源之間的失衡已經讓帝國生命線宛如強弩之末。

因此英國人必須面對可能很痛苦的優先次序做出取捨。陸軍將領、軍事記者佛瑞德里克・莫理斯爵士（Sir Frederick Maurice）指出，固然新聞界稱呼蘇伊士運河是「攸關重大的帝國命脈」，但這是「誇大其詞……大英帝國在蘇伊士運河興建之前就已經存在許久，如果運河今天消失了，大英帝國也不會因此崩潰」。[20]依據這樣的思維路線，地中海隱然退讓給麻六甲海峽，前者現在僅次於英吉利海峽和母國，成為帝國優先事項的第二位。

新加坡可以代表母國在亞洲的前進部署地位，也是不僅連結中國（英國仍有相當大的商業利益），甚至連結澳洲和紐西蘭的樞紐。因此，新加坡在英國人眼裡的地位已經有了大躍進，從帝國的商業據點升級為重大的戰略資產。

打造三巴旺海軍基地

繁華的上海是英國在中國沿海地區商業生活的重要據點。但是上海並非英國的殖民地，只有英國租界，不適合做軍事用途。再往南，香港殖民地具有沿海地區鎖鑰功能，也是英國海軍一支艦隊的總部。但香港非常經受不起來自陸地的攻擊，飲水及大部分食物必須仰賴中國內陸供應。

而新加坡即使有種種局限，卻比較有可能建立大型海軍基地。

英國前往太平洋亞洲的支援線要穿過麻六甲海峽。在此一海峽派駐軍艦會有熱帶燥熱和濕氣的不利，在空調尚未出現的年代，這對當時的人員和機器是極大挑戰。雪梨也被認為是可以考慮的基地選址之一，以氣候而言就更加合適。但是把軍艦安置在雪梨的話，一旦要派出軍艦，就必須耗費更多的航行時間才到得了現場。距離遠近比起氣候應該更加重要。

馬來亞對英國經濟固有的重要性，強化了選擇新加坡的分量。馬來半島氣候適宜，種植全世界將近一半的橡膠，生產的錫也占全球約三分之一，這兩項資源都經過新加坡這個殖民地港口送往各地。橡膠和錫供給英國本身工廠及世界其他工廠。即使不再經由倫敦售出，這些貨品由其他買主買下，仍然是賺取外匯的重要貨品，在英國財政困窘的時期有相當的助益。

一九二一年六月，英國政府同意承擔起興建號稱「世界最大堡壘」的任務。[21]新加坡基地選擇興建在三巴旺（Sembawang），這是新加坡島背向開放大海、朝向馬來半島大陸和柔佛海峽的一面，柔佛海峽最狹窄之處寬度不到一英里。規劃人員認為這個地點有優勢，它離商用航道有一段距離；海防大砲和飛機可以迫使敵軍部隊的運輸調轉方向。規劃人員設想的攻擊來自海上而非陸地，他們判斷馬來亞的叢林是敵軍無法穿越的天險。

三巴旺也提供足夠的水深及充分的泊靠空間，可容納最大型軍艦。這個地點雖是沼澤地，卻有寬敞的空間，約五平方英里面積可供開發，有充分空間儲放石油。由於戰後時期石油已成為船隻慣用燃料，儲存空間尤其重要。因此，儲油設施決定了艦隊指揮官的作戰選擇。

興建海軍基地絕對不是一件普通任務。首先要整地：清除叢林植栽，疏濬紅樹林沼澤，整平地面，以及興建道路。三巴旺需要乾塢、碼頭和起重機；燃料、食物和飲水儲存區；彈藥；公路和鐵路；發電廠、停機棚、工作機房；醫院；軍營和眷舍，更不提還有防禦設施；探照燈；海防和高射砲；鋼筋水泥砲位；巡邏艇；以及操作、維修所有這些設施的人員。

海軍軍營直到一九三三年才完工，按照皇家海軍傳統要以一艘軍艦的名字作為營區名字。他們選擇以第九代恐怖號（HMS Terror）為名。「恐怖營區」在海軍中以豪華設施聞名：游泳池、電影院、體育場和類似鄉村俱樂部的休憩設施一應俱全。這座新加坡基地既巨大又複雜，實質上成為一座城市，而其用途只有一種。

話題轉回倫敦方面，興建基地的決定引爆爭議。第一位出身工黨的首相拉姆齊・麥克唐納（Ramsay MacDonald）形容它是「荒唐、不負責任的惡作劇」，[22]另一位同僚再加一句：「蓋在瘟疫流行和道德敗壞的汙水池上。」[23]這些批評使得在新加坡工作的記者覺得可笑，但是新加坡在海外已經惡名昭彰，被稱為「罪惡淵藪」（Sin Galore），這個寬闊的十九世紀海港在航海界最有名的是其嘈雜喧鬧和混亂失序。[24]反對基地的其他聲音則說其耗費不貲、具有挑釁意味，而且沒有必要，他們沒看到有任何威脅、任何敵人，並且質疑——日本人會怎樣反應？

由於貿易下挫、失業率攀升，英國經濟表現下滑，而政府又困於國家債台高築、拚命張羅支付利息，各界的關切變成不是從戰略考量而是從經濟角度出發。有位國會議員就明白主張錢要多花在「能讓我們的生活比現在更光明、更快樂的一些事情上面」。[25]他的關切反映出許多英國人的心聲：他們要的是退休年金、健康照護和更好的住宅。

另一方面，澳洲新聞界痛批認為新加坡基地事不關己的態度。代表英國在馬來亞和中國投資及商業的利益團體也附和澳洲人，他們強調皇家海軍有責任維持海上航路暢通，讓貿易作為國家的命脈。

如何平衡福利國家的要求，和帝國的需求及各方的期望，成為母國最大的兩難問題。

三巴旺使得新加坡和世界各地所有英國基地所在地一樣有強大武裝。令人印象最深刻的是五門十五英寸大砲，和戰鬥艦上配置的大砲一樣口徑。另外還有許多比較小口徑的火砲。儘管外界盛傳這些砲只能朝一個方向發射，這並非事實。幾乎所有大砲都有三百六十度的射擊範圍，只有少數受到限制。大部分火砲都可以向北發射、打向內陸。雖然不預期敵人會從北方南下，但總是有備無患。規劃人員預期敵人會從東方或南方出現，因此所有大砲都可以向海上敵艦開火。[26]

問題出在彈藥而非大砲。守軍配置的砲彈是設計來對付鐵甲船艦的穿甲彈，並不是有高度爆炸威力的砲彈。正是忌憚這些大砲，日軍不從海面進攻；他們選擇從陸路進攻，英軍在這方面卻疏於準備。因此最後諷刺的是，後來備受抨擊的這些大砲，其實發揮了嚇阻效果。[27]

新加坡其實可說只是一個強化過的基地，缺乏層層防禦工事的保衛，雖然一再被稱為「堡壘」，卻並非如此。邱吉爾就任首相後不久就宣稱：「對我而言，新加坡沒有陸地防禦，讓它更像是一艘沒有底的戰艦！」[28]

艦隊需要龐大的後勤補給。身為基地，新加坡最大的缺陷就是本身不是製造業中心，也遠離其他任何製造業中心，是以難以補給。要滿足海軍的需求可能需要從遙遠地方進口必需的物資，在戰時這將構成重大麻煩。不過與此同時，基地試圖促進鄰近供應來源的產生，連帶也刺激本地經濟，增加就業機會和大量採購。

圖表5.1 海峽殖民地最後一任總督湯瑪斯・珊頓・懷特萊格・湯瑪斯爵士（Sir Thomas Shenton Whitelegge Thomas）約一九四〇年的畫像。

資料來源：Photo by Wikimedia user Flixitey; edited to remove decay.

一九三八年二月基地正式啟用，總督珊頓・湯瑪斯爵士（Sir Shenton Thomas）宣稱三巴旺是「偉大的和平事業……這個海軍基地不是對戰爭的挑戰，它是為了防堵戰爭的保險……這是母國關切人民福祉的象徵，也是她在需要時為他們提供保護的象徵」。[29] 新加坡《自由新聞》（*Free Press*）認為殖民地已經成熟。「新加坡是一個著名的貿易站，眾所周知……從今以後，新加坡更將以一個偉大的海軍基地聞名全球。」[30]

英國若與日本開戰，就會和十八世紀與法國沒完沒了纏戰多年一樣，戰火遍及全球。但是二十世紀的後勤作業非常複雜，戰場與母國相距八千英里就構成更大的挑戰。在第一次世界大戰之後傑利科考察時期，打敗日本在理論上或許是有可能的，但是英國若需要同時也面對一個歐洲敵國，那就是另外一回事了。英國在大戰剛結束那幾年至少還有軍艦，雖然在日德蘭戰役的表現令人懷疑它們的素質。

因此在一九二〇年代初期，至少戰略計畫仍然大致吻合戰略現實。帝國的中心的確是印度洋而非大西洋。但是到了一九四〇年，英國為本身性命奮戰時，現實已然改變。在傑利科時代，英國仍然有一支可堪作戰的艦隊，但沒有亞洲前進基地供艦隊使用。到了一九三〇年代，他們有了基地，卻沒有艦隊來使用它。因此，「有艦隊、無基地」變成「有基地、無艦隊」。新加坡因此可說是「帝國的象徵，但不是帝國的工具」。[31]

英國在一九四〇年可說是非常難熬。納粹重兵粉碎法國、義大利跟進宣戰之後，英國在歐洲孤軍作戰。在南中國海方面，日本人步步進逼，要求英國部隊和軍艦撤出中國。日本陸軍占領中國所有主要海港，實質上切斷中國和外在世界所有的海上接觸。日本在一九三九年占領位於南中國海的南沙群島，在一九四〇年進入印度支那北部，同年又與德國、義大利簽訂三邊條約。

可是在新加坡，人們仍然在萊佛士酒店夜夜笙歌跳舞，彷彿世界不會改變、正常生活照樣可以持續。風情萬千的戴安娜．達夫．古柏夫人（Lady Diana Duff Cooper）經常被譽為「英國社交界最美麗的女人之一」，和她擔任邱吉爾特使的夫婿達夫．古柏訪問新加坡。[32]她對本地的英國領導人，以及經歷長年的帝國自我放縱所軟化的殖民社群之自命不凡的慣性，只有尖酸的評論。達夫．古柏爵士也同樣嚴詞批評，將皇家空軍高級軍官描述為「該死的遊手好閒，吃過晚飯後就無所事事」。[33]但本地社群也回敬他們，以冷嘲熱諷的筆調報導戴安娜這趟旅行竟帶了一百件行李。[34]

三巴旺基地繼續其「輕鬆自在」的步調。華人鍋爐維修員余雷（Yee Lai）回憶說，泰米爾人做勞力工粗活，華人是技術工人，由英國人管理。每天上班時間是上午七點半到下午四點半，但是老外往往早早就下班去踢足球或做其他運動。[35]學生李急麟（Lee Kip Lin）說：「沒有人花時間去想日本人真的會進攻，我們認為那只是嚇唬人。」[36]

一九四一年十二月六日，在政府大廈，總督珊頓．湯瑪斯爵士來到密碼員莫莉．萊利太太的辦公室，神色嚴肅地說：

「萊利太太，大事不好了。我們開戰了！」

她說：「我們等這個消息，已經有一陣子了。」

他說：「喔！但是妳沒問我，我們是跟誰開戰。」

她答說：「當然你指的是日本。」

他聽了大笑，又說：「哈！妳錯了！我們是和芬蘭開戰。」

湯瑪斯爵士笑著走開，萊利太太追在他後面說：「喔！我知道你是要讓我有心理準備，預期日本人隨時可能在我頭上丟炸彈。」他一聽，立刻回過頭問：「妳說什麼？日本人向新加坡丟炸彈？妳可以相信我，日本人絕對不會朝新加坡丟炸彈。日本人絕對不會踏上馬來亞。」[37]

兩天之後，清晨四點，炸彈落如雨下。

英國人往往把日本軍隊的表現水平和義大利人並列：勇敢但無能，不習慣操作機械或應付坦克、飛機等繁複的武器。他們認為英國自己差強人意的雙翼飛機菲爾利劍魚式轟炸機（Fairey Swordfish）或笨重、圓滾滾的布魯斯特水牛戰鬥機（Brewster Buffalo）就可以對付日本人的零式戰鬥機。英國人過度高估自己的能力，也低估了日本人的能力。

一九三九年九月，第一次世界大戰不再被稱為「大戰」。現在這場新戰事，戰場更廣泛，遍及太平洋和大西洋（包括地中海）兩個海洋中心。作為大西洋海戰的延伸，北極海也捲入戰局。戰場遠遠大於過去所有戰爭，更需要大幅延伸關鍵海路的長度。

因此這場新戰爭比起一九一四至一八年的戰爭更配得上「世界大戰」之名。德國再度未能搶占任何海上根據地或主宰任何全球航路。日本是德國名義上的盟國，初期海戰頻頻告捷。全盛時期的日本睥睨整個西太平洋，毫無敵手，也控制了進入印度洋的東側入口。但是，日本的最高當局犯了和德方同樣的毛病，沒有充分理解海上公路的戰略重要性。就德國而言，這關係到它能否獲得最終勝利；就日本而言，這關係到它能否防衛其建立的海外帝國，避免敗局。

德日同盟沒有英美同盟那樣堅強、有效。彼此不能信任，加上彼此各懷種族歧見，在表面之下暗潮洶湧。雖然沒有公開表現出來，卻阻礙了彼此親近。德國海軍規模比日本海軍小得多，想學日本的作戰經驗和規畫；日本則渴望德國的先進技術。每一方都只在意自己的利益，以及對方能給自己什麼。

德日兩國只有含糊的國家戰略，沒有提出一致的長期計畫來協調兩國戰略。兩國沒有提出共同的新世界秩序的觀點，比不上同盟國有宏偉規畫。在戰爭初期幾個月一片樂觀中，德國規劃人員有個偉大夢想，想和日軍在印度洋會師。他們規劃兩翼挺進，一支經由高加索和伊拉克撲向波斯灣，另一支經由埃及和蘇伊士進軍紅海。雙方以東經七十度劃分兩大責任區，形成一個相切點，穿過西印度洋，往北切過當時的印度最西部，即今天的巴基斯坦。

這是西班牙人和葡萄牙人十五、十六世紀試圖瓜分天下為兩大勢力範圍以來，首度有人再度有心將大部分世界劃分為二。但是日本人和德國人沒人提到此一先例，而且他們的瓜分計畫只包含歐亞大陸南部及其島嶼邊陲，避開大部分的北半球。

納粹跟他們的前人德皇威廉不一樣，對太平洋沒有興趣，他們不介意將這一部分的世界讓給他們的亞洲盟友。而印度洋離兩國都有重大興趣的地區相當遙遠。劃分勢力範圍的這項協定，假定印度洋是個流動空間，每方都可以「視情勢而決定作戰」——還有什麼能比這個說法更含糊？[38]

英國人在馬來亞和新加坡與日軍交戰，因為低估日本軍力吃盡苦頭，他們痴心妄想，不僅以為來犯部隊無法穿透叢林，而且認為季風將阻礙敵軍通行，再者美國人也會來拯救他們。

英國在太平洋亞洲的目標純粹是守勢，他們認定香港命中該絕，但是設法要保護新加坡，維持日後在戰時還能使用它。對新加坡而言，衝突始於十二月八日夜晚日軍發動空襲。從一開始，北方馬來半島上的戰鬥處於劣勢，儘管英軍人數遠遠超過敵人。

最慘烈的一天

一九四一年十二月二日，戰火似乎日益迫在眉睫，英國兩艘主力艦「威爾斯親王號」（Prince of Wales）和「反擊號」（Repulse）抵達三巴旺基地。這兩艘珍貴的船艦事實上就是長久以來所謂要抵抗日本帝國海軍的「艦隊」僅有的主力，即使它們缺乏原本規劃要隨行的航空母艦所提供的對付空襲之保護，邱吉爾還是命令它們趕到新加坡。戴安娜．達夫．古柏夫人看到它們泊靠在三巴旺，寫下：「令人安心的畫面，但是略嫌薄弱。」[39]

「威爾斯親王號」是同等級五艘戰鬥艦之一，也是十年來英國所造的第一艘新船。她代表一九三〇年代烏雲密布、全國瘋狂整建軍備下，動用龐大的經費和別處也迫切需要的稀少資源所建造出來的成果。它在一九四一年二月於伯肯黑德（Birkenhead）完工，一個世紀以前「復仇女神號」也在同一個船塢下水服役。但是「威爾斯親王號」就和「復仇女神號」一樣，也有她的磨合問題。她離開船塢時就有機械問題，雖然還未全然可以作戰，船塢工人也還未撤退下船，她已經在五月份參加擊沉強大的德國海軍戰艦「俾斯麥號」（Bismarck）的作戰。

然後邱吉爾抱著炫耀心態，把她當作「遊艇」使用，坐著她到紐芬蘭（Newfoundland）和美國總統富蘭克林．羅斯福開會，簽署《大西洋憲章》（*Atlantic Charter*）。九月，「威爾斯親王號」在地中海執行船隊護航任務。十月，她繞過好望角，兼程趕往新加坡。

「反擊號」則是一艘年邁的巡洋艦，一九一六年八月下水，及時加入艦隊在北海與德軍交戰。一九一七年十一月，她擊中一艘德國巡洋艦立了功，這是她服役生涯唯一一次成功運用大砲對付敵人。[40]這艘巡洋艦大小有如戰艦，但是行動速度快。不過她的船身鐵板較薄，以犧牲裝甲保護換取速度敏捷。她的十五英寸大砲賦予她強大火力，不過她缺乏防空武器的保護。總之，設計師期待她向別的船隻開砲，不是要她抵擋和擊落飛機。當「反擊號」興建時，飛機才剛問世不久，是一種新武器。現在在她服役最重要的時刻，她卻未處於最佳狀況。她的引擎已經老舊，應該入廠全面整修卻一直延宕。

「反擊號」和她漂亮光鮮的年輕夥伴站在一起，光彩全被搶光，新加坡報界完全不理她，以至於她的船員開始自稱是「無名號」（HMS Anonymous）。雖然年華已老，她的船員仍然以這艘船「曲線美麗」自豪，她的速度也能跑每小時二十九節。海軍部把這兩艘主力艦編成「Z部隊」，交由代理海軍上將湯姆．菲利普爵士（Sir Tom Phillips）指揮。菲利普舉止嚴肅、身材魁梧，但是個頭不高。船員背後給他取綽號「矮個子湯姆」（Tom Thumb），不過他很得官兵敬重。菲利普雖然是個優秀的參謀官，卻缺乏豐富的海上指揮經驗，他的海戰觀念充其量只能說是「傳統」見解。他把大砲和飛機等量齊觀，願意在沒有空中掩護下操作他的船艦。這將是他致命的錯誤。

日本人打造出來的海軍航空隊武器和人員都屬一流、無可挑剔。日本工廠生產全世界最佳的魚雷。日本最著名的海軍將領山本五十六在談論戰艦和大砲與裝載魚雷的飛機的對比時，喜歡引用一句名言：「最兇猛的毒蛇也會被一群螞蟻打敗。」[41]

邱吉爾後來形容一九四一年十二月十日是「戰爭中最慘烈的一天」。這一天，他必須向國會報告，由兩大主力艦率領另一些小型船艦組成的Z部隊，從新加坡出海迎戰日本飛機。「反擊號」奪得唯一一艘在海上作戰中遭飛機擊沉的主力艦的名聲。不過，她享有的榮銜為時並不久。「威爾斯親王號」隨即也香消玉殞。

英國皇家海軍損失兩艘主力艦、數百名英勇的官兵，以及一世英名。這是珍珠港事變的重演，再次證明一艘水面軍艦不論火砲多麼強、指揮官多麼優秀，碰上飛機時只有挨打的份。皇家海軍派一支艦隊到新加坡，它太重要、不能失守，但是艦隊卻太弱、撐不住。

這場慘敗實為英國已經無力捍衛其帝國表象的縮影，這個帝國已經沒有能力，也愈來愈沒有意志撐下去。大西洋戰場現在是英國國祚存續之戰的最高優先。母國為最高優先，連結到印度至為重要的蘇伊士則為其次。

澳洲和紐西蘭視新加坡為防務的定錨；作為交換條件，澳紐派出部隊到大西洋世界作戰。一九四二年一月二十四日，澳洲總理約翰．科廷（John Curtin）發電報給邱吉爾說：「在我們收到種種保證之後，撤出新加坡將在本地及其他地方被視為不可原諒的背叛。」[42] 邱吉爾被迫下令，在必要時必須進行殊死保衛戰，至少他希望靠一場負隅頑抗，可能是街頭巷戰，來挽救英國顏面。總而言之，這次不會有敦克爾克大撤退了，因為根本沒有出動拯救任務的艦隊存在，陸軍在一水之隔的對岸也沒有可以撤退的國土。若是戰敗，將退無可退。

英國人認為季風帶來的大漲潮可以阻擋日本人在馬來亞海灘登陸。這股希望淹沒現實。打從一開始，日軍就搶到主導權，而且一直保持主動，短短幾天就掌握空中和海上優勢。儘管季風大雨滂沱，日軍搶灘登陸成功，沿著半島迅速南下，好幾千日軍騎著腳踏車冒雨前進；而英軍則躲在橡膠樹下避雨。

日軍在一九四二年二月八日趕到新加坡，其速度之快讓毫無組織的英國守軍大驚，有些人棄職潛逃。在一片斷垣殘壁的街頭，因為日軍投下炸彈引發大火，濃煙竄起。汽油和橡膠燃燒的惡臭充斥空氣之中，腐爛的屍臭也令人作嘔。但是，投下偌大經費蓋成、官方寄予厚望的三巴旺海軍基地卻安然無恙。李光耀日後刻意委婉地說，對英國人而言，該基地證明「在第二次世界大戰派不上用場」。[43]

這座「堡壘」實質上並沒有船艦，但是糧食、燃料、武器和器械裝備一應俱全，日本人如獲至寶。英國人擔心毀滅地面一切事物的焦土政策會使守軍喪失鬥志，鼓動失敗主義情緒，因此聽任所有東西原地不動。

日軍指揮官山下奉文，或許是同輩中最能幹的大將，日後被稱為「馬來亞之虎」。他承認說：「我進攻新加坡可說是靠虛張聲勢而成功。我有三萬名兵力，跟英方守軍相比居於一比三的劣勢。我一直都很擔心英方會發覺我們人數上的弱勢和缺乏補給。」[44]針對占英軍人數一半、英國軍官指揮的印度部隊，山下奉文說：「對他們最客氣的評語是，當他們看到我們時，就竄入叢林消失了。」[45]當時許多印度人最關心的議題是爭取印度脫離英國獨立，不是和日本人抗戰。另一方面，奉命守衛新加坡的馬來部隊卻準備死守奮戰。

馬來亞的英國軍隊在當時指揮官更動頻繁、人事不和諧、軍官無能，加上募兵手段粗糙，問題叢生。皇家空軍本身飛機太少、太舊，對地面部隊提供不了多少空中支援。海軍艦隊已經蕩然無存。簡單講，要不吞下大敗也難。

希特勒對新加坡的淪陷有一句評語：「是的，鬆了一口氣。鬆了好大一口氣。但這也是歷史的轉捩點。它代表失去了整個大陸，而且可能很遺憾，白種人是輸家。」[46] 澳洲陸軍第八師士官肯．哈里森（Ken Harrison）也說：「新加坡淪陷之後，亞洲變了。對於英國人而言，它再也和從前不一樣了。」[47]

日軍押著成千戰俘穿過街頭、走向戰俘營時，新加坡居民目瞪口呆地看著殖民主子竟然如此狼狽不堪的一幕。新加坡的投降是英國歷史上最奇恥大辱的軍事慘敗，粉碎了日不落國的聲威，此後再也沒有完全復原。就日本人而言，史詩般的英雄表現和軍事實力已經克服萬難，取得巨大的成功。恍惚的新加坡人睜開雙眼，望向新世界。

空洞的德日同盟

新加坡只是眾多戰爭故事中的小插曲。古今中外從來沒有一支武裝部隊像日軍一般，在太平洋戰爭頭幾個月如此勢如破竹、橫掃千軍。他們快速席捲西太平洋，把觸角伸展進入印度洋，創造全球史上最大的戰場。

一九四二年四月，在六個月連番告捷之後，曾經指揮偷襲珍珠港的日本海軍中將南雲忠一，率領四艘戰艦，以及總共載有四百架飛機的五艘大型航空母艦，大舉進犯斯里蘭卡（錫蘭）的可倫坡和東岸的亭可馬里（Trincomalee）海軍基地。南雲忠一的艦隊擊沉英國兩艘重巡洋艦，迫使英國海軍暫時退出印度洋，也擊沉三十一艘商船。但是日本陸、海軍缺乏足夠資源在遠離其太平洋本土的遙遠地區建立據點。

他們擬訂占領斯里蘭卡的計畫，但是東京的陸軍局反對這個構想，推翻執行此一計畫，認為將使日本兵力過度延伸。近在本土臥榻之側的蘇聯威脅，以及中日交戰沒完沒了，使得陸軍不敢掉以輕心。日本的確占領了新加坡西方、印度洋東側的安達曼與尼古巴群島（Andaman and Nicobar Islands），但那就是日軍兵力的最西端。

一九四二年五月，日軍在珊瑚海之役戰敗，一個月後又在中途島之役戰敗，終止了日本帝國海軍切斷英國從好望角到蘇伊士海路的可能性，也打破了軸心國大規模合作的可能性。軸心國把印度洋戰爭當作是潛艇騷擾戰在打。而德國方面未能東進跨過高加索、進入伊拉克和波斯灣，也未能跨越埃及西部、到達蘇伊士運河和紅海。這個「空洞同盟」（hollow alliance）的夥伴們都沒能實現在印度洋大會師、瓜分歐亞大陸南方海域的美夢。[48]

日本和德國、義大利間關萬里、地理遠隔，加上東西方文化差異，使得這三個國家沒有辦法像美、英兩國那樣親密合作，即使三方強烈希望合作。由於沒有控制海、空任何一者，無法讓領導人安全地從歐亞大陸的一端跑到另一端去，軸心國一直不能召開高峰會議。由於領導人無法聚首討論，軸心國失去搶占報紙頭版新聞的機會，也沒辦法像同盟國那樣有效號召人民的犧牲奉獻。東條英機和繼他之後的日本首相都不曾和希特勒或墨索里尼碰面開會。即使德國和義大利也沒有協調彼此的戰略（義大利已淪為兩國關係次等的一方），但是地理位置接近至少還代表他們在西方並肩作戰，反之日本在東方必須孤軍奮鬥。不過日本人沒有告訴德國人，他們打算和莫斯科簽訂中立條約（一九四一年四月十三日）；他們也沒有照會軸心國盟友，即將在十二月攻擊珍珠港。希特勒和墨索里尼比起邱吉爾或羅斯福更驚訝日本竟敢真敢付諸實踐。當然，德國人也沒有告訴日本人，他們有意進攻蘇聯——德國在一九四一年六月二十二日對蘇聯開戰。

納粹在歐洲大陸的帝國沒有像日本的海洋帝國那樣得天獨厚，擁有豐富的重要原材料可供利用。如果日本能夠建立穩定且持久的海上通路，並將其和新建立的海洋帝國相結合，把溫帶的母國和熱帶的殖民地整合起來，日本不會比德國弱。石油已經成為首要的能源資源，當時印尼生產的石油供應日本戰爭機器之需，還有節餘。日本在保護其海路大動脈的安全上失利，是日本人民蒙受苦難的原因，也是國家最終戰敗的主要因素。

日本帶來的殘暴與現代化

日軍在跨越柔佛海峽之前就已開始砲轟新加坡，造成數千人傷亡，而且引起大火燒毀城裡許多木造建築。公共設施逐漸停止服務，首先是電話，再來是水，最後是電力。電線散落在街頭。一片殘垣斷壁、戶戶家破人亡。一九四二年二月十五日，英國人在福特汽車公司大樓正式投降。

這一天在今日被訂為「全面防衛日」（Total Defense Day），新加坡當局以這一天來提醒新加坡人需要承擔起國家安全的責任。[49]

投降讓人人大驚失色，首次意識到英軍竟然如此無能，又覺得英國人背棄了他們。日本人趕走或擊沉駐守在新加坡的許多船隻，有些船隻載著少許幸運兒逃走，但是絕大部分英國人陷在這座城市。許多人最後死在集中營裡，若是男丁就被押往別的地方，在艱鉅的環境下勞動，譬如送到日本礦場、煉鋼廠和船塢工作，或是被迫在泰國興建鐵路。在泰國，他們搭起漏水的帳篷、睡在季風雨吹打的泥土地上，靠著燉南瓜和從倉庫地上掃起來的大米勉強生存。

日後成為著名律師、在戰後新加坡政壇相當活躍的馬紹爾（David Marshall）就曾被送到日本北海道從事日本人都不願做的體力勞動。日本人認為馬紹爾身體不夠強壯，無法挖煤，把他派去使用鎬子和鏟子為機場整平地面。他形容戰爭結束時自己已經像個「滿是瘡疤的骨骸」。[50]

直到一九四五年，新加坡遭受日本軍方殘暴、輕蔑的占領。布魯斯・洛克哈特引述十九世紀末一位荷蘭商人對日本人的評語：「一個非常堅決的民族，在自己國內溫馴有如綿羊，但是到了國外，幾乎成了惡魔。」[51]他們在新加坡的行徑，包括大規模殺人，印證了此一評語。

征服者命令同盟國國籍的歐洲人帶著十天份的衣物到新加坡板球俱樂部前面那片政府大廈大草坪集合（很諷刺的是，該俱樂部原本只准白人出入）。他們排隊前往集中營。進入樟宜的集中營後，他們被准許推舉幹部、組織自治會。集中營後來又改到位於森路（Sime Road）的皇家空軍舊基地。在集中營，囚犯依據目前的能力推選幹部，而不是依據從前的階級或成就，他們可以組建能負責任的自治單位。

事實證明，日本警衛在很大程度上對這些囚犯漠不關心，但反覆無常，因而很危險、無法捉摸。囚犯學到要預料會有突如其來的粗暴行徑，憲兵隊尤其殘酷。日本警衛常常施刑處罰或逼供；在囚犯身上的隱藏收音機一旦被查獲，會遭到最嚴厲處罰。囚犯的生活條件很差，擠在簡陋的小木屋裡，除了身上衣物別無其他私人物品。幸運的是，熱帶氣候不需要太多衣物或棲身之處。但是飢饉難忍，人人經常討論的都是食物，稻米變得比現金更有價值。

起先日本人配給的稻米還堪可供溫飽，配上的魚乾雖然鹹、老、有股腐味，仍為蛋白質的主要來源。棕櫚油、蔬菜和某些水果，加上少量配給的豬油、鹽、糖和茶葉，食品相對豐富。但是隨著時間進展，配給的數量、種類和品質日益下降。帶蟲的稻米、受潮的糖，變成常態。

自己生產食物變成囚犯和一般新加坡人攸關生死的大事。番薯（塊莖、莖、葉）以及所謂「窮人的馬鈴薯」木薯，提供最主要的營養來源。儘管土地已被雨水沖刷過，植物在熱帶的溫熱和濕潤下生長相當迅速，囚犯盡最大可能對土壤施肥，用稀釋過的尿液澆灌植物。對於島上的每個人來說，人類排泄的糞便具有新價值，但除非經過處理，否則除了營養成分，也會含有腸道寄生蟲。

在集中營裡，這些作物的產量不足。營養不良導致囚犯健康與體重的急遽下降。有些人變化大到讓人不認識，囚犯也因為維他命不足而開始出現腳氣病和糙皮病的症狀。瘧疾、斑疹傷寒和痢疾也打擊了已經衰弱的體格。到了戰爭的最後六個月，囚犯們已經餓到垂死掙扎、氣若游絲。

除了集中營的囚犯，城裡頭還有一百萬居民也有待餵飽肚子。日軍下令把大批民眾疏散到內陸，在當地他們可以種菜、養雞。他們發現若能抓到蟑螂，那可是養肥雞的上好飼料。要讓容易生長的木薯可口，老百姓頗有創意，最好的方法是蒸和炸，若能加點椰子或糖就更棒了。

日軍的占領使新加坡和它熟悉的世界切斷聯繫，影響更超越經濟層面。只有日本人才准上電影院、酒吧和餐廳，本地人則不被准許；不過話說回來，他們也沒錢享福。民生必需品供應不足，通貨膨脹非常可怕；黑市買賣成為日常生活的一部分，道德倫常隨之隳壞。約翰走路威士忌和五五五香菸是高檔項目，但是日常用品如布料、水泥和金屬浪板也需求殷切。為了生存，包括日後的總理李光耀在內，許多新加坡人被迫替日本軍方做事。因為受過毆打和羞辱，李光耀忘不了日本人的統治顯示恐懼和暴力能有極大的作用。

日本人明白新加坡地理位置的優勢，預備把「昭南」——日本人將新加坡改名，意為「南方之光」——打造成為海洋帝國的中心；在這個「亞洲人的亞洲」之新秩序中，日本人是特權分子，其他民族則被容許分享參與。在日本人占領下，他們想方設法抹滅英國人的過去，要把新加坡以日本樣貌重新打造。

因此，依循日本曆法，西元一九四二年變成二六〇二年或昭和十七年。他們把時鐘往前調一個半小時，配合東京時間，也建立新的行事曆，一切假日悉依日本制度，尤其重視四月二十九日，因為這天是天皇生日。日本人一占領立刻將公共建築和街道改名，拆除著名的萊佛士雕像。他們重視儀式性的團體集會，要做體操、要唱歌，要向東方鞠躬敬禮，以示向東京、向天皇及其御居臣服。

日本人猶如長期以來在朝鮮和台灣的作法一樣，非常重視初等和中等教育，因為他們認識到能識字、懂數字的勞動力的價值。他們強調職業技能和日本語文。他們希望工蜂多多益善，因此比起英國人過去在香港或新加坡，都更努力打造有素質的勞動力。他們給予馬來人機會學習工作職場的技能，這一點英國人未曾做到。[52]但是日本人嚴厲執行內部監視和保安措施，比起英國人更深入地介入日常生活。新加坡人發現他們史上第一次落入高度干預的政府統治之下，與過去英國殖民主子放任不管有天壤之別。

二〇〇九年五月，新加坡內閣資政（minister mentor）李光耀接見美國副國務卿詹姆斯．史丹伯格（James B. Steinberg）時表示，他「從日本占領新加坡的三年半期間學到，人民會服從可以剝奪他們衣食和藥物的威權」。[53]絕大部分人不得已會服從。高度通貨膨脹、物資極端缺乏使日子苦不堪言。缺乏藥品和營養不良造成死亡率上升。

日本人可以利用新加坡作為區域供應基地，這個機會吸引日本商社前來開設分支機構。馬來亞釀酒公司（Malayan Breweries）開始生產日本的麒麟啤酒而非當地的虎牌啤酒（Tiger beer）。

日本三大百貨公司進駐本地原有的百貨公司開始營業。既有存貨賣完後，這些公司必須買進本地貨或生產自己的商品，然而當日本失去對海路的控制時，要從母國進口就變得不可能。

這時候大家就被迫各顯神通了。李光耀記得他和一位朋友兜售由木薯粉和碳酸製成的膠水。[54]物資匱乏反而刺激這一類家庭工業以及個體創新。這股風氣延伸到日本人身上，他們將木炭動力的公共汽車的點子帶回母國，使這種車在戰後初期的東京街頭成為人們熟悉的景象。

一九四二年四月，就在中途島戰役前夕，新加坡終於有了一支大艦隊。港口裡擠滿壯盛的艦隊，包括戰艦和航空母艦。這是新加坡人前所未見、最強盛的海軍兵力的大集合，不過這些軍艦是日本而非英國的。

由於戰時龐大的需求，修理船艦變成日本人高度重視的優先事項。三菱徵用吉寶船塢，從日本調來日本技師團督導本地工人，以便修復受損的器械裝備。他們沒有鋼板可以造大船，於是他們建造小型木船。戰爭期間，他們修復船隻逾兩千艘，對日本軍方貢獻卓著。[55]

日本人也把高階製造業帶進新加坡，在戰前這是很少有的。他們重視漁業，這已經是他們的強項。基於需要，新加坡發展出進口替代。一切都很粗糙、又是暫時性，但是至少日本人灌輸了自給自足的觀念，日後新加坡人非常認真看待這個觀念。

從日本調來不少文職人員和軍人從事這些活動。他們需要住宅，有些是租的，有些乾脆就用侵占的。對於本地人，日本軍人集體或個人都同樣粗暴。他們到處亂逛，有時只穿著兜襠布，在街上或公車台階上就隨地便溺，而隨便甩人巴掌還是最客氣的行為。他們抓伕參加「勞動服務團」，從事體力工粗活，譬如挖水溝、蓋防空洞或搬運彈藥等工作。有個華人工人在三巴旺基地看到另一名工人被活活打死，只因為他向戴手錶的日本守衛詢問時間，卻被誤會他想偷懶不工作。[56]

占領軍特別愛找華人麻煩，甚至予以虐待，尤其是他們認定支持中國抗日戰爭的華人。後來他們甚至不分青紅皂白，也不去區分已經在新加坡住了好幾代、與中國本土毫無聯繫的華人，或是一心支持國民政府的華人。占領初期，日軍發動「肅清作業」，其實就是選擇性的大屠殺。日軍把華人抓來「審查」，特別注意十八歲至五十歲之間的男人，找出戰前發動抵制日貨的首腦，或是眾所周知支持國民政府的抗日人士。

戴眼鏡或雙手皮膚纖細的人特別有嫌疑，日軍認定他們可能是知識分子，因此會「同情」中國或英國。但是這一切都是憑檢查人員自由心證。有個經歷這段恐怖歲月、大難不死的人，忘不了卡車載著一群無辜者不知開往何處，這些人自此失蹤。[57]沒有人曉得究竟有多少人遇害，粗估可能高達九萬人。[58]正確數字迄今不明，因為日本人沒有德國人那樣數字精確。

日本人也歧視歐亞混血兒，認為他們已經被歐洲人玷汙了血統，不過並沒把他們視作屠殺對象。占領軍對馬來人，尤其是印度人比較寬厚，因為日本人希望鼓勵他們支持印度獨立運動。的確是基於此一目的，他們支持印度獨立運動領袖蘇巴斯・錢德拉・鮑斯（Subhas Chandra Bose）。號稱「印度未來的喬治・華盛頓」的鮑斯，來到戰時的新加坡。[59]

「印度自由之父」鮑斯的旅程

鮑斯的忠貞追隨者尊稱他為內塔吉（Netaji），意即「可敬的領袖」。出身孟加拉世家的鮑斯在一九四一年春天前往德國，爭取納粹支持他向英國爭取印度獨立的奮鬥。由於他被認為對軸心國的大業頗有價值，受到各方矚目。然而鮑斯發現納粹幫不了忙，想投靠日本人，可是人困在歐洲，他要如何前往東亞呢？新加坡的淪陷影響他甚大，他認為印度獨立出現新機會。

由於德國和義大利與蘇聯交戰，使得同情軸心國的鮑斯想要跨越歐亞大陸旅行相當困難。起先，義大利人願意幫忙，建議他由羅德島（Rhodes）搭機前往仰光。他們已經有這條路線的班機，但是德方反對，認為太危險。德國外交部長李賓特洛甫（Joachim von Ribbentrop）認為海路會比較安全，最後他的主意占上風。他有除了鮑斯以外的考量。

因此，鮑斯和一名副手在一九四三年二月八日上午在基爾（Kiel）搭上一艘德國潛艇。儘管事先接受簡報時已得知要搭潛水艇，兩個印度人立刻發現艙房太小而且旅途時間漫長。太多人被局限在非常狹小的空間當中，而且每一英尺空間都至少擠了一個、甚至數個人。

有一條長長的通道從船首延伸到船尾，兩側各有空間，被不到一英寸厚的鐵皮包裹住，將船與海隔開。窗簾把船長的「小艙房」兼工作地點，與通道分隔開。香腸和火腿可能在頭頂上懸著，隨著船的動作搖晃。由於缺乏新鮮食物，飲食很不健康。一般人經常患有失眠、呼吸道和消化系統疾病。一個廁所可能要供五十人使用。

最令人揮之不去的夢魘就是擔心遭到同盟國跟蹤追纏和獵殺的恐懼。德國人用「殺得屁滾尿流」這句俚語描述他們感受遭到獵殺的恐懼。獵犬隨時都可以易位變成野兔。

德國人在軍官區分派給鮑斯一間六平方英尺的艙房，一旦有需要它同時也充當外科手術急救室。比起這種幽閉空間帶來的恐怖感，更糟糕的是柴油的臭味瀰漫整個空間。臭味甚至滲透到毯子裡。船上的麵包看起來、嚐起來也好像曾被浸泡在燃料中。[60]不過鮑斯在途中無所畏懼地編寫他的書，並與他的助手一起致力於撰寫演講稿。

除了柴油的惡臭，船底的汙水、廢水和沒洗澡的體味也相當可怕。因為在海上無法換洗，潛艇官兵選擇穿黑色內衣褲。在另一次航行中，有位觀察敏銳的人注意到，船員們一個接一個地把衣服剝到腰部位置，準備洗澡，但是「沒有一滴水到達那些最需要的部分」。[61]

為了在日本和歐洲之間進行人員或先進的軍事裝備的交換，軸心國已經損失太多海上突擊艦，可是每一方都渴望利用另一方的資源，無論是投彈瞄準器、盤尼西林還是電碼人員。他們轉而借重潛艇作為載具，設計了日本人稱之為「柳樹行動」（Yanagi missions）的任務，鮑斯這趟航行就是「柳樹行動」的一部分。雖然他可能沒有意識到這一點，但鮑斯是這趟航行的附帶目的，船上帶了絕對機密的ＩＸＣ型潛艇的藍圖、三箱聲納誘餌與其他武器，以及要交給德國駐東京大使館的文件和郵件。[62]

來到馬達加斯加島外海某個預定地點，德國人要把鮑斯轉移到另一艘日本潛水艇上，由它完成下一段旅程。兩名日本軍官將登上德國潛水艇，取代這兩名印度貴客，前往德國洽公。

日本潛水艇I-29在四月二十八日提前幾小時到達預定地點、耐心等候。上級禁止這兩艘潛艇打破無線電沉默。德國潛水艇到達後兩條船才浮上水面，卻發現風雨交加、波濤洶湧，使得彼此無法安全靠近。水手們利用橡皮艇載人，進行艱鉅的換人行動。但是鮑斯很高興能夠換船，一則是行程已經走了一半，再則是日本船上的食物更合他的口味。日本廚子在從檳榔嶼出發前已經細心替兩位印度貴賓備妥咖哩菜色。次日，四月二十九日是昭和天皇生日，廚師特別準備大餐待客，包括供應清酒。

I-29載著鮑斯直抵蘇門答臘，接下來五天，他搭乘飛機前往東京，然後再折回新加坡，領導印度獨立運動。商業和人員的流動早已經把新加坡和印度連結起來，印度族裔是新加坡重要的少數民族，鮑斯可以好好利用這些重要的關係。

鮑斯富有群眾魅力，又是個天生的演講家，一九四三年七月四日，他在人山人海的一家電影院裡向印度僑民演講，號召大家心理要有準備，印度爭取獨立的前途荊棘密布。他高呼「向德里前進！」（Chalo Delhi!）的口號。鮑斯成功地把自己推銷為整個印度大熔爐的領導人，號召所有印度人不分種姓階級、宗教信仰、語言文化或族裔，團結起來爭取獨立。當日本首相東條英機同一個月來到新加坡時，鮑斯和他並肩站在市政府大廈陽台上校閱遊行隊伍，印度旗幟插滿全城。鮑斯的演講一向強勁有力、引人入勝，有一回在政府大廈大草坪的戶外集會中，他吸引聽眾在大雨滂沱下佇足好幾個鐘頭聽他慷慨陳辭。印度婦人脫下珠寶、擲向講壇，作為獨立運動的捐款。[63]

鮑斯在幾個月後組建一支「印度國民軍」（Indian National Army），並在新加坡成立「自由印度臨時政府」（Provisional Government of Free India），向英國和美國宣戰。鮑斯從英國召募的印度士兵、赤貧的勞工以及本地印度僑民中召募志願軍。最特別的是他召募青年女子，最初組成身穿白色紗麗、持槍的儀隊，然後訓練戰技，最後變成護士大隊，派赴緬甸前線服務。有些女子不但志在為印度獨立而戰，也有心爭取婦女解放。

印度國民軍在緬甸的作戰並不成功，而且雖然當時傳言未經證實，鮑斯不幸於一九四五年八月十八日在台灣因墜機而身亡。但是他一生追求的印度獨立將在兩年後實現。*

說來湊巧，但並不突兀，新加坡對亞洲兩大民族解放運動——早先的中國革命，以及二戰期間的印度獨立運動——都扮演過一定的角色，兩者都從本地僑民汲取援助。二十世紀初，中國國民黨和共產黨都奉為英雄的孫逸仙，就和鮑斯一樣在這個城市爭取財務與精神支持，號召推翻滿

* 〔譯註〕一九四五年八月十五日，日本宣布投降。鮑斯在八月十八日飛抵台北松山機場，同日下午轉機要到滿洲國轄下的大連，不料飛機起飛之際，螺旋槳脫落、飛機失控墜毀。鮑斯身受重傷，被送到台大醫院搶救，但是當夜傷重不治，享年四十八歲。

清，並於一九一一年起義成功。

對於新加坡社會而言，戰爭造成兩大族群之間的緊張，一邊是備受日本占領當局高壓迫害的人，尤其是華人；另一邊是爭取日本人友誼的印度民族主義人士。而印度人當中又分成兩派，一派視鮑斯為羅曼蒂克的英雄，另一派則鄙夷他和軸心國家勾結。

帝國落日

日本海上力量不足以維持新帝國基本的商業流動，造成日本人在地理條件許可下，必須借重陸路，譬如在泰國和緬甸之間的陸上通路。鐵路可以快速鋪設。新加坡投降後的上萬名同盟國戰俘，可以召集來在新的南洋帝國作為興建鐵路的免費勞工，用的是他們的體力而非借重機械。大衛·連（David Lean）著名的電影《桂河大橋》（*The Bridge over the River Kwai*）就將其描繪得絲絲入扣。

勞工必須面臨可怕的工作環境，是以其處境遠比在新加坡集中營更慘：熱帶烈日高掛，日照熾熱、沙塵暴、季節雨肆虐，以及糧食不足（只能依靠由遠地運來供應），又缺乏衛生設施或醫療服務。慢性病和急病都很猖獗，許多人來不及就醫就死去。[64]速度和廉價是日本人興建工程的主要重點，無可避免地造成在短暫的日本海洋帝國期間工程品質普遍低劣、撐不了多久的特性。

日本海軍最高本部受限於某個堅定的信念——他們以為一場海面大戰就會決定戰爭的結果——因此執迷於重演日俄對馬海峽之役或英德日德蘭之役的成功歷史，這使他們目盲，不能認真思考第一次世界大戰期間潛艇作戰成功的意義，以及對目前戰局的影響。一心苦候戲劇性的大會戰遲遲未至，最高本部又輕忽任何貿易國家若要供應工廠原料、要餵飽人民，當務之急便是要保護和維持貿易航路上資源的持續供應。

在日本，從一水之隔的對岸進口群島必須的物資並不可行，它沒有足夠的船隻執行此一任務。隨著大戰進展，原來的戰勝國本土卻飽受缺乏糧食之苦。在日本本土，肥皂、熱水和乾淨的衣服很稀少，人們發現在美國還未大肆空襲帶來傷害、毀滅和死亡之前，老百姓已經民不聊生。日本政府對人民宣揚芭蕉、蔓蒿和薊等草葉適合食用，並提供了煎茶餅——以米糠和小麥麵粉不加糖或雞蛋製成——的食譜，引來如下的回應：「看起來像個鮮美的蛋羹，但是嚐起來有點苦、聞起來像馬糞，只會讓你邊吃邊哭。」[65]進食不再是一種享受。日本本土人民在戰時沒有人死於飢餓，但明明是戰勝者，卻有如他們在新加坡飢餓的臣民，心心念念只有食物。[66]

新加坡的糧食必須依賴外界供應，也因美國潛水艇擊沉日本商船而吃盡苦頭。稻米經由陸路從泰國運來，但供給不足。轉口貿易劇烈下跌，對於新加坡港口而言，這是一段悲慘的黑暗時期，而且還頻頻遭受空襲。盟國飛機轟炸吉寶港，不過並未嚴重傷害港口設施。

盟軍在一九四三年九月二十七日的空襲引起港口大爆炸。稍後，一支澳洲突擊隊勇敢進攻，又把停泊在港口裡的二十艘船炸沉七艘。日本憲兵隊偵騎四出，懷疑本地戰俘提供情報給敵人。可是他們動用酷刑、殺害許多人，卻查無實據。

戰爭進入最後幾個月時，日本占領軍雖然武器精良，也握有足夠一年的稻米存糧，卻棄守新加坡，使其逃過戰火。日軍大部分渡海退往柔佛。當英軍在九月間凱歸時，就和一九四二年日軍迫使敗軍頂著熱帶烈日，步行前往樟宜一樣，現在新勝利者迫使飢腸轆轆的日軍揹背包行軍到集中營。

圍觀的民眾百感交集。他們慶幸日本軍隊撤退，但是不確定英國人回來是福是禍。有位馬來人婦女說：「我們當然高興英國人回來，從日本人手中解救我們，但我們對他們未來會保護我們的承諾，卻沒有信心。」[67]

這一切代表什麼意義？日本人儘管口口聲聲高唱自由、解脫壓迫，卻以征服者而非解放者之姿出現，錯失結交朋友的大好機會。他們的口號「亞洲人的亞洲」，若是更準確地解讀，不過是「日本人的亞洲」。他們摧毀英國統治的作用，遠遠大過建設日本帝國的成績。日軍的占領證明由外來者統治的不公不義和壓榨特色，成為反殖民統治的觸媒，讓許多新加坡人相信，沒有英國人，他們也可以自己過日子。

各種可能性似乎都存在。對於新加坡人而言，戰爭結束代表一種新緊張關係的開端：有人想要回到戰前的時代，也有人不想再隸屬於任何一個帝國。

第六章

重建與獨立

痛苦的戰後重建

以解放者之姿走在新加坡街頭的英軍部隊表現極差，套用一位馬來人觀察者的話：「經常喝醉酒、滋事和在大街上公然與女子調情……這些士兵不屬於他們戰前同胞那個世界。我們被教導去期望的優雅和尊嚴，俱已消失；對英國紳士的想像已經粉碎。」[1] 我們或許可以再加一句，戰前生活的許多方面俱已不攻自破。

英國人的回歸一開頭就表現欠佳。有些是涉及態度問題，許多英國人回來後，似乎沒有意識到他們在戰前殖民地的特權世界已經一去不復返。

戰爭結束時的新加坡是個髒亂、殘破的城市，重建所需的一切物資全都匱乏，包括機械、油漆、工具和衣物。食物仍然短缺，因此稻米必須配給，領取賑濟的隊伍大排長龍。形銷骨立、精神渙散的百姓面臨饑饉和營養不良，因而更易罹患疾病。瘧疾盛行，肺結核病例大增。許多家庭擠住在一個房間裡；大量群眾擠爆過度擁擠、破舊殘敗的街區，數個家庭共用露天開放式廁所，以木炭生火做飯。凡此種種代表許多民眾活得很悽慘，整個城市看不到未來。

日本占領時期發行的貨幣因為十元鈔券上印了香蕉樹圖形，通稱香蕉錢，當局現在宣布它無效。這一來，民眾的儲蓄等於被一掃而空。占領時期，不法行為盛行，賣春、犯罪和貪瀆氾濫，傳統的抽鴉片和賭博等惡習又死灰復燃，時常突然爆發罷工。種族緊張悶燒，不時有爆發暴力衝突之虞。

在三巴旺大基地，大型浮動碼頭跟著一艘沉船相擁沉入海底。在兵荒馬亂之時，似乎沒人管它。皇家海軍後來終於逐漸找回原來的工人，復原工作才慢慢展開。但是船塢直到一九五一年底才修復損害、裝妥全套設備，恢復全面作業。

對這個商港而言，恢復舊日貿易模式殊不容易。新加坡在這方面並不特殊，它周遭區域內其他港口也一樣糟或甚至更糟。整個東南亞，大家普遍不了解港口和海運對經濟復甦和進展的重要性，以致阻滯了復建工程。缺乏動機還不是唯一的問題，整個區域都缺乏資金和設備，缺乏積極的勞動力或必需的技能和知識，而這些缺乏也阻礙了改進的努力。

處理船貨緩慢反映出碼頭擁擠、器械設備不足，以及工人負荷十分沉重，這就代表船隻滯留港內時間拉長。戰後商船船體愈來愈大，許多港口缺乏適當的水深能夠容納它們，而必要的疏濬工作又需要大量經費。此外，各個港口往往缺乏與內陸聯繫的優良管道，道路和鐵路不足、無效率，更加妨礙商業流通。

以全球航運而言，以大西洋為基地的航運公司能夠提供定期航班和不定期機動航班，因此和以往數世紀一樣繼續主宰亞洲的大洋。新加坡和東南亞其他地方的華人，以小型船隻經營區域網絡，不畏這些地區缺少機具或甚至碼頭，服務攸關群島生活的小型港口。他們隨時隨地吸收新知識、善用新工具，又具有創業精神，能利用遍及全球的華人社群網絡尋求商機、資訊、資金和貨源。

雖然很少人知道，第二次世界大戰爆發之前那幾年是以大西洋為基地的海上商務鼎盛時期。在東南亞，本地人受到民族主義的影響，經常認為外來人——不論是來自大西洋世界，或是在本地生長的華裔少數民族——壓榨利用他們。新加坡因為華裔人口比重甚大，也被列入此一負面分類。印尼和馬來西亞不僅希望政治上脫離歐洲帝國獨立，也希望擺脫依賴新加坡作為他們經濟活動的入境口岸。

比較來看，新加坡的處境仍比本區域其他地方好得許多。身為東南亞的樞紐、前往馬來半島和印尼群島的門戶，又連結本區域許多小港口，新加坡具有許多優勢。它在第二次世界大戰之前許久，就是一個欣欣向榮的港口，在紐約開始超越倫敦的海港地位之際，新加坡已經具有全球重要性。但是在英國人於一九四五年重返新加坡時，並不代表它立刻能恢復往日港口的繁華。

日本的占領對新加坡人民的物質生活造成沉重打擊，港口也反映出城市的遭遇。盟軍的轟炸使得港灣內有不少沉船，機具不是受損就是被棄置，碼頭和倉庫也凌亂不堪。再者，除了破壞之外，港口現在也面臨戰爭遺留下來的疏忽、中斷和惡化的後果。

共產黨——絕大部分是華裔——戰時從馬來半島叢林發動猛烈、有效的抗日作戰，他們因而和英國人同仇敵愾。但是大戰一結束，雙方共同目標也分歧：共產黨希望獨立，回歸新加坡的英國人則不希望容納共產黨或甚至容忍他們。在馬來大陸的抗日運動遂演變為武裝叛亂，在新加坡也吸引不少同情者和追隨者，他們大半是華人社群中的不滿人士或理想主義分子。

由於馬來亞共產黨絕大多數為華人，在新加坡因為族裔關係，以及不滿意識或政治同理心使然，也吸引不少支持者。一九四九年十月一日，毛澤東興高采烈地在北京天安門廣場宣告「我們中國人站起來了」時，許多新加坡人驕傲地認同中國，對這股情緒感同身受，認為中國革命成功是可資敬佩的解放，一舉擺脫了階級壓迫和外國帝國主義這兩個毛主席痛罵的大敵。

雖然游擊戰在原始濃密的馬來亞叢林中能夠存活甚至蓬勃發展，但在人口密集、又有極多的英國海空駐軍的城市新加坡卻無法生存。新加坡島上沒什麼地方可躲藏，但是共產黨向赤貧、不滿當局的民眾宣揚馬克思主義訊息，能夠在學校、工廠、俱樂部和報紙等管道既深又廣地「包藏禍心」，使得英國殖民政府和受過英國教育的新加坡上層階級大感震驚。

共產黨見縫插針，靈活地操縱階級差異，把新加坡華人社區切割為二：一邊是沒受過太多教育、只能說中國方言、占大多數的窮人（方言多達六、七種）；另一邊是人數不多的菁英，通常都曾在外國唸書，他們在家或許會說中國話，但主要語言是英文。語言和階級將是新加坡政治的主要斷層。

許多年輕人，尤其是那些不會說英語的人，為搶奪少數就業機會而擠破了頭。只通華語的人感到疏離，沒有機會擔任政府公職或高階職務。有些人活在社會邊緣，他們的心聲完全沒人理會，只能勉強掙扎求生。大多數學生埋首課業，盼望透過教育，能夠出人頭地過好生活；但也有些人，如本地工人，深深陷入社會和經濟議題的泥淖中。

回到新加坡的英國人並沒有像日本人那樣暴戾或殘酷，他們沒有不分青紅皂白地施展國家暴力。但是最初負責治理工作的英國軍政府（British Military Administration, BMA）卻無能又貪瀆，被人譏稱是「黑市組織」（Black Market Association），更傷害已經因為戰敗投降而遭人鄙視的殖民當局的名聲。[2]某些必要的服務已經恢復，譬如自來水和電力都恢復供應。港口再度開啟，也恢復自由貿易的傳統基礎，但是失業人口大增，物價也狂飆。民心望治殷切。

政治無能、加上經濟僵滯，引發民怨沸騰。勞工罷工和警察鎮壓交相出現，以致許多受華文教育的人開始把英國人看待為壓迫者。這股怒火延燒向受英國教育的華人，他們被視為特權階級。

一九四六年二月，軍政府結束，新加坡恢復英國皇家殖民地（Crown Colony）地位，這是它在現代史上首次脫離馬來大陸、以個別實體身分治理。經濟逐漸改善，一九五〇到五三年的韓戰刺激對橡膠和錫等重要商品需求且價格飛漲，對新加坡相當有利——雖然不是人人受惠。一九五五年擔任新加坡首席部長的馬紹爾回憶說，有些人飢寒交迫。他記得夜裡巡查市街，發現數以千計民眾無家可歸、露宿街頭。[3]但是隨著全球貿易升溫，新加坡貿易量終於超過戰前水準。

身為東南亞商業首都，新加坡早已是座重要城市，比其鄰近地區先進開發。文化上，它享有中國和廣大的亞洲傳承，而且又徹底接觸大西洋世界及其思想和體制。這個社群有建構嶄新組合的材料。在落地生根的移民心態協助下，這個殖民地準備好擁抱（或至少考慮）變革的思想。[4]

當新加坡逐漸從戰亂復原之際，英國卻陷入苦戰、復興緩慢。一九四五年的英國處境慘烈。在短暫的戰勝的激情散盡之後，陰黯的現實籠罩英國社會。許多人過著不得溫飽的生活，為了從人才外流和戰爭使國庫空虛中恢復元氣，國家也在撙節政策下節衣縮食，同時還得調整心態接受在國際事務上講話分量減輕的現實。戰爭結束時，英國已失去三分之二的出口貿易、四分之一以上的運輸量，[5]以及四分之一的國家財富——實際上在第一次世界大戰時，英國已經耗費不少財富。二戰之後，英國從全世界最大債權國，淪為全世界最大負債國。[6]

英國評論家西里爾．康諾利（Cyril Connolly）在一九四七年四月寫道，倫敦「現在是最大、最悲慘、最骯髒的大城市，未上漆的、半無人居住的房屋連綿數英里，沒有牛排的牛排館，沒有啤酒的啤酒屋，原本熱鬧的住宅區現在杳無人蹤，廣場失去了優雅……民眾穿著破舊風衣，徘徊在咖啡館綠色籐椅周圍，頭頂上的天空一直很沉悶，像金屬盤蓋一樣低罩下來」。[7]

英國全球地位的消退

未來的開國總理李光耀，以及當時在英國留學的其他新加坡青年領袖，至此已下定決心要和英國分手。「無事不管的政府」此一社會主義理想吸引他，但英國正在推展的福利國家制度卻令他厭惡。縱使如此，至少李光耀保留對英國文化的許多喜好，而眼看英國從世界大國地位沉淪，令他感觸尤深。李光耀對於這種日薄崦嵫的特質相當敏感，在英國明顯的頹敗中看到教訓。

李光耀在他的回憶錄裡心有戚戚焉地提到英國首相哈洛德．威爾遜（Harold Wilson）在一九五六年國會辯論英國被迫撤出蘇伊士運河以東的決策時，引用吉卜林的〈退場〉（Recessional）一詩最後一節。一八九七年七月十七日，吉卜林在維多利亞女王加冕五十周年紀念日於《泰晤士報》發表這首詩。雖然當時的讀者以為這首詩是祝賀之作，最後一節卻毫無歡欣鼓舞之意。

海軍遠召出征，
烽火止於沙丘、沿岸
看昨日雄風
一如大城尼尼微和泰爾！

Far- called our navies melt away
On dune and headland sink the fire
Lo, all our pomp of yesterday
In one with Nineveh and Tyre.

吉卜林已經看過前一個月的海軍大校閱，當時他寫了一封信說，他「從來沒有想過天底下會有這種事，它超出任何言語所能形容」。[8]然而當他深入一想，焦慮取代了敬佩。他的詩裡對於英國的傲慢自大感到悲痛，回想起權力一瞬即逝，即使一八九七那一年的英國仍然看似如日中天。

一九五六年，埃及強人賈邁爾・阿布杜拉・納瑟（Gamal Abdel Nasser）從運河的國際所有權人手中接管蘇伊士運河的營運時，法國和英國都感受到威脅。他們選擇忽視納瑟搶占運河的事實，肯認他只是要收回運河交由埃及人營運管理，而且他也承諾會補償所有權人。雖然運河完全位於埃及國境之內，埃及人卻從來沒有分到合理比例的營運所得。

對於戰後歐洲而言，從波斯灣運送更多石油前往歐洲市場使蘇伊士運河產生新的重要性。蘇伊士奠定英國在地中海的地位，與直布羅陀一東一西互為犄角，它更保護了前往遠東的海路。英國保守黨籍首相安東尼・艾登（Anthony Eden）主張運河是國際資產，太過重要以至於不能託付給埃及人，因為他高度懷疑埃及人的能力；他還認為埃及缺乏足夠資金可以維修和改善它。

英國和法國在一九五六年十一月決定干預，並迫使納瑟下台，成為在帝國階段養成、習於那個時代態度的領導世代的最後一項行動。就當時執政的英國保守黨而言，埃及和蘇伊士運河是英國作為世界強權的根本支點。蘇伊士攸關國家聲望，但是當時英國四分之一進口要經過這條運河，所以許多英國人認為它提供英國生活水平的基本養分，它的安全構成重大國家利益。

但是英國國內也有其他人採取完全不同的觀點。現實主義派的工黨領袖克萊門特・艾德禮（Clement Attlee）主張戰後的英國越洋西望，要作為美國主導的新世界在大西洋的延伸，而不是面向東方、朝向快速式微的舊帝國。在此一事件上，只經歷一星期的作戰，美國就迫使英法聯軍退出埃及。*

英國放棄他們在埃及的大基地，一九五六年十二月二十二日，最後一批入侵部隊啟程回國。短暫的戰爭之後運河暫時關閉，好望角又成為大西洋和印度洋、南中國海之間的航道。這使得造船公司大樂，因為好望角路線較長，市場需要更多船隻，而且船隻大小也不再受限於運河的寬度。沉船以及受損的船隻阻滯運河交通，使運河直到次年四月才重新開通，開始在埃及人手中平順營運。

不論蘇伊士運河是開通或關閉，新加坡港持續繁榮，海運穩定流通。但是被迫退出蘇伊士卻傷害到英國繼續作為全球大國的雄心。新加坡「堡壘」已經證明是幻影，其戰略重要性愈來愈不合時宜。不出所料，英國人不久即允許這個皇家殖民地開始自治，替野心勃勃的年輕世代新加坡人開啟新的政治機會。

新加坡在戰後普遍的破落現象，以及人民的志氣低落，就像戰後英國的情況一樣。但是新加坡的情況在一九四〇年代末期有了大幅改善。新加坡原本人均所得和生活水平就比鄰近地區高，反映出在殖民時期百年來建立的經濟基礎，就基礎設施和體制而言都相當穩固。碼頭、倉庫、銀行和商品市場都完備，又有懂得如何善加運用的人才。但是大多數民眾中，尤其是馬來人，文盲和窮人占多數。除了港口，新加坡可說是低度開發的經濟實體，雖然或許有成長潛力。

一九五〇年之後，新加坡開始不再局限於基本物資的貿易，不過橡膠仍是貿易大宗；新加坡成為全世界最大的橡膠市場，現在絕大部分原材料來自印尼。第二次世界大戰和隨後的國共內戰，淡化了新加坡和中國的傳統關係；有些新加坡人同情國共內戰的輸家，人們也不再能夠方便旅行回鄉或寄錢回老家。新政治型態也打亂傳統的移民模式，而且中國在一九三〇年代也已經正式縮減移民人數。單身男子流入之勢停止，新加坡社會因為趨向家庭導向，變得更加安定。更多華人開始認同自己是新加坡人而非只是過客。

在戰時備受日本占領當局虐待的馬紹爾，此時崛起成為一個政治要角，追求他個人的強悍路線。馬紹爾是名塞法迪猶太人（Sephardic Jew），出身新加坡這一人數極少的少數族裔。他成為傑出的刑事法律師、傳奇的辯護人，在新加坡仍然實行陪審團審判制度時期，保持不曾敗訴的紀錄。他以在法庭上雄辯滔滔著名，善於祭出頗有說服力的隱喻，譬如以「權威人物的特權走狗」之類的詞語諷刺人，使法官瞠目結舌。他能夠扭轉陪審團的見解，他不愛戴假髮和穿法袍這一套，對於殖民地慣例的驕矜氣焰很不耐煩，馬紹爾在法庭上穿的是一件叢林夾克，以示反對英國

---

* 〔編註〕蘇伊士運河危機，也被稱為第二次中東戰爭，當時埃及與英國、法國和以色列的軍隊爆發戰爭。英、法、以三國的結盟是一種利益的接合：英法兩國對蘇伊士運河有著貿易利益，而以色列則需要打開運河，讓以色列船隻得以通航。英法以三國的行動遭到國際社會的普遍指責。作為三國盟友的美國也不滿這次祕密行動，將英法的侵略視為殖民主義的再次體現。美國總統艾森豪直接致電英國首相艾登施壓。忙於匈牙利事件的蘇聯也插手蘇伊士運河危機，甚至警告英法兩國必要時蘇聯將動用核武器。在強大的國際壓力下，英法兩國被迫接受停火決議。

法律習俗的呆板。

他先以直言無諱、支持獨立的形象展開公共生活，後來更成為鬥士，力主將自由民主價值引進政治過程。新加坡走向自治時，馬紹爾擔任第一任首席部長，任期雖只有十四個月（從一九五五至五七年），卻成功爭取到擴大選舉權，使約二十五萬華人享有投票權（即使可能不會投票給他）。可是馬紹爾雖然身居高位卻不懂政治機巧，有人認為他太天真。李光耀抨擊他是「殖民主人的傀儡」，英國人也刻意蔑視他，不派幕僚、也不分配辦公室給他——直到他威脅要在樹底下辦公才讓步。

馬紹爾晚年轉任外交官，曾任駐歐洲多國大使，即使他經常不同意政府政策，也雄辯滔滔為國家辯護。他最終以作為主張獨立的聲音取得歷史地位，而非以反對運動的領袖形象。

大戰既已結束，日軍又已撤離，懷念昔日榮光的英國人還不忘戰前寧靜的日子，希望或甚至期望恢復對新加坡的統治，把它當作自由港和重要的軍事基地，可以替帝國重振雄風、掌控區域霸權奠定基礎。

英國帝國主義思想的這一殘跡，建立在低估東南亞民族主義力量和共產主義的吸引力這兩個基礎上。但是，戰略地位之外的關切也浮上檯面。本地區的錫和橡膠經過新加坡，對英國而言，馬來亞這些原料仍是極重要的經濟貢獻，因為它們賺取極大利潤。事實上，馬來亞當時被稱為是英國的「金庫」，[9]它在一九四八年賺的外匯超過其他所有英國殖民地，也占英國對美國出口一半以上。[10]

對於一個打了兩場世界大戰、國家財富大量流失的英國而言，新加坡乃是非常重要的資產。

英國人對新加坡的地位有兩派不同看法：一派主張新加坡是大馬來亞的一部分；另一派則認為它應該是單獨的另一個實體。後者希望新加坡能夠是個獨立的皇家殖民地，和澳洲及紐西蘭連結，作為英國力量在東南亞的總部，政治上與馬來大陸各不隸屬。許多馬來大陸人士很焦慮，也持後者立場，他們擔心如果將新加坡納入聯邦，華人經濟上的成功和政治上的潛力，會在統一的馬來人國家構成多數派。

一九五九年，英國准許新加坡自治，除外交及國防事務之外，新加坡人皆可自己作主。但是新加坡人並不滿足。和散布在全球接受英國殖民統治或其他大西洋海洋帝國統治的其他臣民一樣，新加坡人渴望完全自由。既使通曉英文的華人菁英，文化上傾向英國，也希望脫離殖民統治而解放，竭盡全力爭取獨立。

新加坡新興的領導人推動脫離英國獨立，並與已經獨立的馬來亞聯合邦（Malayan Federation）合併。輿論雖非全部，但大部分支持這個主張。絕大多數新加坡人並未考慮與馬來亞分道揚鑣、全然獨立，在當時，全然獨立的新加坡似乎是個難以想像的概念。

合併的先例在十九世紀是存在的。當時英國人把新加坡當作「海峽殖民地」（Straits Settlements）的一部分治理，麻六甲和檳榔嶼也包括在內。這使新加坡取得今天所欠缺的一個腹地。但是在與馬來亞談判時，出現許多有爭議的議題，包括公民的界定，以及如何收稅和控制稅款。即使如此，雙方在一九六三年七月好不容易達成妥協，而李光耀在八月三十一日片面宣布新加坡脫離英國獨立。九月，新國家馬來西亞（Malaysia）正式成立，包括新加坡、英屬婆羅洲領地（British Borneo Territories）和在半島上的馬來亞聯合邦。

但是馬來西亞領導人忌憚新加坡帶進聯邦的華人人口數量和潛在實力。馬來人不願被華人統治，他們認為這有駭人的可能性，而且半島馬來亞和島嶼新加坡之間的歧異還不只限於種族不同。兩者之間似乎並沒有文化、政治、宗教或經濟因素存在，可以用以結合雙方。一方是以農業為重、信仰伊斯蘭的農村半島，一方是以商業為重、世俗的都會島嶼。這一結合只支撐了兩年，其間摩擦頻仍。

新的區域領土和族裔問題也使情況更加複雜。對印尼人而言，對抗荷蘭人、脫離殖民統治，還不足以滿足；他們也希望重新劃定主權的地理界線。印尼新領導人蘇卡諾（Sukarno）在一九六一年宣布極為強悍的「對抗政策」（Konfrontasi），夢想成立一個龐大的馬來人國家，要把印尼、馬來半島（隱含新加坡）、整個加里曼丹，甚至菲律賓統統涵蓋進來。

印尼的幅員廣大、人口眾多，自然就會主宰這樣一個結合。蘇卡諾誓言要以武力粉碎馬來西亞，痛罵它是「新殖民」。他的人馬扣押新加坡漁船；他下令針對新加坡港口執行破壞任務；他實施封鎖，傷害新加坡的貿易。這些威脅和行動並不能真正擴大他的權勢，卻使新加坡人意識到本身的弱勢。

從另一方的角度看，新加坡也讓鄰國害怕。這些國家渴望建立本身的經濟，不希望新加坡繼續扮演它們和外在世界來往的中間人角色。它們看到在新加坡居於多數民族地位的華人，經營企業深具強大企圖心，壓抑它們出頭的機會。英國人保留龐大的海軍基地，甚至又添加空軍和陸軍兵力，象徵英國人趾高氣揚的帝國時代仍未消失。在東南亞區域，這些現象激起嫉妒、敵意和威脅的感受。

經過四年的衝突對抗，期間不但叫囂對罵，偶爾也爆發流血衝突，到了一九六六年，蘇卡諾放棄他組建馬來人超級大國的想法，接受馬來西亞。蘇卡諾立場如此大翻轉，代表新加坡不再需要擔心印尼可能會入侵，以及被兼併進入一個以印尼主導、更廣大的馬來人世界。

馬來亞和新加坡的共產黨運動犯了大錯，以為蘇卡諾積極反抗殖民統治而支持他。但是蘇卡諾身為印尼民族主義者，引起全東南亞華人的恐懼，他們對過去幾個世紀華人動輒遭到大屠殺的慘景仍心有餘悸。爪哇是印尼群島這個複雜世界的政治中心、也是人口最多的大島，即使其他印尼人也害怕爪哇人過度強悍的後果。

人民行動黨的菁英領導

一九五〇年代末期，新加坡出現一個積極主張獨立的政治新團體「人民行動黨」（People's

Action Party）。在這個不穩定的聯盟中，講英語的溫和派由幹勁十足的青年律師李光耀領導；英俊、有群眾魅力、口若懸河的林清祥領導左翼——它已經被自工會運動起家的共產黨滲透。

在一九五九年英國人准許全面地方自治之後，大選旋即舉行，人民行動黨輕而易舉獲勝。李光耀成為第一任總理，人民行動黨藉由打出希望能夠吸引受中國教育的華人選民在未來選舉會支持的政見而大獲全勝。人民行動黨此後一路執政至今天。

人民行動黨政綱的首要主張是替快速增長的人口打造更加美好的生活，與馬來西亞組建國家，並且以馬來語為新加坡國家語言。「民族主義」和「工業化」這兩個名詞概括了他們的政綱。他們之中許多人將共產主義視為頭號敵人。為了彰顯他們對建立「零貪瀆社會」的堅持，他們通常穿著白色開領襯衫，因此成為所謂的「白衫人」，以顏色宣告自身的道德高尚。

一九五〇年代末、六〇年代初，新加坡百廢待舉：水、電、瓦斯、住宅、學校、道路、橋梁、碼頭，無一不缺；此外已有的東西無一不需改善。所有這一切皆需要大量投資，而投資需要從國外引進。光憑海洋產業不足以累積如此大量的資金。

但是，無預期的罷工、街頭動亂和共產黨政客可能奪取權力的想法，卻使外國投資者卻步。另一個令人躊躇的因素是新加坡的工資在當時已是亞洲最高。[11]外國人對新加坡持有負面但完全相反的觀點：新加坡是「資本主義的財閥政治」、「新加坡工人被利用」、「共產黨即將接管」或是「它的工人薪水過高」。

在投資者眼裡，這個地方徹頭徹尾沒有吸引力：許多人認為它是「被重重包圍在愈來愈仇外的區域當中的一個隨時會爆發的外來人據點」。[12]

新加坡人民行動黨領導人當中，李光耀最為突出，他的智慧和人格力量都令人折服。誰當家作主，情勢很明顯；身為第一任總理，李光耀在職直到一九九〇年退休，然後以國務資政（**senior minster**）名義垂簾聽政，直到二〇一一年改稱內閣資政（**mentor minister**）。

在李光耀身邊的新加坡領導人中有一位拉惹勒南，他是來自斯里蘭卡的泰米爾人，早年在馬來亞工作，熟諳馬來文化。一般人稱為「拉惹」*的他是人民行動黨菁英領導圈唯一非華人。拉惹勒南當過新聞記者，後來長期擔任公僕，他相信一黨治理的優點，堅稱這樣可以「更獨立地（假定也是更有效率地）運作，不會有反對黨掣肘……在特定情況下，小卒能像主教、城堡和騎士一樣發揮作用，令人感到棘手、非常惱人」。[13]馬紹爾形容拉惹勒南真人不露相，是「真正藏在手套後的手。直到它擊中你，你才曉得它是鐵掌」。[14]

雖然拉惹並非華人，他卻遵循古典儒家信條，將反對與顛覆等同視之，認為政府就是所有美德的標竿，從道德優勢中取得合法性。他認為所有現代化社會都必須有所犧牲，而議會和工會是新加坡無法承受的奢侈品。政治權利和經濟特權必須屈服於政策的合理效率，獨裁者——不必對

---

* 〔編按〕「拉惹」（**raja**）是印度文和馬來文中「王」的稱呼之一。

公眾輿論負責任的菁英——才能發揮和執行。

拉惹勒南和李光耀一樣，意識到新加坡與遠方大國海上關係的重要性，對新加坡外交政策發展有很大的影響。馬紹爾稱呼他是「穿了七里靴（seven-league boots）*的真男人，由於他深諳外交關係，有能力直叩問題的精髓……並且去找到簡單的解決方案，耐心而安靜地建立解決之道」。[15]

李光耀、拉惹勒南和內圈領導人物在新加坡建國初期都相當年輕，只有三、四十歲。有些人在英國留學時就認識，反叛的種子在倫敦和劍橋的戰後大學生活所呈現的激進主義政治氛圍中找到沃土。在這裡，我們看到至少對於當地菁英來說，殖民地在英國統治下享有接受高等教育機會的證據。但是，這些移居國外的學生回到故鄉後，渴望脫離殖民統治而獨立。

如果說這些人曾

圖表6.1　外交部長拉惹勒南在香格里拉大飯店向聯合國協會年度餐會發表演講（一九七五年）

資料來源：新加坡訊息及藝術部收藏，引用自新加坡國家檔案館（Ministry of Information and the Arts Collection, courtesy of National Archives of Singapore.）。

經彼此較勁，那麼他們並沒有公開表現出來；在外界看來，他們採取聯合陣線。相互信賴似乎是他們互動的最大特色，有助於私底下打造共識。但是有一個人明顯鶴立雞群。李光耀一九五九年六月告訴新聞界說：「我是團隊隊長。」有位團隊成員被問到，若是在某些議題上反對李光耀，他會怎麼做。他答說：「要很謹慎。」[16]這幾句話道破箇中玄妙。

李光耀和其他人覺得正在復甦的共產主義對新加坡構成嚴重威脅。共產黨的組織技巧似乎十分難以對付。共產黨已經滲透進入工會和學生團體，以罷工、暴動和縱火等方式煽動暴力。中華人民共和國作為成功範例，且北京又予以鼓勵，增強共產主義在新加坡的吸引力，許多本地華人感覺自己處於被剝削的弱勢，成為接受說服的沃土。

林清祥和他的親共派系退出人民行動黨，另組反對黨「社會主義陣線」（Barisan Socialis）。於是乎，英國人培訓的祕密警察「特支部」滲透進林清祥的陣營，試圖找出共產黨人。一九六三年二月二日選舉前夕，警方依據《內部安全法》（Internal Security Act）——這是英國人訂的法，直到今天新加坡獨立多年仍然有效——逮捕一百多名左翼分子，未經審判、長期關押。

警方只抓帶頭的領導人和規劃人，放過其他無足輕重的小人物。前者包括林清祥，認定他為共產主義者、有顛覆國家之嫌——這個指控一直未經法院認證成立。但是林清祥因長期坐牢，政

---

*〔譯註〕七里靴是歐洲童話中出現的神奇靴子，穿上這雙靴子的人每跨一步能走約一百六十公里，速度極快。

治生命自此終結，而此次行動從此消滅了對人民行動黨有組織的反對勢力，使人民行動黨此後主導政壇，且權力一直緊緊把持在李光耀手中。

李光耀和人民行動黨捨棄社會正義、民主和社會主義的路線，改而走向威權主義的方向。他們愈來愈認為這是合乎攸關新加坡生存命脈的經濟開發最好的策略。當局也試圖驅散集會，以及取締批評政府的出版品。殖民政府和自治政府都認為，為了國內安定和經濟進步，採行嚴厲措施、壓制異議，並無不妥。把反對聲音當作是危險，將是貫穿現代新加坡歷史的一條剪不斷的線。

人民行動黨很有說服力地把自己包裝成推動經濟進步、改善全民生活的政黨，即使這樣做可能附帶做出不得民心的決策。他們宣揚嚴守紀律和勤奮工作的必要，以及他們所謂的「理性」——即不受文化、宗教或意識型態的拘限的自由。有位人民行動黨領袖說：「我們必須解釋、勸告、鼓勵、告知、教育和建議人民。」[17]

共產主義的陰影

新加坡沒有工會組織的歷史經驗。共產黨人發現這是理想的沃土，成立第一個工會。印度裔的蒂凡那（Devan Nair）日後成為新加坡總統，他全力投入這個勞工運動，並於一九四七年成為忠心的共產黨員。英國當局將他關押長達兩年多，而他日後喜歡說，這是他上過的唯一一所大學。蒂凡那因為各種罪名，總共在英國殖民政府監獄坐了五年牢。他說，他善加利用時間，埋首讀書。凡有所求，獄官統統拿來給他，只扣住兩本書不讓他讀：一本是杜斯妥也夫斯基的《罪與罰》，另一本是蘇聯投誠者維克多・克拉夫琴科（Victor Kravchenko）寫的《我選擇自由》（*I Chose Freedom*）。他說，扣留的原因竟然是兩本書的作者都是俄國人，而且封面都是紅色。[18]

蒂凡那成為人民行動黨創黨成員之一。爭取英屬馬來亞獨立是李光耀這類社會民主黨人能和蒂凡那等共產黨人並肩努力的共同目標。但是一旦達成目標，兩派人馬立刻翻臉。和當時其他許多國家的情況相反，新加坡共產黨並沒有在此一聯合陣線上占上風，蒂凡那本人也因為不滿共產黨向外國勢力效忠而脫離共產黨。

在和英國人對抗爭取獨立時，李光耀及其團隊發現，關注就業、住宅和良好學校教育是抵抗共產主義吸引力、並提升民眾對人民行動黨滿意度的關鍵。左派以社會正義主張吸引工人和學生，可是它的領導人卻未能有效組織群眾。

李光耀團隊面臨的第一個挑戰是如何去接觸受中國教育、不講英語的主流人口，其中有極多數是勞動階級。這些華語家庭不滿通曉英語的人似乎占走所有的好差事，他們認為自己才是維繫中華文化的人，才是新加坡生活的主流。

碼頭工人在河上拖運貨物，認為自己是這個城市海運生活的中心，而工作條件才是他們最關切的問題。新加坡各行業工人普遍認為薪水比政治來得更重要。[19]共產黨最後失敗倒不是因為政府取締，而是因為人們發現共產黨沒有真正為勞動階級的最佳利益奮鬥。

李光耀及其團隊宣稱，不只是工人福祉，國家福祉才是他們的目標，他們設法把勞工運動轉向支持此一目標。李光耀決心建立秩序，堅持英國人制訂的《緊急規定》賦予政府權力，可以「不經審判逮捕及拘禁共產黨；如非公民，可將之遣返其母國」。[20]許多人擔憂的是，李光耀及其助手毫不猶豫把所有反對派貼上「共產黨員」標籤。某些人被控後否認具有共產黨員身分；但仍有些人未經審判被關押多年。

因涉嫌「馬克思主義陰謀」而被捕的事件，直到一九八〇年代都未消停。政治犯受到的待遇比定讞的刑事犯待遇還更嚴峻，比起蒂凡那在英國的待遇糟上許多。他們不得有任何私人物品，也受到持續的監視。有名政治犯回憶說：「洗澡、上廁所，統統受到監視……擺明就是要貶抑你、羞辱你、不把你當人看。」[21]

前政治犯陳仁貴多年後寫到這段時期時說：「我們已經陷入嚴重的歷史遺忘症，接受了我們從殖民統治到獨立建國的歷史過渡的一個普遍敘事。我認為，這個過渡要複雜得多。事實上，它仍有待釐清。」[22]

共產主義留下揮之不去的恐懼感，無論是否有道理，它影響新加坡領導人至少一個世代的政策思想和色彩，並且成為妖魔化左派的工具。從冷戰中脫穎而出的美國人也忌憚「共產主義的威脅」，因而資助被視為反共的本地團體。美國人並不了解當地政治，只看到英國國勢日衰、無暇插手處境危殆、戰略價值卻極高的新加坡之局勢，[23]美國也擔心如果一個剛從英國獨立的國家變成敵國，對美國利益的影響堪憂。但是李光耀提供了保證，他成功以自己居於高位的一黨專政，為一個嚴格管理的威權國家奠定基礎。能力勝過人格魅力，因此政治將變得相對天衣無縫，沒有出現有實力的反對勢力。不過，真正驅動新加坡故事的動力來自經濟轉型，而非政治轉型。

政府推動經濟轉型

經濟轉型首先從港口和李光耀談起。他選擇港口邊的丹戎巴葛選區作為他的政治基地，因為他反覆重申港口的重要性，以及他希望與勞工建立更緊密關係。他與工會交好，給予建議，但絕不容忍危害商品和服務生產的搗亂行為。

在當時，很少人——即使有，也是鳳毛麟爪——心懷新加坡脫離馬來亞獨立、自求繁榮的想法，但是新加坡港口的成功卻鼓勵了這樣的可能。新加坡作為成熟的商品和原物料的囤積者、加工製造者和經銷者，肯定會使這樣的新國家領先其他開發中國家。港口是整個經濟的堅強後盾，而新加坡經濟雖歷經好幾次重大轉型，貿易卻一直是其不變的骨幹。縱使如此，新加坡港口及其作業雖然重要，卻沒有能力提供人人過更好生活的可能。新加坡迫切需要由工業所提供的就業機會。

一九六三至六五年間，新加坡仍是新建立的聯邦國家馬來西亞的一員時，它循當時有雄心壯志的國家都採行的正統經濟路線，採取進口替代政策，以本地製造滿足國內需求。這似乎是創造就業機會的好方法。這些勞力密集的行業生產許多本地工廠已經製造的東西，如衣服、鞋子、家具和簡單的五金器材。但是，工資標準日漸上升，使得這些東西更昂貴、競爭力也下降。儘管新加坡愈來愈有意靠跨國公司來創造更多的就業機，後者不再有興趣製造平淡無奇的商品。

總之，在國內生產原本必須仰賴進口的產品的這套進口替代策略，因為新加坡在一九六五年八月突然獨立，也戲劇化地突然終止。失去馬來西亞腹地，新加坡這個迷你的新興小國迫切需要更大於本地的其他市場。新加坡傳統的貿易商社，不分華人或英國人經營的，都被定位走向商務，對製造業並不熟悉。這些商人並非發展工業所需的領頭羊，必須要有外國人才和外國資金才能產生工作機會和產品。但是要如何吸引外資及人才呢？

一九六〇年代初始，新加坡只有半數人口有識字能力。[24]新加坡人雖然勤奮工作，卻缺乏專業技能；他們必須從海外吸引人才。由於國內市場太小，他們需要將生產製造的產品外銷。他們必須與香港廉價而溫馴的工人競爭，同時他們的產品也必須維持有競爭力的價格。此外，他們必須吸引資金將發電廠、供水和道路現代化；大凡現代經濟正常運作所需的基礎設施皆付之厥如。起先，有資金投資的外國人都因新加坡的政治和社會動盪卻步不來，種族緊張在一九六四年的確爆發成為暴動。

政府為了提高生活水平，拆毀馬來人傳統的村莊（kampongs），以便興建新的國民住宅，不料卻爆發種族暴力械鬥。政府沒有考量到馬來人傳統上重視社群而非消費。馬來人雖然不像華人會強烈表達他們想要什麼，他們明顯希望以自己原有方式生活，而不接受政府一廂情願希望的方式。這一來使得政府想要建構一個團結一致的大社會的計畫受到挫折。

可是在政府看來，共產主義和種族歧視仍然是重大威脅。共產黨藉機煽動好戰的學生和憤怒的勞工發動封鎖、罷工和暴亂，政府則強力彈壓。政府的作法就是吸納共產黨在學生和工會成員中的支持基礎，另一方面毫不留情地控制全國政治。異議分子發現自己很難組織勢力。

李光耀總理具有非常靈巧的政治手腕，能夠在階級鴻溝中取得共識，而且儘管挑戰重重，他和他的團隊成功發起一項極度充滿野心的發展計畫，它進展緩慢，但是速度又足以爭取民眾支持，讓人民滿意。新國家的成績有目共睹，全力發展注重教育——尤其是讀書識字能力——和社會服務。

李光耀有極為宏大的思想藍圖。早在一九六三年秋天，他就談到要把新加坡建設為「馬來西亞的紐約，一個富裕、公義社會的工業基地」。[25]財政部長吳慶瑞負責經濟開發，有足夠自信向國外尋求建言，甚至包括向日本請教——日本人在戰時製造的罪孽，現在新加坡人預備既往不咎。

日本靠著農民的辛勤汗水支撐起它在十九世紀工業化的資金需求；香港靠敏銳的民間創業家

推動它進入製造業。但是在新加坡，政府認為外資是類似推動上述進展不可或缺的改造因子。

新加坡政府積極招攬外國跨國公司。吳慶瑞邀請聯合國研究新加坡的情況，聯合國方面已經曉得他和他的同仁希望發展製造業。一九六〇年，荷蘭航運業出身的經濟學家艾伯特・溫思敏（Albert Winsemius）率領的聯合國專家團來到新加坡。溫思敏曾任荷蘭國家總監，負責開發荷蘭工業化政策。換句話說，他領導荷蘭戰後的重建工作。

圖表6.2　艾伯特・溫思敏，攝於荷蘭海牙（一九七一年）

資料來源：由攝影師伯特・佛賀夫所攝，荷蘭國家檔案館收藏（Photo by Bert Verhoeff, Dutch National Archives.）

荷蘭在戰時被德國占領四年，破壞慘重，滿目瘡痍。戰爭初起，鹿特丹飽受空襲破壞，戰爭末期的交戰熾烈又造成一片斷垣殘墟。根據溫思敏的說法，當時堤防已毀、一九四五年荷蘭大部分農田浸泡在鹽水中，橋梁基本全都垮了，而且德軍把百分之八十以上的工廠設施拆卸、運回德國。換句話說，他很清楚百廢待舉的困難。

拆船、修船與造船

溫思敏日後接受一系列口述歷史訪談，回想起歐洲人在一九六〇年代初期認為「新加坡即將完蛋」，他接著說：「它是否會完蛋，我不知道，也不想知道。我只想要研究它，試圖提供一些意見。希望它不會完蛋，能夠重新站起來。」[26]他記得剛到新加坡時還參加一場討論會，主題赫然就是「新加坡能存活嗎？」

溫思敏說他也不曉得自己怎麼會被挑選來承擔這份工作，但是他小心地做足準備工作，結果竟然在新加坡服務將近四分之一世紀，甚至自認為是「新加坡人」。當他剛到達時，發現全市陷於罷工、動盪，彷彿一艘「失去舵的船」。他認為共產主義的威脅和缺乏就業機會是新加坡的兩個最大問題。[27]共產黨策動種種顛覆行為，或許有三分之一勞動力當時正值失業或只有部分受雇。李光耀記得溫思敏說：「新加坡正行走在剃刀刀鋒上。」[28]

溫思敏力主接受英國的傳統，認為這是對付共產主義的武器，可以讓先進國家了解新加坡需要什麼，盼望他們參與新加坡的奮鬥，俾能借重他們的知識，踏出走向工業化最根本的第一步。[29]萊佛士爵士肖像在日軍占領時期被拆除，後來又搬回原來的明顯位置；現在又出現討論要遷走它，溫思敏堅決建議：「萊佛士應該留在原地。」李光耀總理點頭，就此拍板定案。

溫思敏深信雖然新加坡必須「摒棄農村心態，擁抱全球觀點」（他尤其強調金融業有此必要），它有能力工業化，最後擺脫製造業，邁向運輸、金融和觀光旅遊等服務業。就業機會和經濟繁榮隨之到來。溫思敏認知到新加坡有能力處理人流和物流。換言之，新加坡必須有優質的廉價飯店、食物和安全的飲水。

雖然沒有任何正式官職，溫思敏開始一年兩次到訪新加坡，此後二十年一直是備受尊重的顧問。他的聯合國專家團在一九六三年提出的報告證實有極高影響力，這或許是因為該報告肯定了已經廣為流傳的構想的可行性。在新加坡人眼裡，溫思敏是首席調查員的理想人選，不僅是因為他的專業資格，也因為他的性格——新加坡人認為他智慧過人、知識淵博、十分謙遜。而他的荷蘭人血統和航運業背景也使他明白利用海上資源以達成全球布局的價值。即使荷蘭傳統上不是製造業國家，和新加坡一樣是從戰時的廢墟復原的海洋貿易國家的經濟體。

雖然溫思敏有豐富的荷蘭經驗可以採用，但他似乎不受局限。他認為新加坡的港口出色地達成轉口港功能，具有良好基礎設施，提供高工資、所得和獲利，自從萊佛士時代以來，就堅定不移地奉行自由貿易，發揮極大作用吸引貿易流量。他的報告開頭就表示：「新加坡將繼續作為主要的世界貿易中心。」他指出，它已經是「世界第五大港」。[30]

在製造業方面，他預見到生產廉價成衣是第一優先，紡織品是唯一較有基礎的製造業，即使新加坡當時對它還未有豐富經驗。他日後說，女工在生產內衣褲、襯衫和睡衣方面的貢獻，厥功至偉。許多人已經曉得如何使用縫紉機。且他判斷，修船和廉價電子品將跟隨在紡織業後大放異采。

溫思敏看著負責經營港口的「港灣船塢公司」（Harbor Board Dockyard）「亂成一團」，[31] 因此建議政府把它賣掉。但是招標時，英商史旺・亨特公司（Swan Hunter）出價太低。政府覺得競爭能健全產業發展，或許也能解決問題，於是在新開發的裕廊工業園區（Jurong Industrial Park）與日商合資成立另一家新造船廠。

溫思敏熟悉航運業，注意到鹿特丹崛起為領先全球的大商港，以及新出現的標準型鋼板貨櫃輪在跨大西洋交通上開始風行。他建議新加坡將港口準備好迎接此一航運業的革命性新現象，儘管本地人不願冒險，擔心初期量能過剩使得財務不勝負荷。雖然不是立刻被接受，溫思敏還是看到他的建議被採納。碼頭空間非常珍貴，可以利用填海造陸加以擴大用地。可是新加坡皇家遊艇俱樂部（Singapore Royal Yacht Club）必須讓出地方，最後更完全搬離，以容貨櫃有更大空間停放。一九七二年，丹戎巴葛迎接第一艘貨櫃輪泊靠。接下來數十年，貨櫃公司為船隻創造新設計、新的自動化處理、全球戶到戶服務，也鼓勵航運業者採用電腦和網際網路。

新加坡已經擴大其海上事業，從事造船業，甚至更重要，也投入獲利豐厚的修船業。從這裡還能發展更多商機，但是港口只能創造溫和的成長，不能供應足夠就業機會，而解決就業機會的需求是最大問題。

一九六〇年代初期，失業和低度就業的情況都很嚴重，而且每況愈下。聯合國專家團估計，在四十七萬一千人的勞動人口當中，有三萬九千人失業，至少還有六萬人低度就業，而且未來九年還需要再創造二十一萬四千個就業機會。相對於人口增長率，就業機會落後四個百分點。[32]新加坡人口已經十分密集，糧食無法自給自足。拉惹勒南引述李光耀曾說過的話：「我們每平方英里面積約養活七千人。如果我們的商業和工業發展停滯，這七千人能活下來的唯一辦法就是人吃人。」[33]

擴張製造業雖然容易，卻解決不了問題。而且這個擴張活動在當時新加坡的經濟上相對不重要，甚至更慘，逐漸減弱。新加坡面臨的挑戰是必須製造出在世界市場上價格和品質都有競爭力的產品。這就必須跨越鄰國、找到顧客。馬來西亞和新加坡互相競爭，印尼又不穩定而難以捉摸。聯合國專家團宣布：「以外銷到印尼為基礎的話，新加坡的製造業必死無疑。」[34]

溫思敏主張新加坡向海外「取經」，改造外國模式（如日本模式）使其適用於新加坡的環境。他舉德國高品質的勞動力和美國的小型企業為例，「絕不自我滿足，」他說，「努力工作、認真思考、訂出正確目標。」但是他也補充：「經濟本身絕對不是目標，只是達成目標的手段。」[35]他提議加強道德教育，把喀爾文教派的工作倫理與儒家精神比較。他說服自己，這正是為什麼他這樣一個荷蘭人能融入新加坡的原因。但是他對喀爾文主義的了解勝過對儒家精神的了解，而後者是蔑視商業的。

聯合國專家團判斷本地勞工內在品質相當不錯。溫思敏舉例，他看到街上有人修縫紉機和腳踏車，得出結論：「新加坡工人工作勤奮，性向相當適合在製造業工作。」[36]但是欠缺技能的人需要訓練。至少，有些工人需要提升教育水準，要能識字，他們可在國內職業學校進修，或出國追隨外國專家學習。當下的新加坡生產力仍然太低，工資成本卻嫌太高。新加坡需要吸引外籍經理人、製造廠商和資金。專家團建議政府出資協助興建工業廠房，開辦工業開發銀行，但只直接參加少數特選專案計畫。

當時的勞資關係浮上檯面成為最大的挑戰，雙方形同水火，而且還在繼續惡化。政治和工會運動交織在一起，極左派想要藉由煽動暴力來增強聲勢，冀望推翻既有的政治秩序。勞資雙方至少都一致認為彼此在態度上必須再做改善。

但是製造業者認為薪資太高。工人認為問題出在上司對待他們太苛刻。聯合國專家團建議，調升工資應與生產力連結在一起，並且建議工會放棄他們動輒罷工和訴諸暴力的負面戰術。專家團將注意力集中在可最佳利用既有人力資源、可以立即擴張的、可最佳利用新加坡戰略地位的產業。

聯合國專家團的報告建議立即採行應急方案，以便立即舒緩失業危機。有許多部門關係到海洋工業。引導新加坡人到船上工作，是一種可能性。如果政府能說服外國航運公司聘雇職員，本地服務員和廚師都可以為了這樣的機會被立即培訓完成。

對於一個海島國家而言，漁業是一種合乎邏輯的活動。不過專家團發現，新加坡人吃掉的魚是他們捕獲噸數的兩倍。原本提供新加坡廚房漁獲的日本漁民現在已經離去，取而代之的是一個開放的機會，可是新加坡需要設計完善的漁船、更新器材設備、建立漁獲市場和冷凍倉庫，以及漁民。專家團認為如果政府肯貸款給潛在業者，借重外國人協助船隻設計和專業培訓，就可以帶動漁業發展。

聯合國專家團提到的另一個可能產業是拆船業，這顯然不需太複雜的機具設備、也不需太多資金，又可吸收大量勞工，因此這個行業似乎特別適合當時的新加坡。當然，在當時環保意識不張，小心處理拆除船隻這類大型設施釋放的有毒物質的必要性沒有受到太大注意。

利用海灘空間拆船，比在乾塢裡拆船成本低很多。在漲潮時，船隻可利用自身動力開上海灘，然後被切成方便移動的小塊。由此產生的廢鐵可利用駁船載運，不是將其裝船出口到日本，就是送到附近剛規劃的鋼鐵廠大熔爐。

新加坡發起拆船業的時機非常理想。當時全球貨運費率下降，造成許多舊船除役和拆除。新加坡位於蘇伊士和日本的中間，很適合接納此去彼來兩個方向的老舊船隻、不定期船隻和油輪。把船隻遺棄可以省下拖到相互競爭的拆船廠——當時大多在香港和日本——的成本。因此新加坡人可以比競爭者以更低廉價格買下待拆除對象，這個價差大於把產品送到日本煉鋼廠熔解的成本。

這似乎是個理想的模式：在國內生產鋼鐵供造船用，接著透過拆船獲得更多鋼鐵，進而製造更多日後可供拆解的船隻。但是新加坡人很快就發現，拆船業比他們原先預料的更為複雜，不僅涉及切除鋼板的技術，還涉及對複雜機械和精密配件的處理，如精密計時器、羅經箱和潛水打撈員工作所需的泵。

修船也是新加坡海洋工業另一強項，也是從港口衍生出來的行業。首先要有小型船塢的支援，尤其是那些幫泊靠於港口的船隻進行基礎維修的船塢，它們不需用到起重機、碼頭或乾塢。產業發展一段時間之後，需要用到乾塢、比較複雜的水下工作才會出現，船廠因而有更多業務，也有能力提供更多就業機會。

早期勞資關係欠佳，致使船廠生產力衰退，使得船隻在新加坡泊靠時間是香港的兩倍。[37]這個問題確實嚴重。對於任何一艘船而言，不在海上航行的每一天都代表營收的虧損，無法支付分期付款、保險和資本投資的利息。

過長的工作時數會造成效率低落。船塢工人每週工時七十六小時，其中三分之一需付加班費。一九五七年，印度工人（拉斯卡爾）反對要求他們加班的雇主，突然故意丟掉把一艘船拖到停放點的纜繩。資方立即將他們開除，但是調查委員會命令將他們復職，以致船廠效率更低，船東取消泊靠，港口生意下挫。

聯合國專家團以此一事件作為勞資關係緊張的案例。他們的報告建議把每週工時減為六十五小時，並引進獎勵制度，保障每名工人不因工時減少而薪資降低。報告更進一步主張，政府應該明定勞方和資方的權利。專家團也覺得透過私下會議，雙方可講清楚他們的共同利益，「理解他們同在一條船上，因此最好快點開始划船前進。」[38]

修船業就像拆船業，可以利用新加坡位於主要航線的地利之便。希臘、挪威，以及尤其是日本，由於它們的船隻都例行經過此地，成為有高需求的顧客。第二次世界大戰使日本的商船艦隊伴隨著日本海軍遭到重挫，使其既無船又缺錢。可是興建日本軍艦及商船的那些才俊之士仍在。一九五六年，日本下水三百二十五艘船隻（總噸數一百七十四萬六千四百二十五噸），超越英國成為全世界最大造船國家，以及以海洋為基礎的出口經濟的典範。[39]新加坡和亞洲其他鄰國對此成就欽佩不已，歐洲人——尤其是英國人——則是又羨慕、又驚慌。

造船業成為日本製造業在國際上的首次重大勝利。講究工藝的文化在造船廠和工廠找到新的表現舞台，生產出大量高品質又日益精進的高科技產品，分銷到已開發世界、特別是那些急欲購買的美國顧客手中。新加坡借重這方面的知識，又作為使用日本進口品——特別是船隻——客戶的服務站而兩者得兼。

到了一九六〇年代末期，日本需要更大量的石油支撐欣欣向榮的工業。國內來源實際上是零，在一九五五至六五年十年之內，進口石油增為十倍，實際上全部經由麻六甲海峽運往日本。新加坡位處服務及修理油輪的理想地位。

油輪必須先排除掉所有的瓦斯殘留，才能承載新貨。這個過程可以在海上進行，需時約一個星期，正是從日本到新加坡所需的航行時間。如果油輪在日本卸下石油之後的瓦斯殘留是在船隻西行途中清除，或是船隻有待修理，這兩者都可在新加坡立即處理，然後才駛往波斯灣接載新貨。這一來省下時間，而對於船東而言，時間就是金錢。[40]

各行各業對石油的需求日增，孕育了修船市場。油輪和一般貨輪不同，需要非常小心維護。這一來刺激港口發展，需要建造夠大的乾塢容納這些大型船隻，也需要一支技術純熟、由金屬工人、電工和機械工組成的工作團隊。新加坡高品質的服務逐漸建立口碑。[41]

新加坡人以勤勉的完美主義者的形象，爭取和日本人合作，這正和新加坡領導人對他們的新國家的期許完全相符。新加坡政府現在向日本虛心請益，而不是去惦念過去、責怪日本人戰時種種殘暴行徑。

為了積極招攬日本人到新加坡投資，李光耀總理和財政部長吳慶瑞都前往日本訪問。主司新加坡經濟發展的吳慶瑞曾三訪日本。吳慶瑞特別青睞石川島播磨重工業株式會社（Ishikawajima-Harima Harvey Industries）。一則是因為該公司表露出對外國投資的興趣，再者是該公司沒有涉及二戰期間日本占領新加坡時犯下的罪行，在新加坡人心目中形象較好。吳慶瑞最終說服石川島播磨重工和裕廊船廠（Jurong Shipyard Ltd.）組成合資公司，後者在此之前大部分只從事修船而非造船。

石川島播磨重工原先不願答應，後來在一九六二年派出一支調查團隊研究，再於次年簽署協議，占新公司百分之五十一股權。裕廊船廠派出兩百人到日本，學習日本的做事方式。他們甚至採行日本企業每天早晨集體運動的作法，全力打造企業精神——或許這是最早源自美國公司IBM的作法？

但是日本在十九世紀末、明治維新時期展開現代化時，是運用國家提出的資源（向農民徵收來的稅款）而不是外資，作為經濟開發的工具。政府先發動，民間企業接著執行。而在新加坡，是政府招攬外國跨國公司投資新加坡。

裕廊船廠的經驗幫助新加坡港務局（Singapore Port Authority）的船廠改進，它在一九六六年邀請英國的史旺·亨特造船廠加入，成立公營的吉寶船廠（Keppel Shipyard），後來它在一九六八年民營化。為營利而造船對新加坡是一種挑戰，因為需要進口船用引擎和其他基本機具。修船業不是物資密集的行業，不需要這些高階機具，也未必需要高階技能。但是新加坡人到了一九七〇年代，已經利用修船經驗更上層樓，興建精密的鑽油平台。

幾年前，在一九五七年，一名美國遊客在新加坡市中心閒逛，心裡納悶並評論道：「這是在國際上因陰暗、骯髒、道德敗壞、海盜和小偷的巢穴而聲名狼藉的新加坡嗎？看起來一點也不像。」後來，他騎著自行車穿過城市的後街，他得出結論：「清澈、碧綠、開闊的海濱空間只是一個幻象，遮掩背後仍然存留的亞洲混亂失序狀態。」[42]又隔了幾年，荷蘭顧問溫思敏也提出相同看法，指出新加坡市的發展不平衡，先進的港口和本市其他地方的落後景象呈現極大落差。他的建議之一是成立一個經濟發展局，提供基本工具來建設新的經濟體。該局到今天仍然十分活躍。

第七章

被掃地出門

一九六五年八月九日晚上，李光耀流著淚向目瞪口呆的聽眾宣布，新加坡即日起將成為一個主權國家，他說：「對我而言，這是極度痛苦的一刻，因為我一輩子都深信這兩個地區應該合併和統一。」[1]毫無疑問，他也盼望有朝一日會成為此一統一實體的總理，但是兩年來的合併已經宣告失敗。馬來西亞領導人忌憚新加坡帶進聯邦的華人人口之數量和潛在實力。馬來人不希望被華人統治，他們認為新馬若同體，未來太不可預期。此外，半島馬來亞和島嶼新加坡兩者之間存在深刻的差異。

新加坡人並不想脫離馬來西亞而獨立；分手的倡議來自馬來西亞總理東姑阿都拉曼（Tunku Abdul Rahman）。後來成為新加坡總統的蒂凡那指出：「新加坡是就我所知唯一一個……被踢出來得到自由並建國的國家。」[2]李光耀日後用的說法是新加坡「被掃地出門」（turfed out）。可是這個國家後來卻因為分手而得益良多。李光耀巧妙地運用此一事件激起需要全民犧牲奮鬥的危機意識。[3]這是這個小國的主旋律，這個危急存亡的旋律後來不斷在新加坡歷史樂章中反覆出現。

新加坡從此告別在先前英國統治時期便結合在一起的馬來大陸，李光耀形容這個城市國家「現在有如沒有身體的心臟」，[4]需要尋找新的腹地。由於新加坡不能和馬來西亞有共同市場，它必須轉向尋求世界市場，銷售其產品。獨立，也代表放棄進口替代政策。要生存，就需要外銷的製造業。

李光耀說：「我們必須創造新的生活方式，而這需要有連接美國、日本和西歐的海上生命線。」[5]因此，獨立為新加坡帶來巨大挑戰；新加坡的鄰國一樣徬徨，全因獨立而感到前途茫然。就一個面積只有香港一半大，除了港口和人民之外毫無任何資源的蕞爾小國而言，前途的確黯淡無光。

李光耀說，仍屬於馬來亞一部分時的新加坡，像是一張穩定的三腳椅其中的一隻腳；現在，它像是岌岌可危的「單腳折疊椅」。不過他大膽地補充，宣稱他決心「坐在這張單腳折疊椅上，讓它變成鋼鐵」。[6]

問題不只是限於如何在經濟上能夠養活自己，新加坡現在形單影隻，身為一個迷你新國家、一個在鄰國冷眼旁觀的茫茫大海中的小不點，它面臨不穩定的轉口貿易和低度就業的考驗，這才是真正的挑戰。失去馬來西亞，新加坡就沒有緊鄰的腹地，而且自己的國內市場極小。它沒有爭取獨立的歷史，也沒有英雄出來領導作戰、爭取獨立。在它最早的歷史裡，這是馬來人的城市，作為歷史的痕跡仍然存在於今天馬來語版本的國歌中。這個新國家努力要建立一種認同意識，一個可以用來號召人民團結的東西。[7]李光耀知道獨立所帶來的挑戰極其巨大。「人民的行為必須改變，因為這是一個拼裝的社會。」[8]然而，他一肩挑起改革的重責大任。

可是在現代世界，海洋城邦國家似乎異想天開，並沒有成功的例子存在。殖民海港如香港和杜拜，享有英國法律、商業慣例和屬於帝國全球貿易網絡成員資格。但是經常被拿來和新加坡相提並論，說是「英屬中國」另一個重要成員的香港，並沒有達成獨立；杜拜本身也不是主權國家，只是阿拉伯聯合大公國的一部分，之前則是英國統治的「停戰酋長國」（Trucial Shaykhdoms）*的一部分，財務上依賴鄰近的阿布達比。新加坡必須走自己的路線。

新加坡必須替一百多萬人民尋找就業機會，提供像樣的生活環境，並且打造國家意識。島上多元化的民族，如馬來人、印度人、華人，以及其他族裔，各自形成不同語言和文化的群體，混居在一起。新加坡這個新國家現在必須以某種方式打響名號、獲得肯定，才能在不確定的世界當中立足。

外交部長拉惹勒南擁抱以共同意識凝聚起來的新加坡這個觀點。他呼籲國人：「如果你認為自己是華人、馬來人、印度人或斯里蘭卡人，新加坡就垮了。你必須想到新加坡——這是我的國家。」[9]但是和其他新興國家相反，民族主義並未驅動獨立運動。新加坡沒有作為一個國家的經驗，人們不習慣當「新加坡人」。

作為現代經濟體，新加坡的缺陷是它既不是生產大國，也不是消費大國。由於有個繁華的港口，在一九六五年稱呼這個城市為「第三世界」會誤導視聽，但是它有效地放大了後來的成就。這個海洋新興國家可以盼望在從前物質成就的堅實基礎上——特別是海洋相關的基礎上——推動經濟成長，而海洋企業提供最新技術，使本區域不需繞遠路就可以產生跳蛙式進步。

歷史學者阿諾德·湯恩比（Arnold Toynbee）在一九六九年寫道，他認為新加坡不太可能維持新獲得的獨立：「主權獨立的城市國家……已變成太小的政治單位，在現實裡行不通。」[10]湯恩比認為蒸汽動力的交通運輸已給予大型民族國家相當優勢，也使迷你國家過時。他沒有預見到二十世紀末期的海洋革命：美國人藉由發明貨櫃航運和開發超級大船顛覆了全球海洋產業。

湯恩比來不及看到包括新加坡在內、強調人和機械的生產力的東亞經濟體，利用這些新的運輸技術，從大量增長的貿易流量及其廉價成本中獲得巨大利益，而且新型船舶的需求刺激了各地海港的持續改造。愈來愈大的船隻需要更深的渠道、新的停泊點、新的浮標和燈塔網絡，以及更多新培訓的駕駛員。船隻可能每隔十五分鐘就到達港口，需要重新嚴密控制資訊交換的緊密節奏。新加坡迅速適應這些現象，可是其他許多港口仍缺乏這種敏捷性。

李光耀說，他和其他許多人一樣私底下悲觀，公開場合卻對新加坡前途表示樂觀。他以台灣和香港為例，「這兩個華人的海洋社群給我很大的鼓勵……我得到一些有用的提示。如果它們能夠成功，那麼新加坡也可以。」[11] 新加坡確實辦到了。

獨立或許原先無從預見，而且也顯得多餘——這一點或許還有可質疑之處。但是後來發生的事情卻無從迴避。在李光耀堅定領導下，一個精心規劃且有效落實、集中全力進行經濟開發的中央集權、高度官僚的國家，開始逐步成熟。自詡為人民代表的政府擔任改革前鋒，認定他們需要

---

* 〔譯註〕「停戰酋長國」是位於波斯灣東南一群阿拉伯部落邦聯，在一八二〇年與英國簽訂條約，成立非正式的保護國。這個關係一直延續到一九七一年十二月，它們才獨立、建立阿拉伯聯合大公國。

的是舒適的生活，伴隨以理性、務實的治理維持的政治安定。人民以照常吃飯和購物表達他們訴求，以壓倒多數的選票持續支持李光耀領導人民行動黨。

吳慶瑞建設裕廊

李光耀團隊欽佩他們的領導人既是思想家、又是行動家，而一般民眾也在定期的選舉中表達他們的支持。權力位居次位的是其貌不揚的吳慶瑞，他的大鼻子占據了下半部的臉，下巴相對很小，而且喉結明顯凸出。他聲音沙啞，是個很糟的公開演講者。生性羞澀的他大多說英語，在華語選民中並不討喜。但是吳慶瑞的才智在他的寫作中大放異采。李光耀形容吳慶瑞的作品「一針見血、優雅、鏗鏘有力」。[12]他親自執筆、簡潔精練的演講稿展現出他的個性、豐富知識，以及他的深謀遠慮。部屬覺得吳慶瑞苛刻而粗暴。他會說：「我不同意。我認為你說的毫無道理。」他有時候會把公文撕掉，表示強烈不認同；但是他銳利的思考讓眾人打從心底尊敬。

吳慶瑞確實定義了今天新加坡的樣貌。在政治領域上，他領導脫離殖民統治的鬥爭，並且很快就發覺新馬統一及共同市場並不可行。他認為新加坡最好脫離馬來西亞。但是，經濟才是他最關心的議題。

即使在新加坡仍是英國殖民地時，吳慶瑞已在構思將它從貿易商轉型為製造業者，而他後來也成為優秀的規劃師。他歌頌自由企業制度——「如果正確培養、熟練管理的話」——可是他費盡心力創造的新加坡可說是一個社會主義國家，因為政府是最大地主，在公用事業、航運和造船業都持有大量股份，國家擁有大量的全國財富。但是他補充說：「我們和其他社會主義國家不一樣，我們投資工業時，從投資賺取相當高的利潤。」[13]

圖表7.1　內政暨國防部長吳慶瑞攝於內政暨國防部的新聞記者會（一九六七年）

資料來源：新加坡信息及藝術部收藏，引用自新加坡國家檔案館（Ministry of Information and the Arts Collection, courtesy of National Archives of Singapore.）

吳慶瑞是個經濟學家，社會上普遍尊敬他敏銳、專注的分析能力。他和李光耀的交情特別好，二〇一〇年五月吳慶瑞去世，李光耀在追悼會上稱「他是個思想家，而我是個執行者」。可是李光耀也弔詭地說到，他是「專門替我排除困難的人」。[14]事實上兩人似乎都兼具思想家和行動者的許多共同特質。一位熟識兩人的高級官員說，他認為吳慶瑞的學者氣質和分析能力更勝李光耀。許多人會說他是李光耀最得力的副手。

吳慶瑞早期擔任財政部長，一九六一年底因啟動「裕廊計畫」（Jurong Project）而聲名大噪。批評者起先貶抑這是「吳氏謬誤」（Goh's Folly）。吳慶瑞在土地空間非常寶貴的新加坡島上，相中九千英畝大、長期閒置無用的雜草叢生的沼澤地，開發成工業園區。此地有座馬來人村莊，典型的簡易木屋散布在泥灘地上。村裡的漁民為了貼補家計，也養些雞、種些果樹。政府在幾英里路之外另建一座村莊，把他們遷移過去。或許新居屋可以略微彌補居民放棄老家的哀傷或憤怒，但是沒有證據顯示在搬遷之前有任何人事先徵詢居民的意見。

當時人們沒有特別的理由可以認為新加坡能夠成功地利用裕廊的土地開發工業，但是在三年內有大約五十家公司進駐，創造五千多個就業機會。可是直到一九六七年，還是有個外國觀察家認為它會失敗，形容裕廊是「大風吹襲的荒地」。[15]縱使如此，這項計畫證明是政府和民間企業合作、自力更生的成功典範，以促進永續的經濟成長為目標。當時是風聲鶴唳的年代，街頭不時爆發種族暴動，外國敵意窺伺，譬如印尼不時叫囂、擾亂貿易。

吳慶瑞規劃裕廊專注鋼鐵、造船和拆船業，全是和港口互為犄角的海洋事業。利用馬來亞的鐵砂、蘇門答臘的煤和加里曼丹的石灰石，加上新加坡的勞動力，建立大型工廠出產鋼鐵是出自李光耀早先的希望。心理及經濟因素決定建立大鋼廠的重要性；生產鋼鐵在一九六〇年代初期仍被認為是工業力量的首要指標。人們把巨大的鋼鐵工廠視作地位象徵，是經濟發達的標誌。每個開發中國家似乎都想要有個大鋼廠，也不管大部分都條件不足，無法經營如此一個大規模且技術需求極高的野心事業。

新加坡派出代表團到世界各國考察外國人如何經營大鋼廠。他們購買機械設備和技術資訊，也安排國民出國研修。大鋼廠於一九六四年一月二十一日開工，開始生產鋼條，大部分用在國內營建需求。但是，依賴有點隨意購置的設備，加上外籍顧問的意見未必一致，造成產品還無法在世界市場上競爭。吳慶瑞和李光耀必須縮小鋼鐵廠計畫，接受聯合國專家團的建議，將它縮小為中等規模，不需要巨大投資。

縱使如此，大鋼廠推出的產品的確表現了相當的成績，證明新加坡學習得很快。新加坡人商業嗅覺靈敏又有決心，使他們有了成功的起步，得以排除萬難、邁向創造工業的全面成功。此外，外國投資人也報以熱切迴響。

吳慶瑞從財經事務轉調主掌國防和教育，似乎很容易就上手。他展現的能力幅度很像十九世紀末日本的寡頭菁英，這些人帶領日本進入現代化世界。吳慶瑞的文化興趣也十分廣泛，延伸到中國京戲、歐洲交響樂、橄欖球，並創辦新加坡動物園。

年長的中國紳士通常會養鳥、欣賞牠們鳴唱，也經常帶著牠們外出與同好互相切磋。當吳慶瑞在構想興建一座大型公園，裡頭眾鳥可以自由飛翔且又保存各種不同鳥類時，或許腦子裡就是想到此一華人傳統。他提到鳥園的好處，雖然它不會促進全民團結、提升工人生產力或教育水平，「但是（他宣稱）它可以滿足老百姓、尤其是孩童的樂趣。」裕廊飛禽公園於一九七一年開幕，成為觀光客重要景點，也是全世界最大的鳥禽棲息園地之一。

遊客帶著不同的遊園記憶離去，反映出各種不同的品味。鳥類學家為園內鳥禽種類繁多、又享有極大活動空間而感到相當滿意。其他教育程度較低的人只知景色甚美。而我聽過一位中國遊客向她的一位朋友滔滔不絕地提到哪種鳥做成料理最好吃。

策略性務實主義

新加坡領導人一向憂心國家的存亡絕續，因而對以色列特別情有獨鍾。這個猶太人國家吸引他們，是個成功的榜樣：一個最小的新興國家——事實上就等於是一個蕞爾小島——處身於異族、充滿敵意的茫茫大海，周遭強敵環伺，得靠著卓越的智慧才能生存。吳慶瑞在一九五九年訪問以色列，考察它的工業化成果。他在演講中援引以色列的經驗做比喻：「我們在一個不熱情好客的環境中追求正常生活所經歷的甘苦酸甜，與以色列兒童非常相似。」[16]

吳慶瑞在以色列結識經濟學家麥爾（E. J. Mayer），他後來和溫思敏一樣成為新加坡很重要的外國顧問。麥爾後來和李光耀見面時告訴他：「如果你被不想要或不需要你的產品的鄰國團團包圍（以色列和新加坡當時處境相似），你在經濟上必須『蛙跳』過他們，讓他們回過頭來需要你的產品。」[17]

和以色列一樣，新加坡必須跳脫近鄰去尋找朋友。新加坡將觸角伸向遠方替自己創立新的經濟腹地：日本、美國和歐洲。李光耀本身有強烈的學習心，親赴馬爾他（Malta）考察對英國皇家海軍極為重要的乾塢，它們這時都已改建為修船場。「我發現乾塢裝滿水，工人領著全薪在玩水球。我真替他們擔心。」[18]李光耀又到英國和日本考察造船廠。不過他和俄羅斯的彼得大帝不同；彼得大帝在荷蘭學當造船工人時，自己拿起錘子和鋸子實際操作，但李光耀實際上並沒有使用焊槍，只限於留心觀察和研究原則性問題。

吳慶瑞邀請麥爾到新加坡，他在一九六一年十一月初抵達，出任經濟發展局第一任局長，負責執行聯合國報告的建議方案，特別是促進工業發展。麥爾到任後不久接受《海峽時報》專訪，他樂觀地表示，除了工業，新加坡不能被說是低度開發國家，他指出其交通運輸、通訊和社會服務都很不錯。他主張新加坡必須跳過走向先進經濟體的傳統步驟，直接邁入「高科技、知識產業」，[19]以迎接外國的競爭——李光耀總理必須「注意到你唯一的資源是你的人民、他們的頭腦和他們的技能」。[20]

麥爾在兩年任期內，專注招攬本地投資資金，以及物色、爭取潛在外國投資人，把他們帶到新加坡，然後協助他們處理設立營運所涉及的一切事物，如土地、廠房、勞動力、包含減稅等財務協助，甚至貸款。溫思敏也幫忙出力，找上荷蘭大製造商飛利浦，告訴它們要盡快進駐新加坡，他說：「否則你將錯過潛力無窮的東南亞市場這條船。」[21]

心態上，新加坡企業界也平穩地從殖民統治過渡到獨立自主。沒有人或團體反對引進外資；大家反對的是英國人的政治力量而非經濟活動。新加坡人沒有放棄自由貿易以便保護本地產業的想法；但是按照麥爾的看法，自由貿易原本顧忌的任何政府干預，現在卻被需要、也愈來愈被承認有其必要。[22]本地人創業精神太小、太分散，以至於無法從事沒有政府協助的工作。對本地人或外國投資人而言，工業沒有吸引力，因為國內市場太小，而且又缺乏有相當技術的勞動力。

經濟發展局絞盡腦汁克服難關。它有一群受過良好教育、能力高強的員工，是新加坡的菁英，專注向外國行銷新加坡，也鼓勵國內創業。他們早期的一項成就是招攬到美國惠普科技公司。惠普進入新加坡是要找尋工資低廉但能幹的員工適任例行性工作，能夠生產電腦所需的核心記憶裝置。經濟發展局替惠普做好所有的初期準備工作，包括找土地和工人。對惠普而言，經濟發展局提供「單一窗口服務」，惠普誇讚說：「如果你向他們要求某個東西，那個東西第二天就會送到你的辦公桌上。」[23]

在完全安頓下來之前，惠普公司租了一棟六層樓建築最高的兩層。他們需要一組變電器提供所需的電力，包括電梯用電。大老闆威廉．惠勒（William Hewlett）即將來視察，但已經採購的變電器卻不能準時交貨。要讓惠勒先生走樓梯上六樓是無法想像的一件事，因此經濟發展局安排從隔壁大樓拉一條大纜線，提供必需的電力，惠勒先生就可以坐著電梯直上六樓新辦公室，整個公司也燈火通明。很顯然地，那條大纜線只用過那麼一次。[24]

經濟發展局的效率和熱忱幫忙讓惠普公司大為感動，惠普在新加坡的營運後來擴大到雇用六千名員工，絕大部分是本地人，對新加坡經濟貢獻良多。[25]

第二次世界大戰之前，有三個國家在新加坡的分支公司規模超過惠普：英國、美國以及與新加坡地理位置靠近的澳洲。戰後，其他國家紛紛到來，但是外資規模並不大，直到一九六〇年代日本、台灣和香港廠商紛紛加入戰局後，情況才就此改觀。

投資隨著出口增長而增加，呼應著本地市場的需求，也借重新加坡長久以來是東南亞配銷中心的角色。新加坡較沒有種族歧視，加上文化親近感，特別吸引華人進駐，他們傾向投資在勞力密集產業，如成衣業和食品業。英國、美國、澳洲和日本則選擇進入資本密集和技術複雜的產業。

政府對外資的反應熱烈又迅速，公共服務和公共設施很有效率，外國生意人在新加坡又不會碰上貪瀆索賄。吳慶瑞的裕廊計畫的高速與活力激發外商興趣，帶動國際企業圈的參與。這一切和當時在印尼乃至東南亞內外其他低度開發國家的狀況呈現截然不同的樣貌。

穩定的貨幣和健全的財政政策也支持著新加坡的努力，產生稅收、可供作基礎設施及其他目的之投資，讓隨後的經濟活動也增益信心。[26]外國投資人因此協助新加坡從貿易邁向製造，因而創造就業機會，舒緩一九六〇年代初期的經濟和社會危機。雖然新加坡只有少許私人慈善組織存在，也沒有為窮人建立社會安全網，卻躲過十九世紀大西洋世界許多工人在工業化過程遭遇的悲劇。

雖然投資的資金和創造的就業機會相當重要，知識卻是外國投資人對新加坡的首要貢獻。由於跨國公司進駐新加坡，新加坡人普遍接觸到全球事務，學到新的做事方法和管理生意的技能。跨國公司提供接觸全球消費者和供應商的網絡：資金、材料和市場。全球化在一九六〇年代加速，帶動人員和產品史無前例的大移動，而新加坡從中獲益匪淺。

殖民時期的新加坡貪瀆猖獗，警界尤其腐敗，英國人也置之不理，直到一九三〇年代才終於正視這個問題為「普遍且司空見慣的陋習」。[27]然後大戰爆發、日本占領，道德普遍沉淪，貪瀆風氣更盛。一九五九年新加坡獲得自治，人民行動黨在選舉中大勝，贏得議會八十一席中的七十七席之後，該黨承認貪瀆盛行是因為有誘因又有契機，決定展開全面肅貪大作戰。

帝制時期的中國貪瀆蔚為風氣，所有人皆預期官員在任時期都會中飽私囊。一般認為官員通常一任三年，第一年要孝敬幫他弄到這個職位的貴人，第二年要享受特權，第三年則搜刮、存錢，以利日後退休享福。新加坡政府提高文官薪水和福利，對於違法犯紀者嚴刑峻罰。李光耀總理主張支付高薪給政府高階官員，至少不遜於民間薪資水準，這個作法持續到今天。內閣閣員年薪超過一百萬美元，恐怕是全世界最高的政府公職薪水。[28]他的理論根據是，高薪不只降低貪瀆的誘惑，也可鼓勵最優秀的人才投入公職。

在舊中國和新興新加坡都可能出現用人唯才，但是兩者所需的教育卻大不相同。帝制中國——英國人也一樣——在培養未來政治家時強調藝術和文學，輕視職業技能。新加坡人反其道而行，重視技術官僚、不重視人文修養，因此和過去的中國官員或英國官員不同，今天的新加坡官員不是文化承載者，至少不重視高級文化。或許目前還為時太早不能判斷其利弊得失，畢竟新加坡作為現代國家只有區區五十年歷史，而儒官治理帝制中國則超出一千年以上。

但是即使在獨立建國之前，新加坡領導人已經開始著手建立穩定、誠實和有效率的政府；在進行過程中，他們專注長期規畫。領導階層展現經濟學家艾德・夏恩（Edgar Schein）所定義的「『策略性務實主義』（strategic pragmatism），有能力解決即刻的問題，同時把解決方法注入長期計畫」，表現出對國家目標的精打細算。[29]

新式學校

改革教育制度以培養識字、又懂數學的勞動力，是取得自治地位後的新加坡政府的優先政策。英國人設計的教育制度照顧到四個不同語文族群：英文、華文、印度文和馬來文，雖然華人和印度人都各自有許多不同的方言或文字。

泰米爾移民和華人、馬來人一起建設起新加坡，泰米爾語是新加坡最多人說的印度語言，但是還有不少南部印度的語言，更別提還有印度語（Hindi），以及北部印度的旁遮普語（Punjabi）和古吉拉特語（Gujarati）。這些北部印度人沒有興趣學習泰米爾語，認為是低階工人使用的語言。還有些印度人接受英文教育，他們喜歡講在學校學的英語並在專業場合使用英語。

二戰之後，身為少數民族的印度人明顯地對政治感到興趣，也有能力積極參與公共事務，且因為他們的帝國出身，使他們具有華人移民沒有的英國公民身分。海峽華人，即通稱峇峇和娘惹的來自馬來亞的土生華人，以及許多華人馬來人混血的族裔，通常也都是英語流利人士。英國人本身不善語言，發現海峽華人很有助益，因為他們既通馬來文又通英文。語言的選擇因此影響到族裔的分化，階級意識也使這個高度多元的社會分化。而宗教也是個重要的分化因素。

有時候緊張局勢激化為暴力事件。在新加坡身居多數的華人卻是東南亞馬來人茫茫大海中的少數，感受到特別屈居弱勢。他們記得數百年來東南亞其他地方斷斷續續的排華行動，因此就像以色列人，對國內外潛在敵人都小心提防。

理想主義者把新加坡設想為「四股線絞纏在一起的一條繩索」，[30]每一股線代表一個「種族」，由於交織在一起，各自都益發強大。這個比喻企圖鼓勵新加坡人放下宗教和方言歧異（就印度人而言，是語文的歧異），支持四種語言：英語、中文、泰米爾語和馬來語。遵循殖民時期先例，新加坡宣布這四種語文都是官方語文。

學校採行雙語制度，講英語的學生要修馬來文；講馬來語和泰米爾語的人要修英文；講華語的人必須學英語和中文，即使他們在家講的是方言。換言之，人人都學兩種語言，其中英語是必修。華人和馬來人學童必須修習他們的「母語」，不論在校是第一語言或第二語言。

英語變得愈來愈普及，既是學校的教學語文，又是職場高層的工作語文。新加坡人的英語比亞洲其他國家人民流利。[31]過去，英式英語主宰了發音和拼寫，但因美國大眾文化——電影、音樂、時尚——的影響，改變了語言的主流。

「新加坡英語」（Singlish）是街頭慣用語，這種獨特的地方性方言，夾雜馬來語、華語和泰米爾語的字詞和發音模式，經常穿插沒有意義的「啦」（lah），類似美國人口語中無所不用的「就像那個」（like）。標準英語或中文具有內在的經濟價值，因為它們是在職場出頭的利器。新加坡英語則不是，當局對其很不以為然。這促使諷刺網站「練肖話」（Talking Cock）做出不屑反應，推出《胡說新加坡英語字典》（*The Coxford Singlish Dictionary*）。當兩個年輕新加坡人在國外見面時，很容易就說起新加坡英語。當碰上無法忍受的情況，你可能會說「Buay tahan」；「Buay」是閩南語的「不」，而「tahan」是馬來語的「容忍」。

「我聽說世界最大的貨輪今天進港了，你曉得嗎？我看見遠方地平線有起重機在作業，我猜這就是原因吧！」如果換成成新加坡英語，就變成：

You know anot, I got hear ah a very big container ship come to Keppel today lah. Must be very besar one. Wah lau! You know I see all the crane hor, move very far away lah. Confirm must be big one.（「你知道嗎，我聽說啊一艘很大的貨櫃輪今天來到吉寶船廠啦。一定是很大一艘。哇咧！你知道嗎？我看到所有起重機喔，在很遠的地方移動啦，肯定是很大一艘。」）

雖然這樣的語言極具創意，也利用新加坡豐富的文化多樣性，但政府不能苟同新加坡英語。我們可以如此斷言，即儘管他們喜歡有創意的詞語，他們卻不相信這能登大雅之堂。他們對新加坡英語的反應是一面鏡子，反映出對國家認同的渴望與新加坡的全球戰略目標，兩者之間的關係是緊張的。

英語具有特殊的社會和經濟意義，享有屬於統治階級的光環，而且在超越族裔、躋身國際上占有進一步優勢。李光耀解決整體問題的辦法就是讓英語居首席地位，在所有學校中都將其定為學生研修的第一或第二語言。英語恰好是他自己最擅長的語言，他也令人信服地強調這是國際上最有用的語言。

李光耀的想法是「讓市場證明，精通英語的孩子會得到更好的工作」。[32]他容忍馬來語、支持中文，是因為他認為這兩種語言在本區域的商業和外交上會有用處。很少有馬來人會說英語，但是馬來語一直是本區域生意人使用的語言，在新加坡之外具有商業和其他重要意義。馬來語的阿拉伯文字和說阿拉伯語民眾的宗教信仰讓新加坡得以進入廣大的伊斯蘭宗教和文化領域。雖然一般民眾未必感到興趣，但是這對穆斯林而言很重要。

十九世紀末由於政治原因，中文來到新加坡，反映出那些希望華人團結一致、支持家鄉革命大業人士的願望。一個世紀後，中文提供接近中華人民共和國的商業和文化的機會，更增添其吸引力。由於新加坡的藍圖要求所有華人學習中文作為第一或第二語言，因此可以預期方言會逐漸消失。對於只懂一兩種方言的老年人來說這變成極大的苦痛。有一些令人哀傷的例子是，祖父母不再能和孫兒女溝通。

亞洲語言，特別是中文，在政府眼中具有另一個優勢。基於語言可以塑造價值的假設，語言可作為「文化沙包」（cultural ballast），穩固文化價值，防堵過度「西化」的潮流。[33]隨著「西方」世界的文化愈來愈遭受到政府批評，這個想法引起更多人的興趣。

當然，新加坡人致力於使用英語作為他們的第一語言，確實彌合了與世界先進國家的關係。在日益全球化的世界中，新加坡從身為一個國際化的多語言社會中獲益匪淺。本地華人可以帶頭從香港和台灣招募資金。馬來人可以將社區與伊斯蘭世界聯繫起來。強調國際性的海洋傳統——港口的生活以及隨之而來的一切都需仰賴它——對渴望成為全球城市的新加坡來說，是一個巨大的潛在資產。

獅城之獅

沒有人比李光耀更把自己和新加坡視為一體，即使是說出「我的新加坡」、獨占欲極強的萊佛士爵士也比不上。萊佛士或許是新加坡創建者，但李光耀則是改造者。他常說，在短短一個世代裡，他把新加坡「從第三世界帶到第一世界」。[34]許多人的確是把李光耀和新加坡的現代改造視為一體。

李光耀大膽地把他的回憶錄第一卷取名《新加坡的故事》（*The Singapore Story*）。毫無疑問，他的成就非凡。《時代雜誌》稱他是二十世紀的哲學家皇帝。批評者可能說他的皇帝成分大過哲學家，但是李光耀肯定是一位極具親和力、又能宏觀思考大問題的政治家。

有關他的事蹟的報導已經汗牛充棟。我們已有極豐富的材料，我們或許自認非常了解他，但是他和所有偉大領導人一樣，總是會被人一再挖出新故事。再者，傳記作者必須深入挖掘才能營造人物形象，因為傳記的主角並不總是渴望被真實描寫。李光耀喜歡保持神祕，特別排斥刺探他或對他進行心理分析的企圖。而這種抗拒，是可以理解的。

神祕感對任何一位領導人都是有利的。有些人很明白這點，盡力將其培養成性格的一部分。他們明白顯露太多，可能有失去權力之虞。因此或許我們可以說，領導人本質上就是演員，就好比是躲在他們自行製造出來的面具之後。

美國前總統艾森豪曾意識到這一點，他說麥克阿瑟將軍是他追隨過的長官當中最優秀的演員。教宗若望保祿二世年輕時擔任過專業演員，當然曉得如何和群眾互動。而李光耀在進入新加坡政壇前，在法庭上便擅長以機智和尖銳言詞大膽地演出，展現十足的戲劇效果。

美國前國務卿季辛吉舉出李光耀為偉人典範，認為他是能夠打造時勢、創造歷史的人物。有位熟識李光耀的美國資深外交官說他「有宏觀思想、能跳脫他的文化框架」，[35]不論是欽佩或貶謫他的人，絕大部分都認同這個評斷。李光耀明顯是個具有堅不可摧意志的人，有敏銳的政治本能能克服對他能力的所有挑戰，賞罰分明。

圖表7.2　李光耀

他本人說過的話證明了他的強悍：「如果你惹我，我會戴上手指虎，把你抓到一個死胡同裡狠狠揍一頓。沒有人會懷疑這點。」[36]

有位日本外交官含糊地說：「對他的國家而言，他太大了。」身為精通英語的非歐美國家領袖，李光耀能夠輕易地與其他世界領導人溝通，使他成為二十世紀末期全球舞台的顯要人物。美國前總統尼克森在一本談論領導統御的書中寫道，如果李光耀處於不同的時代或地方，他可以扮演堪與格萊斯頓（Gladstone）*、狄斯累利（Disraeli）†媲美的政治人物，甚至和邱吉爾相比也不遑多讓。尼克森或許是湊巧也或許是刻意，只選擇英國先賢為例子。可是就現代新加坡而言，李光耀扮演的角色更甚於邱吉爾以降、當代英國史上任何一位領袖，甚至也超過柴契爾夫人。

李光耀是什麼樣的人物？他的領導風格如何？他很早就嶄露頭角。他的雙親很早就分居，而父親在家庭生活中顯然無足輕重。李光耀就像萊佛士，以及其他許多認為自己沒有父親的領導人一樣，和母親有不尋常深厚的感情。母親對他期許極高，培養他的自信。

一九三九年大戰爆發，阻礙李光耀前往英國深造的希望。他在十六歲時進入名校萊佛士書院，最初研讀經濟學，結識未來的妻子——她本身也是極為傑出的女性。李光耀日後誇稱她是他的「保險單」。她作為律師的收入使他能夠承擔從政收入不穩定的風險。

後來李光耀到英國留學四年：先在倫敦政經學院念經濟學，後來在劍橋大學念法律。他在英國接觸到理論，也涉及到實務。他研讀英國政治傳統的經典著作以及辯論藝術，回到新加坡後先當律師再從政，都能發揮所學。儘管當時拮据度日，李光耀認為當時的倫敦在銀行、金融、戲劇和文化方面都是世界中心。他養成上層階級英國紳士的習性，喝威士忌、打高爾夫，朋友們都喊他「哈利」——後來柴契爾夫人也這樣稱呼他。但是他完全沒有英國紳士十分重視的那種自嘲的幽默感。李光耀不是以幽默感聞名的人士。

他後來被讚美為「蘇伊士以東最優雅的英國紳士」，[37]周恩來則虧他是「內白外黃的香蕉」。但是，雞蛋恐怕才是更適合的比喻。李光耀從來沒有忘掉他的華人本質，在他政治生涯的晚期，才終於浮現出來。

他從小就好學不倦。他說：「不要忽視向有學問的人請益的重要性。我要說，這比吸收或閱讀大量書籍還更有收穫。」[38]可是他本身手不釋卷、孜孜不倦吸收新知，也愛思索。即使對他批評得最尖刻的人也承認他頭腦聰明、知識豐富，又能求知若渴、不斷補充知識。到了八十多歲，他還繼續跟著老師學中文，還問老師，他的兒子——現任總理李顯龍——進展如何（他們父子倆都跟隨同一位老師學中文）。[39]

李光耀認為他在政治上能夠成功的祕訣是溝通技能，以及建立強大的體制和組織網絡。文字語言明顯就是他的利器。他頗以自己的演講能力自豪，這是他在英國求學念研究所、幫朋友競選時練就的本事。他說：「我能夠主宰公共論壇，是我一生從政最大的實力。」[40]

---

*〔譯註〕威廉・尤爾特・格萊斯頓（William Ewart Gladstone，西元一八〇九年至一八九八年），英國自由黨政治家，曾四度出任首相，以善於理財著稱。

†〔譯註〕班傑明・狄斯累利（Benjamin Disraeli，西元一八〇四年至一八八一年），英國保守黨政治家、作家和貴族，曾兩次擔任首相。

李光耀年輕時演講簡潔有力，他不用講稿和筆記就能滔滔不絕。他說，他喜歡在這種情況下由腎上腺素激發的潛力，他相信以這種方式可以和聽眾更有效溝通。但是要這樣做，就不能使用華麗的詞藻。在講台上，李光耀很有說服力，也很有內容，但他不是林肯、也不是邱吉爾。

除了演講，李光耀也非常注重寫作技巧。有一次他甚至召集幾位政府高級官員，強調寫公文時需要簡明扼要，推薦大家好好讀一本書——厄尼斯特．高爾思爵士（Sir Ernest Gowers）寫的《簡明文詞全集》（*The Complete Plain Words*）。高爾思是英國一位文官，寫這本書供其他公務員參考，因此他的書似乎特別值得新加坡官員參考。

綠化與都市改造

一九六五年新獨立的這個城市國家面臨的挑戰之一是財政，為了與全球資本市場建立關係，要讓外界投資人覺得新加坡有吸引力，套用李光耀的話就是「在第三世界的沙漠裡創造第一世界的綠洲」。[41]為了吸引充沛的外來投資，他強調面積不大的新加坡一定要整潔乾淨，他拿著掃把掃街的照片還上了報。他說新加坡的綠化是「我發起的最有效果的計畫」。[42]在這時，「綠化」這個名詞的使用早於社會對環保的關心，但反而和美學有關，也或許只不過是最基本的乾淨的概念。

李光耀堅守英國傳統，仔細照料花床，也修剪茵綠草坪，並且推及到更廣大層面。新加坡日曬雨淋的熱帶氣候沖刷去土壤中的有機營養物質，只有某些植物能在這種氣候旺盛生長。雖然某些批評者反對，認為外來品種會危害到本地品種，[43]但李光耀派植物學家到世界各地尋找能適應新加坡環境的植物，譬如目前到處看得見的野生肉桂樹。

他想讓訪客留下深刻印象，尤其盼望外國投資者喜愛繽紛、整潔的市容，才好說服他們前來投資。因此從機場到市中心的街道有如花園一般，有樹、有花和綠草如茵。不過整體來說，實用性的考量還是勝過美學。[44]公共工程處否決在馬路分隔島種植果樹的提議，儘管會開出美麗的花，更擔心水果落地可能造成交通危險。

綠化不僅關係到美觀，至少也給人一種管制得宜、井井有序的感覺，它代表紀律，是對細節的講究，李光耀對此也相當著迷。在這裡，我們對他想要創造的國家有個很好的比喻：絕不能漫無目標地成長，譬如亂丟垃圾的街道、破舊失修的住宅，或者一頭蓬亂的長髮[45]和激進的社會觀念的老百姓，這些都不能被容忍。

投資人渴望政治安定。李光耀從殖民統治上找到有用的歷史紀錄，可用來加強新加坡這方面的形象。儘管有過作為殖民地不堪回首的歷史，李光耀沒有以古非今。他在一九五六年的一場演講還告訴聽眾說，他祖父早年曾經在航行於印尼和新加坡之間的郵輪上擔任財務官，「他最尊敬英國海軍，」他說。[46]最後他的祖父從事航運業賺了不少錢，因為有英國海軍巡守便代表「在馬來亞海域不會有海盜活動」。他也感謝英國殖民地提供他來自中國的祖先一個棲身之地。沒有新加坡安全的環境，他們無法找到繁榮的新生活。

李光耀沒有譴責英國人過去的殖民統治，反而稱讚它，使其成為他的新加坡故事中積極的一面。

正視今天的問題，不去留戀過去的悲情，李光耀從他看到的光明未來汲取力量。尊崇萊佛士只是其中一部分。萊佛士不是印度人、華人，也不是馬來人，卻狂熱於馬來文化，他可以作為跨越目前種族歧異的典範，遮掩華人主宰新加坡商業和經濟生活的真實面貌。[47]萊佛士讓人們感到自豪與歷史的延續性，這也從英國公共建築的肅穆莊嚴中呈現出來，譬如聖安德烈座堂等建築物就具有年代久遠和威嚴的象徵。

和目前的新加坡政府一樣，萊佛士也採行自由貿易和威權統治，並且利用歷史強化新政體的正當性。李光耀選擇性地掌握和塑造歷史資產，利用它來擁抱英國創始人及英國殖民統治，以便串連更廣大的世界、它的依法治理、它的社會安定，以及承諾繼續向前進步。他希望全世界認定新加坡具有此一特質。

殖民政府訂下的新加坡街道名稱繼續將新加坡人與過去連結，雖然這些名稱可能已不再具有相同的意義。獨立之後街道並沒有改名，其中三分之二使一些歐洲人士名傳後世，譬如英國官員克勞佛（Crawfurd）、傅樂敦（Fullerton）和邦漢（Bonham）；英國皇室成員維多利亞

（Victoria）、亞歷珊卓（Alexandra）和艾伯特（Albert）；著名的英國訪賓，如康納特公爵（Duke of Connaught）和愛丁堡公爵（Duke of Edinburgh）；甚至還有庫克（Cook）和歐德漢（Oldham）等傳教士。[48]

街道愈長或地點愈好，命名所選擇的人士就更重要。命名當局很小心其中的敏感性，認為「改善信託基金」（Improvement Trust）經理華特．哥烈（Walter H. Collyer）先生不會反對擁有一條以他姓氏命名的街道——如果「真的很長的話」——才敢做決定。[49]

有時候殖民時期的名字反映鄉愁，懷念英國詩情畫意的鄉村、森林或海邊，因此就有了查茨沃斯路（Chatsworth Road）或布萊頓路（Brighton Road）。在綠樹成蔭、寧靜的伯恩茅斯路（Bournemouth Road）上的一棟平房，可能讓一位英僑商人放心，讓他能夠逃離熱帶的炎熱，以及過度擁擠、過度活躍的亞洲城市的嘈雜、氣味和紊亂——即使這才是真正的新加坡。

在李光耀的監督下，綠化成為建設現代及高效率的基礎設施的一部分，當然另外還有電信、道路、世界級的機場和航空公司，以及漂亮的公共住宅，而且這些公共住宅目前有百分之九十為個人所擁有。會有如此不尋常的私有住宅現象是拜「公積金制度」（Central Provident Fund）之賜。戰後殖民政府最先創設此一基金，是強制儲蓄退休金的制度，雇主和員工每月從薪資中扣繳款項，最高達各扣繳百分之二十五，員工一直扣繳到五十五歲，六十二歲即可提領。

從一九六八年起，個人可從自己戶頭裡提款購買國宅。教育和健康危機也是個人可以在退休之前提前提款的理由。就政府而言，這項基金成為可到海外投資的巨額資金，或用於大眾運輸、公路及其他住宅項目。

新加坡第一代現代都市計畫專家報告說，在第一次世界大戰之後，「即使把加爾各答與孟買最糟的地方都算在內，新加坡的貧民窟是舉世最糟的，迄今大家仍然公認如此」，[50]因此將新加坡改造成如今的狀態，在當時是一大挑戰。新加坡在第二次世界大戰之前（一九三六年）曾經短暫實施公共住宅計畫，但因為戰爭和占領，計畫被棄置。但在一九六〇年又被政府大規模且積極推展，反映新加坡政治上的自治。取得土地、拆除市中心貧民窟和啟動遷徙，變成從地理上、社會上改造社區的方法。基本上，這等於重新打造整個城市的構造，以及改變人民的生活。

居民從過分擁擠的市中心遷移到市郊，以便騰出空間供商業營運之用。遍布市區、不雅觀的棚戶區開始消失。政府第一優先是處理窮人，把他們遷出骯髒、過度擁擠的廉租公寓和半農村的村落（kampongs），搬進蓋得漂漂亮亮、仔細維修的高樓、高密度公寓，與背景相近的鄰居一起居住，擁有獨立的店鋪、診所和學校。高效率、嶄新的公共交通把這些衛星城鎮彼此連結，並連通到市區。有組織的族裔多元化也發揮把新加坡種族「熔爐」放上灶頭的作用。

這個政策源自政府片面決定而非全民共識。李光耀於一九八六年八月在國慶日演講宣布：「我們決定何者是對的。」[51]許多被迫搬遷的人感到不滿與沉痛的失落感，但是在這件事上面他們別無選擇。有些人覺得沒有拿到足夠的補償金。[52]馬來人抗拒放棄傳統村落才有的舒適的共通性，換取不具文化特色、整齊劃一的新房子。公寓不允許親近土地、種菜養雞等從前熟悉的生活方式。嚴格、明白的規則管制所有居民行為，不論他們屬於哪個族裔；也不准居民把垃圾從窗戶往外丟或是在電梯裡撒尿。基於不明的原因，在家裡赤身裸體走動被明文禁止。[53]使用公共廁所不沖水會遭到嚴重罰款，而且李光耀總理要求樟宜機場每週要就廁所狀況提呈報告。

新加坡廁所協會會長說：「對我們來講，廁所禮儀反映新加坡文化。因為這告訴人們，我們是多麼地文明……我們是第一世界國家，我們要有個文雅的社會。」[54]按照李光耀的說法，即每個人都必須「尊重社群，不能到處吐痰」。[55]

新加坡公共住宅的品質相形之下，肯定比亞洲其他任何新興人口密集都會的國宅好得太多。新加坡人很驕傲地邀請外國訪客參觀、讚賞這些公寓的寬敞和現代化。在這個秩序井然的社會，新加坡成功地培養出無犯罪、對商業友善的社會形象，專心致志於追求卓越。消弭種族隔離的作法可以作為社會改造的契機。結果是什麼呢？老百姓享受高度的舒適，但是生活在「同質性的政治空間」裡。[56]

新加坡的地理位置靠近赤道。可是不論是新加坡本地人或外國遊客，人人都說這裡的生活步調很緊張。在熱帶氣候怎麼會有如此高壓的生活呢？至少就某些人而言，新加坡再也不是殖民時期那種昏昏沉沉的社會。和新加坡獨立（和成功）大約同一時期，冷氣在全世界普及起來，使得熱帶地區許多人不僅生活更舒適，也能夠延長每天工作時間、更有生產力——至少白領階級變得更樂在工作。但對底層的勞工而言，它沒有相同的影響，但是至少機械化已降低人們必須在戶外烈日下工作的需求。

訪客注意到，要說和其他地方有什麼區別的話，那就是冷氣在新加坡無所不用。作家齊理安・喬治（Cherian George）認為這是對新加坡整體經驗的隱喻，即舒適和控制的相結合。[57] 建築師雷姆・庫哈斯（Rem Koolhaas）*認為熱帶氣候和濕度是空調提供避暑效果之後唯一剩下的自然現象。大部分工作在室內進行，使得室外的異國情調「從玻璃窗後看出去，彷彿櫥窗內的展示品」。[58]

庫哈斯認為，與熱帶氣候的對抗說明了新加坡的緊繃狀態，他引述荷蘭作家伊恩・布魯瑪（Ian Buruma）曾說的話：「它反映出原始、深怕被叢林吞沒的恐懼感，唯有透過更加完美、更有紀律、永遠保持最佳狀態，才能避免傾覆。」[59]

氣溫涼爽鼓勵人們活動。歷史學家湯恩比主張環境決定論，認為艱困的生活環境培育強悍的民族。他也認為領導人的性格決定文明的興衰，領導人面對不可避免的危機時的適應能力，會對結局的吉凶產生重大作用。湯恩比對文明興衰的理論對李光耀產生極重大的影響。[60]

李光耀在內閣會議上喜愛引述湯恩比的說法。他汲取這位歷史學者提出的理論：「嚴酷、寒冷的環境」產生更積極、有建設性的文明。套用李光耀的話，他認為享有「溫暖的陽光、香蕉和椰子的人」不需要像北方人那麼認真工作，因此成就有限。[61] 他尊崇中華文化，認為它是第一流的，更覺得溫帶中國顯然是個「堅實」的社會（華人由此遷移而來），而熱帶印尼則是「軟弱」的社會，其中原因不言而喻。[62]依循這個論述，新加坡冷颼颼的辦公室很妥適地彌補高溫所造成的「軟弱」環境。[63]

優生學反映李光耀對種族、性別和階級的觀點。他對英國殖民時期的種族歧視的厭惡，隨著年歲愈長而愈趨淡化，發展出他自己的偏見。李光耀認為後天習得的特性是可以遺傳的，也認為「好基因」在新加坡成功的環境中正在萎縮，削弱氣魄和活力，造成使新加坡得以偉大的「開疆闢土精神」的萎縮。[64]

在英國人統治下，主子下命令，臣民便一體遵行。對殖民主義最好的評語，是將它描述成一種父權主義。很顯然，這在李光耀思維裡占有重大地位。在獨立之前，新加坡已經成功地對抗共產主義、有效地粉碎了共產黨，但李光耀變得愈來愈趨保守。他的威權主義思想從他對勞工的態度，以及他由上而下為新加坡訂下的全面性、毫無商量餘地的現代化計畫，充分顯露出來。

我們可以在比較小的規模上拿他和土耳其的凱末爾和俄羅斯的彼得大帝做比較。可是他沒有興趣搞偶像崇拜，也表明不希望為他造雕像、鑄硬幣或印郵票。在他去世前幾年，李光耀時任內

*〔譯註〕一九四四年出生的荷蘭建築師庫哈斯，於二〇〇〇年榮獲建築界最高榮譽的普利茲克獎（Pritzker Architecture Prize）。他的著名作品包括北京中央電視台總部大廈，以及台北市劍潭迄今尚未完工的台北表演藝術中心。

閣資政，輕車簡從只由兩名年輕隨扈陪同，前往驗光。一位病人預備禮讓他，但是他說他要排隊等，彷彿是一介百姓。那位病人抗議，李光耀笑了笑，表示感謝，才先進去驗光。他從來不預期有特殊待遇。[65]

李光耀通常就穿一件白襯衫、不打領帶。他在職期間，本人或國家都不曾計劃富麗堂皇的大排場。當然他絕對不吝於宣揚和提供建言，但是他的使命感不會超越對自己國家的關心。

新加坡和近鄰國家過去的緊張局勢並未完全消退，而且新加坡的成功還使微妙的國際關係雪上加霜。即使與馬來西亞相比，兩國人民所得差距可觀；與印尼相比更是巨大。坐上渡輪前往鄰近的印尼的任何一個小島，舉目所見盡是破舊的建築物、髒亂的景觀、悠閒的節奏和組織的混亂，充分暴露文化和經濟的深刻差異。

許多新加坡人毫不掩飾他們的鄙夷。有人說：「我們是一所蓋在爛街坊的好房子。」而在某種程度上，這些鄰國認為新加坡是華人國家，由於忌憚本身國內華人的力量強大，他們和新加坡之間劍拔弩張。在馬來西亞和印尼這兩個鄰國裡，華人都擁有不成比例的巨大財富，形成勢力強大的少數民族。

新加坡人的態度也反映出優越感的信念。或許這是源自帝制中國的舊習。某些新加坡人似乎有明朝先祖的想法，認為「我們是文明的，而你們則是番邦蠻夷」。

對於海峽及領海該如何利用的不同主張也惡化和鄰國之間的摩擦。印尼宣示「大群島」的態度，認為鄰近他們許多島嶼的海域都屬於印尼所有。這極具國際重要性，因為印尼跨越許多戰略地位重要的通道，譬如巽他、龍目和望加錫等海峽，全是海洋世界極為重要的航道。美國和其他外國當然希望能自由通行。李光耀和他的同胞也是如此，對於新加坡是否能繼續不受阻礙進出大洋非常敏感。新加坡的國家命脈緊繫於此。

海運革命

新加坡展開主權獨立的海洋城市國家的新生命時，湊巧也是海洋發生重大變化的時候。二十世紀頭幾十年，海運的燃料快速地從煤變成石油，其速度比由大帆轉為蒸汽來得更快。第二次世界大戰之後，石油交易的全球生產中心開始從加勒比海轉移到波斯灣。美國從石油出口國家轉變成進口國家。拜新加坡的戰略位置以及其洞燭機先和競競業業的創業精神之賜，新加坡成為重要的煉油基地。

石油取代錫和橡膠，成為新加坡經手處理最重要的商品，新加坡不但是貿易商、也是提煉者。新加坡的煉油於一九六〇年開始，其港口旋即成長為全世界主要石油混合、添加和配銷中心之一。殼牌（Shell）、埃索（Esso）和英國石油公司（ＢＰ）已經察覺到新加坡的優勢，它的確是儲存、銷售石油及其產品的上好地點。煉油成為石油貿易天然的互補產業。受惠於全球愈來愈吃重的石油能源，加上新加坡港口地理位置適中，位於西南亞石油重要儲藏國和需求逐漸增加的東亞興旺市場兩者的中間，新加坡石油業務有了巨幅成長。

由於打從一獨立就失去了馬來西亞市場，為了經濟生存，新加坡向外展望海洋世界。新加坡體認到進口替代在國內顧客人數微少的狀況下不是長久之計後，便開始認真打造海外市場，我們前文已陳述它是如何招攬外資，其目標是替這個城市國家創造機會，利用其臨海地理位置進軍世界先進國家，開拓新的偏遠內陸腹地，並且向大量消費者供應新加坡想要提供的物美價廉的商品。

當這個新興獨立、且轉型為製造業的國家採取這些初步措施時，一股革命變化風潮席捲海洋世界，大大影響到這個城市國家。大戰結束之後頭二十年將代表我們所謂「傳統航運」的最後時期，也就是二十世紀初期蒸汽動力取代大帆的機械化航運時期的結束。大西洋先出現，亞洲跟進，凸顯出新的大轉變。

全球主要經濟活動從大西洋轉移到太平洋，利用散裝輪和標準型貨櫃在過去五十多年為海運帶來全面改變。船隻愈來愈專業化。資本密集的船貨處理取代了勞力密集，電腦成為整個事業的大腦。新加坡掌握到這個趨勢，並善加利用，獲得顯著的成功，直到今天依然如此。

二十世紀，英國皇家海軍不再主宰全球海域時，英國商船隊占全球比例也開始遽降。新加坡港能看到的英籍船隻大為減少。某些商業的式微超過英國人所能控制。但是英國造船廠的創新遲滯、缺少投資，也沒有嘗試改善他們工人或經理人的技術和效率。勞資關係很差，階級歧視更使問題惡化。

李光耀參觀一家英國造船廠時，拿它與他先前參觀過的一家日本造船廠做比較。他評論說，日本公司最高主管對工廠第一線相當熟悉，英國主管則似乎只了解他們鋪著地毯的辦公室。和英國人大為不同，日本經營團隊和工人穿戴同樣的制服、硬帽和橡膠長筒鞋，也習慣在相同的員工餐廳吃同樣的便當。李光耀說，他們全是「灰領工人」。相較之下，英國的階級界線分明，到了午餐時間，李光耀的英國東道主穿著訂製合身的西裝，坐上光鮮亮麗的勞斯萊斯轎車，載著貴賓到與造船廠有雲泥之別的高貴酒店進餐。[66]

英國造船廠以延遲交貨出名，它的管理團隊對市場漠不關心。態度肯定透露了一些事實。來自北愛爾蘭貝爾法斯特（Belfast）大型造船廠哈蘭德與沃爾夫公司（Harland & Wolff）董事長約翰．馬拉巴爵士（Sir John Mallabar）解釋說，他不需要市場調查：「如果人口爆炸，世界貿易一定也會爆炸。我只需要知道這一點就行。」[67]

過去的成功滋長一種高人一等的心態，在新環境下造成英國航海業者吃虧。有位觀察家說：「驕傲自滿是維多利亞英國流傳下來的常見心態，影響了那個時代絕大多數重要產業。」[68]由於航運公司的合併，以及舊日家族企業的消失，企業變得更加難以管理。船東把注意力從船隻轉移到辦公室、從碼頭轉移到帳冊。[69]而當英國海洋產業式微，領導者不思如何設法改善，反而互相責怪。[70]

在二十世紀戰間期，航運技術的最大變化是動力由蒸汽改為柴油。柴油引擎造價比蒸汽引擎高出許多，但是以相等動力而言，柴油引擎耗費的燃料少，而且柴油動力船隻比起蒸汽船可以走得更遠才需加油。再者，柴油動力船隻引擎間所需人手是蒸汽船的一半不到，同時相同大小的柴油動力船隻，由於動力間小得多，比起蒸汽船可載運更多貨品。

然而英國的航運業未能預見到採用新科技的必要，他們沒有像德國和北歐業者同樣快速掌握到柴油動力的優勢，太晚才開始改進。英國造船業者甚至怯於從事焊接船隻這種他們不熟悉的新式造船方法。[71]他們比起競爭者更慢明白石油將是一種重要商品，以及油輪會日漸重要的趨勢。輸油管此時還未跨海鋪設，二次大戰之後石油成為海上運輸首要項目，而英國卻還未建立第一批油輪船隊。

新加坡和英國不一樣，早已準備好且迎頭趕上。新加坡在二十世紀初期已是主要航運業者，獨立之後繼續在港口的基礎設施方面做重大投資，日後更建立全世界最有效率的港口之盛名。港口分布在城市邊緣五個地點，興建更大、更多的碼頭，不斷成長。除了擔任區域總站和分銷中心，新加坡更將其打造成連接遙遠目的地的轉運中心。港口可以做表率，引領國家躋身第一世界之林，更成為經濟模範。

有了先進的物流服務，新加坡港口又帶動了船塢服務以及輔助海洋產業的需求，譬如保險、法律仲裁、市場調查和風險分析等。它的船隻註冊中心本身也成為吸引其他海洋產業的手段。船隻愈大、需要停泊的港口就愈少，因此導致大型船隻普遍選擇在新加坡加油。新加坡成為全世界這個產業的首腦，有如「亞洲的休士頓」，但直接位於海上，提煉和補給船隻所用的初級燃油。[72]

一旦航運費用能夠節省，對個別國家的貿易型態和世界貿易的整體數量都會產生影響。新加坡當然直接受益。費用降低可以促進更多貿易，貿易增多使得世界財富增加。緊隨著大戰結束那幾年，世界貿易和財富開始驚人地大幅成長。自從新加坡獨立以來，海上貿易已增加逾六倍！[73]配額和關稅等壁壘下降有助貿易增長，但是由企業家精神推動的漸進式變革和創新使得運輸費用下降，也帶來同樣的效果。超大型散裝輪的出現就是這些漸進式變革的一環。

戰後初期這些倡議出自美國人的靈感，並非歐洲人或亞洲人的點子。丹尼爾．路德維希（Daniel K. Ludwig）在航運界以精於財務出名，並不是真正馳騁大海的船長。[74]據報導，路德維希一度是世界首富，因興趣進入航運業和造船業。路德維希的脾氣相當火爆，認識他的人不願意做評斷，但是所有人都認為他的確是航運界首屈一指的人物。

他一心一意想賺錢，錙銖必較、節儉成性更成了傳奇。有一次，有位職員寄信時把迴紋針一併擺進去，遭到他訓斥，他痛罵說：「我們怎能花錢用航空郵件寄送五金呢！」[75]他討厭出風頭，拒絕接受記者訪問；有一次，有個攝影記者在紐約街頭搶拍他，被他砸爛相機，還鬧出新聞。

路德維希是興建所謂「超級油輪」和散裝輪的先驅。一九五〇年代初期油輪排水量大約一萬噸，比起第二次世界大戰期間相當成功的標準貨船「自由輪」（Liberty）大不了多少。路德維希認為以比較大型的船隻運貨，並不會使成本相應上升，因為增大船隻尺寸可以增加它的載貨量，但是所需增加動力卻相對較小。大船也代表每噸建造費用降低、每噸所需人手減少。

路德維希在維吉尼亞州諾福克（Norfolk）的造船廠太小，不足以興建他想建造的大船，因此他在一九五〇年開始訪察其他可能的新地點。他的部屬在日本離廣島不遠的吳市（Kure）找到昔日日本帝國海軍的一座大型船塢。這座船塢在二戰爆發之前，祕密興建了全世界最大的軍艦大和號，因此在一九五〇年，取得這個龐大的閒置空間的成本很低。路德維希的「全國散裝輪公司」（National Bulk Carriers）以非常有利的條件簽下十年租約，並與東京的美國占領軍當局建立良好關係，因此他能夠順利進口美製鋼材，當時它們比日本本地鋼材價格更低、品質更適宜焊接。[76]日本政府也允許他免繳進口關稅引進其他造船材料。

美軍的空襲轟炸早已把吳市船塢大半設施炸成廢墟，但是從前在船廠工作的技術人員——設計師、工程師和技術高度純熟的工人——還在，他們很高興能再次被雇用，不太可能要求調漲工資而罷工。路德維希把亨利・凱撒（Henry J. Kaiser）在戰時美國船廠所發展出來、十分成功的造船技術發揚光大：以焊接、預鑄和裝配線作業方式造出簡單但大型的船隻，而且速度要快。*

路德維希正確地預測到市場要求船隻愈來愈大。

路德維希對做生意有全面觀點，不只限於海洋產業。他不僅造船，也要運送鹽、鐵砂、煤和石油等大宗物資。他把事業多角化以便裝滿他的船隻，並且大幅投資礦業、農牧場和伐木業。但是真正替他賺錢的是船運而非其他投資活動。後人記得他，是因為他的航運事業而非資源開採。

如果大型散裝輪只是改革而非革命——畢竟船隻的本質並未改變——標準型貨櫃則是革命性的創新。這種新式載運方法是引進蒸汽動力航行以來最重要的創新，刺激了全球航運。藉由加速及擴大運輸的節奏，以及運輸費用大幅降低，能抵擋日曬雨淋的貨櫃箱在海上與陸上都能暢行無阻。因此貨櫃提供生產者和消費者之間直接、緊密的連結，改變了整個產業，以新方式與其他產業結合。運用卡車、火車和船隻把貨品及材料從工廠無縫接軌地運送到消費者的這種新方法，被稱為「複合運輸」（intermodalism），它以全新方式把大洋和陸地連結在一起。

貨櫃箱有助商品價格下降，因此改變了你我的生活。全世界沒有一個港口比新加坡更有效率地利用貨櫃箱，於是出現了每年較量誰能處理最多貨櫃的競賽，香港和上海一直是新加坡主要對手。

---

* 〔譯註〕亨利．凱撒早年從事營建業，參與興建胡佛水壩等巨型公共工程。二戰期間成立凱撒造船公司，以新式工法大量製造標準貨船「自由輪」，供應軍需。他為員工開設的醫院演進成為今天全國知名的凱撒醫院（Kaiser Permanente）。

有人說，除了紙袋包裝外，裝運貨櫃是包裝技術有史以來最偉大的創新。我們不曉得是誰發明了紙袋，但是我們曉得有個人對標準型貨櫃箱的盛行厥功至偉。麥爾孔・普瑟爾・麥克連（Malcom Purcell McLean）被譽為貨櫃箱革命最重要的推手。麥克連個頭不高、外表和氣謙虛，具有積極的樂觀情緒和對財富的渴望，他在中年之前完全不懂船隻，可是日後被讚譽為「航運業的世紀風雲人物」。[77]

麥克連從北卡羅萊納州一所高中畢業，經營加油站起家。有一次他從亞特蘭大訂購一批汽車電池，發現運費竟比電池還更貴。[78]他立刻覺得自己進錯行業，於是買了一輛舊卡車，以載運菸草起家。他開始增加載運其他類型貨品，也添置更多卡車，不過他始終親自開車。

紐約銀行家華特・瑞斯頓（Walter Wriston）——日後花旗集團（Citi Group）董事長——到北卡羅萊納州拜訪可能成為顧客的全國知名卡車公司老闆麥克連。瑞斯頓立刻喜歡上麥克連，也獲悉他已經委託研究其卡車拖車鋸齒側的風阻對燃油消耗的影響。瑞斯頓對麥克連印象深刻，欣賞他事事追根究柢、而且「每二十秒鐘就出現一個新點子」的精神。[79]麥克連卡車公司（McLean Trucking）日後成為美國卡車運輸業的翹楚。

麥克連回想起貨櫃箱的點子源自一九三七年，當時他正在運送一批棉花捆到紐澤西州霍博肯（Hoboken）的碼頭。「我必須花大半天時間等候交貨，坐在卡車上看著裝卸工人卸下其他貨品。我突然想到，我不就是看著時間和金錢在我眼皮底下浪費嗎？我看著他們把一箱箱的貨由卡車卸下，放進吊索裡，然後再把箱子抬到船上。」[80]

這時候，碼頭已經出現起重機和托板，船隻也有較寬的艙口，使得碼頭工人作業方便許多，但是上下貨卻仍然慢得令人痛苦。麥克連回想說：「每個吊索的貨品都得卸下，然後小心堆置好。那一天我在等候時突然出現一個點子——把我的拖車直接吊上船去、不碰車內載運的任何東西，豈不更容易？」[81]

當時，即使在重視速度和效率的新加坡，一艘船也可能為卸貨及再裝貨而在港口裡耽擱一星期以上。成品有各種尺寸、形狀和結構。若是要裝船運送，傳統上這些東西要放進袋子、打成捆包或裝進桶子或木箱中，以便保護易碎物品。接下來用卡車把它們送到碼頭邊，再一一費力地卸下，然後重新裝入待命船隻的船艙，有時候在船上還要進一步進行分揀。這個過程可能花掉好幾天時間。船隻沒在海上行進就會燒錢而非賺錢。

造船廠已經開始推出配備起重機具的船隻，可以處理托板和吊索，但是仍需許多人力汗流浹背地抬、扛。由於貨物必須經過多次處理，勞力成本相當高，受損或失竊的風險也很大。蘇格蘭威士忌出口商通常預估鋪貨到全世界市場的過程中每十瓶會有一瓶遭到順手牽羊偷走，有時候甚至還會整箱「意外」消失。

一輩子沒有坐過船的麥克連在一九五五年決定放手豪賭，自己投資進軍航運事業。麥克連一位最親信助手說，他甚至沒有考慮風險，就放棄卡車運輸事業改做航運。前者是高度成功的生意，後者則是完全陌生、充滿未知數的新事業。麥克連把海洋當作另一條公路，船隻就像大貨車頭拉著好幾百節拖車。他把卡車運輸業的技巧應用到航運事業上，起先他拆下卡車底盤，將卡車放上船，再來則是輪子和其他所有零件。因此，一九四四年在諾曼第海灘登陸戰中首次採用的「載具直接裝卸」的方式，被運用到紐澤西碼頭的商業用途上。

麥克連的下一步就是捨棄底盤，直接使用貨櫃。它們可以完全從卡車卸下、堆置到船上；吊上、吊下，堆疊起來，鐵箱四個角配上鎖定機制，增加堆高後的穩定度。一九五六年四月二十六日，麥克連旗下二次大戰油輪「理想X號」（Ideal X）在其強化甲板上載運五十八個大小一致的鐵箱，從紐華克駛往休士頓。沒有人敢打包票，這些貨櫃在航行中不會翻倒到海裡。但是，萬幸一切都順利，這個經驗催生了一個全新的產業。

由於貨櫃跨越港口、結合海洋和大陸，把生產者和使用者無縫接軌地串連起來，到了二十一世紀初期，每家五金行、服飾店和百貨公司，乃至每個購物中心都可以依賴貨櫃運輸及時交貨的可靠度和可預測性。銀行家瑞斯頓對麥克連的評語是：「他是少數改變世界的人物之一。」[82]

在碼頭邊，速度就是一切。丹絨柏勒巴斯（Tanjung Pelepas）是鄰近新加坡、和它競爭的馬來西亞港口，在這裡的一位青少年因為靈活嫻熟數字被選聘為門型起重機作業員。他坐在玻璃地板上方的駕駛室裡，俯視著他的兩腿之間底下約一百四十英尺的貨櫃。他的起重機的吊臂在船上水平伸出，整個起重機可以在軌道上滑動，從船頭到船尾照顧到整艘船。

起重機最怕的就是強風。若風速超過每小時三十五英里，起重機作業員就停工。在岸上，除了機器外很少看到人，起重機和卡車不斷移動。工人獨立作業、不再成群工作，而且工作的壓力極大。

丹麥快桅航運公司（Maersk Line）的一位船長說：「壓力很大，不容許放輕鬆。你的速度永遠不夠快。」[83]這是一段環環相扣的舞步，要以最快速度將每個東西準確地放在所屬位置，而這全都根據一個極端複雜和精細的時間表。我們現在在新加坡，以及全世界大型貨櫃港口都可以看到這種現象。

貨櫃的使用呈現爆炸性成長。結合電腦之後，它為港口生活帶來巨大改變。貨品處理基本上不變，但是和它相關的資訊處理卻在相關產業，如銀行、保險和法律服務上，產生相當大的複雜性。[84]電腦加速資料流通，以前可能要花兩天處理的貿易文件，現在只需十五分鐘。[85]像新加坡這樣成功的港口，必須雇用能快速學習、渴望接受新知，以及決心創造更大效率的員工。

貨櫃船現在噸位愈來愈大。超大型船隻長途航行、穿梭各大洲，需要有超大型港口，以及建立集中貨物、降低單位運輸成本的軸輻路網。像新加坡這樣的集散港再把貨品轉運到不具新設備的小型港口。有些小型港口水深不足，有些則是沒錢投資貨櫃處理所需的設施。只有小型港口的貧窮國家受制於較高的成本代價，使得運輸費用高出已開發國家，因而傷害到它的整體經濟。

貨櫃輪不僅建立新的供應鏈，海港風貌也因為它們的特殊要求而改變。資本密集取代勞力密集。貨櫃輪需要港口耗費巨資投資門型起重機、貨櫃運輸專用的跨載車，以及其他重型機具。它們需要正面寬敞的深水港，大船才能縱向泊靠碼頭。它們需要廣闊的空間、平坦的土地和停車場，才能堆放數以千計堆疊起來的貨櫃。

新加坡受到被趕出馬來西亞的刺激，迅速掌握此一新技術的重要意義，在一九六六年七月，離獨立不到一年，就開始徹底研究新的航運技術。[86]新加坡在一九七二年就啟用第一個貨櫃碼頭，此時還沒有任何航運公司決心在歐洲和太平洋亞洲之間以貨櫃輪載貨。新運輸方式快速成長，到了一九八三年，在新加坡有一半到港貨物是以貨櫃裝運。[87]在持續投資、創新和擴張下，到了一九九〇年，新加坡已是全球最大貨櫃輪裝卸貨港口。美國經濟學家李文森（Marc Levinson）曾評論道：「全世界沒有任何一個政府比新加坡更積極準備迎接貨櫃輪時代的來臨。」新加坡能夠迅速學習新技術，也穩固其「效率島國的名譽」。[88]

多元但交通擁擠的海港在傳統上可作為文化交流互動的地方，把影響力向其腹地內陸散播。現在它們缺少人的色彩，大半讓渡給起重機和電腦運作。個別工人取代了成群工作，而且船隻愈來愈大，船員人數卻縮減。全世界海洋上的船和人都愈來愈少，但其所載運的貨品數量卻遠遠超過歷史上任何時期。

過去的船隻在其生命期約有一半時間停泊在港口裡，而且大半時間是等待上工。貨櫃輪革命以後，許多港口開始二十四小時作業，卸貨或裝貨。船隻現在只在港口裡等候幾小時，不再動輒等好幾天或好幾個星期。現在我們再也不能說船員在船上做牛做馬地工作，上了岸卻胡天胡地。他們沒有這種機會，至少沒有後者的機會。他們再也不能出洋後遍遊世界。

大型船隻通常用不上十來個船員。不久之前，有位記者和一艘巨型貨櫃輪船長坐下來聊天，前者說起他一向夢想當個海員。船長冷笑一聲，不是對記者表示不屑，而是對世界另有一番感受。他說：「我也想到處遊歷啊，我是如此盼望，但也一直抱憾。大海現在很無聊，而且很危險，可說是糟透了。我敢打賭，麥克連一定沒想到會是這樣。」[89]

新世紀的船員對世界有比較狹隘的觀點，只曉得他們自身船隻的文化，以及它所歸屬的、單一的國際商務環境。由於停留港口時間極短，他們沒有太多機會去認識周遭的環境。在這個新時代，各地的碼頭都變得和市區有點距離，常常把港口圍起來防止閒雜人等闖入，以及海洋商務經常出現的失竊。恐怖分子的威脅也加深隔離的必要性。

新加坡很幸運能夠擴充足夠的空間，跟上日益增加的要求，同時港口機能與其他大多數港口不一樣，仍舊接近城市的商業中心，在鄰近辦公大樓上班的人視線內也看得到港口。今天，港口雖然存在，卻即將拆遷。在未來，它將離市區更遠。從市中心的街道遠眺，門型起重機的形影出現在地平線，它們運作的速度使我們了解到當前海洋經濟的節奏。綠地和鮮花軟化了將貨櫃和城市分隔開的鐵絲圍欄那份嚴峻氣息。因此，海洋世界變得沒有那麼貼近那些沒有直接參與其中的人的生活。對於今天的港口，一位新加坡人說：「我們知道它就在那裡，但是我們從沒去注意。」

活力與幹勁對於由貨櫃輪支撐的全球大型生產和消費鏈的健全至關重要。那些認識到這一點並能滿足此一需求的港口，全天候拚命工作，並且善加利用數位時代帶來的便利，就能獲得最大成功。就對海洋世界的影響而言，散裝輪和貨櫃所帶來的改變類似於十五世紀的世界海洋大開放，或者在十九世紀出現的蒸汽引擎和電報。這些改變所代表的海洋革命構成現代世界歷史的一個重大主題。

再會了，大不列顛！

一九五五年，新加坡馬來亞大學（University of Malaya）歷史系教授西里爾・諾斯古德・帕金森（Cyril Northcote Parkinson）對於英國在新加坡的駐軍有如此一段評語：「人們預見到遙遠的未來，本地導遊將指點考古學家看一個搖搖欲墜的碼頭、一些傾圮的廢墟，以及差點就因熱帶植被窒息而死的一座游泳池——所有這一切都是英國為了保持其對一個世界貿易口岸的控制所做的最後努力。」[90]

十二年之後的一九六七年，也就是獨立之後兩年，在外國媒體眼中，新加坡的前景更加黯淡。《遠東經濟評論》（*Far Eastern Economic Review*）為此悲觀判斷提出根據：新加坡與馬來西亞有如冰霜的關係、對起伏不定的中國市場的出口，以及越戰戰火帶來的蓬勃商機已劃下休止符。[91]但是並沒有證據顯示越戰造福新加坡的經濟。另一方面，新加坡人本身也不覺得樂觀。一九六七年一月三十日，吳慶瑞透過電台發表談話，他話說得直白。他說，要推動經濟向前走，「需要有殘忍和痛苦的過程……想要從窮人大眾身上擠出經濟結餘或儲蓄來資助資本累積，哪有那麼容易。」[92]可是工業化需要資金。

英國人在這一年七月宣布，決定從三巴旺基地撤軍，這對新加坡造成沉重打擊。但是這則消息發布在英國撤出蘇伊士運河之後，使它不應算是個意外。不過，雖然撤軍所帶來的危機不像一九六五年突然被迫獨立那麼危險，還是引發新加坡人極大惶恐。

英國軍方是新加坡最大的雇主，提供七萬個直接或間接的就業機會，對整體國內生產毛額（GDP）有四分之一的貢獻額度。[93]儘管在一九四二年潰敗，英軍駐紮似乎提供某種安全感，可以對付不安好心的近鄰國家。實質上無險可守的新加坡，根本什麼也沒有。可是，英國作為新加坡的保護人，再也得不到過去的尊敬。李光耀預期地緣政治會有新變化，於一九六八年底前往哈佛大學長時間訪問，吸收美國知識精華，並與美國財經界及政府關鍵人士建立交情，以便必要時向美國靠攏。

英軍起初計畫慢慢撤出新加坡基地，預計於一九七五年完成。由於英鎊貶值加上預算限制，使英國財務壓力極大，因此把完全撤軍時程提前到一九七一年，同時為表歉意，把三巴旺基地以象徵性的一塊錢美元賣給新加坡政府。新加坡取得海軍造船廠、一座巨型乾塢、幾個浮動碼頭、起重機、面積好幾英畝的工廠和相關器材，外加三千多名技術工人。一位負責接收事務的新加坡官員提到英國人：「他們只拿走我們不能用的東西。除此之外，其他東西幾乎全部留了下來！而且狀況良好，我們隨即可以使用。」[94]

新加坡政府聘請英國史旺．亨特集團起草一份顧問報告，研究如何把這個價值不凡的海軍基地改成商業修船之用。史旺．亨特集團享有修船業第一高手的盛名；他們也在馬爾他經營一間船廠，想必也能提供顧客給新加坡。可是報告的結論並不樂觀。縱使如此，政府照樣推動，於一九六八年六月十九日成立三巴旺造船私人有限公司，並委請史旺．亨特集團負責經營。

英國政府留下約一百五十人指導移交，史旺．亨特集團也派出經理人輔佐皇家海軍留下的人馬。不幸的是，這兩組人馬不能水乳交融。商用船塢的需求和軍事船廠截然不同。過去它只維修軍艦，沒有維修商船的紀錄，因此最初很難招徠顧客。

海軍比起商業公司雇用更多人手。海軍工人可以是完美主義者，經常多上一層漆以求光亮。軍艦「可以求百分之百的完美，收拾得乾乾淨淨」。[95]他們有大批水兵，可以不斷進行預防性維修，根本不考量時間成本，把每一件銅製配件擦得金光閃亮。在商船上，外表則不是那麼重要。因此修船廠的工作重點可說是完全不同，上一層漆可能就能滿足需求。

軍艦缺乏成本節制，也沒有壓力非要趕工不可。船艦一進廠維修，水兵就可以上岸在基地中使用其所有設施、好好享樂。這是離城市很遙遠的地方。對許多水兵而言，「城市」就是「喝酒和臭味熏天」的地方，前者對他可能有極大吸引力，但是不需踏出基地就能享用美酒而不必忍受後者，卻是更大的享受。

從海軍船廠轉型代表必須調適新文化。皇家海軍關心的是花掉預算，否則明年分配款項時或許會被削減預算。而民間船廠則是有做事、提供服務，才能收錢，而且在討好顧客之餘還得賺取利潤；它需要提供品質，還得迅速完工，並且盡量壓低成本。

林正白（Lim Cheng Pah）從警界退休，從來沒有在海洋世界工作的經驗或知識，卻在一九七〇年成為黑馬，被派到三巴旺擔任人事部經理。林正白的同事背後都喊他「小暴君」。他觀察到大部分的英國上司缺乏正式教育，但是都能從學徒出身、逐步升職。對於這一點，他沒有異議，但是他輕蔑地說：「這些人全一鼻孔出氣，認為本地人做不好這份工作。」

他發現「面前這一大片船廠，到處都是垃圾、蒼蠅，髒亂不堪」。[96]他發現當時的海軍軍紀廢弛。失竊頻頻，裝病請假也十分普遍——每天請病假的人至少兩百人。[97]身為退休警察，他知道該如何處置。他說：「整飭紀律。」[98]他重視安全，認為安全是船廠生產力和聲譽的關鍵。但是在他看來，最重要的是「生產即紀律」。[99]

按照林正白的看法，地點和人員都需要改造。工作文化需要整頓。產品品質必須提升，材料不能浪費。資方必須改進和勞方的關係，但是工人必須準時、守時，並發展多重技能的靈活度。

林正白不准員工蓄留長髮，在工廠設立一家理髮室。政府把長頭髮和吸毒劃上等號，頭髮只能留到衣領上方兩英寸位置。

警界出身的林正白在管理階層上逐步晉升，他走遍世界各地擔任公司銷售代表，到過俄羅斯、波蘭、印度、台灣和香港。公司早先從馬來亞、印度甚至緬甸聘雇外籍勞工，因此增加國際色彩。一九七八年，三巴旺沒有和史旺．亨特集團續簽合約，後者不久之後就宣告破產。這家新加坡公司現在可以將英國人拋之腦後走自己的路，也可從本地員工拔擢經理人——這是史旺．亨特集團不曾做的事。爾後，三巴旺在裕廊和石川島播磨重工成為合夥人後，增添日本色彩，在世界市場上漸露頭角。

一九八〇年代初期，世界經濟走弱，三巴旺陷入困頓，部分原因是為了配合國家政策，工資在一九八二年開始調升。全國工資委員會決定將低工資產業轉變為高薪產業，以便生產高品質、高附加價值的產品。[100]三巴旺的策略是投資在現代化的、節省勞力的機械上，以獲得更大的勞動生產力而降低成本。更多資本投資以及受良好教育的工人能增進生產效率；但是生產力仍一直是新加坡數十年來最關心的議題。

一會兒日進斗金、一會兒入不敷出，是極易受到市場波動影響的造船業的特色。一九八三年是經濟不景氣最嚴重的一年。全世界能源危機造成全球航運市場萎縮。三巴旺在一九八二年維修了一百一十二艘超大型貨輪，到了一九八三年卻降至六十二艘。[101]

再者，三巴旺也苦於和其他地方如菲律賓、南韓，甚至新加坡國內新開張的乾塢競爭。有人在一九八五年說造船業在新加坡已是夕陽產業，但是樂觀者指出這一行本來就有周期性：「太陽即使下山仍必須再次升起。」而海洋新加坡無須擔心，因為其素來享有「全世界最有效率、最便宜的修船中心」的盛譽。[102]

由於三巴旺不再能夠以價格取勝，它必須專注在品質上。現實壓力刺激三巴旺走向多元化，因而使它進軍最尖端的修理和改造業務：擴大油輪、改裝旅遊郵輪，或是要求最嚴苛的造船工作，譬如化學品裝載船的建造需要一絲不苟的工藝以確保內壁表面光滑。油輪表面絕對不能黏附上任何東西，否則一旦發生自燃就會釀成大禍。

董事長許智光（Hsu Tsi Kwang）在一九八六年說：「我的哲學是不造（普通的）船隻。你根本不能和日本人、韓國人競爭。他們的規模大得太多。他們自己製造引擎……但是你要找到利基，建造特殊用途船隻。」[103]他又說：「新加坡的未來就在這裡——你能找到利基、從中獲利嗎？」[104]

走過今天的造船廠，看到的臉孔和走在街上看到的人一定不一樣。絕大部分新加坡人根本不想從事所謂的「三D工作」，即困難、危險和骯髒（difficult、dangerous、dirty）的工作。林正白更早就注意到：「現在沒有太多人想加入造船業。這種工作太危險、要求太苛刻。」

人員召募非常困難。一名新加坡港務局員工在日後訪問中說：「我們人員相當不足……大約十年前，我們就被貼上夕陽產業標籤，人們不想加入海洋產業……因為父母們會說：『你為什麼要投入海洋產業？它是夕陽產業。我們的政府是這麼說的。』」[105]

召募造船廠工人的人事部門現在試圖描繪美好前景。吉寶船廠向應徵人員承諾培訓他們擔任主管級工作，但是他們認為這份工作的基本薪資太低，而其中半數以上職位由薪水只有本地人的一半的外國人擔任。可是即使薪水是外勞的兩倍，本地人也不要這種工作。本地人也擔心他們和外勞溝通的能力。

這個產業的目標是讓工人更有生產力，才能藉此削減人力。由於港口和造船場不能產生足夠工作去滿足國家雇用勞動力的需要，就和過去地中海偉大的海上城邦一樣，新加坡覺得有必要利用其海洋資產作為階梯，在價值鏈上更上一層樓。

以能源、資金和勞力投入計算，每噸／哩的運輸成本以航運為最低，它產生相對較低的投資報酬率。航運業的業務競爭激烈，又必須持續不斷與業者無從控制的全球經濟和政治的波動起伏對抗。縱使如此，新加坡製造業的新策略似乎仍需要船隻。新加坡的民間企業成功地從事沿岸航運，但是缺乏資金著手拓展國際航運服務。吳慶瑞認為新加坡不能依賴英國的航運公司，以及保護歐洲航運業者在亞洲及其他地區水域的會議。為了以自己的船隻把自己的產品運送出去，新加坡政府在一九六八年十二月成立「東方海皇航運公司」（Neptune-Orient Lines）。財政部提供資本，經驗豐富的巴基斯坦航運業主管薩伊德（M. J. Sayeed）被延攬到新加坡擔任該公司第一任董事總經理。吳慶瑞選擇以羅馬神話海神為公司命名，但也強調這是一家亞洲公司。經濟發展局主席韓瑞生（Hon Sui Sen）擔任公司第一任董事長，顯示出政府對東方海皇航運公司的重視。

畢業於威廉斯學院（Williams College）、日後出任總理的吳作棟——和吳慶瑞沒有親戚關係——在從政之前，於東方海皇航運公司任職。*雖然過去並無航運業經驗，吳作棟把公司帶上獲利之路，也贏得幹練的聲譽。當吳作棟獲悉派任新職時，立刻到書店買下所有和航運有關的書。他說，「東方海皇航運公司給了我世界觀」，是他日後成功擔任總理的關鍵。[106]

東方海皇航運公司在一九九七年併購「美國總統輪船公司」（American President Lines）之後，捨棄本身品牌改打美國總統輪船公司招牌。[107]它旗下所有船隻和貨櫃箱上的公司縮寫全部改為APL，運用已經營業逾一個世紀的這家美國公司名聲的基礎。合併後的這間新公司，以擁有的船隻數而論，目前全球排名第五位，[108]服務範圍遍及九十五個國家。†

這家公司高度國際化，員工超過七千人。新加坡是它的全球總部。它在中國重慶和美國亞利桑那州史考茲岱爾（Scottsdale）這兩個內陸城市都設立分公司，乍看之下很奇怪，但是反映出公司對複合運輸具有強大興趣——標準型的貨櫃使得這種運作模式能夠順利展開。

---

* 〔譯註〕吳作棟於一九九〇年接替李光耀出任總理，至二〇〇四年交棒給李顯龍。

† 〔譯註〕二〇一六年六月九日，淡馬錫控股公司宣布將持有的東方海皇航運公司股份轉讓給法國達飛海運集團（Le Groupe CMA CGM）。這筆交易金額高達三十多億美元。

美國總統輪船公司今天最繁忙的路線是亞洲各港口之間的營運，一則是因為中國製造的產品數量驚人，再則是亞洲消費市場的成長，對製造業產品的需求愈來愈大。再者，如越南等新興經濟體也進入製造業，並且努力拓展外銷。但是它們要在國際航運市場上競爭還需要一段時日；有位業內專家說這是「非常困難和漫長的過程，需要基礎設施、政治和資源的支持」。[109]

航運業者認為他們相當了解世界經濟如何運作、貿易是如何進行，但是業外人士一般都不熟悉這一行包山包海的特性。因此，這一行必須參加延攬人才的競爭。他們說，在新加坡，沒有太多商學院高材生考慮以海洋事業為一生事業的第一志願，或甚至是初進社會的起始工作。由於一般大眾認為航運業是式微中的產業，它「需要強化溝通澄清大眾的誤解、改變觀感，以便爭取人才」。[110]不過年輕人出海之後發現很孤單，特別是在岸上結交女朋友又有其他工作機會招手的時候，他們不想再出海。[111]

隨著國家整體經濟多元化，製造業產值攀升至將近全國總產值的三分之一，其中電子和電器品占了第一名。裝配工作並不需要太多技能，只要有意願從事重複性工作的人力即可。美商和日商主宰了這些外資跨國公司，本地人也感謝它們給新加坡帶來資金、創造就業機會和提供接觸國際市場的管道。

半數以上的新加坡勞動力在外商公司上班，美商、日商、歐洲商社都有，譬如惠普科技、飛利浦、奇異、洛克希德（Lockheed）、歐利維提（Olivetti）、精工（Seiko）和佳能（Canon）。[112]

政府積極延攬它們，而它們在新加坡也非常成功。在亞洲其他新興工業化經濟體當中，這一招商政策非常特殊。國家的目標是訓練本地人一步步往上爬，升上薪水更高、技術要求更高的產業——譬如石化、電子和製藥產業——轉型為資本密集而非勞力密集的產業環境。

城市改造

在十九世紀，為了開發熱帶而清理叢林，摧毀了新加坡的地形以及許多既有植被。接下來城鎮地貌的重大改變也影響到政府推動的城市和社會改造——獨立後的新加坡政府遠比從前的英國殖民政府更加積極、勇於任事。受到以外人投資為基礎的新興製造業經濟的影響，一九七〇年代新加坡的風貌開始丕變。在雄心勃勃的計畫之下，不僅公共住宅，學校和其他基礎設施也大舉改建。打造快速道路和捷運鐵路網是政府全心全力追求效率和現代化的例證。

新加坡河原本是新加坡海洋生命的心臟，商業的成功吸引許多人聚集在其沿岸，導致水路空間過度使用，最終造成生態崩潰。這條河現在已經變成死水，成為一座名符其實的汙水池，因其汙穢和惡臭而惡名昭彰。一九七七年二月二十七日，李光耀總理宣布一項挑戰，要以十年時間「把負債轉型為資產」。[113]

這時候的新加坡已經相當繁榮，因此有實力發動此一大型改造計畫。新加坡河昔日的商業功能已經過時，使得此一大型計畫更有理由進行，而貨櫃的普及更增添計畫的推動力道，因為貨櫃在運輸上需要遠超過河濱所能提供的巨大空間。因此政府規劃大規模的創造性破壞，羅伯遜碼頭（Robertson Quay）的碾米廠、鋸木廠和遊艇碼頭全被拆除，並被酒店、餐廳和戶外咖啡館取而代之。類似的大型改建工程也在河岸的其他部分展開。政府在沿岸興建防波堤、鋪設綠蔭步道，並在精挑細選的商業區和娛樂區闢建一整片嶄新的鋼骨結構、玻璃帷幕大樓。

這個計畫的執行方式可說是新加坡在推動改造上的典範。經過精心策劃和調度協調，新加坡為創造一個現代化的城市環境做出全面努力。藉由保留一些古老的倉庫和店屋，雖然有點不情願但還是禮貌地承認過去的殖民地歷史，將它們整理乾淨，呈現它們「應該」呈現的面貌而不是過去那種亂糟糟的實況，藉此向現在致意，希望向他人表明新加坡今非昔比。

當然，明顯提高的生活水準緩和了環境變遷對某些人造成的創痛。但是某些公民為改變發生得太劇烈而痛苦不已，直到今天都還有人抱怨；保護主義者則嘆息大規模的拆除太常良莠不分地將古蹟統統破壞。因此之故，在新建物紛紛冒出之際，許多漂亮的老建物卻消失了。儘管本地作家李瑪麗（Mary Lee）認為這座古老的城市「散發出一種無形又難以捉摸的味道，使它獨一無二」，批評者卻說，保留下來的建築「僅僅是軀殼、沒有靈魂」。但是（李瑪麗反駁）「誰會在乎呢？建築物被保存下來了，最重要的是這一點。」[114]

在一九七〇年代，這個城市國家也有志建立知識產業，譬如打造及維持機器人和自動化機械的產業。現在新加坡想要吸引高科技投資者，也需要有技術教育背景、受過專門技術訓練（如工程科學）的工人。新加坡一向都很關心如何在優勝劣敗的國際社會生存，焦慮地認定世界仍然是弱肉強食。

一九八〇年代中期的全球衰退，顯現出新加坡對世界市場波動的敏感。我們已看到它如何影響修船業。但是這時候新加坡在價值鏈上更上層樓，使其經濟又獲得輝煌成績。猶如馬紹爾在十年之後所說，政府「不僅填滿我們的飯碗，還給我們玉杯、玉筷子吃飯！」[115]

新加坡政府擁有巨大的資本。大部分民眾很高興地將成功與財富增長劃上等號。對於許多個人而言，不外就是五個C：事業有成、有公寓、信用卡、汽車和高爾夫俱樂部會員證（career, condominium, credit card, car, and golf club）。[116]大部分新加坡人的生活基本「需求」都已經被滿足，現在他們——至少有一些人，開始要求生活「品質」。

第八章

來到現在

一九九〇年李光耀卸任總理，退居權力地位含糊的國務資政職位。即使具體的政治權力並不明確，他仍持續發揮強大的道德權威。他留給國家和繼任者的座椅比最初獨立的三腳椅更加舒適。新加坡現在已經穩坐在一張堅固的三腳新椅上，代表其在海洋事務、製造業和服務業三方面的成功，是別出心裁的改革成果。

早在一九六〇年代，艾伯特．溫思敏就看到銀行金融等服務業可以補強港口和製造業。[1]觀光業也可以強化經濟，提供「即刻東方」的體驗。但是他也指出，新加坡對觀光客而言沒有內在吸引力——它沒有優美的景色、沒有古代遺跡或具有偉大歷史意義的建築，也沒有真正的景點。在這個徹底都市化的環境裡，只有在動物園裡才可能看到野生動物。溫思敏一定難以置信，今天新加坡每年從觀光客身上賺到的錢竟比印度的更多。[2]

新加坡豐盛的美食珍饈無疑地和香港一樣吸引許多觀光客，但是新加坡提供的菜色選擇更多樣化，反映出廣泛的文化融合。由於用餐在新加坡是非常具有風情的體驗，到處都有百貨商場和美食街滿足老饕的口福。由於印度、馬來、華人菜色十分豐富、花樣百出，還有許多被列為「其他」類的佳餚，使得道地的料理引發更多想像。[3]有人會說，馬來華人娘惹峇峇料理擷取兩派菜色精華，但其實還有許多令人驚豔的菜色。已故的《紐約時報》記者艾波（R. W. Apple）以他的新聞報導、飲食品味和龐大的旅行支出出名，他走遍許多國家，經常津津有味地品評各地美食。他在二〇〇六年秋天提到新加坡並寫道：「說它是被壓抑的城邦？在它的廚房裡絕對沒有這回事。」

艾波在經常被認為帶有負面意義的「融合」（fusion）一詞中找到了新意義。他充滿感情地提起有一次晚餐吃到，「熱騰騰的干貝配明蝦餛飩和蛤蠣叻沙湯，彷彿精妙的海洋風味旋律。」另一道令他難以忘懷的菜餚叫做「與風共舞」，原來是「一道熱騰騰的湯，裡面裝著螃蟹、蝦、干貝、蘑菇和（驚喜！）紅棗，拌在溫和的椰子湯中……而且不用碗裝，直接置於幼嫩的椰子裡」。在新加坡，綠茶湯圓這道菜有個叫做「秋空飄雲」的優雅菜名。[4]

即使是普通的名字也呈現出新加坡國際風味的歷史根源。「沙拉巴特」（Sarabat）是阿拉伯語的「喝」，被演繹為賣飲料的攤子。叻沙（laksa）來自波斯文laksha，意即麵條。與烤肉串相關的沙爹（satay）來自泰米爾語，意思是肉。原產於美洲新世界的花生經常被人和沙爹混為一談，其實是後來添加在沙爹醬的佐料。搭配蝦膏或豆醬一起吃的印度煎餅（roti prata）是娘惹峇峇的混搭料理，名字源自烏爾都語的roti和印度語的paratha，意即未經酵母發酵的烤餅。

米飯和麵條仍然是新加坡人的基本主食，筷子和手是主要的用餐道具。飢餓的旅客能以相當低廉的價格在小攤販上找到種類繁多，但沒有艾波描述的那麼詩情畫意的菜餚。街頭食物現在經過政府的仔細檢查和批准。人們可以大快朵頤享用各式餃子、餛飩，以及簡單的豬雜湯，或是以不到五美元的價格喝鐵觀音茶配魚頭咖哩。

在飯桌之外，旅遊景點往往外表光鮮，像迪士尼一樣人工匠氣，像威尼斯一樣張揚卻又缺乏歲月滄桑才有的那股魅力和特質。縱使如此，許多遊客還是熱情地回應，就像全世界那些湧向主題公園的人一樣，喜歡人造的景點勝過自然。「亞洲掠影」（Asia Lite）是政府所要宣揚的價值，向觀光客宣導到此一遊將是舒適、安全，又帶異國情調的體驗。

靠近市中心有一座聖淘沙島（Sentosa），其馬來舊名為Pulau Blakang Mati，意即「死亡從身後降臨之島」。埃索煉油公司是第一家獨具慧眼、相中此一曾為英國軍事基地舊址的公司，認為這裡非常適合他們的營運。但是溫思敏建議保留這塊地供觀光業用途。它從舊名改稱聖淘沙，意即「和平寧靜」。日後溫思敏很自豪是這個地區原始的創意發想者。

聖淘沙是酒店、海灘和海洋公園，以及各式各樣娛樂中心聚集的地方。然而，聖淘沙並非只有新事物；舊砲台和相關的展覽都在爭取遊客的目光，在西羅索砲台（Fort Siloso）的軍事博物館還有蠟像人物點綴。最近該地又增添了一座賭場招徠遊客，目標是賺觀光客的錢而非本地人的錢。儘管考量到公共道德和賭博之間孰輕孰重，新加坡最後還是屈服，允許設置政府委婉稱呼為「整合式度假中心」的旅遊景點。

許多官員長久以來都不贊成開設賭場，李光耀也表達過強烈反對。新聞界引述一位國會議員說，這恐怕是他第一次聽到內閣閣員對一個議題出現不同的聲音。[5]最後，賭博的誘惑力勝過道德原則。

現在新加坡已有兩家大型賭場，這是威尼斯人對世界文明的貢獻。賭場的英文Casino這個字本身源自威尼斯，威尼斯的形象和名字今天在全世界賭博娛樂世界仍然風行——拉斯維加斯和澳門就是著名的例子，兩地都有名為「威尼斯人」的酒店。[6]新加坡號稱沒有人工運河或遊河船伕，但是賭場已經大發利市而且吸引觀光客趨之若鶩，給予城市新形象，修正了富有旅客的印象，否則他們會照例前往澳門或杜拜旅遊。新加坡觀光局急欲推廣，宣稱賭場使得本市更「令人興奮」。[7]

環保意識抬頭

即使今天我們所知的新加坡比紐約晚了兩百年建城，這座城市的都市化無可避免地改變了環境，和曼哈頓從荷蘭人時代開始便一路演進同樣可觀。絕大多數新加坡人民現在住在高樓公寓；工廠為了節省基地面積，大部分蓋成摩天樓；購物中心轉入地下。由於空間有限，新加坡必須找尋土地容納其人口——拜移民之賜，預計將達到六百萬人（或甚至更多）。不久，他們必須再建造更多地方以供工作、娛樂之需，並且提供新景點以吸引觀光客。

新加坡就和紐約以及早期的其他海港一樣，長久以來就以填海造陸方式擴張土地，爭取更多空間供各種用途，譬如滿足愈來愈大型船隻的需求的港務活動。新加坡沒有廣大的領海，其中的百分之八十已用在航運需求之上。[8]新加坡利用焚燒物和工業廢棄物作為外海填土材料，因此以廢棄物創造新的公共空間，同時還維持了一個旺盛的生態系統。[9]

鄰國馬來西亞和印尼覺得新加坡領土的擴張侵犯了它們的權益。為了表示對填海造陸的不滿，兩國禁止砂石出口到新加坡，迫使新加坡人從更遠的國家進口這些傳統的及新的建築材料。[10]威尼斯和阿姆斯特丹利用木樁建城；新加坡則向海床打鋼柱。

荷蘭人與海爭地，以相當激勵人心的方式建立國家。新加坡同樣也填海造陸，只是規模較小、也較低調。自從一九六五年獨立以來，新加坡擴張土地面積達百分之二十二，[11]而且還在持續增加中，[12]使得海岸線起了很大變化，巧妙地把外島組合起來，利用它們供高汙染的化工廠、煉油廠使用，並且騰出其他空間高度利用。[13]機具進步使得建設工程更快、更容易，也能拓展到更深水區。在新加坡的南方海岸，原始的海岸早已不見。如果按照計畫推進，新加坡島面積將遠大過當年萊佛士登陸的島嶼。

新加坡民眾幾乎渾然不覺，但是它的海洋環境深深影響國家整體生態的健康。過去從未有人關注自然棲息地的保存，雖然它們可以抵抗地表沉降也可以作為清潔機制。現在幾近半數的原始紅樹林、大部分的海草，以及半數以上的珊瑚礁已經消失。

由於新加坡在經濟上並不依賴其生物資源，政府當局沒有想到自然棲息地的內在價值，可以作為碳封存、水質、漁業或吸引生態旅遊的力量，也沒有將他們難以估算的損失放在心上。不斷增加的船隻數量，以及目前用來發動船隻的初階柴油燃燒後產生的廢氣，都使環境的負擔日益增加。

新加坡人並不是對環保無動於衷，他們現在已經沒有那麼熱切地對石化工業等容易汙染又需要大片土地的產業抱有興趣。雖然沒有徵求民眾意見，官方在一九九〇年代逐漸重視海洋開發所帶來的後果。如何永續發展成了地狹人稠的新加坡的挑戰。但是政府大規模清理新加坡河並賦予其新用途的舉措，顯示在充分的意志和足夠的財力之下，新加坡是做得到的。

在麻六甲海峽兩側聳立的山脈、半島和群島，有屏蔽作用、相當燠熱，它形成一個鹹水盆地，實質上是個水槽，而且海峽半封閉的特性使其容易遭受空氣汙染。[14]馬來西亞錫業、橡膠園、大型棕櫚油農場及蘇門答臘石油開採的排放，可能汙染土壤和地下水，並無可避免地影響其在海上的最後去向，新加坡也在劫難逃。

海峽最狹窄的地方，應對汙染的壓力最大，大部分問題超出新加坡能控制的範圍。政府對來自外國的汙染源束手無策——最近蘇門答臘森林大火就不時使新加坡的天空變得骯髒昏暗。

水資源中心

新加坡就和英國在中國的殖民地香港一樣，飲水要仰賴外國進口。它長久以來就向鄰近的柔佛買水，但是馬來西亞人已經表明不情願按照一九六五年協定的低價繼續賣水。馬來西亞人對低價感到不滿，這項戰略上的罩門引發新加坡人的焦慮。柔佛也供水給鄰州雪蘭莪（Selangor），但是價錢高於新加坡所支付的金額。而且柔佛本身經濟日趨發達加上人口增加，代表其對水的需求也上升，勢必和新加坡競爭所需用水。

只要有可能，新加坡希望確保供水的穩定。受到這個願望驅使，新加坡政府鼓勵水的回收再利用，民間公司也慢慢地跟進。新加坡糧食不能自給自足，也必須進口能源，但是至少現在科技已提供從國內源頭滿足用水需求的可能性，甚至把此一負債轉為資產。

美國人如果循環使用現在從排水管排放到河流和海洋的水，可以大量地增加水供給。新加坡的汙水現在裝配過濾、殺菌和逆滲透設備，可以製造可口和超級乾淨的飲用水，甚至免費派發貼上「新生水」（NEWater）標籤的瓶裝水。但是大部分的「新生水」被引入現有的供水網絡，其中一部分引入現在闢為緊急蓄水庫的新加坡河地段。「新生水」供應全國近三分之一的用水需求，它的化學和微生物汙染較低，似乎已經成功克服民眾的抗拒心理。人們對於飲用「新生水」的興奮之情似乎勝過厭惡感。[15]

科技可以作為外交工具加以運用。新加坡就是小型國家的典範，儘管它的面積不大、沒有強大國防力量或與生俱來的自然資源。受助於先進科技又察覺到新的商業利基的新加坡，現在正要更進一步成為「水資源中心」，也就是水科技的國際中心。當水的管理愈來愈受全球重視時，水科技便是有極大潛力的新產業。[16]新加坡掌握了汙水與廢水處理的技術，把水科技輸出到印度、模里西斯、泰國和柬埔寨，有些是以人道援助為由進行，有些則是以商業目的，因此可說是推動了所謂的「利基外交」。[17]

製作「新生水」的成本大約是海水淡化的一半，在科技日新月異下兩者成本都還會下降。新加坡人喜歡指出，只要他們繼續沖馬桶，供水保證源源不斷。可是水循環再生和海水淡化的能源成本卻使某些人認為，達成供水自主可能轉化成對能源更加依賴。

新加坡人現在自稱他們有四種水：雨水、向馬來西亞買的水、海水淡化和「新生水」。他們的計畫是增加循環再生的水，[18]使其增加到需求量的一半，另外百分之三十透過海水淡化，百分之二十則為雨水。水源的彈性和可靠性將可以促成自給自足，新加坡為此把目標期限訂為二〇六一年。

糧食也使新加坡人有強烈的危機意識。農業占用新加坡不到百分之一的土地，其餘土地全部被爭奪空間的各式需求吞噬，譬如住宅、工業、商業及其他種種用途。這個城市國家百分之九十以上的糧食依靠進口，成批地由數十個國家海運進來。因此，新加坡人就和住在麻薩諸塞州的美國人一樣，也吃加州產的胡蘿蔔。

依賴糧食進口促成新加坡人實驗在本地生產雞蛋、葉菜和箱網養殖海鮮。市中心外面最近非常時興新型的垂直溫室，它以「魚菜共生」（aquaponics）為特色，*借用魚缸裡的水來養殖草本

＊〔譯註〕所謂「魚菜共生」這種複合式耕養方法，指的是結合了水生動物排放的糞便和水中的雜質分解過濾，主要將氨（尿素）成分供應給飼養箱內的蔬菜，同時蔬菜的根系把飼養箱內的水淨化後供給水生動物使用。這是結合水產養殖（Aquaculture）與水耕栽培（Hydroponics）的一種互利共生的生態系統。

植物和葉菜類，進而兼顧生產蔬菜和吳郭魚這兩種經濟作物。三十英尺高、以液壓旋轉作為動力的箱槽，在向上時提供陽光、向下時提供水。新加坡天鮮農場（Sky Greens）負責人表示，他的收成量是傳統農場的五倍。[19]利用住宅和商業建築屋頂所建的「屋頂農場」也吸引人們的興趣和投入。

在地生產刺激了對土產水果、蔬菜和早期料理用的草本植物的興趣。這些作物不僅以其新鮮度滿足了老饕，也有助於改善健康和環境。除了魚菜共生之外，氣耕栽培（aeroponics）能使植物在沒有水或土壤的情況下生長；另一項目前正在研究及開發的是可適應氣候變遷的水稻品種的育種技術。新加坡希望藉由吸引國際農業企業到本地建立區域總部，並在此進行研發工作來增加其投資組合。[20]

海盜持續威脅

古老的海盜活動一直困擾著麻六甲海峽。過度捕撈和生態環境的惡化，加上巡檢不力及普遍默許，都導致了海盜的盛行；敗法亂紀現在蔚為風氣。或許有半數事件沒有向上呈報，船東不喜歡招來不利的新聞報導、因調查導致的延滯，或保險費遭到提高。

在許多從事海盜活動的人看來，這只是迫於生計、鋌而走險的行為，不是常業犯罪。盜賊通常配備長刀，覬覦行動慢、乾舷低的船隻。他們發揮「跳躍松鼠」的本事，從船尾偷偷地架上竹梯，然後爬上船，讓船員大吃一驚——他們一和其他船隻連接，就即刻展開搶劫。這些人是純粹的機會主義者，在夜間攻擊停泊或經過海峽的船隻，搶劫現金，並且輕鬆地將昂貴設備銷贓換現。

巡邏行動已經嚇阻一些蠢蠢欲動、打算成為海盜的人，但是靠近新加坡的小島如民丹島（**Bintan**）、巴淡島（**Batam**）和吉里汶島（**Karimun**），有許多「鼠港」（**rat port**）方便小船藏匿。這些小島是海盜行業的發跡地，而且位於巡守鬆懈的印尼領海，新加坡並無管轄權可以逮捕任何人。

但是高度有組織的犯罪集團也參與其中，在搶船、搶貨上更富野心，無論貨物多小都不放過。他們劫持大船後將它重新油漆、換上新顏色，用偽造的註冊文件換個新名字。可以想見，大船和貨物都很有價值，特別是液化天然氣船，一艘價值高達兩億五千萬美元，再加上載貨，價格雖有浮動，也很值錢。

三不五時惡化的經濟情況造成馬來西亞和印尼沿海的居民從事海盜活動以貼補收入。政治不安定也滋長社會失序，結果就出現類似一九九八年四月十七日攻擊小型油輪「石油遊騎兵號」（**Petro Ranger**）的事件。這艘掛新加坡國旗的新加坡油輪，在從新加坡前往胡志明市途中，遭到十多名印尼、泰國和馬來西亞籍海盜利用小型攻擊艇趁夜打劫。

「石油遊騎兵號」船員的正常編制是三十五人，但是當時船上只有二十人。十二名海盜持著彎刀和手槍爬上船尾，制伏值班人員，然後衝上艦橋。澳洲籍船長肯．布萊斯（Ken Blyth）聽到騷亂後衝到現場，發現海盜身懷武器，當下就投降。他自忖無力抵抗，也命令船員跟進投降。海盜旋即把船員捆綁起來、關在甲板下艙房內，然後升起宏都拉斯國旗。海盜首領告訴布萊斯船長，他們隸屬一個國際犯罪集團，掌握到「石油遊騎兵號」船期和載貨內容的情報。

搶劫行動因而升級為船隻綁架事件。海盜首領拿出文件，把「石油遊騎兵號」更名為「威爾比號」（Wilby）。幾天後出現另兩艘油輪，轉運走船上載運的約半數的燃料油。又隔了兩個星期，一艘中國海警船隨機攔查。布萊斯船長設法把遭劫情況向中國海警報告，於是他們把船押回中國港口以便調查。布萊斯滯留中國配合調查，約一個月後才離境。海盜被逮捕，後來被釋放、遣送出境，拿不回他們的戰利品。[21]

海盜行為的定義很模糊，但其實航運業也有相似的問題！通常船隻在法律寬鬆、不太追究船東資訊的國家註冊，掛起「權宜國旗」（flags of convenience）——代表他國國籍而非船東真正國籍的旗幟。一旦發生事故，權宜船的責任歸屬就模糊不清。甲國公司所擁有的船隻可以懸掛乙國國旗，雇用丙國船員，載運丁國貨品，駛進戊國領海，進到己國港口。要有效巡守國際航運業勢必需要國際合作不可，這是超越任何單一國家執法機關能力範圍的事情。

新加坡副總理陳慶炎曾說：「我們曉得光靠個別國家的行動是不夠的。海洋是無法分割的，海上安全威脅不會管你什麼叫國境線。商業航運的本質就是多國籍活動……要有效處理對海上安全的威脅，關鍵在於多方利害關係人彼此的合作。」[22]

新加坡主張凡使用海峽的國家都應該分攤安全責任，印尼和馬來西亞則認為這是沿岸國家的責任。問題在於馬來西亞和印尼都對其主權相當敏感，都不歡迎外國——即使是鄰國——來干預這類事務。可是麻六甲海峽三個沿岸國家中，只有新加坡擁有一支有效的海巡部隊。新加坡同意華府在二〇〇四年的提議，歡迎美國在海峽活動，可是其他國家對此一構想反應冷淡。

二〇〇五年三月，一艘日本拖船遭到攻擊一事促使日本提議派遣日本海上警視廳協助追緝海盜行動，但是遭馬來西亞婉拒。後來又一艘泰國油輪遭到攻擊。不久後，保險集團倫敦勞合（Lloyd's of London）的戰爭風險聯合委員會（Joint War Risks Committee）在二〇〇五年六月二十日，把麻六甲海峽列入「戰爭高風險區」（high risk war zone）。[23]這種分類是對海上保險公司的協助，可以導致保險費大增，驅使航運公司避免泊靠位這類區域的港口。

這顯然對新加坡造成極大衝擊。勞合公司的決定強烈鼓勵印尼、馬來西亞和新加坡三國加強合作、取締海盜，以及歡迎來自使用國、國際機構及航運界的一切協助。沿岸國家雖然仍有歧見，但三國仍成立「麻六甲海峽巡弋機制」（Melaka Straits Patrol）。三國的快速回應導致海盜攻擊事件減少，勞合旋即在二〇〇六年八月七日解除限制，所有關係人都鬆了一口氣。

國際海事組織（International Maritime Organization, IMO）祕書長在二〇〇八年稱讚麻六甲海峽巡弋機制可以作為處理廣受媒體報導的索馬利亞問題的模範；[24]新加坡共和國海軍很驕傲地參與在亞丁灣（Gulf of Aden）針對索馬利亞海盜的聯合演習（二〇〇九至一四年），派軍艦和巡邏飛機到約四千海里的遠方，保衛歐亞之間此一重要航線。每年有三萬艘船隻載運原油和其他物品在這條路上航行，它攸關到世界經濟的榮枯。[25]東南亞海盜通常覬覦的是可變賣的貨品，索馬利亞海盜則不同，他們也抓走船員勒贖。

潛在的恐怖主義引起新的關切。船可以是武器，也可以是搶劫目標。液化天然氣船一旦爆炸，會造成廣泛且毀滅性的影響，引發火災、產生熱輻射，甚至波及遠在事故現場之外的地區。在狹窄的航道上弄沉一艘大船，可以封鎖一道海峽，造成全世界近半數商船改走其他較耗時的路線。這時候世界就需要更多的船隻來維持相等的載貨能力，也會立刻造成全球運費上漲。[26]

麻六甲海峽的航運已經愈來愈擁擠，令人擔心此地的交通可能會像尖峰時刻的新加坡市中心。再者，海峽的水深已不足供最大型的船隻通行。航運界正在尋找替代的海路，如巽他海峽和龍目海峽。[27]這兩個海峽都有缺點，包括距離會加長，因此若是捨棄麻六甲海峽改走這些路線，航運公司會增加時間和燃料成本。這個問題也使克拉半島又被拿出來討論。

經過早期各種臆測之後（我們在前文已提過），捨棄麻六甲路線即使節省航行距離，從成本考量興建克拉運河或是一條鐵路似乎並不划算。在種種可能的競爭中，新加坡早早就占有相當優勢，它的海洋產業已經服務船隻的一切需求。以現今時代而言，基本問題是克拉運河的戰略價值或交通量是否大到值得投資偌大的建設成本。

超大型計畫會使群眾興奮激昂，但是謹慎派人士則對成本費用及結果產生疑慮，包括已估計的及仍未知的。計畫執行的艱鉅讓人望而生畏。譬如，興建克拉運河會需要移走及另行安置切斷的石塊及土壤，而根據報導，工程所需的材料只比荷蘭人花了幾百年工夫去興建整個國家所耗費的材料總數量少一些。[28]

建造一條輸油管的費用遠比建運河來得便宜，但是它有環境和安全的風險，也需要在半島兩側裝貨和卸貨。不論在運河哪一端，處理載油的船隻都有溢漏的可能性。再者，巨型油輪需要在吃水深的地方停泊。由於克拉地峽兩側外海吃水淺，輸油管都必須向公海延伸。

泰國可以因開發克拉運河而受惠。運河可在收取通行費、土地開發和觀光旅遊上產生收益，[29]並使泰國在低度開發地區打造新的工業基地。可是三不五時冒出一些計畫和提議時，泰國民意就隨之起伏不定，所有意見最後也統統不了了之。

有個評論員拿運河計畫跟迪士尼比擬。[30]他說，迪士尼每七年就把《白雪公主》拿出來重新公演，因為他們預期每七年就會出現新一代的孩童觀看。曼谷也盛傳，「運河可能永遠建不成，但將永遠是一個計畫。」[31]的確在泰國媒體上，它已經成為被用來暗指那些永遠沒完沒了討論，但卻從未付諸實行的事情。

不過這個完全在新加坡掌握之外的運河計畫使新加坡相當擔心。假如要建一條輸油管穿越克拉半島，肯定會傷害新加坡目前作為「石油港口」的角色。新加坡可能又必須再次自我改造。[32]縱使如此，由於新加坡港口已經在海洋服務上建立無法超越的地位，船隻還是會繼續到來。由於有太多生意可供兩條路線分享，克拉運河可能只是減輕海上交通過分擁擠的問題的替代方案。

當然目前中國是主角，在為了輸入從東南亞進口的石油而嚴重依賴麻六甲航線的狀況下，這個計畫的戰略考量遠遠超過經濟考量。處於弱勢的中國將難以抵擋美國封鎖海峽所造成的影響。當中國在面對他們所謂的「麻六甲困境」時，會認為克拉運河對他們的價值有多高呢？

若是中國覺得需要有一條替代麻六甲海峽的路線，同時如果泰國被說服，認為運河有利無弊，那麼克拉運河計畫就有可能成真。但是還有另一個競爭可能性存在，那就是開發北極海航線——中國對此一構想已經表示強烈興趣。如果這些航線開始被重用，也有可能影響到新加坡在全球航線上的地位。

對於新加坡海洋角色更立即、明顯的威脅，來自馬來西亞決心打破由新加坡作為半島代表性港口的舊傳統。馬來西亞人挑戰新加坡，就在新加坡人眼皮底下，於柔佛海峽對岸完全未開發的地區開闢全新的貨櫃港丹絨柏勒巴斯。

一九九九年，丹絨柏勒巴斯港口開始營運，後來吞吐量也日益增長。它已經從新加坡吸引走丹麥快桅航運和台灣長榮海運兩家全世界最大的航運公司。無限大的潛在空間和全新港埠設施，擁有最先進的配備，使此一馬來西亞港口占盡優勢。新加坡只能以增強本身的效率作為回應，和

（或）效法過去地中海城邦的作法，把自己能獲利的活動移到海外，選擇和馬來西亞搶占市場的新港口擁有相同優勢的新地點。

腦力服務業

新加坡試圖招募可能在新加坡設立區域總部的公司，引進研發及其他白領階級的高薪工作。有位學者稱之為「腦力服務業」（brain services），從生產製造跨足通訊和管理的廣大領域，如建築、工程、廣告與市場調查、法律及會計等行業。[33]新加坡已經把這類性質的活動帶到國外，在經典的地中海熱那亞人和威尼斯人海外關係模式上增添新意。新加坡沒有搶占海外領土；它沒有殖民地，也沒有搶占無主之地。但是它在全球各地的工業園區和港口投資，在海外商務活動上叱吒風雲，遠遠超過威尼斯或熱那亞所能想像。

在東南亞，新加坡想打造一種新型的「港口」、一種區域中心，作為在近鄰外國進行的低端製造業的總部，同時提供管理層級的服務，如行銷、配銷、研發工作等，並且大半都是透過跨國公司的旗號進行。一九八九年十二月，當時的新加坡副總理吳作棟宣布經濟發展局的一項「成長三角」（Growth Triangle）計畫，為三邊工業發展創造新詞。

這項計畫邀請馬來西亞的柔佛，加上印尼的廖內群島為夥伴。雖然吳作棟沒有說出口，或許

只是參與者之一。甚至根本沒想到，其實這是早在新加坡殖民地開創之前，馬來地區就在運作的方式。新加坡當時

在吳作棟的構想裡，日益都市化的新加坡可因此取得這個獨立國家原先不曾擁有的農村腹地。無須考量任何領土的責任負擔，這項計畫提供在國外取得便宜土地和勞動力的方法，也無需為水源和糧食來源擔憂，能讓新加坡這個城市國家在區域內就於經濟階梯更上一階。

計畫名稱使用了「成長」這個漂亮字眼，又在地圖上畫了個正三角形，暗示了其實並不存在的機會和平等。新加坡在談判時占盡優勢，它是一個獨立國家，而對手只是分屬兩個國家的兩個省分。廖內和柔佛幾乎沒有存在任何往來關係。新加坡主宰一切，是和另兩方唯一產生關聯的一造。「成長三角」計畫反映新加坡的私心，而未必是其他兩方所想要的。

新加坡認為這項合作計畫也可降低國內對移工的緊張關係，可以把移工和他們從事的低端製造業一起移到境外，從國內繼續指揮它們。[34]政府也希望訓練當地人才，讓他們接觸更廣大的世界，藉此和鄰國改善關係。這展現了出口導向成長的價值。

在廖內群島的巴淡島設置工廠的前景成功地吸引許多跨國公司，包括美國電信公司AT&T、史密斯科羅納（Smith Corona）、愛普生（Epson）、住友商事（Sumimoto）、西門子（Siemens）和飛利浦。鄰近的民丹島同樣低度開發，島上有一部分地區已圍起來供作不同的投資用途：有規劃的度假中心、有組織的觀光旅遊，特別提供新加坡人舒散身心，譬如打高爾夫、享

受海灘，或是尋求肉體之歡。民丹島一度被人拿來和曼谷等量齊觀，認為是性愛中心。新加坡人在這兒可以擺脫本國冷冽的空調世界、「無菌」的建築以及嚴峻的道德觀。民丹島的酒吧和妓院成為新加坡人到海外尋歡作樂、縱情聲色的替代地。

你可能記得附近還有吉里汶島，也就是萊佛士和威廉．法誇爾曾經勘察是否可選作英國人落腳的地點，現在則是廉價旅遊地。有些人可能被其漂亮的海灘吸引而來，有些人則追求不同的娛樂。老鴇擠在碼頭兜客，以低價妓女招攬客人。

對於新加坡這個國家而言，選擇廖內群島和柔佛都和它早期的工業化模式背道而馳。這意味著資金的外移，和數十年前充滿特色的資金內流大相逕庭。但這證明是一種讓新加坡企業，如銀行、電信等服務業，以及製造業都走向國際的方法。對於擔心新加坡主宰的威脅卻又盼望新加坡能提供的資金的鄰國印尼而言，就業和財富的前景說服他們接受「成長三角」的提議。

「成長三角」改變了這個區域。柔佛成為馬來西亞最有活力的一個邦。廖內群島原本是農業和漁業的經濟體，人口不多，可以透過在印尼各地的召募，引進勞工來補足需求。因此，廖內群島變成跟新加坡一樣，也成為移工的社會。就新加坡經理人而言，它可能是「無國界的世界」，但是對印尼工人而言則否。他們一旦在新工作崗位報到，就留了下來。

手機和廉價小貨卡的生產、年輕女孩在工廠組裝電子產品，不論好壞都改變了島上的生活和地貌。供建築之用的土地開發傷害了水質並造成表土流失。原本無所不在、屏護著海岸的紅樹林開始消失。在群島上，經濟與社會快速變化，使新來者和印尼其他地區疏離。在某種程度上，這種改變被認為是剝削且是華人造成的，成了隨時可能一觸即發的問題。「成長三角」甚至具有戰前日本人宣揚的「大東亞共榮圈」那種令人不舒坦的味道，最後使得合作變成敵對。二〇〇二年，柔佛首席部長就說得很直白：「我們不再是與新加坡互補的角色。我們現在正和它一道競爭。」[35]

除了「成長三角」計畫，新加坡開始創造可以和數百年前熱那亞人相比擬的外部經濟。一九九三年，已經轉任內閣資政的李光耀在演講中說明，新加坡將把其累積的、有組織的「軟體」——知識、以及有建設性地使用知識的能力——向外輸出。這是一個小型國家透過向外投資，進而創造空間的方法。在海外，工業園區為新加坡企業刺激外國市場，因此鼓勵國內的創業精神。這等於是透過行銷、推銷國家以追求長期獲利而非短期利潤。

當然，要建立具有廣大領土的帝國在今天已經不再可能。當今的海上貿易國家也握有勝過前人的優勢，不必竭盡一切資源來保護征服得來的成果。不過我們或許可稱在國外創造經濟空間的海外投資是一種新的海洋帝國。

三巴旺造船公司或許就是一個好例子。楊烈國（Philip Yeo）在一九九一年出任董事長時，認為這是一家成熟公司，需要未來發展的新方向。他說，船塢可以是核心，是企業的「母牛」，但是這頭母牛太依賴全球經濟循環，變得動作遲緩。[36]他覺得公司必須在區域建立力量，強調其工程、工業和技術方面等專長。

因此，三巴旺在一九九六年於天津開設船塢，視為最後大舉進軍中國及鄰近新加坡的吉里汶島的搶灘行動。雖然在地理優勢上無法和新加坡相比，吉里汶島的確有深水港、有擴張空間，而且勞動力充沛又工資低廉。但是作為完全未經開發的「綠地」（green field），吉里汶島必定需要耗費巨資才能成功開發。[37]三巴旺不把吉里汶島視為「遷廠之地，而是業務的延伸」，換言之，它僅是其整體成長的一環。[38]他們說，在中國及在印尼的目標是先在戰略地點建設船塢，從而降低成本和價格。

除了經濟之外還有許多方式，新加坡政府借重超越其寡土少民的國際影響力，並兼納其亞洲和大西洋遺產，進一步誇耀「大新加坡」概念——一個全球性的國家。新加坡自命是非亞洲人進入亞洲的橋梁。當然，其國際色彩和多樣化使它很有可能成為文化融合的核心，而這點在食物和語言上已出現端倪。

打造新社會

第二次世界大戰期間遭到日本占領時，許多新加坡人遭受折磨、英勇死去，但不是為了爭取新加坡獨立建國而死。戰後沒有人為獨立而戰，也沒有出現可歌可泣的感人故事。新加坡突如其

圖表8.1　魚尾獅公園裡的魚尾獅雕像，遠方就是濱海灣金沙酒店。

資料來源：Photo by Wikimedia user Merlion444。

來地成為獨立國家，並沒有創造出英雄人物；李光耀是可能躋身此一地位的明顯人選，肯定也值得列入考慮，可是他並沒有選擇扮演此一角色。

一九六五年，一個多元族裔、內部充滿分歧和不確定性的社群突然獨立，需要鞏固秩序的「社會水泥」（social cement）打造國家認同意識。政府想方設法要創造這種情感，於是選擇一種神祕的生物，即「魚尾獅」（merlion）作為圖騰形象；它是象徵新加坡結合陸地和海洋的文化混種，是新加普拉傳奇的異獸和海洋事實的魚的結合。[39]魚尾獅原本是作為水族館的標誌構想而成，後來被新加坡旅遊促進局採用、建成雕像，認為可以作為國家標誌，成為新加坡的艾菲爾鐵塔或羅馬競技場。

用模壓混凝土製作的雕像表面覆蓋著瓷板，水從獅子的嘴中噴出，意在激發觀光客的興趣。詩人阿飛揚．沙艾特（Alfian Sa'at）覺得，魚尾獅「彷彿困立島上……不確定是否來到正確的港灣」。[40]不過，至少它為攝影師提供一個熱門的主題。它豎立在新加坡河口，適當地介於陸地和大海之間，以多種方式隱喻新加坡的經驗，其中之一被認為是緬懷英國殖民時代的歷史榮光。躍立的雄獅圖案因被使用在英國皇家徽章上而著名，其歷史可追溯到歐洲中世紀時期。魚尾獅的頭部顯然比古代馬來人史冊中所描述的「獅子」更具英國風味。但是至少我們知道，新加坡從來沒有獅子。還有另一個更大、更兇猛的魚尾獅塑像巍然聳立在聖淘沙島的山頂上，令人望而生畏，從而改變了魚尾獅的形象。

到目前為止，魚尾獅作為觀光圖像，比起作為國家象徵要來得成功許多。它對本地人的重要性令人懷疑。很少人認為它很漂亮，但是粉絲們還是盼望在新加坡追求認同意識的過程中，它的吸引力會日漸上升。新加坡或許被稱為「獅城」，但是魚尾獅還未蔚為共識。

著名的新加坡外交官比拉哈里．考斯甘（Bilahari Kausikan）*說：「要引人注目，我們就必須別出心裁。」[41]濱海灣金沙酒店（Marina Bay Sands Hotel）就是代表作。即使出於無心，它代表了新加坡經驗，遠遠超過魚尾獅。

---

*〔譯註〕考斯甘曾任新加坡駐聯合國常任代表及駐俄羅斯大使。

它的富麗堂皇十分壯觀；它號稱是世界最昂貴酒店，大大地展現新加坡的物質成就和其觀光業的重要性。這棟五十五層樓、耗資五十七億美元的建築，由為三座獨立高樓組成；這三座高樓並沒有形成一道高牆把城市與海洋隔離開來，而是成為位於兩者之間的觀景地。建築師摩西・薩夫迪（Moshe Safdie）認為它是「新加坡人遇見世界，世界也遇見新加坡的地方」。[42]它肯定了新加坡作為海港的門戶地位。

有位風水大師建議薩夫迪在設計上不要採取對稱法。為了遵循新加坡華人傳統，建築的其中一面因此是明顯突出的懸臂。薩夫迪採用風水是因為他覺得這也是文化的一部分，只是略嫌消極。他說：「其實我自己的經驗是，它有點像音響效果，要看你請教了幾位風水大師，人人都會有不同意見。」[43]

薩夫迪說，他的任務是創造一個度假中心而不只是一間酒店，但是這塊地面積不大。因此他把屋頂設計成「空中花園」，有寬敞的空間、棕櫚樹和跨越整個結構體的一座游泳池，創造出整體意識。當人們提到屋頂像一艘船，薩夫迪回答說：「我開始時並沒有想到要在一棟大樓屋頂興建一艘船，但是鑒於大家一般都這麼解讀它，它等於代表新加坡的海洋傳統。」[44]

金沙酒店的屋頂上有全世界最大的無邊際游泳池，長度是奧林匹克標準泳池的三倍，約有一百五十公尺長。它位於戶外，沒有牆面或任何障礙物，高到讓人產生不安的感覺。游泳池邊際溢出的水流到底下一個承接區，然後再藉幫浦打回池中，但是泳客看似隨時可能從邊緣跌落，這可

圖表8.2　有位客人在新加坡濱海灣金沙酒店大樓屋頂空中花園的無邊際泳池游泳。

資料來源：Reuters/ Vivek Prakash/ File Photo, RTSHK, or RTSHABX。

以解釋成一個隱喻，說明焦慮在新加坡經驗中無所不在。

新加坡現在有兩座賭場，其中之一位於金沙酒店。現任總理李顯龍宣布博弈合法化時宣稱：「我們希望新加坡有讓人感到心動的元素，有如你在倫敦、巴黎或紐約會遇到的那種悸動。」[45]他的父親也改變了主意。現在李光耀說，摒棄博弈會給世界負面印象，以為「我們要停滯不前，維持原有老舊的新加坡，讓它還是乾淨、整齊、沒有口香糖的地方」。[46]但是新加坡人被嚴厲勸阻參加賭博，包括違者將處以鉅額罰款。賭場要招攬的客人是有錢的外國觀光客，特別是好賭之人，而且這個行業特別賺錢。賭場的出現恰好顯示出新加坡的務實作風。

新政府急欲建立認同意識，抓住建立共同價值的概念，將它們訂定及組織為集體意志，並經國會正式通過。[47]政府手邊掌握方便宣傳它們的手段，如學校、媒體和軍隊（年輕男子都有義務入伍服役兩年）。再者，政府以公共住宅作為另一種工具，除了有利於鼓勵社群意識，也能以根據計畫分配的國宅單位取代傳統的宗族和民族忠誠，打造新鮮和具有可塑性的新組合。

這些「國家價值」把家庭界定為社會的礎石。家庭榮耀第一，強調孝道和長幼有序，包括女性要聽從男性。個人必須身心均服從父母，尊敬祖先。他必須以社群需求為優先，而社群必須以國家需求為優先。社會必須瀰漫種族和宗教和諧，共識優先於爭論。人權沒被提起，個人主義被貶抑為自私。

政府宣揚的倫理頌揚努力工作、節儉持家和社會紀律，強調日常生活要保持身體健康、運動、減肥，最理想是瘦、整潔、準時，而且有禮貌。開車要有禮節；出席婚喪喜慶不能遲到。紀律等於有教養。李光耀早年就說：「我們生活中的某些優雅和平衡，將使我們的社會更有教養。」[48]最理想就是創造一種「現代」而本質上又是「亞洲」的文化，或許這就是李光耀本人所信仰的文化。

為了建立新社會，領導人靈巧地回首過去，他們擁抱而非拋棄，善加利用象徵性的歷史。如同萊佛士以馬來人的歷史來美化他粗陋的新據點，我們也看到李光耀和他的同伴打造新國家時，採納溫斯敏的建議，也或許出自本身的偏好，利用萊佛士。決策者在尋找凝聚這個年輕又多元、急欲定義何為新加坡人的國家時，一再有創意地運用過去、開創新局。

有組織的宗教也一直虎視眈眈成為潛在競爭者，但是並未實現。對於新加坡許多個人而言，宗教或許重要，但是他們沒有用宗教來反對任何官方的意識型態，儘管盛行的唯物主義違背了許多宗教信仰的主旨。宗教信仰依然是私領域的事情，譬如新加坡的羅馬天主教會或許認為墮胎在道德上錯誤不當，但他們沒有站出來反對。當前的新加坡成功讓宗教平靜無波。

「亞洲」價值

新加坡政府宣傳政治和社會安定，把世俗的亞洲價值解釋為適宜、符合開發中國家的需要，並且在推動此一觀點的同時，發起鼓勵使用中文的運動，即使中文不是占新加坡過半數以上華人的母語，也因為冷落馬來語和印度語而有違新加坡社會多元族裔的性質。重視中文反映出傾向後鄧小平中國的新取向；李光耀的種族階級觀使他把華人擺在最高位。

李光耀和其他人認為，帝制中國的傳統中有著亞洲「文化沙包」的基礎，是一種源自人們文化的信仰核心。政府發動一項「亞洲價值」運動，試圖建立一種說法來解釋新加坡的成功，以及合理化時而高壓的手段。政府的論據是，唯有犧牲公民自由才可能達成經濟進步，個人權利必須退居於社群福祉之後。在替多元社會編織文化網絡的艱鉅工作上，政府苦心孤詣的努力確實建立了一個國際企業界視為模範、一個全球資本主義視為聖殿的國家。不過它當然是有社會主義特色的資本主義。

「亞洲」這個名詞和「東方」其實都很含糊，廣義到不具實質意義。亞洲作為一個地理名詞，包含非常複雜的民族和文化。受人尊敬的拉惹勒南曾經在一九七七年說道：「我非常懷疑是否真的有『亞洲價值』這種東西存在。」[49]馬紹爾在他即將退休前的一九九二年發表的演說因為抨擊此一概念而引起風波。他認為雖然此概念在孔子時代相當適切，但服從權威在當今已經不合時宜。

再者，馬紹爾擁護「生活樂趣」的重要性，認為它出自於對個人的尊重。「簡而言之，我們的悲劇就是我們強調社會的首要地位，而不是尊重個人。」他接著說了一個故事：「很多年前我贏了一個案子時，客戶送我一個可愛的瓷製佛像，它肚子很大，招風耳直達肩膀，又有一個胖乎乎的臉。我對客戶說：『欸，你們中國人對美學很有概念。你們怎麼能崇拜這麼滑稽的東西呢？』他說：『馬紹爾先生，請你了解。中國是個常鬧饑荒的國家，數以百萬計的人民死於糧食短缺，要能夠吃那麼多、長那麼胖，那是天堂耶！』」

馬紹爾說：「現在，這就是我們政府的態度——能吃那麼多，就是天堂。你應該滿足了！」[50]

如何建立一套明確的「亞洲」價值，尤其是「儒家」價值的討論在一九七〇年代就展開，但並非始於新加坡。澳洲學者麥可・希爾（Michael Hill）指出，美國社會科學家最先提出此一討論。李光耀和其他領導人所談的價值有一部分是儒家思想，但是只從此一古代、高度複雜的中國社會哲學選擇性地挑出部分觀點。

和儒家中國一樣，新加坡欣賞人際關係的階層和秩序，但是與前者不同的是，後者熱切追求管理，癡迷於不斷量度、分類和量化而極具特色。新加坡政府是無所不在、事事干預。帝制中國政府和人民個體很遙遠，只關心維持秩序和收稅。

儒家思想或許可以引起新加坡華人的共鳴，至少對男性而言是如此（女性在儒家階層論中地位低弱），但是它忽略了馬來人、印度人和其他公民；姑且不論他們是否是亞洲人，他們確實沒有儒家文化傳承，而且構成人口的四分之一。即使是華人，「儒家思想」本身有許多不同詮釋，並不概括所有中華文明。新加坡的華人並非孕育及代表此一帝國文化的儒官後裔。新加坡華人主要出身農民背景，大多是來自華南沿海省分貧窮卻富有志氣的家庭，他們挑戰正統，伺機逃出舊社會。

在新加坡的儒家世界裡，菁英出身於最有才智、受過高等教育、活力充沛的群體，從一系列測試中脫穎而出。他們不像帝制中國的儒官必須是最具美德的人，新加坡的菁英也明顯不重視儒家思想中的美學和人文主義。李光耀一九六八年在新加坡國立大學演講就表示：「詩詞是我們負擔不起的奢侈品。」[51]他認為文學本身不重要，學生必須培養的是「價值系統」。[52]不過多年之後，他鍾愛的太太癱瘓在床、無法說話，在漫漫長夜中他會為她朗讀莎士比亞的十四行詩，尊重她對文學的雅好。

帝制中國的領導者精心培養藝術喜好，將之視為道德行為的表述。禮儀驅使儒官精通詩詞、繪畫和鑽研文學及哲學的本質。中國人認為這是成為政治家大展身手的必要準備。治理的實際細節被認為是不值得君子注意的事情，要委由技術人員處理，方便高級官員實踐自我提升並且發揚美德。

儒家思想貶抑經商，在講求明確階序的社會，商人被放在社會的底層。在這方面，維多利亞時代的英國也沒有什麼不同，英國的政治家們也像中國人一樣，沉浸在古代經典中，當然東西方讀的經典不同。這種教育被認為是最適合培養領導人的教育。

新加坡人現在最關切的仍然是商業，文化似乎被當成商品、當成產業，或許是菁英和群眾共享的鴉片。執政黨的正當性並不以美學成就、而是以經濟成就為基礎，這是它思想和行動念茲在茲的主題。拉惹勒南很簡單地把新加坡人這種信念形容為「金錢至上主義」（moneytheism）。[53] 我們或許可以補充，這就和當年的熱那亞毫無二致。

新加坡把「亞洲」等同於中國，毫無疑問是受到中國的國際地位蒸蒸日上的影響，也因為國內華人眾多。這導致新加坡強調中國傳統，有許多具高度中華文化色彩的紀念館，如萬金油花園（Tiger Balm Gardens）、孫中山南洋紀念館和華人會館等。新加坡的馬來人或印度人似乎就少有可與之比擬的文化公園或紀念會館。

就以位於萬金油花園內的虎豹別墅（Haw Par Villa）為例，這是一九三〇年代胡文虎、胡文豹兩兄弟所捐贈的一座充滿民俗雕像的「水泥」花園。我們可能會認為它對於雄偉的定義稍嫌褊狹、自大和粗魯，但是園內的豐富內容卻有意成為海外華人創業成功的象徵。

它原本是胡氏家族博物館，後來因為經營困難而逐漸被廢棄，國家遂代而接管，改成以中國民間宗教故事為主題的迪士尼式主題公園。園中最壯觀的是「十殿閻羅」展區，鮮明的彩色圖案描繪了待審罪人遭受可怕懲罰的場景，譬如大卸八塊和放火焚燒。遊客發現這部分的展示比「二十四孝」更具吸引力，不過有個故事可能是例外：女主角不顧嬰兒的需求，用自己的乳汁餵養年邁的婆婆。*

所有的展示都是要教忠教孝。贊成修復虎豹別墅的人認為它明顯展現博愛精神，在當前貧富日益懸殊的時代可以作為富人的表率。他們認為它是公民責任的象徵，另外也帶有一點新加坡似乎缺乏的幽默古怪。

虎豹別墅曾一度被改名為「龍世界」（Dragon World），把當今最新科技如雷射光、閃光和嘈雜的音效全運用在中國傳統主題上。「龍世界」規劃蓋一座鄭和碼頭，配上一條龍和仿製的鄭和

* 〔譯註〕這是二十四孝中「乳姑不怠」的故事。唐夫人是唐朝山南西道節度使崔琯的祖母。崔琯的曾祖母長孫夫人，年事已高，牙齒脫落，不能進食。唐夫人孝順婆婆，每天盥洗之後，到堂上用自己的乳汁餵養婆婆。

寶船，即使著名的鄭和除了在前往印度洋途中曾經過新加坡之外和該地毫無關聯。但是這個空間是寶貴的海濱，航運公司的貨櫃肯定比仿製寶船重要。[54]「龍世界」營運失敗，民眾也避而遠之。或許新的、也是新加坡第一座海洋博物館，將會更受歡迎。

受過高等教育的新加坡人希望認同帝制中國的文人雅士傳統，而非萬金油花園或「龍世界」這種粗俗的民間傳統。不過，縱使想尋找華夏之根，也認同新加坡是高等中華文明傳人的想法，仿製中國古城的「唐城」（Tang Village）主題樂園也宣告失敗。觀光客認為它像「龍世界」，收費太高又不夠考究，把東西方隨意湊合在一起，結果東西方遊客都不喜歡。本地批評家認為：「新加坡顯然沒有財源可以打造自己的迪士尼樂園，也沒有成為迷你中國的文化資本。」[55]

其他試圖建立文化資產的努力就較為成功。在二〇〇一年正式開幕的「孫中山南洋紀念館」提供另一個案例。*這是這位中國反帝制革命領袖在新加坡的故居；新加坡的許多歷史地標都已消失，它卻是罕有保留下來的遺跡之一。孫中山在台灣和中國都被推崇為英雄，因此支持他並不代表要在國共雙方之間選邊，而孫中山讓新加坡、海外華人乃至現代中國本身都可以在整體革命成功故事中找到自己的位置。

紀念館把一九一一年辛亥革命推翻帝制推崇為非常重要的政治與文化事件。它詮釋南洋華人──包括新加坡人在內──在反清革命扮演重要角色。將華人離散的經驗納入新加坡經驗增加了觀光收益，也擴張新加坡的情感「空間」。

雖然新加坡有助於革命的發展，且它從來不是反抗中國舊日帝制或是支持國民黨後繼者的忠貞分子，但對中華人民共和國的認同帶來了新的影響，因為就新加坡的投資而言，中國是個重要市場，也是移民人才的主要源頭。新加坡教育部積極招收及資助來自中國的大多數學生。

一九七八年十一月，鄧小平訪問新加坡時，李光耀總理決心讓貴客賓至如歸，精心準備一個藍白色陶瓷痰盂，專供鄧小平習慣性吐痰用。鄧小平置之不理，不像在北京和柴契爾夫人會談時頻頻吐痰、搞得她坐立不安。或許出於尊重主人，即使菸灰缸已放置在手邊，他也沒掏出熊貓牌香菸猛抽。新加坡讓鄧小平留下深刻印象，認為它是國家管控改革的模範，也使鄧小平認為「不需要那麼害怕」外國投資。[56]雖然這個城市國家直到一九九〇年才與中國建立正式外交關係，兩國互動已日漸熱絡。

吳慶瑞從新加坡公職退休後，在一九八〇年代中期擔任中國正式顧問。中華人民共和國欣賞新加坡的經濟成功和社會秩序，甚至稱呼其為「精神文明」。二〇一〇年有位中國貴賓訪問新加坡，他以中國歇後語「摸著石頭過河」指出新加坡幫中國「縮短了過河的時間」。[57]中國人不斷

＊〔譯註〕孫中山南洋紀念館原名晚晴園。一九〇六年晚晴園主人張永福主動把晚晴園借出，當作中國同盟會在東南亞的基地，一直到辛亥革命成功為止。一九一一年武昌起義成功，孫中山由美國轉法國馬賽返回中國途中，於十二月十五日到達新加坡，在晚晴園會見了南洋同盟會幹部鄧澤如、陳楚楠、張永福、林義順、陳嘉庚等人。

研究新加坡有彈性的威權主義，以便運用在本身的政治操作上。

新加坡控制

「新加坡控制」（The Singapore Grip）可以是一種疾病、手提箱，或者是一種據稱是本地妓女用以取悅客戶的技巧。它同時也是英國作家法瑞爾（J. G. Farrell）為他描寫英屬新加坡淪陷前夕的小說所取的書名。今天我們可以說它適切地描述了新加坡政體的特徵。

李光耀在一九九〇年從總理一職退位，巧妙地安排後續職位，他先後擔任國務資政和內閣資政的職位——在某些親近部屬心目中則是「折磨人資政」（minister tormentor）——仍然保持相當大的政治能見度。他保有內閣資政職銜直到二〇一一年大選之後才正式辭職。吳作棟在一九九〇年接任總理，至二〇〇四年卸職轉任國務資政，直到二〇一一年才辭去公職。

李光耀長子李顯龍接替吳作棟出任國家最高領導人，受人諡稱的三巨頭「聖父、聖子、吳聖人」就此成形，而新加坡也兩度完成最高權力順利轉移。儘管最近這次的交接有明顯的世襲性質，沒有人真正質疑現任繼承人的能力。

新加坡在獨立後最初幾十年的政府在結構上貌似民主，但在實際運作上卻毫不民主。在李光耀及領導人心目中，運作良好的政府遠比民主來得重要。新加坡的確定期舉行選舉，絕大多數人民也認真地投票，不過他們所投的候選人都是學術成績優異才被拔擢的人選。政府在沒有利益團體干擾下運作，保持政策的穩定和連貫性，其效率和清廉也無懈可擊。

政府堅定地追求成長，又能成功達致目標，提升了民眾的生活水準，使得人民願意犧牲權利、追求繁榮。領導階層以以下兩點合理化政府的干預。[58]他們相信經濟健康和政治穩定需要中央規劃和指導，而且人民本身沒有能力做出明智的決定。經濟務實主義和政治整合的原則強化且使新加坡的機制順暢地運作。

實際上，政府認為它和民眾之間存在一種契約，而這和帝制中國的思想並無不同。政府以其優異施政表現作為治理權的根據。只要人民安居樂業，他們就接受此一正當性的假設。這的確是專制。但是新加坡政府並非暴虐無道，它確實致力於全民福祉的理想，把人民奉為國家最大資源，找出並培訓他們判斷最適合執政的人才。

為了換取管理權，新加坡國家機關承擔起提高國民生活水準的責任，包括住宅、衛生、教育和年金等。在這個「準馬克思主義」社會，技術官僚的唯物主義主宰一切，而經濟則凌駕一切。[59]但是經濟根基轉向知識經濟令人不免懷疑，新的嘗試要如何才能在威權國家蓬勃發展，尤其是威權政府傾向管控資訊的流通，並且壓制在政治上為其長期隱憂的反對派。

移民與國家認同

今天新加坡政府擔心受過高等教育的老百姓不願生育，而且新加坡在政府鼓勵的狀況下造成人才外流，不利國家發展。今天住在國外或在國外工作的新加坡人約占全國人口的百分之三點三。就一個迷你國家而言，這是一個警訊。[60]許多人出國留學，但問題在於有些人學成後不回國，留在美國、澳洲或其他英語系國家。

在國際上，這是不尋常的現象，因為通常是低度開發國家才會人才外流。滯居國外的人經常是受過高等教育且政府不願失去的人才，這個事實導致政府更加關切人才外流的問題。李光耀對此相當煩惱。每年約一千名優秀青年放棄他們的公民身分並永遠離開新加坡。[61]這也會產生安全隱憂，因為年輕人外流代表服義務役兵役的年輕人也跟著減少。在受過最高等教育、最有前途的人當中，有十分之三選擇離開新加坡。民調顯示，有心移民的人還不計其數。[62]

有些移民意願可能是全球化的效應。就業機會或許不少，但是小國家提供的工作機會和範圍可能不符某些人期望。生活費用可能是另一個原因。有些老人提領出累積多年的年金，放棄新加坡公民身分，搬到國外比較舒適的地方退休養老。錢大量流往紐西蘭。在紐西蘭，他們可以買得起大房子、汽車，享有優質的醫療照護；在國內，這些東西都更加昂貴。但是在選擇外移的年輕人和中年人當中，有人表示他們未必是為了追求更好的經濟機會才離開新加坡。

我們也不清楚政治疏離感是否是移民的關鍵動機。或許更重要的是心理因素，渴望逃脫「保姆國家」令人窒息的擁抱，以及居住在當地似乎相生相息的高度壓力。有位年輕女性是第四代新加坡公民，是馬來人、華人和印度人的混血，她出國已經五年，將離開異國的她卻不回國，反而選擇住在鄰近的印尼。她說：「在國內，有許多事情讓我憤怒，可是我又無能為力。」

新移民也可能有複雜的感受。新加坡吸引許多外國短期居留者，他們豐富了社群景象；這些人有些是外籍勞工，有些是學生，而學生當中有三分之一來自中國。這些中國留學生或工人一到新加坡就有賓至如歸的感覺，吃中國菜、講中國話、看到許多中國人臉孔。就學生而言，優厚的獎助學金通常是另一個重要誘因。新加坡也是讓他們在國際環境中學習、提升英文能力的好地方。

但是近年來，由於政府寬鬆的移民政策，這些中國人逐漸感受到某些新加坡人的憎恨。有位中國學生匿名表達他的看法：「我們在這裡感覺愈來愈不自在。」

在殖民時期，新加坡因移民自由流動和商品自由貿易獲益不少，成為人流和物流的轉口港。有些人來到新加坡只是短暫居留就離去，前往其他地方。但是許多人留了下來。自獨立以來，移民的流入受到規範管理，政府視經濟狀況和就業機會多寡調整政策內容，但是仍體會到某些移民帶來的好處。

李光耀曾說：「如果你看看倫敦、紐約或上海，那些使得當地發光發亮、充滿活力和大放異彩的人，都不是當地出生的人。」[63]新血的加入豐富了人力資源，初來乍到新加坡的移民的確不斷將其才華貢獻於經濟活動的向上成長，使新加坡的產業從勞力導向晉升到技術導向。新加坡近三分之一人口不是新加坡公民，在總人口五百五十萬人當中占一百五十萬人之多。[64]隨著人口老化，現在新加坡對青年人力的需求會增加。然而，移民增加將使政府已經極力在培養的國家認同意識受到挑戰。

許多外國人擔任勞力工或家庭幫傭，以填補勞力的短缺，他們的工作經常是新加坡人不想做的工作（譬如船塢工人）。有些外國人則從事需要更精細技術的工作，譬如醫學研究。

新加坡很積極地展開所謂的「全球人才爭奪戰」，努力吸收、招攬優秀人才。[65]最近有位丹麥人被聘為東方海皇航運公司最高主管，固然是因為其人業界經驗豐富，但也不無因象徵作用而聘用之意，藉此表明新加坡召募最佳人才的原則。這種作法意在填補新加坡本身人才外移的缺口。來自中國和鄰近的印度的專業人員，以及來自歐美的其他人才，受到留在他們的母國可能不會遇上的機會所吸引而來到新加坡。

對科學家而言，設備齊全的實驗室和寬裕的研究經費，加上高薪，是難以抗拒的誘惑。一九八〇年代初期，新加坡實際上沒有研究基地，而政府開始察覺應該為此努力，遂提供一流的工作環境、財務獎勵，也承諾打造由智庫和大學組成的學術社群。他們希望網羅先進國家的科學家，按照合約進行研究，尤其是生物醫學等新領域，盼望能達成商業運用上的突破。但是投資重金並不保證知識產業的成功打造，個人創業的靈感與才華並不能在彈指之間激發創造力的火花。目前還沒有「新加坡製造」的原創產品在世界市場嶄露頭角。

美國人提出「科學園區」的概念，認為是培養創意的機制。史丹佛大學在一九五〇年代初期創立第一個科學園區從事研發工作。科學園區可能「只不過是一種比較光彩好聽的地產開發」，而且也有人懷疑把一群人聚在一起是否真能集思廣益。[66]畢竟創新需要有創業和勇敢冒險的精神，以及承擔失敗風險的意願，這是新加坡文化被詬病缺乏的東西。華人的方言甚至有一個詞用來形容新加坡人的心理：「驚輸」（kiasu），字面上的意思就是怕輸，延伸也有「絕不能落於人後」這一好勝的弦外之音。

一家香港顧問公司在一九八九年十月提出一份報告說，雖然新加坡是「打造及維持高品質基礎設施的大師」，但是培養「將國家改造為科技創新中心所需的充滿活力、盡情發揮的氣氛」又是另一回事。即使嘗試，其結果也是未知的。[67]

但這樣的說法已經過時。近年的新加坡已經在醫學研究上崛起，取得世界級的地位，許多人員在北美洲主要機構受過訓練，而且其兩所醫學院也與這些機構有合作關係。新加坡的「啟奧生技園區」（Biopolis）是龐大投資的具體成果，有傑出的專家團隊進駐。禮來製藥公司（Eli Lilly）把實驗室從美國印第安納波利斯市移到新加坡，而現在每家國際大藥廠在新加坡都派駐代表。在啟奧生技園區隔壁，有兩座屬於數位園區「啟匯城」（Fusionopolis）的高樓，專注物理科學、工程學和資訊科技的研究。它們的目標全都是創新，代表新加坡已經認識到必須超越「廉價又快」，因為它在這方面已經無法與中國或印度競爭。

新加坡國立大學名列全球前三十名大學，廣泛向世界召募人才。耶魯大學希望到海外設校，受到新加坡學習環境的吸引，加上新加坡政府願意負擔所有經費，因而在此設立一所學院。針對國際學生，該學院提供由耶魯大學教師選擇和教授的人文教育課程，但是限制學生參與政治活動，譬如在未獲得官方批准下不得在公共場所進行示威活動。套用新加坡國立大學／耶魯大學管理委員會主席郭雯光（Kay Kuok Oon Kwong）的話來說，即「我們必須從廣義而非解放的角度來看待『自由』（liberal）。[68]它指的是思想自由；我沒有說這指的是言論自由」。[69]本地政治文化在多大程度上會影響這所新學院對文科教育隱含的自由之承諾？目前的共識似乎還有待觀察，因為新機構的認同尚未形成。

耶魯此一有高度爭議的決定引起美國大學教授協會（American Association of University Professors）批評，也激起耶魯某些教員強烈反彈，另外也招致校友的埋怨，不過有位埋怨的校友（他曾在新加坡任教）說：「民粹主義者對新加坡的持續威嚇和經驗現實脫節。」[70]

很顯然地，新加坡的科學家可以在不受意識形態局限下工作。新加坡領導人接受全球社群對氣候變遷的共識，這點也毋庸置疑。幹細胞研究人員沒有碰上他們在美國遭遇的政治限制。複製出桃莉羊（Dolly）的英國團隊發現新加坡的環境支持他們的研究工作。新加坡人可以指出，雖然他們的政治可能敏感、受到管制，但是在科學發展如基因研究方面，不受意識形態的束縛。

駐新加坡美國醫師和醫學研究者發現新加坡的社會政策也有許多值得讚揚的地方，他們個人便身受其惠。他們十分欣賞全民健保、義務教育、住宅補助，也欣喜政府肯花大筆經費投資博物館。但是也有人抱怨工作效率上的阻礙；負責發放研究經費的人中有「太多用心良善的官僚」對貪腐保持警惕。「你買一盒迴紋針，結果他們都要過問購買原因。」[71]

二〇一一年五月，新加坡大選前引起輿論的熱烈討論就顯示，有些本地人不滿外國專家，認為他們享有太多特權卻對新加坡貢獻不足。這股在新加坡人當中的不滿情緒也加劇階級差異。在新加坡社會，在全球來去自如的「國際人」（cosmopolitans）和一般工人階級的「內陸人」（heartlanders）之間開始產生裂痕。

如果新加坡要使經濟持續進展，就必須維持數量足夠龐大的人才，才能夠激發新點子、創造新產品和新工作。美國專利權數字或許可以告訴我們一些有關新加坡的創新狀況：二〇一四年，新加坡在美國取得九百四十六項專利權，與丹麥數字相當（丹麥人口稍微多於新加坡），人均值約相當於荷蘭，而且約是俄羅斯數字的三倍。[72]

在創造經濟繁榮又秩序井然的國家和社會上取得驚人成功後，這個海洋城市國家勢必也要創造出吸引創意人士的心理環境。二〇〇二年的經濟下挫是新加坡自一九六五年獨立以來最惡劣的狀況，促成一份報告《創意產業發展策略：推動新加坡創意經濟二〇〇二》（*Creative Industries*

Development Strategy: Propelling Singapore's Creative Economy 2002）的產生。

這份報告主張一個概念，認為可以把藝術、設計和媒體結合起來，將文化「產業化」。「創意產業」的概念並非起源於新加坡。理查・佛羅里達（Richard Florida）於二〇〇二年在他的著書《創意新貴》（*Rise of Creative Class*）中提出這個構想。他的概念是，受過高等教育、支領高薪的一群人，撇開服裝規範和傳統的辦公空間，以非典型的方式工作，可以藉由創造新產品，活化及豐富世界未來的經濟。新加坡認為這個目標很有吸引力，但是方法卻挑戰其國家文化對整齊劃一的重視。另外，這也表示要培養新加坡人敢於承擔風險和擁有創業精神，也鼓勵外國創意人才到新加坡定居。最終的希望是產生文化而非進口文化。新加坡領導人聲稱他們是亞洲最早為創意產業制訂戰略的領袖。

藝術當然可以提供就業和致富的風法，組成社群來吸引生意，也可以呈現新加坡是個吸引人前來工作、生活和表演的地方。政府的動機是商業而非美學；它強調集體性而非個別性，它認為是藝術是可以操縱、利用的，不只是為藝術而藝術，而是為經濟收益。如果文化不存在，政府官員就自己打造，因為他們認為文化活力對經濟繁榮會有貢獻，也對新加坡渴望的世界地位有所助益。

領導人開始宣揚一種通過享受和參與藝術、音樂、文學和思想的世界得來的自我實現。政府想要製造正面的公共形象以塑造觀感。即使以某種程度的社會失序為代價，有位國會議員在二〇〇七年聲明：「我們需要讓新加坡變『酷』。」他引述一句中國名言警句：「水至清則無魚。」[73]

有人認為這全是在作秀，只是要製造個假象給國際觀眾看，以鼓勵保證賺錢的觀光業，而不是在政策上有了實質改變。二〇〇二年十月開幕的一座龐大劇院就是例證，這對於常規演出來說很有好處，譬如音樂劇《獅子王》（*The Lion King*）吸引了廣大民眾，但它的舞台對於實驗性和另類表演來說則稍嫌過大。一位評論家貶損它：「這是一個空殼子，全球巡演只是在這裡過場。」[74]

裕廊和新加坡鳥園之父吳慶瑞認為，偉大的城市若無一個交響樂團就不算完美，他極力推動、促成新加坡交響樂團成立，並於一九七九年一月二十四日首次公演。吳慶瑞曾說：「以英國人來說，他們在歐洲國家中絕非最熱愛音樂。利物浦是個大海港，像新加坡，不過人口不到我們三分之一。和新加坡一樣，它也不以美學中心或文化卓越而出名，可是皇家利物浦愛樂管弦樂團（Royal Liverpool Philharmonic Orchestra）卻享譽世界。」[75]利物浦有座一流的音樂廳，不過那不是樂團聲名鼎盛的主因。

基礎設施當然重要，但是沒辦法呈現文化。政府知道可以替文化建立物質基礎，但是美學和實質內容卻是另一個問題。然而，當局對藝術的即興性質感到不安，他們不信任臨場的表演，認為它們不可預測和無法控制。

劇場推動了接受度的極限，它或許是新加坡當代藝術最令人興奮的一環。華人劇作家郭寶崑用新加坡舞台上最常用的語言英語寫作、製作和表演，雖然有時也會製作中文版的劇本。泰米爾語、馬來語或中國方言等其他語言巧妙地穿插在英語或中文的戲劇中，也證明了新加坡文化的多樣性。

我們前文提到郭寶崑的劇作《鄭和的後代》（*Descendants of the Eunuch Admiral*），該劇把鄭和的一生視為當代新加坡的隱喻，描繪明朝這位遭到去勢的海軍大將為了順從專制的皇帝，從此與男性氣概和伊斯蘭淵源切割。但是鄭和穿過孤獨空間的偉大航行，將他從這個獨裁君主的世界解放出來；劇作家暗示：「或許他（鄭和）那時思考的就和我們出國旅遊時所想的一樣，雖然處在一種飄忽不定的狀態，但確實從束縛與管控中解放。」[76] 郭寶崑牴觸了新加坡的法律。警察可以審查違背道德價值觀，或者有可能引發衝突的劇本。以郭寶崑的例子而言，他因犯法而被抓去坐牢。

當然，藝術是危險的，因為它打破階層和文化／種族的界限。德國戲劇家貝托爾特．布萊希特（Berthold Brecht）說：「藝術是一把榔頭，拿來打造社會。」對於藝術最有意思的表述總是發生在邊緣文化，而新加坡政府對邊緣感到不安。政府讚揚「創意」是資訊社會的根本，但是希望以它去激發科技和創業方面的能量，換句話說，是創造一種累積財富的商品，為既有的秩序增添更多優勢。政府認為文化是使新加坡躋身區域、甚至全球新創的重要一環，但他們沒有興趣讓藝術成為人類經驗的表述。

基於對現代性的渴望，新加坡仍將紀律和禮儀，視為比藝術所呈現的無序、生氣勃勃和不主故常，以及民主的混亂更重要。著名的亞洲價值倡導者馬凱碩（Kishore Mahbubani）為這一派論點做出總結：「開發中社會有必要先在經濟開發上成功，才能追求在已開發社會出現的社會和政治自由。」[77]問題當然在於上述的時機何時才會來臨？

隨著「西方」文化取代共產主義或種族歧視成為對國家社會安定的威脅，對於價值的辯論持續延燒。批評者把「西方」等同於有破壞力的個人主義和墮落、自戀、道德和財務腐敗、遊蕩、吸毒和街頭犯罪——換言之就是將其等同於失序和向下沉淪的社會。可是儘管有許多負面部分，「西方」整體文化對許多新加坡人仍有強大吸引力。

當局相信他們必須抵抗這些汙染。這代表捍衛新加坡既有的政治秩序、取締異議分子。至少直到二〇一一年選舉之前，反對人民行動黨的人士在大選期間外並沒有一套明確的方法可以表達他們的感受。政府對在野黨的能力沒有信心，深怕他們若是當家主政，在財政方面會不負責任，因此不斷壓制反對黨，通過法院審判將反對黨人物判刑，其中誹謗和逃稅是最常見的罪名。新加坡的誹謗法沿襲殖民時期的英國習慣，有利於原告。

因此這些案子似乎無可避免都是政府勝訴，敗訴者要和解就得大傷荷包。政府很顯然是對言論自由設限，但是其界限又曖昧不清，以至於人人自危、自我審查。新加坡知名作家林寶音（Catherine Lim）曾以「恐懼的氛圍」來稱呼當時的社會風氣。她認為，人民怕政府，政府也怕人民。[78]但是對下個世代來說，情形已經大大改變。

越界

李顯龍接任總理後不久，他在二〇〇四年一月六日於新加坡哈佛俱樂部演講時說：「我對我們的社會必須更加開放這點毫不懷疑。」雖然他和他的前任都從務實的生意角度看待文化，從社會專注追求獲利及物質享受的生活來審視文化，但至少李顯龍認識到新加坡必須創新，否則就會衰敗及死亡，而文化在這過程中至關重要。

李光耀擔任總理時的政府很強悍，人民知道前景如何。今天，政治愈加複雜，民眾期待更深，使得政府小心翼翼，在批判聲音和它所認定的國家需求之間力求平衡。

現任總理李顯龍說：「我們必須開始實驗。簡單的部分——將頭腦騰空，先接納知識、變得可以進一步訓練——我們已經做了。現在困難的部分來了。讓會讀寫和計算的心智更加創新、更有生產力，這可不容易，需要轉換心態及一套截然不同的價值觀。」[79]不過，「越界」還是得遵守規範。當時擔任新聞暨藝術部部長的楊榮文曾說，新加坡應該「開窗，但是要打蒼蠅」。[80]因此政府開始開放、准許熱舞酒吧開設，准許同性戀擔任公務人員。同性戀性行為仍然非法，但沒有人因此遭到起訴。

政府之所以實施審查，是因為相信媒體可以煽動動亂，並以一九六四年發生的種族暴動作為例證。對於涉及商業和教育的訊息的審查較鬆，但是在藝術方面則很敏感，對政治更是如此。色情、種族歧視、毒品文化、暴力和犯罪行為等就是屬於明確的「越界」。不過政府對越界的確切定義似乎刻意含糊其詞，以便鼓勵自我審查。

審查的範圍延伸到對過去的詮釋；政府推出自己版本的故事，以建國總理李光耀的回憶錄作為歷史縮影，因此某些學者覺得左派被不公平、不正確地貶抑到主流歷史的陰暗角落。

對媒體的審查也延伸到外國媒體。傳媒大亨梅鐸（Rupert Murdoch）的這句話經常被人引用，他說新加坡是「全世界最開放和乾淨的社會」。[81] 沒有太多外國新聞記者會同意這個評語。如果他的媒體槓上新加坡政府，他可能也會改變看法。《時代雜誌》、《經濟學人》、《國際前鋒論壇報》、《亞洲週刊》和《遠東經濟評論》等刊物，刊載一般認為客觀的故事，卻觸怒政府並遭到懲罰。《遠東經濟評論》編輯德瑞克・戴維斯（Derek Davies）評論道：「我們盡最大努力參與這場遊戲，但若是能知道規則是什麼就太好了。」[82]

新加坡國立大學訪問學人克里斯多福・林格爾（Christopher Lingle）寫了一篇文章發表在一九九四年十月七日的《國際前鋒論壇報》。他寫道：「東南亞有些國家利用『聽話的司法制度』讓反對黨政客破產。」當時的新加坡政府告到法院，證明他們判斷新加坡就是林格爾影射的國家。林格爾在被告之後花了一大筆錢和解，離開新加坡。

二〇〇一年，《經濟學人》經法院判決賠償李光耀父子。因為八月十四日當期雜誌有一篇文章指出，李顯龍總理的太太何晶是因為裙帶關係才被任命為政府主權基金淡馬錫控股公司的負責人。但是這些故事都不如更早在新加坡發生的麥可．費伊（Michael Fay）案引起國際的興趣和憤慨。

一九九三年九月，許多外僑居住的高檔社區東陵（Tanglin）發生一系列車輛毀損事件，包括遭到噴漆、丟擲雞蛋及產生凹痕。警方布下陷阱，在大清早攔截並逮捕一名十六歲泰國少年無照駕駛一輛紅色賓士汽車。由於他有外交豁免權，於是獲得釋放。但是警方漫長偵訊中，他提到有些人該為蓄意破壞負責，他們全都是美國學校學生，其中之一就是父親為美國商人的麥可．費伊。

警方前往費伊家裡，查出幾件偷來的官方標示牌，如「此路不通」、「嚴禁吸菸」等。費伊當下與其他人被捕、羈押、偵訊，以破壞毀損及竊盜罪名遭起訴。據他的說法，在偵訊期間有警方對他動粗。他說，他在處於脅迫狀態下就五十三項指控中的五項認罪。他被判處有期徒刑四個月和鞭刑六下。[83]

這個事件在新加坡以外的世界引發騷動。《紐約時報》抨擊鞭刑，認為這種判刑等於是虐待；有些聯邦參議員也附和。柯林頓總統出面請求赦免。不過也有不少美國人對美國國內塗鴉和輕罪猖獗感到不滿，認為對費伊的處罰還算合理。

有位當時住在新加坡的美國牙醫師認為費伊「罪有應得」。[84]從她在新加坡的整體生活經驗來看，她說她樂於犧牲一點自由換取安全和效率。在費伊案中，很顯然有許多人認同這位牙醫師的意見；《紐約時報》社論呼籲外商圈出面替這名美國青年陳情，他們卻不做任何回應。

基於美、新關係，王鼎昌總統將鞭刑減為四下，費伊也只服刑八十三天。他回到美國，上了「賴瑞金現場」（Larry King Live）節目講述經過，強調此時此刻他只想恢復正常生活。

新加坡法律或許有其本身的特性，但基本上它源自英國傳統，而且不只限於誹謗法。一九五九年，英國殖民當局訂出政府有權不經審判便羈押嫌犯。鞭刑的傳統只不過是從英國公立學校對犯錯青少年的處置衍伸而來的一種在形式上更為正式的懲罰。在一八七〇年代以前，英國皇家海軍違法犯紀的士兵遭到纜繩抽打九下的處罰是標準懲處。新加坡媒體把美國人對費伊案的反彈解讀為對不同文化不合理的輕視態度。國務資政李光耀尖銳抨擊美國人的敵意，同時說明美國人的道德敗壞。

網路上的呼聲

許多新加坡人抱怨國家生活步調太快和專注物質文化所帶來的壓力和緊張。有人說：「一切都是錢、錢、錢。」也有位學者說：「你曉得ＰＡＰ代表什麼嗎？付錢再付錢（Pay and Pay）！」

在二〇一一年五月大選前，這些負面情緒在網路討論上偶爾會出現。代表資訊革命之聲的網際網路在這方面提供匿名的屏障和超乎官方控制的機能；愈來愈多人要求政府要革新。

政府讚許和支持競爭，但政治競爭例外。不過政府可以就一項紀錄自吹自擂：在沒有實質恫嚇或作票下，新加坡持續舉行自由選舉，而且人民行動黨從來沒有輸過。二〇一一年的大選，儘管選戰空前激烈、反對黨的素質也很高，人民行動黨表現似乎不錯，在百分之九十三投票率下拿下百分之六十點一的全民選票。多黨的反對勢力在國會八十七席中拿下六席。在此之前，反對黨只有兩席。

世界上大多數民主國家的執政黨都會對這樣的勝利感到滿意。但這是人民行動黨自一九六三年，也就是獨立前兩年以來最糟的選舉結果。

反對黨領袖比起過去的前輩更加稱職。某些人至少學經歷不遜於與他們競爭的現任議員。反對黨講話時比過去更有信心，反映民眾不滿意的心聲，在幾個主題上頻頻擊出好球，譬如高房價和昂貴的醫療照護，以及對移民政策允許愈來愈多新來者競爭工作並造成公共運輸擁擠等不滿。鑒於外國人即將占全國人口三分之一以上，作家林寶音寫道：「我們現在幾乎就像一個異國——我們有那麼多的外國人。」[85]在網路上爆發的另一個埋怨是認為人民行動黨態度傲慢，已經不再能敏銳地捕捉到常民百姓的需求。

這一連串的抱怨也包括在職官員缺乏當責，反映出人們對某些高階官員能力喪失信心，同時也不滿他們領取超高額的薪水。數字被拿出來品頭論足：為什麼總理薪水是美國總統六倍？為什麼閣員年滿五十五歲即使還在職，就可以領取年金？

批評者說，他們希望就議題展開公開辯論。有個反對黨高唱「走向第一世界國會」的口號，但是他們並沒有明確陳述他們的論點，也沒有說服力能讓大家明白一旦得到機會，他們要怎麼做，而且他們也欠缺擔任公職的經驗。時任內閣資政的李光耀對此發表的兩句特別苛刻的評語或許也害人民行動黨丟失許多選票，他說：「馬來人還未適應新加坡。」他也警告那些把票投給反對黨的人，五年之內就會「後悔」他們的選擇。[86]人民行動黨明白表示，他們將優先把經費分配給在大選中支持該黨的地區；這可能暗示將投資在改善國民住宅。這句話可能斷送外交部長楊榮文的議席以及他的閣員職位，令許多人扼腕。楊榮文普遍受到尊敬，大家不僅欣賞他的外交手腕和博學，他也頗有潛力領導人民行動黨進行黨內改造。

二〇一一年，政府面對的是消息更靈通、不再那麼順從的選民，他們年輕、不記得國家早年的艱苦。選前的震盪對政府高層造成一些影響，總理李顯龍開始親近人民，啟動他的臉書聊天功能，並留下一個讓許多人困惑的縮寫：TTFN。其實這是「Tata for Now」的縮寫，意指「回頭見」。史無前例地，他在選戰中道歉，但不是為他的政策道歉，而是為執行政策的過程中出現的錯誤道歉。反觀其他官員顯得沒有興趣聆聽和回應，也引來相當多批評聲音。

新加坡是全世界網路最普及的國家之一，網路成為使用者傳遞政治聲音的媒介，換句話說，有更多聲音向政府提出更多要求。而政府似乎無法像對付舊媒體那樣去控制網路。某些批評的尖酸反映人民多年的積怨及可宣洩的新機會。人民行動黨的忠誠支持者覺得這些批評非常不公平，未能承認領導人極大的成就。有位人民行動黨黨員認定批評者「被寵壞了」——這是「父母不當教養」的結果。她指出，這些批評者不肯承認新加坡比起世界上其他國家好太多，甚至與已開發國家日本相比都不遑多讓。

李光耀在大選之後一星期辭去內閣資政職位，其實有點詭異難解，不過這並不代表他政治生涯邁向終點。這隻獅子／狐狸仍保有國會席次，這是很方便的平台，他可以發言也可以監督，以確保國家走在他成功規畫的路線上。一九八八年他曾經「在病榻」為國政進言，又說：「即使棺木入土，我若覺得不對，仍會起身建言。」[87]

許多外國人，不只是那位客居新加坡的美國牙醫師，他們都欽佩李光耀。對許多或至少是多數新加坡人而言，他就像「半神」（demigod），具有中國皇帝的領袖魅力，也有改進人民生活的革命之父光環。他去世時，成千上萬新加坡人排隊好幾個小時到他棺木前致敬。他的過世使國家以一種新的認同意識凝聚在一起，但是也引發對新時代的不確定感。

第九章

邁向全球樞紐

新加坡作為轉口港的海洋經驗使其在全球網路的架構中占有一席之地，並促使它崛起，成為一座位居「二十一世紀最重要海洋上的物理軸心」上的世界城市。[1]

絕大多數的貨物仍藉由海路在全球輸送，而且極可能還會繼續下去。但是世界各地港口的性質，在新加坡獨立建國以來已經改變。現在，主要的港口不再與城市維繫傳統的親密關係，這樣的關係曾經孕育了社群間的豐富互動。如今自動化當道，我們在港口很少看到人影。但是數位媒體以前所未見的方式把碼頭與世界連結起來，而海底光纖電纜往往循著傳統的地表通路給予港口它們過去享有的資產，使其繼續擔任資訊的收受者和分配者。因此港口提供參與港口生態的人們一個接觸全球事務的橋梁。

我們看到日新月異的海洋科技、地理和馬來傳統，英國法律與秩序跟華人創業的活力和手腕的有效結合，資質優秀的領導人，以及運氣，這些全都是新加坡成功故事的重要成分。新加坡在一九六五年獨立建國，很幸運且湊巧地碰上全世界海上貿易大幅上升，而新加坡在其中找到一個突出又有利可圖的位置。即使二十世紀初破舊的牛車依然在街上蹣跚而行，新加坡港口在人們朗朗上口使用這個名詞之前早已變成「第一世界」，取得的成就遠遠超越新加坡經濟和生活的其餘部分。而且港口也一直是新加坡最主要的投資項目，提供一個基礎設施發展的核心，把國家帶向現代化。

要載運海上貿易的資材，距離是非常殘酷的一件事，因為距離就是時間，而時間就是金錢。

新加坡離世界最大消費者市場——美國仍然穩居第一位——非常遙遠。中國的珠江三角洲比起新加坡，和北美洲的距離近了一千英里，長江三角洲又比珠江三角洲更近了一千英里。但是新加坡並未非是在和中國競爭美國市場。它的優勢在於它離鄰近的亞洲市場——中國和印度——更近。

世界上許多國家的聰明人直到現在才開始察覺，一直到一八〇〇年，印度和中國占全世界經濟比重百分之五十。但是印度和中國當時都沒有利用海洋在全球活躍，兩者也都在大西洋世界節節進逼下衰頹。過去在本區域獨領風騷的中國，終於首度在全球舞台上大顯身手，不但利用海洋作為通路，也以海洋為競技場向全球發揮影響力。印度也比以往對海洋有更大的興趣。新興的印度市場因為中產階級而大為增長，已經不遜於中國、甚至大過美國，前途愈來愈看好。

對新加坡而言，印度只代表豐沛的機會。中國的崛起也提供機會，但是在經濟上和戰略上也出現不確定性。或許有了中國資金，克拉運河就得以開鑿，或者興建一條跨馬來西亞的輸油管，使得新加坡港口在地理上陷入劣勢（雖然新加坡具有先進的海洋支援網絡，仍然遙遙領先）。但是中國人也可能轉向北方，他們已經展現對北極海的濃厚興趣。如果地球暖化使全球航運模式移向極北方，就好像當年幾條大運河開通後，全球航運從極南方的好望角和合恩角移到赤道北方一樣，這將在戰略上重傷新加坡——即使北極海也可以是其海洋產業的新市場。但是就長期而言，北極海路線在全球交通運輸的重要性仍將很大程度地取決於世界最重要的生產及消費經濟中心位於哪裡而定。

新加坡也可能因為處於崛起中的中國和急起直追的印度兩者之間的戰略位置，得到新優勢。新加坡具有印度人和華人的傳統，或許可能在兩國之間擔任文化和經濟的中間人，也在兩者和國際社會之間扮演全球樞紐角色。

但是，就攸關商業力量的資訊流通而言，現在時間超越距離成為最關鍵的因素。時區（time zone）比起從前更具決定性。在一九六〇年代，溫思敏或許是第一位提出新加坡從所處時區獲得優勢的人士。蘇黎世金融市場在上午九點開盤；倫敦晚一個小時。當倫敦收市時，華爾街開市；紐約收市時，洛杉磯還在交易中。相較於東京和香港，新加坡可以填補美國收市和瑞士開市之間的空檔，因而完成一個全球循環。國際間對新加坡的政治安定、組織能力和財富增長的普遍欣賞，更增強了此一時區的優勢。

憂患意識

新加坡建立起一個繁榮的海洋城市國家，已經展現出非凡的經濟和組織成績；這種類似歷史上威尼斯、熱那亞或阿姆斯特丹的經驗，也證明在我們的時代是可以複製的。這些早期成功的海洋城市國家並沒把自己局限在海上，而是利用海洋作為觸媒，作為跨進更有厚利可圖的活動的跳板。每一個地方都可能發展出獨樹一幟的特色，但是它們全都和新加坡一樣，以自我重塑稱著。

熱那亞人最先當起漁民和海盜，後來從事貿易，最後進入銀行業務。威尼斯在西元十一世紀之前以販賣鹽和漁獲起家，雖然其政治和商業力量在現代之前已經終止，但這個城市國家建立傑出的文化，使它如同博物館，在大海吞噬它之前將持續使人們為其如癡如醉。阿姆斯特丹實際上就是城市國家，據說真的就建立在魚骨上，而漁業是它早期致富來源；它領導荷蘭成為成功的海洋貿易國家，也為今天荷蘭國民的財富奠立基礎。

新加坡就和這些歐洲海洋城市國家一樣，巧妙運用其處境建立領先的海洋經濟。雖不是改革的發起人，卻靈活地回應變化、熱切擁抱新事物，滿足過去兩個世紀利用海洋空間所帶來的一連串劇烈的轉型需求，不論是全球航線變化、船隻動力方式變化，乃至載運的貨物以及物流處理，新加坡都能與時俱進。

今天航運業營收占新加坡國民生產毛額（GNP）百分之七、服務業占百分之十，以上皆提供了令人驚豔的證據，說明這個城市國家有能力在經濟價值鏈更上層樓。[2]海洋的影響力縱使不可估量，也一定大過這個數字所揭示的意義。海洋產業帶領經濟跨足相關製造業和服務業，如造船修船業、保險、法律、會計和金融業。海洋已把新加坡社會帶入緊密的國際關係、經貿關係、國際組織的參與，和旅客及觀光客直接的人際接觸。透過將港灣建設為港口、將屯墾地建設為城市，新加坡不僅生存下來，還在深刻影響國際權力和財富均勢的全球轉型中發達起來。再者，新加坡港務局透過投資海外十五個國家港埠，和世界其他港口建立龐大、緊密的關係網絡。[3]新加

圖表9.1 新加坡從世界財富及世界貿易擴張獲益情形

年分	世界GDP（註1）	貿易占GDP比例（註2）
1965	14.2	24
1975	22.2	33
1985	31.7	38
1995	43.4	43
2005	62.4	54
2015	74.4	56

（註1）單位，兆元美元，二〇一〇年美元購買力平價。地球政策研究所The Earth Policy Institute, 1950-2011世界生產總值“Gross World Product, 1950-2011,”採用來自世界大型企業聯合會（The Conference Board）和國際貨幣基金的數據。

（註2）資料來源：世界銀行。根據國際海事組織（International Maritime Organization），這些數字中百分之九十的貿易總額是經由海運。

坡國內數座碼頭很快就要整合完畢來服務兩百家航運公司，並與世界一百二十三個國家的六百個港口連結，每天有多班航班駛往重要港口。[4]

但是新加坡一路走來並非如此順遂。新加坡的成功絕對不是必然的結論。在這些出類拔萃故事的底下，存在著野心和焦慮的暗流，對一路進取的熱切渴望和強烈的憂患意識相互交雜。新加坡的雄心壯志專注於經濟事務上，其焦慮則一再凸顯政治和經濟的挑戰。

貫穿新加坡崛起經驗的是因一系列危機而激起的憂患意識，無論這些危機是否真的發生。

我們不清楚古代的淡馬錫／新加普拉是怎麼滅亡的，但是它今天就「有如尼尼微和泰爾」一樣，只留下少許遺跡供我們了解。從英國人一八一九年到達起，新加坡殖民地面臨威脅，和頑強、危機四伏的叢林作戰，在許多開墾者覺得陌生又危險的熱帶環境，開闢出最早的暫時棲身處，最終才得到倫敦遲來的認可，成為帝國新據點。

後來世界商品市場的波動起伏，以及戰時日本占領的創痛，尖銳地凸顯新加坡在面臨外在世界的局勢時根本無從控制，因此十分荏弱。新加坡曾和馬來西亞有段很短暫、但動盪的結合關係，而它在一九六五年突然被迫獨立，即使李光耀也擔心這個新國家存活不下去。的確，種族分歧、共產黨猖獗和缺乏國家認同意識等內部挑戰立刻浮現，而且鄰國也公然表露敵意。

政治家楊榮文認為新加坡的憂患意識已經走火入魔。他說：「我們的成功是焦慮的結果，而焦慮卻從未因成功而完全減輕。」[5]「由於政府一再強調成功很脆弱，當前的新加坡證明了一個迷你海洋城市國家並不過時。在政府嚴密指導下，新加坡已經在開發的階梯上向上爬了好幾層，從貿易晉升到製造業、再上升到服務業，現在更希望發展知識經濟，成為研究及創新的重鎮。「我們從海港進化為空港、再進化為電信港」，但是會兼具這三者的功能——楊榮文如是說。[6]

新倫敦

港口城市有其特別的罩門。阿姆斯特丹最後無法和倫敦競爭；威尼斯衰退是因為大西洋航路開放進入世界大洋，允許海洋歐洲從海路直接前往遙遠的亞洲，而威尼斯不在這條路線上。再者，由於連年戰爭，像威尼斯或熱那亞這樣的城市國家，資源無法與新興的、領土大得多的民族國家競爭資源。

近年來，上海爆炸性地崛起成為世界主要大港，紐約港以令人震驚的速度相對萎縮，倫敦港則銷聲匿跡，展現出海洋世界的千變萬化在加速發生。由於海洋生活可以大大地影響經濟，大港口的沒落可以視為伴隨、或甚至預測其母國國際地位的全面衰退。阿姆斯特丹是個早期例子，倫敦、或許紐約在之後也將步上後塵，兩者的母國都曾經是世界領袖。這也許代表新加坡表現不俗，仍然繼續滋長其港口的活力，同時亦在其經濟的其他部門強力推進。

新加坡積極推銷自己是全球城市，希望不止步於國際商務的區域中心，能更進一步成為世界海洋之都——「新倫敦」。泰晤士河長久以來以「邁向帝國之路」服務倫敦，直到一九六五年，也就是新加坡獨立那一年，倫敦仍然是世界主要港口。但是，倫敦港以令人意料不到的速度瓦解，速度之快甚至超過帝國的沒落。一九八一年十月底，最後一艘船在倫敦卸貨。[7]

今天，絕大多數的倫敦人從沒看過碼頭作業情況，甚至連船都沒看過。不適合散裝貨輪或貨櫃輪的泰晤士河碼頭區，拚命想在一度十分鼎盛的海洋工業世界的遺跡中找出新的商業定位。在碼頭區尋找藝廊的觀光客可以在用舊貨櫃改建而成的小咖啡屋用餐，挺諷刺的是，貨櫃箱正是使碼頭區走向沒落的元兇。

康納利碼頭（Canary Wharf）吹響改變的號角；它不只是碼頭，而是大型河濱辦公大樓區，是國際人士處理大問題時會商的地點。倫敦是重要的全球金融中心，是決定倫敦銀行同業拆借率（London Interbank Offered Rate）的地方。倫敦外商銀行之多，超過其他任何財經中心；它維持的跨國公司網絡包括石油公司以及希臘航運公司的區域總部。倫敦是全球市場、公債和票券的主要交易員，以及主要國際語言的中心，它決定海洋法和仲裁的標準。格林威治標準時間界定全世界的鐘錶。

倫敦的銀行家、律師和會計師都嫻熟海洋事務，倫敦市持續誇耀其處理船隻出售及包租事項的本事。勞伊茲驗船協會（Lloyd's Register）是船舶分級的最重要組織。倫敦是海洋新聞和情報的中心，「勞伊茲船舶日報」（*Lloyd's List*）是傑出的例子。和海洋事業相關的國際組織的總部也位於倫敦，其中最著名的是聯合國國際海事組織（International Maritime Organization）。新加坡若有野心想達成這樣的全球海事地位，這一切都是強大且難以克服的障礙。

倫敦向來在政治穩定的環境中提供豐富的文化背景。儘管天氣陰暗，但從事知識產業的人士覺得它是個活躍的宜居城市——雖然物價相當高——因此寧捨新加坡的陽光而選擇倫敦。倫敦目前匯集與海洋商務活動相關的人才，在新加坡或其他任何地方恐怕都極難組合起來。只要有人願意住在倫敦，想必企業也將留在倫敦。不再有船隻出入的倫敦還能維持多久在海洋事業的霸主地位？沒有了實物，抽象的名聲能夠蓬勃發展嗎？不再是歐盟成員的倫敦，能夠維持在海洋世界的重要性嗎？

挪威顧問公司梅農（Menon）最近針對三十三個國家、一百九十六位海洋專業人士進行調查，根據四項活動——航運、法律和財務、後勤運籌和港口、競爭力——把新加坡列為世界最重要的海洋中心。[8]新加坡沒有在每一項都位居第一，譬如法律和財務這項是第四名（倫敦為第一名），但新加坡在總體分數則傲居首位。德國漢堡名列第二，目前上海已是世界最大港口，預期將會成為世界第二重要的海洋城市。[9]而這份報告認為人才的缺乏是新加坡最大的弱點。[10]

新加坡提出「海洋產業倡議」（Maritime Sector Initiative）作為回應——砸錢推動民眾認識港口，及在海上及陸地創造多樣就業機會，提供貸款、稅賦減免、研究、訓練計畫和獎學金給海洋相關工作，目標是建立強大的本地人才核心。

新加坡計劃成立一個超大型船塢，目標是成為世界最大修船中心，推出更多自動化和更多基礎設施，如乾塢、小船泊位。[11]二〇一三年，交通部長宣布一項宏大計畫，要把全市整個港口網絡大搬遷，整合到大士（Tuas）。大士位於新加坡島最西端，是一般新加坡人視線不及的一塊海埔新生地。這項計畫將釋出靠近市中心、更有價值的數千英畝空間，它們大半在海岸邊，可供作更有厚利的新用途，也將大大改造城市風貌。

大士計畫利用政府的特別基金（海洋創新及科技基金〔Maritime Innovation and Technology〕）研究設計和創新。這項計畫預定在二〇三〇年左右完工，將需要大面積地挖濬和填海造陸，動用自海床的材料、從島上其他地方挖掘的材料，以及海砂。目前的五個港口分布在島上不同地區，運用卡車分類和交流許多載貨，造成交通阻塞和空氣汙染。在超大型新港口的碼頭將透過一條自動化隧道——「地下貨櫃捷運」——直接和工業區連結，可以節省時間，又能淘汰嘈雜的貨櫃卡車，進而舒緩交通壅塞、降低空氣汙染。洛杉磯和長灘，可千萬要留意了！

如果大士計畫順利完成的話，新加坡目前每年處理二十英尺貨櫃的能力將增加一倍以上，從三千萬個達到六千五百萬個。相形之下，美國主要貨櫃港洛杉磯—長灘複合式港區現在的吞吐量不到一千五百萬個。歐洲最大的貨櫃港鹿特丹則不到一千兩百萬個。

這個民族國家的強項仍是組織資源和施加影響力，但是在各個國家和區域推動政策乏力之際，這個全球城市會崛起成為另一個創新中心。新加坡渴望成為這樣的城市，也符合研究此一主題的許多專家訂出的某些標準。它現在很特殊，是唯一一個政治獨立的全球城市。它能夠不斷向外發展，推銷自己是廣大世界的一部分，同時自一九六五年以來又努力創造和培養國家認同意識。

新加坡現在能在大型民族國家的世界欣欣向榮，導致有些人認為小型、平穩的組織和共識的推廣，甚至可能是未來風潮，而城市作為全球角色說不定比國家更重要，至少在某些領域是如此。城市本身傳統功能是作為發想、推出產品的中心。民族國家仍將繼續存在，但是愈來愈多的政治議題將必須在城市層級解決。這可能在世界創造出新的競爭和合作模式，彷彿海洋城市國家大盛時期的西歐。[12]

二〇一四年，依據商業活動、人力資本、資訊交流、文化經驗和全球影響力這幾項標準評估各城市時，新加坡名列前茅。[13]評分人員列出許多政治、經濟和文化方面的評斷標準，譬如有吸引力的景觀規劃，包含有特色的大樓和仔細的都市規畫；穩定和能幹的政府、良好的道路和大眾運輸；與國際接軌、且有頻繁往來的運輸和通信中心；有優秀醫護人員服務的著名醫院及診所；其經濟體提供面面俱到的法律和會計、銀行和經紀服務。再者，全球城市提供豐富的休閒和學習機會，有多元的飲食文化，世界級的博物館、藝廊、劇院、動物園、植物園、體育場、公園和比賽場地。我們還可以再加上大學、圖書館和研究機構，不僅吸引本地人，也吸引外國學生和訪問學人。

就新加坡而言，雖然投資了數十億美元興建全新的博物館和表演藝術中心，也委託世界級的建築師如薩夫迪和諾曼·佛斯特爵士（Sir Norman Foster）操刀設計，甚至舉辦藝術節和音樂會，卻不能立刻創造懂得欣賞、熱於回應的觀眾，也不能抵銷政府種種高壓作法的心理衝擊。政府過去有許多針對藝術家和表演者探討有爭議的主題，如性、種族、法律規定或政治，就予以調查、起訴或罰款的前科。

能思考的國家

新加坡說它想成為一個「能思考的國家」。「思考」是ＩＢＭ的長期口號，記者威廉・吉布森（William Gibson）評論道：「如果ＩＢＭ曾經想過要實際擁有一個實體國家，那個國家可能會與新加坡有許多共同點。」[14]但是，史蒂夫・賈伯斯（Steve Jobs）和蘋果公司提出一個不合文法的座右銘，主張「不同凡想」（Think Different），稱讚那些推動改變的叛逆者，與新加坡的想法截然相反。聰明但粗暴魯莽的賈伯斯是這類人的化身。他不穿清爽的白襯衫。新加坡並不讚許失禮、不滿足和有顛覆想法的人。

啟蒙時代著名德意志哲學家康德（Emanuel Kant）提出的訓諭，即「別想，服從就對了」，似乎特別合適新加坡剛崛起致富的時期。新加坡在過去一個世代成為成熟的社會，更符合康德接著提出的第二個建議：「服從、也思考。」也就是說，付了稅，但是可以儘管抱怨——現在很多人就是這麼做。

新加坡究竟是楊榮文所謂的「亞洲的大蘋果」？還是威廉・吉布森所說的「有死刑的迪士尼樂園」？[15]前者值得慶喜，後者則語帶輕蔑。在新加坡光鮮的表面下，某些憤懣在暗中滋長。計程車司機可能會讓你對人生莞爾一笑。有位印度裔計程車司機被問到，對於生活在新加坡有什麼感受，他講了一個笑話：「麻六甲海峽中有兩條狗各自游向對方。來自印尼的這條狗說：『我不能等，我要趕快到新加坡去。我想要謀到一份好工作，分配到一間有冷氣的公寓。』另一條狗來自新加坡，牠說：『我只想要大聲汪汪叫。』」但是即使是計程車司機們，意見也未必一致。另一位司機說：「這是很理想的居住地。乾淨、環保、安全、氣候暖和，不需要買太多衣服。」他比了比身上穿的薄汗衫。

雖然全世界都讚揚新加坡經濟成功，但是批評者立刻指出在威權政府統治下付出的代價。新加坡政府發起、指導並指揮公民的生活，其對自由所造成的傷害雖然肯定小於日本在二戰期間的軍事占領，卻大於英國的殖民當局。不過，人民一直都能夠自由投票，而現在雖然媒體仍受到政府管理，民眾已經可以透過網路發抒心聲。這些聲音通常都是批評，但是二〇一五年九月的選舉，人民行動黨政府仍然大勝，得票率近百分之七十，在國會八十九個議席占有八十三席。

新加坡和其他先進國家現在都面臨相同的基本問題。我們要如何才能最好地培育經濟永續成長？其中大部分依賴於如何領導和管理「電信」（telectronic）社會的全球交流，努力消化並在遠距離利用由網路交織而成且極速增長的全球資訊池。[16]對於美國人和新加坡人而言皆然，管理資訊流通的理想社會似乎取決於政府如何在自主和資訊安全的需求間找到平衡。這需要人們能直言不諱地提出與生活最切身相關的問題，即使這些問題可能破壞了傳統帶來的舒適感。

新加坡已經把自己推進到在今天的世界名列前茅，成為富裕和秩序的表率，但是還未建立有利於創造性破壞和產生新鮮構想的機制，這就是它最大的挑戰。相關的討論可能已經出現，但還未臻於實現。

人類的雙手重新改造新加坡的物質世界，它的地形、島上地貌和海岸，同時也雕塑了它的臉貌，平滑和柔化了它有皺紋的景觀，將其地貌改變成符合新的使用模式所要求的樣式，好像這個城市國家「有種要改變其面貌的強迫性衝動」。隨機和意外幾乎不存在。新加坡被稱為「純粹的意圖」，[17]代表著「當代獨特的生態」，它的景觀提供了對永無止境的操縱經驗的隱喻。「新加坡永遠不會停下步伐。」[18]

很顯然新加坡掌握到浪潮，天時、地利、人和相互配合造成今天的面貌。四周的海洋，輕快、易變，使新加坡適應其不斷變化的用途，並取得驚人的物質優勢。現在，這個島國面臨更大的挑戰，要超越既定模式達成無形的創造力。要全力以赴，必須超越資產負債表上的功能或數字。無形資產才是真正的寶藏。美國科學家和工業家艾德溫・蘭德（Edwin H. Land）曾經說過：「最終的結果只有上天才知道。」[19]究竟什麼是「成功」？新加坡現在也在苦思摸索。這也是我們所有人的共同課題。

謝詞

海洋史之所以難以劃分區域再行討論，在於海水流經、觸及了太多的人類活動的範圍。寫作者因此必須選擇性地取捨他／她所要提供的資訊，但同時對這些資訊最後如何相輔相成感到好奇。用歷史學家菲利普．科廷的觀點來說，我在建構我自己的架構時，不僅使用燒過了的新磚，也加上舊有的材料來打造新的敘事方式。我將那些曾幫助我尋找並費盡心思取得舊磚的人們列在文末，這些舊磚幫助我改寫並定義這個新敘事。若沒有這些人以各種形式給予的慷慨和鼓勵，這本書便不可能誕生。

水手過去曾將「歷史」一詞用來形容船隻行經水面後所泛起的漣漪。或許泡泡的虛幻易逝為我們所記得的和我們所寫的一切提供了一個隱喻。我始終將新加坡的精力及適應性銘記在心，如果更多人注意這些特質，那麼故事便將全然改寫。這個說法大致上隨著李光耀的逝世、新加坡航向新的海域而不再適用。

書中有些資料取自於這些年來寫下並多次修改（教師大抵如此）的課堂演講，而沒有註記常用字詞或是我可能從他人口中聽來的軼事。本書的參考書目提供了取用所有我所記得的資源的管道，同時我在此深深感謝許多使我的研究成為可能的作家們，並對任何特定來源的引用疏漏致上歉意。

出於自發的選擇，我在新加坡一些資料來源將不具名。

我想要感謝這些年來在各方面協助我完成這本書的數屆佛萊契學生們。感謝 Ivan Boekelheide、Erik Iverson、Hanna Jong、Sangeetha Madaswamy、Ryan Martinson、Caleb McClennon、Galen Murton、Derek O'Leary、Jim Platte、Zachary Przystup、Francisco Resnicoff、Kevin Rosier、Grigore Scarlatoiu、Fawziah Selamat、Aaron Strong、Nancy Webster，以及 and Jack Whitacre 協助我搜集資料，並特別感恩 Galen Tan 與我在新加坡事務上多次交流討論。

在圖像方面，感謝 Peabody-Essex Museum 的 Albert Buixade-Farre 與 Catherine Robertson 給予的協助。感謝提供了地圖的 Patrick Florance 和 Tufts Cartographic，以及助理 Franklin Crump。

Fletcher's Ginn Library 的 Ellen McDonald 精力十足地協助我查詢美國國內及海外的資料來源，她經常找到鮮為人知的資料。Miriam Seltzer 也在我的研究初期幫了大忙。

我也要感謝其他許多人，尤其是 Seth Pate 無數小時以來的研究協助。感謝第一位從我雜亂無章的草稿中看出成書的可能性的 Donald Cutler。感謝我無與倫比的經紀人 Wendy Strothman，謝謝她以專業與堅持將本書的書稿交給牛津大學出版社；謝謝Dave McBride細心且全面地編輯本書，以及他能幹的助理Katie Weaver。謝謝Steve Hosmer和Ezra Vogel讀了本書的初稿，我從他們富有洞見的評語中獲益良多。

我深深感激我的家人、同事及以許多方式幫助過我的朋友：Elizabeth Goodwin Perry、Eloise Burtis、Peter Remsen、Karen Waddell、Ben Stroup、Bobby Waddell、Nakahara Michiko、Mike Glennon、Peter Rand、Geoffrey Gresh、Scott Borgerson、Rockford Weitz、Dan Finamore、Dan Esty、Steve Bosworth、John Bethell，以及the late Steve Bosworth。至於在新加坡，我想謝謝Alex Tan Tiong Hee耐心地回答我的諸多問題，並提出他的見解；我也想感謝下列人士在各方面的協助：Khartini Abdul Khalid、Lee Hoong Chua、Catherine Lim（她是佛萊契的畢業生，不是那位跟她同名同姓的作家）、Tai Ann Koh、Tan Wee Cheng、Wee Ping Tan、Dewayne Wan、Goh Yong Seng，以及Tommy Koh。謝謝在我訪問Rajaratnam Institute時留宿我的Barry Desker，以及大方地與我分享他傑出智慧的Changguan Kwa，而Zhang Hongzhou也在我的行程安排上幫了大忙。

我要大力感謝Yohei Sasakawa與Nippon Foundation慷慨地贊助我在海事領域上的早期研究及他們對成果的耐心等待。

當然，本書若有任何錯誤之處，最後終歸是我的責任。

參考資料

書籍

Acemoglu, Daren, and James A. Robinson. *Why Nations Fail: The Origins of Power, Prosperity, and Poverty*. New York: Crown Business, 2012

Adams, Arthur. *Notes for a Journal of Research into the Natural History of the Countries Visited during the Voyage of H.M.S. Samarang under the Command of Captain Sir Edward Belcher.* London: Reeve, Benham, and Reeve, 1848

Allen, Charles. *Tales from the South China Seas, Images of the British in South-East Asia in the Twentieth Century*. London: Andre Deutsch, 1990

Allison, Graham, and Robert D. Blackwill, with Ali Wyne. *Lee Kuan Yew, The Grand Master's Insights on China, the United States, and the World.* Cambridge: MIT Press, 2013

Amrine, Douglas, ed. *The Wit and Wisdom of Lee Kuan Yew*. Singapore: Editions Didier Millet, 2013

Anand, R. P. "Maritime Practice in South-East Asia until 1600 A.D. and the Modern Law of the Sea." *The International and Comparative Law Quarterly* 30, no. 2 (April 1981), British Institute of International and Comparative Law. Cambridge University Press

Andaya, Barbara Watson. "Oceans Unbounded; Transversing Asia across Area Studies." *Journal of Asian Studies* 65, no. 4 (November 2006)

Andaya, Leonard. *Leaves of the Same Tree, Trade and Ethnicity in the Straits of Melaka*. Honolulu: University of Hawai'i Press, 2008

Ang Jen, and Jon Stratton. "The Singapore Way of Multiculturalism: Western Concepts/Asian Cultures." *Sojourn: Journal of Social Issues in Southeast Asia* 10, no. 1, Post Modernism and Southeast Asian Scholarship (April 1995): 65–89

Ang, Peng Hwa, and Berlinda Nadarajan. "Censorship Internet: AS." *Communications of the ACM (Association for Computing Machinery)* 39, no. 6 (June 1996)

Annin, Robert Edwards. *Ocean Shipping, Elements of Practical Steamship Operation*. New York: The Century Company, 1920

Antony, Robert. *Like Froth Floating on the Sea: The World of Pirates and Seafarers in Late Imperial South China*. Institute of East Asian Studies, China Research Monograph. Berkeley: University of California at Berkeley, 2003

Apple, R. W. "Singapore: A Repressed City-State? Not in Its Kitchens." *New York Times*, October 1, 2006

Balard, Michel. *La mer Noire et la Romanie génoise (XIIIe-XVe siècles)*. London: Variorum Reprints, 1989

Barr, Michael. "Lee Kuan Yew: Race, Culture and Genes." *Journal of Contemporary Asia* 29, no. 2 (1999). See also electronic version

Barr, Michael D. *Cultural Politics and Asian Values: The Tepid War*. London: Routledge, 2002

Barr, Michael D. *Lee Kuan Yew: The Beliefs Behind the Man*. Washington, D.C.: Georgetown University Press, 2000

Barr, Michael D., and Carl A. Trocki, eds. *Paths Not Taken, Political Pluralism in Post- War Singapore*. Singapore: NUS Press, 2008

Bastin, John. *Essays on Indonesian and Malayan History*. Singapore: Donald Moore Books, 1965

Bastin, John. *Raffles and Hastings, Private Exchanges Behind the Founding of Singapore*. Singapore: Marshall Cavendish Editions, 2014

Bayly, Christopher A. *Imperial Meridian, the British Empire and the World, 1780–1830*. London: Longman, 1990

Bayly, Christopher, and Tim Harper. *Forgotten Armies: The Fall of British Asia, 1941–1945*. Cambridge, Mass.: Harvard University Press, 2005

Beckert, Sven. *Empire of Cotton, A Global History*. New York: Knopf, 2015

Bellows, Thomas J. "More on Singapore," Letter to *Yale Alumni Magazine* (November/December 2012)

Benians, E. A., Sir James Butler, and C. A. Carrington. *The Cambridge History of the British Empire*, vol. 3: *The Empire: Commonwealth, 1870–1919*. Cambridge: Cambridge University Press, 1959

Bennett, George. *Wanderings in New South Wales*, vol. 2. London: Richard Bentley, 1834

Bhide, Amarnath. "Singapore." Harvard Business School Case Study 9-381-013, Rev. 6/81 and 9-383-056, Rev. 8/87

Bird, Isabella. *The Golden Chersonese and the Way Thither*. London: John Murray, 1883 Blackburn, Kevin. "Oral History as a Product of Malleable and Shifting Memories in Singapore." In *The Makers and Keepers of Singapore History*, ed. Loh Kah Seng and Liew Kai Khiun. Singapore: Ethos Books, 2010

Blain, William. *Home Is the Sailor: The Sea Life of William Brown, Master Mariner and Penang Pilot*. New York: Sheridan House, 1940

Bogaars, George. "The Effect of the Opening of the Suez Canal on the Trade and Development of Singapore." *Malayan Branch, Royal Asiatic Society* 28, no. 1 (169) (March 1955)

Bogaars, George. "The Tanjong Pagar Dock Company (1864–1905)." *Memoirs of the Raffles Museum* #3. Singapore: Government Printing Office, 1956

Bonavia, David. "Singapore's Dark Horizon." *Far Eastern Economic Review* (February 23, 1967)

Boonzaier, Jonathan. "Singapore." *Trade Winds* 22, no. 4 (April 8, 2011)Bibliography 291

Booth, Martin. *Opium: A History*. New York: St. Martin's Press, 1996

Borschberg, Peter. "The Seizure of the Sta. Catarina Revisited: The Portuguese Empire in Asia, VOC Politics and the Origins of the Dutch-Johor Alliance (1602–c.1626)." *Journal of Southeast Asian Studies* 33, no. 1 (February 2002)

Borschberg, Peter. *The Singapore and Melaka Straits: Violence, Security and Diplomacy in the 17th Century*. Singapore: NUS Press, 2002

Bose, Sugata. *His Majesty's Opponent: Subhas Chandra Bose and India's Struggle Against Empire*. Cambridge, Mass.: Harvard University Press, 2001

Boulger, Demetrius Charles. *The Life of Sir Stamford Raffles*. London: Horace Marshall & Son, 1897

Boxer, C. R. *The Dutch Seaborne Empire, 1600–1800*. New York: Alfred A. Knopf, 1965

Boxer, C. R. *The Portuguese Seaborne Empire, 1415–1825*. New York: Alfred A. Knopf, 1969 Brendon, Piers. *The Decline and Fall of the British Empire*. New York: Knopf, 2007 Brodie, Bernard. *Sea Power in the Machine Age*. New York: Greenwood, 1969

Broeze, Frank. "The Globalisation of the Oceans, Containerisation from the 1950s to the Present." *International Maritime Economic History Association*. Research in Maritime History, no. 23. St. John's, Newfoundland, 2002

Broeze, Frank. "Imperial Ports and the Modern World Economy." *The Journal of Transport History* 7, no. 2 (1986)

Brooke, Gilbert E. "Botanic Gardens and Economic Notes." In *One Hundred Years of Singapore* 2, edited by Walter Makepeace, Gilbert E. Brooke, and Roland St. J. Braddell. London: John Murray, 1921

Brooke, Gilbert E. "Piracy." In *One Hundred Years of Singapore* 2, edited by Walter Makepeace, Gilbert E. Brooke, and Roland St. J. Braddell. London: John Murray, 1921 Brown, Edwin A. *Indiscreet Memories, 1901 Singapore Through the Eyes of a Colonial Englishman*. Singapore: Monsoon Books, 2007 (originally published by Kelly & Walsh, London, 1935)

Bruce Lockhart, R. H. *Return to Malaya*. New York: G. P. Putnam's Sons, 1936

Buchheim, Lothar-Gunther. *U-Boat War*. Translated by Gudie Lawaetz. New York: Alfred A. Knopf, 1978

Buckley, Charles Burton. *An Anecdotal History of Old Times in Singapore*. Singapore: Fraser and Neave, 1902

Burke, Peter. "Early Modern Venice as a Center of Information and Communication." In *Venice Reconsidered: The History and Civilization of an Italian City-State, 1297– 1797*, edited by John Martin and Dennis Romano. Baltimore: Johns Hopkins University Press, 2000

Burke, Peter. *Venice and Amsterdam: A Study of Seventeenth Century Elites*. London: Maurice Temple Smith, 1974

Butcher, John G. *The British in Malaya 1880–1941, The Social History of a European Community in Colonial South-East Asia*. Kuala Lumpur: Oxford University Press, 1979

Caballero-Anthony, Mely, and P. K. Hangzo. "Singapore a Global Hydrohub: From Water Insecurity to Niche Water Diplomacy." *RSIS Commentary* 221/2012

Cable, Boyd. *A Hundred Year History of the P&O, Peninsular and Oriental Steam Navigation Company*. London: Ivor Nicholson and Watson, 1937

Caine, W. S. *A Trip Round the World in 1887–8*. London: George Routledge, 1892

Cameron, D. A. *Egypt in the Nineteenth Century, Mehemet Ali and His Successors Until the British Occupation in 1882*. London: Smith, Elder & Co., 1898

Cameron, J. *Our Tropical Possessions in Malayan India: Being a Descriptive Account of Singapore, Penang, Province Wellesley, and Malacca; Their People, Products, Commerce and Government*. London: Smith Elder, 1865

Carletti, Francesco. *My Voyage Around the World*, translated from the Italian by Herbert Weinstock. New York: Pantheon, 1964

Carpenter, Edward. "The Black Gang." In *The Seaman's World, Merchant Seamen's Reminiscences*, edited by Ronald Hope. London: Harrap in association with the Marine Society, 1982

Carrington, C. E. *The British Overseas, A Nation of Shopkeepers*. Cambridge: Cambridge University Press, 1950

Cassis, Youssef. *Capitals of Capital: A History of International Financial Centres, 1780– 2005*. New York: Cambridge University Press, 2006

Cathcart, R. B. "Kra Canal (Thailand) Excavation by Nuclear-powered Dredges." *International Journal of Global Environmental Issues* 8, no. 3 (June 3, 2008)

Chan, Crystal. "Singapore Mulls Underground Tunnel Link to Megaport." *IHS Maritime 360*, June 18, 2015.

Chang, T. C., and Sherlene Huang. " 'New Asia—Singapore,' A Concoction of Tourism, Place and Image." In *Seductions of Place, Geographical Perspectives on Globalization and Touristed Landscapes*, edited by Carolyn Cartier and Alan A. Lew. London: Routledge, 2005

Chaudhuri, K. N. *Asia Before Europe, Economy and Civilisation of the Indian Ocean from the Rise of Islam to 1750*. Cambridge: Cambridge University Press, 1990

Chaudhuri, K. N. "Reflections on Organizing Principle of Premodern Trade." In *The Political Economy of Merchant Empires*, edited by James D. Tracy. New York: Cambridge University Press, 1991

Chaudhuri, K. N. "The Unity and Disunity of Indian Ocean History from the Rise of Islam to 1750: The Outline of a Theory and Historical Discourse." *Journal of World History* 4, no. 1 (Spring 1993)

Cheo, Roland. "An Apocalyptic Vision of Singapore." *The Straits Times*, August 15, 2015

Chew, Emrys, and Kwa Chong Guan, eds. *Goh Keng Swee: A Legacy of Public Service*. Singapore: World Scientific, 2012

Chew, Ernest C. T., and Edwin Lee. *A History of Singapore*. Singapore: Oxford University Press, 1991

Chew, Melanie. *Leaders of Singapore*. Singapore: Resource Press, 1966

Chew, Melanie. *Of Hearts and Minds, The Story of Sembawang Shipyard*. Singapore: Sembawang Shipyard PTE, LTD, 1998

Chiu, Stephen, W. K., K. C. Ho, and Tai-Lok Lui. *City-States in the Global Economy, Industrial Restructuring in Hong Kong and Singapore*. Boulder: Westview Press, 1997

Chong Howe Yoon. "The Port of Singapore." *Towards Tomorrow Essays on Development and Social Transformation in Singapore*. Singapore National Trades Union Congress, 1973

Chou, Loke Ming. "Nature and Sustainability of the Marine Environment." In *Spatial Planning for a Sustainable Singapore*, edited by T. C. Wong et al. Singapore: National University of Singapore, 2008

Chua, Beng Huat, and Rajah Ananda. "Food, Ethnicity, and Nation." In *Life Is Not Complete Without Shopping*, edited by Beng Huat Chua. Singapore: Singapore University Press, 2003

Chuan Hang-sheng. "The Chinese Silk Trade with Spanish-America from the Late Ming to the Mid-Ch'ing Period." In *European Entry into the Pacific, Spain and the Acapulco-Manila Galleons*, edited by Dennis O. Flynn, Arturo Giráldez, and James Sobredo. Aldershot: Ashgate Variorum, 2001

Church, Roy, with the assistance of Alan Hall and John Kanefsky. *The History of the British Coal Industry*, Volume 3, *1830–1913: Victorian Pre-eminence*. Oxford: Clarendon Press, 1986

Clammer, John. *Singapore, Ideology, Society, Culture*. Singapore: Chopman Publishers, 1985

Cleary, Mark, and Chuan Goh Kim. "Trade and Environmental Management in the Straits of Malacca: The Singapore Experience." Paper presented at the Oceans at the Millennium Conference, National Maritime Museum, London, April 13–15, 2000

Clunn, Harold P. *The Face of the Home Counties*. London: Spring Books, 1936

Coates, Austin. *The Commerce in Rubber*. Singapore: Oxford University Press, 1987

Collingham, Elizabeth M. *The Taste of War*, *World War II and the Battle for Food*. New York: Penguin, 2012

Collis, Maurice. *Raffles*. New York: John Day Company, 1966

Collis, Maurice. *Wayfoong: The Hong Kong and Shanghai Banking Corporation: A Study of East Asia's Transformation, Political, Financial and Economic, During the Last Hundred Years*. London: Faber and Faber, 1965

Colquhoun, Archibald R. *The Mastery of the Pacific*. New York: Macmillan, 1902

Conrad, Joseph. *Youth, Hearts of Darkness, The End of the Tether*, edited by John Lyon. London: Penguin, 1995

Corlett, Ewan. *The Ship: The Revolution in Merchant Shipping, 1950–1980*. London: National Maritime Museum, n.d.

Cortesão, Armando, trans. and ed. *The Suma Oriental of Tomé Pires, An Account of the East, from the Red Sea to Japan, Written in Malacca and India in 1512–1515*, vol. 1. Nedeln/Liechtenstein: Kraus Reprint, 1967

Coupland, Sir Reginald. *Raffles of Singapore*. London: Collins, 1946

Cowan, C. D. "Continuity and Change in the International History of Maritime South East Asia." *Journal of Southeast Asian History* 9, no. 1 (March 1968)

Cyranoski, David. "Singapore Surges Upwards." *Nature* 455, October 23, 2008

Dale, Ole Johan. *Urban Planning in Singapore: The Transformation of a City*. Oxford: Oxford University Press, 1999

Dalrymple Hay, Admiral the Right Honorable Sir John C. *The Suppression of Piracy in the China Sea, 1849*. London: Edward Stanford, 1889

Das Gupta, Ashin, and M. N. Pearson, eds. *India and the Indian Ocean, 1500–1800*. Calcutta: Oxford University Press, 1987

Daunton, M. J. *Coal Metropolis Cardiff, 1870–1914*. Leicester: Leicester University Press, 1977

Davidson, G. F. *Trade and Travel in the Far East; or Recollections of Twenty-One Years Passed in Java, Singapore, Australia, and China*. London: Madden and Malcolm, 1846

de Oliveira Marques, A. "Travelling with the Fifteenth-century Discoverers: Their Daily Life." In *Vasco da Gama and the Linking of Europe and Asia*, edited by Anthony Disney and Emily Booth. Oxford: Oxford University Press, 2000

Desker, Barry, and Kwa Chong Guan, eds. *Goh Keng Swee: A Public Career Remembered*. Singapore: World Scientific Publishing, 2012 deSouza, Philip. *Seafaring and Civilization, Maritime Perspectives on World History*. London: Profile Books, 2001

Dobbs, Stephen. *The Singapore River, A Social History, 1819–2002*. Singapore: Singapore University Press, 2003

Dobbs, Stephen. "The Singapore River, 1819–1869: Cradle of a Maritime Entrepot." *International Journal of Maritime History* 13, no. 2 (December 2001)

Dobbs, Stephen. "Traversing the Boundaries of Historical Research: From the Singapore River to the Kra Canal." In *The Makers and Keepers of Singapore History*, edited by Loh Kah Seng and Liew Khai Khiun. Singapore: Ethos Books, 2010

Dobbs-Higginson, Michael. *Asia Pacific: Its Role in the New World Disorder*. New York: Mandarin, 1995

Dobby, E. H. G. *Southeast Asia*. London: University of London Press, 1954

Doshi, Tilak. *Singapore in a Post-Kyoto World: Energy, Environment and the Economy*. Singapore: Institute of Southeast Asian Studies, 2015

Dreyer, Edward L. Review of Gavin Menzies, *1421: The Year China Discovered America*, *Journal of the Society for Ming Studies*, no. 50 (Fall 2004)

Dreyer, Edward L. *Zheng He, China and the Oceans in the Early Ming Dynasty, 1405–1433*. New York: Pearson Longman, 2007

Duffy, Michael. "The Foundations of British Naval Power." In *Military Revolution and the State, 1500–1800*, edited by Michael Duffy. Exeter Studies in History 1. Exeter, 1980

Dusenbery. Verne A. "The Poetics and Politics of Recognition: Diasporan Sikhs in Pluralist Politics." *American Ethnologist* 24, no. 4 (November 1997)

Ee, Joyce. "Chinese Migration of Singapore, 1896–1941." *Journal of Southeast Asian History* 7 (1961)

Elegant, Robert. "The Singapore of Mr. Lee." *Encounter* (June 1990)

Ellis, John. *The Social History of the Machine Gun*. Baltimore: Johns Hopkins University Press, 1991

Elman, Colin, and Miriam Fendius Elman, eds. *Bridges and Boundaries, Historians, Political Scientists, and the Study of International Relations*. Cambridge: MIT Press, 2001

Elphick, Peter. *Singapore: The Pregnable Fortress: A Study in Deception Discord, and Desertion*. London: Hodder & Stoughton, 1995

Elvin, Mark. *The Pattern of the Chinese Past*. Stanford: Stanford University Press, 1973

Epstein, Steven A. *Genoa and the Genoese, 958–1528*. Chapel Hill: University of North Carolina Press, 1996

Evans, David C., and Mark Peattie. *Kaigun: Strategy, Tactics, and Technology in the Imperial Japanese Navy 1887–1941*. Annapolis: Naval Institute Press, 1997

Fairbank, John King. "Chinese Diplomacy and the Treaty of Nanking, 1842." *The Journal of Modern History* 12, no. 1 (March 1940)

Falkus, Malcolm. *The Blue Funnel Legend: A History of the Ocean Steam Ship Company, 1865–1973*. London: Macmillan, 1990

Farndon, Roy. "Does London Have a Future as a World Maritime Centre?" Greenwich Forum 9, *Britain and the Sea*. Edinburgh: Scottish Academic Press, 1984

Farnie, D. A. *East and West of Suez: The Suez Canal in History*. Oxford: Clarendon Press, 1969

Farthing, Bruce. *International Shipping: An Introduction to the Policies, Politics, and Institutions of the Maritime World*. London: Lloyd's of London Press, 1987

Fermor-Hesketh, Robert, ed. *Architecture of the British Empire*. New York: Vendome Press, 1986

Fernandez, Michael, and Tan Jing Quee. "The 'Detention-Writing-Healing' Forum, 2006: A Public Oral History of Former Leftists." In *The Makers and Keepers of Singapore History*, edited by Loh Kah Seng and Liew Kai Khiun. Singapore: Ethos Books, 2010

Fernandez-Armesto, Felipe. *Civilizations, Culture, Ambition, and the Transformation of Nature*. New York: Free Press, 2001

Fernandez-Armesto, Felipe. "The Indian Ocean in World History." In *Vasco da Gama and the Linking of Europe and Asia*, edited by Anthony Disney and Emily Booth. Oxford: Oxford University Press, 2000

Fernandez-Armesto, Felipe. *Millennium: A History of the Last Thousand Years*. New York: Scribner, 1995

Fernandez-Armesto, Felipe. *Pathfinders: A Global History of Exploration*. New York: Norton, 2006

Fetridge, W. Pembroke. *Harper's Handbook for Travelers in Europe and the East*. New York: Harper & Brothers, 1862

Field, Andrew. *Royal Navy Strategy in the Far East, 1919–1939, Preparing for War against Japan*. London: Frank Cass, 2004

Filler, Martin. "The Master of Bigness." *New York Review of Books* 59, no. 8, May 10, 2012

Finlay, Robert. "How Not to (Re)Write World History: Gavin Menzies and the Chinese Discovery of America." *Journal of World History* 15, no. 2 (June 2004)

Finlay, Robert. "The Pilgrim Art: The Culture of Porcelain in World History." *Journal of World History* 9, no. 2 (Fall 1998)

Finlay, Robert. "Portuguese and Chinese Maritime Imperialism: Camoes's *Lusiads* and Luo Maodeng's *Voyage of the San Bao Eunuch*." *Comparative Studies in Society and History* 34, no. 2 (April 1992)

Finlay, Robert. "The Treasure-Ships of Zheng He: Chinese Maritime Imperialism in the Age of Discovery." *Terrae Incognitae*, The Society for the History of Discoveries 23 (1991)

Fisher, Charles A. *South-East Asia: A Social, Economic and Political Geography*. London: Methuen, 1964

Fisher, Charles A. "The Thailand-Burma Railway." *Economic Geography* 23, no. 2 (April 1947)

Fletcher, Max E. "From Coal to Oil in British Shipping." In *The World of Shipping*, edited by David Williams. Aldershot: Ashgate, 1997

Florida, Richard. *The Rise of the Creative Class*. New York: Basic Books, 2003

Florida, Richard. "Sorry London: New York Is the World's Most Economically Powerful City." *The Atlantic*, March 3, 2015

Foong Choon Hon, compiler and editor, translated by Clara Show. *The Price of Peace, True Accounts of the Japanese Occupation*. Singapore: AsiaPac, 1997

Frattianni, Michele. "The Evolutionary Chain of International Financial Centers."*Money and Finance Research Group, MoFiR*, Working Paper no. 6 (October 2008) Frécon, Eric. "Piracy in the South China Sea: Maritime Ambushes off the Mankai Passage." *RSIS Commentaries* (February 20, 2009)

Freese, Barbara. *Coal: A Human History*. New York: Perseus, 2003

Frost, Mark Ravinder. "Emporium in Imperio, Nanyang Networks and the Straits Chinese in Singapore, 1819–1914." *Journal of Southeast Asian Studies* 36, no. 1 (February 2005)

Gallup, John Luke, and Jeffrey D. Sachs, with Andrew D. Mellinger. "Geography and Economic Development." In *World Bank Annual Conference on Development Economics*, edited by Boris Pleskosic and Joseph Stiglitz. Washington, D.C.: World Bank, 1998

Gardiner, Robert, ed. *The Advent of Steam: The Merchant Steamship Before 1900*. Annapolis: Naval Institute Press, 1993

George, Cherian. *Singapore, the Air-Conditioned Nation: Essays on the Politics of Comfort and Control*. Singapore: Landmark Books, 2000

Gibson, William. "1993: Singapore," the City, *Lapham's Quarterly* 3, no. 4 (Fall 2010)
Glaeser, Edward. *Triumph of the City*. New York: Penguin, 2011

Glendinning, Victoria. *Raffles and the Golden Opportunity, 1781–1826*. London: Profile Books, 2013

Glete, Jan. *Warfare at Sea, 1500–1650: Maritime Conflicts and the Transformation of Europe*. New York: Routledge, 2000

Goh Keng Swee. *The Economics of Modernization and Other Essays*. Singapore: Asia Pacific Press, 1972

Goldblum, Charles. "Planning the World Metropolis on Island-City Scale: Urban Innovation as a Constraint and Tool for Global Change." In *Spatial Planning for a Sustainable Singapore*, edited by Wong Tai-Chee, Belinda Yuen, and Charles Goldblum. Singapore: Springer, 2008

Goldsmith, Samuel. "Civic Group in Singapore Launches LOO Campaign to Clean Up Country's Public Restrooms." New York *Daily News*, December 19, 2010

Gorse, George. "A Classical Stage for the Old Nobility: The Strada Nuova and Sixteenth- Century Genoa." *The Art Bulletin* 790, no. 2 (June 1997)

Gorse, George. "A Family Enclave in Medieval Genoa." *Journal of Architectural Education* 41, no. 3 (Spring 1988)

Greenhouse, Steven. "Technology on Docks: Fears Despite Promises." *New York Times*, August 13, 2002

Grief, Avner. "On the Political Foundations of the Late Medieval Commercial Revolution: Genoa During the Twelfth and Thirteenth Centuries." *The Journal of Economic History* 54, no. 2 (June 1994)

Gupta, Pamila, Isabel Hofmeyr, and Michael Pearson. *Eyes Across the Water, Navigating the Indian Ocean*. Pretoria: Unisa Press, 2010

Hachett, Bob. "World War II: Yanagi Missions—Japan's Underwater Convoys." *World War II* (October 2005)

Hack, Karl, and Kevin Blackburn. *Did Singapore Have to Fall? Churchill and the Impregnable Fortress*. London: Routledge, 2003

Hack, Karl, and Jean-Louis Margolin, with Karine Delaye, eds. *Singapore from Temasek to the 21st Century: Reinventing the Global City*. Singapore: National University of Singapore Press, 2010

Hadjieleftheriadis, Gregory B. "Marine Transportation: Architects of Globalization." *Globalization of the Transportation Industry*, Holland and Knight LLP Seminar, New York Yacht Club, March 21, 2002

Hahn, Emily. *Raffles of Singapore*. Garden City: Doubleday, 1946

Hall, W. H. Captain R. N., *The Nemesis in China*, 3rd ed., reprint. San Francisco: Chinese Materials Center, 1974

Hallberg, Charles W. *The Suez Canal, Its History and Diplomatic Importance*. New York: Columbia University Press, 1931

Handley, Paul. "Corridor of Power: Thai Southern Seaboard Plan Wins Government Pledges." *Far Eastern Economic Review* 149, no. 32 (August 16, 1990)

Hangzo, Pau Khan Khup, and J. Jackson Ewing. "Will Rapid Development in Johor Impact Water Access, Quality or Price in Singapore? NTS *Insight*, no. IN13-06. Singapore: RSIS Centre for Non-Traditional Security Studies, 2013

Hanley, Richard E. *Moving People, Goods, and Information in the 21st Century*. London: Routledge, 2004

Hanna, Willard A. "Go-Ahead at Goh's Folly." Southeast Asia Series 12, no. 10, Malaysia, *American Universities Field Staff Reports*, WAH-3-'64, December 1964

Harkavy, Robert E. *Strategic Basing and the Great Powers, 1200–2000*. London: Routledge, 2007

Harley, C. Knick. "Coal Exports and British Shipping, 1850–1913." *Explorations in Economic History* 26, no. 3 (July 1989)

Harlow, Vincent T. *The Founding of the Second British Empire, 1763–1793*, vol. 1, *Discovery and Relocation*. London: Longman, 1964

Harper, T. N. "Globalism and the Pursuit of Authenticity: The Making of a Diasporic Public Sphere in Singapore." *Sojourn: Journal of Social Issues in Southeast Asia* 12, no. 2, Southeast Asian Diasporas (October 1997)

Hasan, Abid. "A Soldier Remembers." *The Oracle* 56, no. 1 (January 1984)

Havens, Thomas R. H. *Valley of Darkness, the Japanese People and World War Two*. New York: Norton, 1978

Hawks, Francis L. *Narrative of the Expedition of an American Squadron to the China Seas and Japan, Under the Command of Commodore M.C. Perry, United States Navy*. Published by Order of the Congress of the United States: A.O.P. Nicholson, Washington, 1856

Hayes, Romaine. *Subhas Chandra Bose in Nazi Germany, Politics, Intelligence and Propaganda 1941–43*. New York: Columbia University Press, 2011

Head, Jonathan. BBC News, Asia. "Singapore's Mid-life Crisis as Citizens Find Their Voice," October 22, 2013

Headley, John M. "The Sixteenth-Century Venetian Celebration of the Earth's Total Habitability: The Issue of the Fully Habitable World for Renaissance Europe." *Journal of World History* 8, no. 1 (Spring 1997)

Headrick, Daniel R. *The Invisible Weapon, Telecommunications and International Politics, 1851–1945*. New York: Oxford University Press, 1991

Headrick, Daniel R. *The Tentacles of Progress: Technology Transfer in the Age of Imperialism, 1850–1940*. New York: Oxford University Press, 1988

Headrick, Daniel R. *The Tools of Empire: Technology and European Imperialism in the Nineteenth Century*. New York: Oxford University Press, 1981

Heng, Derek. "Archaeology and Its Role in the Construction of Singapore History." In *The Makers and Keepers of Singapore History*, edited by Loh Ka Seng and Liew Kai Khiun. Singapore: Ethos Books and Singapore Heritage Society, 2010

Heng, Derek. "Continuities and Changes: Singapore as a Port City over 700 Years." National Library Board, *BiblioAsia* 1, issue 1 (July 18, 2013)

Hicks, Ursula K. "The Finance of the City State." *The Malayan Economic Review* (The Journal of the Malayan Economic Society) 5, no. 2 (October 1960). Oxford University Press, 1981

Hill, A. H., trans. *The Hikayat Abdullah: The Autobiography of Abdullah bin Kadir (1797–1854)*. Singapore: Oxford University Press, 1985

Hill, Michael. " 'Asian Values' as Reverse Orientalism." *Asia Pacific Viewpoint* 41, no. 2 (August 2000)

Hoffman, Jan, and Shahsi Kumar. "Globalization—The Maritime Nexus." In *The Handbook of Maritime Economics and Business*, edited by Costas Th. Grammenos. London: Lloyd's List, 2010

Hong Lysa, and Huang Jianli. *The Scripting of a National History: Singapore and Its Pasts*. Singapore: National University of Singapore Press, 2008

Hong Lysa, and Jimmy Yap. "The Past in Singapore's Present." *Civil Society* 11, no. 1(1993)

Hooi, Joyce. "Singapore's Emigration Conundrum." *Business Times*, October 6, 2012

Hope, Ronald. *A New History of British Shipping*. London: John Murray, 1990

Hoshaw, Lindsey. "Refuse Collects Here, but Visitors and Wild Life Can Breathe Free." *New York Times*, August 15, 2011

Huang, Jianli, and Lysa Hong. "Chinese Diasporic Culture and National Identity: The Taming of the Tiger Balm Gardens in Singapore." *Modern Asian Studies* 41 (2007)

Huang, Ray. *1587, A Year of No Significance: The Ming Dynasty in Decline*. New Haven: Yale University Press, 1981

Huff, W. G. *The Economic Growth of Singapore: Trade and Development in the Twentieth Century*. Cambridge: Cambridge University Press, 1997

Hughes, Helen, and Seng You Poh, eds. *Foreign Investment and Industrialisation in Singapore*. Madison: University of Wisconsin Press, 1969

Hugill, Peter J. *Global Communications since 1844: Geopolitics and Technology*. Baltimore: Johns Hopkins University Press, 1999

Huguenin, Daniel, and Erich Lessing. *The Glory of Venice*. Paris: Pierre Terrail, 1994

Hurd, Archibald. *The Triumph of the Tramp Ship*. London: Cassell, 1922

Ignarski, Sam, ed. *The Box: An Anthology Celebrating 25 Years of Containerisation*. London: E MAP Business Communication, n.d.

International Atomic Energy Agency. "Peaceful Nuclear Explosions." *Bulletin* 17, issue 2 (1975)

Irick, Robert L. *Ch'ing Policy Toward the Coolie Trade, 1847–1878*. Taipei: Chinese Materials Center, 1982

Israel, Jonathan I. *The Dutch Republic: Its Rise, Greatness, and Fall*. Oxford: Clarendon Press, 1995

Jennings, Eric. *Cargoes: A Centenary Story of the Far Eastern Freight Conference*. Singapore: Meridien Communications, 1980

Jeshurun, Chandran. "The British Foreign Office and the Siamese Malay States, 1890–97." *Modern Asian Studies* 5, no. 2 (1971)

Jones, Stephanie. "George Benjamin Dodwell: A Shipping Agent in the Far East, 1872–1908." In *The World of Shipping*, edited by David Williams. Aldershot: Ashgate, 1997 Josey, Alex. *Lee Kuan Yew: The Crucial Years*. Marshall Cavendish International Asia, 2013

Josey, Alex. *Singapore: Its Past, Present and Future*. Brisbane: University of Queensland Press, 1980

Judt, Tony. "On Being Austere and Being Jewish." *New York Review of Books*, May 13, 2010

Judt, Tony. *Postwar: A History of Europe Since 1945*. New York: Penguin Books, 2005 Kamenka, Eugene, and Alice Tay. "Singapore—City State." *Current Affairs Bulletin* 26 (September 1960)

Karabell, Zachary. *Parting the Desert: The Creation of the Suez Canal*. New York: Alfred A. Knopf, 2003

Kassim, Yang Razali. "Singapore's Growing Role in Asian Food Security." *RSIS Commentaries*, no. 124/2011 (August 25, 2011)

Kaukianen, Yrjo. "Growth, Diversification and Globalization: Main Trends in International Shipping since 1850." In "International Merchant Shipping in the Nineteenth and Twentieth Centuries: The Comparative Dimension," Research in Maritime History no. 37, *International Maritime Economic History Association*, St. John's, Newfoundland, 2008

Kedar, Benjamin Z. *Merchants in Crisis, Genoese and Venetian Men*. London: Lloyd's of London Press, 1987

Kees, Tamboer. "Albert Winsemius, 'Founding Father' of Singapore." *International Institute of Asian Studies Newsletter (IJAS Newsletter)*, no. 9 (1996)

Kennedy, P. M. "Imperial Cable Communications and Strategy, 1870–1914." *English Historical Review* 86 (1971)

Khoo, J. C. M., C. G. Kwa, and L. Y. Khoo. "The Death of Sir Thomas Stamford Raffles."*Singapore Medical Journal* 39, no. 12 (1998)

Kiernan, V. G. "The Kra Canal Projects of 1882–3: Anglo-French Rivalry in Siam and Malaya." *History* 41, nos. 141–43 (February 1956)

Kindleberger, Charles P. *World Economic Primacy, 1500–1990*. New York: Oxford University Press, 1996

Kipling, Rudyard. *From Sea to Sea, Letters of Travel*. Garden City, N.Y.: Doubleday, Page & Company, 1927

Kirkaldy, Adam W. *British Shipping, Its History, Organisation and Importance*. London: Kegan Paul, Trench, Trubner & Co., 1914

Kix, Paul. "You Are Drinking What?" *Wall Street Journal*, August 25–26, 2012

Knox, Thomas W. *How to Travel, Hints, Advice, and Suggestions to Travelers by Land and Sea All over the Globe*. New York: G. Putnam's Sons, 1887

Koh, Leslie. "Jobs That Singaporeans Shun." *The Straits Times*, October 6, 2005

Koh Tai Ann. "Culture and the Arts." In *Management of Success: The Moulding of Modern Singapore*, edited by Kernial Singh Sandhu and Paul Wheatley. Singapore: Institute of Southeast Asian Studies, 1989

Koh, Tommy. "The Sixth SGH Lecture—Singapore: A New Venice of the 21st Century," April 26, 1998

Koning, Hans. "All Aboard," letter to *New York Review of Books*, October 5, 2006

Koolhaas, Rem, and Bruce Mau. "Singapore Songlines: Thirty Years of Tabula Rasa." In *OMA, Small, Medium, Large, Extra-Large*, edited by Jennifer Sigler. New York: Monacelli Press, 1995

Kraar, Louis. "A Blunt Talk with Singapore's Lee Kuan Yew." ProQuest Document ID: 13022625, 1997

Krug, Hans-Joachim, Hirama Yoichi, Berthold J. Sander-Nagashima, and Axel Niestle. *Reluctant Allies, German-Japanese Naval Relations in World War II*. Annapolis: Naval Institute Press, 2001

Kua Chong Guan. "Locating Singapore on the Maritime Silk Road: Evidence from Maritime Archaeology, Ninth to Early Nineteenth Centuries." *Nalanda-Sriwijaya Centre*, Working Paper Series no. 10, January 2012

Kuah, Adrian W. J. "Defining Singapore: Reconciling the National Narrative and the

Global City Ethos." *RSIS Commentaries*, no. 196/2012 (October 22, 2012)

Kubicek, Robert V. "The Role of Shallow-Draft Steamboats in the Expansion of the British Empire, 1820–1914. *International Journal of Maritime History* 6, no. 1 (June 1994) Kunkel, Kevin. "Canal Construction on Thai Isthmus (CANALTH)." *TED Case Studies* 4, no. 2 (June 1995), American University

Kwa Chong Guan. "Appendix: Records and Notices of Early Singapore." In *Archaeological Research on the "Forbidden Hill" of Singapore: Excavations at Fort Canning, 1984*, edited by John W. Miksic. Singapore: National Museum, 1985

Kwa Chong Guan. "Relating to the World, Images, Metaphors, and Analogies." In *Singapore in the New Millennium: Challenges Facing the City-State*, edited by Derek da Cunha. Singapore: Institute of Southeast Asian Studies, 2002

Kwa Chong Guan. "Remembering Bose in Singapore." Correspondence with author Kwa Chong Guan, ed. *S. Rajaratnam on Singapore: From Ideas to Reality*. Singapore: World Scientific, 2006

Kwa Chong Guan, Derek Heng, and Tan Tai Yong. *Singapore: A 700-Year History*. National Archives of Singapore, 2009

Kwang, Han Fook, Warren Fernandez, and Tan Sumiko. *Lee Kuan Yew. The Man and His Ideas*, Singapore: Singapore Press Holdings, Times Editions, 1998

Kwok Kian-Woon and Low Kee-hong. "Cultural Policy and the City-State, Singapore and the 'New Asian Renaissance.' " In *Global Culture, Media, Arts, Policy, and Globalization*, edited by Diana Crane, Nobuko Kawashima, and Ken'ichi Kawasaki. New York: Routledge, 2002

Lam Peng Er and Kevin Y. L. Tan, eds. *Lee's Lieutenants, Singapore's Old Guard*. St. Leonards, NSW: Allen and Unwin, 1999

Lane, Frederick C. *Venice: A Maritime Republic*. Baltimore: Johns Hopkins University Press, 1973

Lankton, Gordon. *The Long Way Home: A Motorcycle Journey*. Clinton, Mass.: Angus MacGregor Books, 2008

Latif, Asad-ul Iqbal. "Singapore's Missing War." In *Legacies of World War II in South and East Asia*, edited by David Koh Wee Hock. Singapore: Institute of Southeast Asian Studies, 2007

Lau, Laure. "Shipping and Port Development, 1840s to 1940s." In *Maritime Heritage of Singapore*, edited by Aileen Lau and Laure Lau. Singapore: Maritime and Port Authority, 2005

Lee Geok Boi. *The Syonan Years: Singapore Under Japanese Rule, 1942–1945*. Singapore: National Archives of Singapore, 2005

Lee Jae-Hyung. "China's Expanding Maritime Ambitions in the Western Pacific and the Indian Ocean." *Contemporary Southeast Asia* 24, no. 3 (December 2002)

Lee Kuan Yew. Eulogy of Goh Keng Swee. *Asiaone*, May 23, 2010

Lee Kuan Yew. *From Third World to First, The Singapore Story: 1965–2000, Memoirs of Lee Kuan Yew*. Singapore: Singapore Press Holdings, Times Editions, 2000

Lee Kuan Yew. *The Singapore Story: Memoirs of Lee Kuan Yew*. Singapore: Singapore Press Holdings, Times Editions, 1998

Lee, Terence. "Towards a 'New Equilibrium': The Economics and Politics of the Creative Industries in Singapore." *The Copenhagen Journal of Asian Studies* 24 (2006)

Leong Chan-Hoong and Debbie Song. "A Study on Emigration Attitudes of Young Singaporeans (2010)." *Institute of Policy Studies*, Working Paper no. 19 (March 2011) Levenson, Joseph R. *Confucian China and Its Modern Fate: The Problems of Intellectual Continuity*. Berkeley: University of California Press, 1958

Levin, Rick. "Yale's Singaporean College." Yale Alumni Magazine, March/April 2012

Levinson, Marc. *The Box: How the Shipping Container Made the World Smaller and the World Economy Bigger*. Princeton: Princeton University Press, 2006

Lichfield, John. "A History of the First World War in 100 Moments: 'Nothing but a thick, black cloud of smoke remained where the ship had been.' " *The Independent*, May 22, 2014

Lim, Jon S. H. "The 'Shophouse Rafflesia': An Outline of Its Malaysian Pedigree and Its Subsequent Diffusion on Asia." *Journal of the Malaysian Branch of the Royal Asiatic Society* 66 part I, no. 264 (June 1993)

Lim, Richard. *Tough Men, Bold Visions: The Story of Keppel*. Singapore: Keppel Corporation, 1993

Lindsay, W. S. *History of Merchant Shipping and Ancient Shipping*, vols. 2 and 4. New York: AMS Press, 1965, originally published 1874

Ling Ooi Giok and Brian J. Shaw. *Beyond the Port City, Development and Identity in 21st Century Singapore*. Singapore: Pearson Prentice Hall, 2004

Lingle, Christopher. *Singapore's Authoritarian Capitalism, Asian Values, Free Market Illusions, and Political Dependency*. Fairfax, Va.: The Locke Institute, 1996

Liss, Carolyn. *Oceans of Crime: Maritime Piracy and Transnational Security in Southeast Asia and Bangladesh*. Singapore: International Institute for Asian Studies, The Netherlands and Institute of Southeast Asian Studies, 2011

Liu Kang. *Chop Suey*. Singapore: Global Publishers, World Scientific, 2014

Loftus, Commander A. J. *Notes on a Journey Across the Isthmus of Kra, January–April, 1883*. Singapore: Singapore and Sumatra Printing Office, 1883

Lo Fu-chen and Yeung Yue-man. *Emerging World Cities in Pacific Asia*. Tokyo: United Nations University Press, 1994

Loh, Grace, and Tey Sau Hing. *Jurong Shipyard Limited, What's Behind the Name?* Singapore: Times Academic Press, 1995

Longwood, Philip. *The Rise and Fall of Venice*. New York: Knopf, 1982

Lopez, Robert. "Genoa." In *Dictionary of the Middle Ages*, vol. 5, Joseph R. Strayer, editor-in-chief. New York: Charles Scribner's Sons, 1985

Low, Linda. *The Political Geography of a City-State Government-made Singapore*. Oxford: Oxford University Press, 1998

Low, Patrick, and Yeung Yue-man. "The Proposed Kra Canal: A Critical Evaluation and Its Impact on Singapore." Field Report Series no. 2 (February 1973). Singapore: *Institute of Southeast Asian Studies*

Low Chewe Lye. "Singapore River: Six Strategies for Sustainability." In *Spatial Planning for a Sustainable Singapore*, edited by T. C. Wong, Belinda Yuen, and Charles Goldblum. Singapore: Springer Science & Business Media, 2008

Lui Tuck Yew and Tan Beng Tee. "The Next Challenge—a Premier International Maritime Centre." In *Maritime Heritage of Singapore*, edited by Aileen Lau and Laure Lau. Singapore: Maritime and Port Authority, 2005

Mackinder, H. J. "The Great Trade Routes." *Journal of the Institute of Bankers* 21. London, 1900

Macleod, Scott, and T. G. McGee. "The Singapore-Johore-Riau Growth Triangle: An Emerging Extended Metropolitan Region." In *Emerging World Cities in Pacific Asia*, edited by Fu-chen Lo and Yue–man Yeung. Tokyo: United Nations University Press, 1999

Maday, Bela C. et al. *Area Handbook for Malaysia and Singapore*. Washington, D.C.: Superintendent of Documents, U.S. Government Printing Office, 1965

Mahbubani, Kishore. *Can Asians Think?* Singapore: Times Books International, 1998

Mak, Geert. *Amsterdam*. Cambridge, Mass.: Harvard University Press, 2000

Marriner, Sheila, and Francis E. Hyde. *The Senior John Samuel Swire, 1825–98, Management in Far Eastern Shipping Trades*. Liverpool: Liverpool University Press, 1967

Marshall, Ian, and Maxtone-Graham, John. *Passage East*. Charlottesville, Va.: Howell Press, 1997

Martin, John, and Dennis Romano. *Venice Reconsidered: The History and Civilization of an Italian City-State, 1297–1797*. Baltimore: Johns Hopkins University Press, 2000

Mattar, Yasser. "Arab Ethnic Enterprises in Colonial Singapore: Market Entry and Exit Mechanisms." *Asia Pacific Viewpoint* 45, no. 2 (August 2004)

Maurice, Frederick. "British Policy in the Mediterranean." *Foreign Affairs* 5, no. 1 (October 1926)

Mauzy, Diane K. "Singapore's Dilemma, Coping with the Paradoxes of Success."

Southeast Asian Affairs, no. 97 (1997)

May, Lt. Col. Edward S. *Principles and Problems of Imperial Defense*. London: 1903

McCarthy, Mary. *Venice Observed*. New York: Harcourt, Brace, 1963

McGrath, Melanie. *Silvertown: An East End Family Memoir*. London: Fourth Estate, 2002

McKinsey Global Institute. "Urban America: US Cities in a Global Economy." 2012

McLeod, Sir Charles Campbell, and Adam W. Kirkaldy. *The Trade, Commerce and Shipping of the Empire*. London: W. Collins Sons, 1924

McNeill, William H. *Venice, The Hinge of Europe, 1081–1797*. Chicago: University of Chicago Press, 1974

McNeill, William H. "World History and the Rise and Fall of the West." *Journal of World History* 9, no. 2 (Fall 1998)

McPhee, John. *The New Yorker*. September 3 and 10, 2007

McPherson, Kenneth. *The Indian Ocean: A History of People and The Sea*. Delhi: Oxford University Press, 1993

Meilink-Roelofsz, M. A. P. *Asian Trade and European Influence in the Indonesian Archipelago Between 1500 and about 1630*. The Hague: Martinus Nijhoff, 1962

Meow Seah Chee. *Trends in Singapore, Proceedings and Background Paper*. Singapore: Singapore University Press, 1975

Middlebrook, Martin, and Patrick Mahoney. *Battleship*. London: Penguin, 1977

Miksic, John N. *Archaeological Research on the 'Forbidden Hill' of Singapore: Excavations at Fort Canning, 1984*. Singapore: National Museum, 1985

Miksic, John N., and Cheryl-Ann Mei Gik Low. *Early Singapore, 1300s–1819: Evidence in Maps, Text and Artefacts*. Singapore: Singapore History Museum, 2004

Miller, Eugene. *Strategy at Singapore*. New York: Macmillan, 1942

Miller, Nathan. *War at Sea: A Naval History of World War II*. New York: Oxford University Press, 1995

Milne, R. S., and Diane K. Mauzy. *Singapore, The Legacy of Lee Kuan Yew*. Boulder: Westview Press, 1990

Mitamura, Taisuke. *Chinese Eunuchs. The Structure of Intimate Politics*. Rutland, Vt.: Charles E. Tuttle, 1970

Morris, Jan. *Stones of Empire: The Buildings of the Raj*. New York: Oxford University Press, 1983

Mote, F. W. *Imperial China, 900–1800*. Cambridge, Mass.: Harvard University Press, 1999

Mumford, Lewis. *The City in History*. New York: Harcourt, Brace, 1961

Murfett, Malcolm H., John N. Miksic, Brian P. Farrell, and Chiang Ming Shun. *Between Two Oceans: A Military History of Singapore from First Settlement to Final British Withdrawal*. Oxford: Oxford University Press, 1999

Murphey, Rhoads. *The Outsiders: The Western Experience in India and China*. Ann Arbor: University of Michigan Press, 1977

Murray, Dian H. *Pirates of the South China Coast, 1790–1810*. Stanford: Stanford University Press, 1987

Myint-U, Thant. *The River of Lost Footsteps: Histories of Burma*. London: Macmillan, 2006

Nair, C. V. Devan. "Singapore: Emergence from Chaos." *Conflict* 7, no. 2 (1987) Nakahara Michiko. "The Civilian Women's Internment Camp in Singapore." In *New Perspectives on the Japanese Occupation in Malaya and Singapore*, 1941–1945, edited by Akashi Yoji and Yoshimura Mako. Singapore: NUS Press, 2008

Nathan, J. M. "The Culture Industry and the Future of the Arts in Singapore." *Southeast Asian Affairs*, no. 99 (1999)

Needham, Joseph. Abstract of Material Presented to the International Maritime History Commission at Beirut, Bibliothèque Générale de L'École Pratique des Hautes Études, *Sociétés et Compagnies de Commerce en Orient et dans L'Océan Indien, Actes du Huitième Colloque International d'Histoire Maritime* (Beyrouth—5–10 Septembre 1966), Présenté par Michel Mollat, Paris: S.E.V.P.E.N., 1970

Needham, Joseph. *Clerks and Craftsmen in China and the West*. Cambridge: Cambridge University Press, 1970

Needham, Joseph. *Science and Civilization in China*, vol. 4, no. 3, sec. 29, "Nautics." Cambridge: Cambridge University Press, 1971

Neidpath, James. *The Singapore Naval Base and the Defence of Britain's Eastern Empire, 1919–1941*. Oxford: Clarendon Press, 1981

Ness, Gayl D., and Michael M. Low. *Five Cities: Modelling Asian Urban Population-Environment Dynamics*. Oxford: Oxford University Press, 2000

Newbold, T. J. *Political and Statistical Account of the British Settlements in the Straits of Malacca* 1. London: John Murray, 1839

Ng Pak Tee. "Singapore's Response to the Global War for Talent: Politics and Education." *International Journal of Educational Development* 31, no. 3 (2011)

Norwich, John Julius. *Venice, the Greatness and the Fall*. London: Allen Lane Penguin, 1977

O'Hara, Glen. *Britain and the Sea Since 1600*. London: Palgrave Macmillan, 2010

Olds, Kris, and Nigel Thrift. "Assembling the 'Global Schoolhouse' in Pacific Asia, The Case of Singapore." In *Globalization and Marketization in Education, A Com- parative Analysis of Hong Kong and Singapore*, edited by Ka-H Mok and Jason Tan. Cheltenham, UK: Edward Elgar, 2002

Olds, Kris, and Henry Wai-Chung Yeung. "Pathways to Global City Formation: A View from the Developmental City-State of Singapore." *Review of International Political Economy* 11, no. 3 (August 2004)

Ooi, Can-Seng. "Creativity at Work: Credibility of a Creative Image: The Singaporean Approach." *Creative Encounters Working Paper* no. 7. Copenhagen Business School (January 2008)

Osborn, Sherard. *The Blockade of Kedah in 1838: A Midshipman's Exploits in Malayan Waters*, reprint. Singapore: Oxford University Press, 1987

Palmer, Sarah. "Current Port Trends in Historical Perspective." *Journal for Maritime Research* 1, no. 1 (December 1999)

Pang Eng Fong and Linda Lim. "Foreign Labor and Economic Development in Singapore." *International Migration Review* 16, no. 3 (Autumn 1982)

Pao, Maureen. "Urban Farms Build Resilience Within Singapore's Fragile Food System." *NPR Food for Thought*, August 20, 2014

Parkinson, C. Northcote. *Britain in the Far East: The Singapore Naval Base*. Singapore: Donald Moore, 1955

Paul, Anthony. "Kra Canal Project a Never-ending Story." *The Straits Times (Singapore)*, May 27, 2004

Peet, George L. *Rickshaw Reporter*. Singapore: Eastern Universities Press, 1985

Pemble, John. *Venice Rediscovered*. Oxford: Clarendon Press, 1995

Perry, John Curtis. *Facing West, Americans and the Opening of the Pacific*. Westport: Praeger, 1994

Peterson, William. *Theater and the Politics of Culture in Contemporary Singapore*. Middletown: Wesleyan University Press, 2001

Phillips, James D. *Pepper and Pirates: Adventures in the Sumatra Pepper Trade of Salem*. Boston: Houghton Mifflin, 1949

Phillips, Su-Ann, and Henry Wai-chung Yeung. "A Place for R&D? The Singapore Science Park. *Urban Studies* 40, no. 4 (2003)

Pike, Ruth. *Enterprise and Adventure: The Genoese in Seville and the Opening of the New World*. Ithaca, N.Y.: Cornell University Press, 1966

Pinney, Thomas, ed. *The Letters of Rudyard Kipling* 2, 1890–99. London: Macmillan, 1990

Pires, Tomé. *Suma Oriental: An Account of the East, from the Red Sea to Japan, Written in Malacca and India in 1512–1515*. London: Hakluyt Society, 1944

Pomeranz, Kenneth, and Steven Topik. *The World That Trade Created: Society, Culture, and the World Economy, 1400–the Present*. Armonk, N.Y.: M. E. Sharpe, 1999

Ptak, Roderich. *China and the Asian Seas: Trade, Travel, and Visions of the Other (1400–1750)*. Aldershot: Ashgate Variorum, 1998

Ptak, Roderich, and Dietmar Rothermund, eds. *Emporia, Commodities and Entrepreneurs in Asian Maritime Trade, Ca. 1400–1750*. Stuttgart: Franz Steiner Verlag, 1991

Quah, Jon S. T. *Administrative and Legal Measures for Combating Bureaucratic Corruption in Singapore*. Singapore: Department of Political Science, University of Singapore, Occasional Paper No. 34, 1978

Quah, Jon S. T. "Controlling Corruption in City-States: A Comparative Study of Hong Kong and Singapore." *Crime, Law and Social Change* 22 (1995): 391–414

Raffles. *Memoir of the Life and Public Services of Sir Thomas Stamford Raffles*, by his widow, vol. 1. London: James Duncan, 1835

Rahim, Lily Zubaidah. *The Singapore Dilemma: The Political and Educational Margin- ality of the Malay Community*. Oxford: Oxford University Press, 2001

Rahita, Elias, and Leong Ching. *Beyond Boundaries: The First 35 Years of the NOL Story*. Singapore: Neptune Orient Lines Limited, 2004

Rajaratnam, S. "Non-Communist Subversion in Singapore." In *Trends in Singapore: Proceedings and Background Papers*, edited by Seah Chee Meow. Singapore: Singapore University Press, 1975

Ratcliffe, Mike. *Liquid Gold Ships: A History of the Tanker 1859–1984*. London: Lloyd's of London Press Ltd., 1985

Rathborne, Ambrose B. *Campingand Trampingin Malaya*. London: Swan Sonnenschein & Co., 1898

Regnier, Philippe. *Singapore, City-State in South-East Asia*. Honolulu: University of Hawai'i Press, 1991

Reid, Anthony. *Southeast Asia in the Age of Commerce*, Volume II, *Expansion and Crisis*. New Haven: Yale University Press, 1993

Ritchie, Bryan. *The Political Economy of Technical Intellectual Capital Formation in Southeast Asia*. Atlanta: Emory University Press, 2001

Robertson, Eric. *The Japanese File: Pre-war Japanese Penetration in Southeast Asia*. Singapore: Heinemann Asia, 1986

Roff, William R. "The Malayo-Muslim World of Singapore at the Close of the Nineteenth Century." *The Journal of Asian Studies* 24, no. 1 (November 1964)

Ronan, William J. "The Kra Canal, a Suez for Japan?" *Pacific Affairs* 9, no. 3 (September 1936)

Ross, John Dill. *Sixty Years' Travel and Adventures in the Far East*. New York: E. P. Dutton, 1911

Russell-Wood, A. J. R. *The Portuguese Empire, 1415–1808: A World on the Move*. Baltimore: Johns Hopkins University Press, 1998

Sa'at, Alfian. *One Fierce Hour*. Singapore: Landmark Books, 1998

Sander-Nagashima, Berthold J. "Naval Relations Between Japan and Germany from the Late Nineteenth-Century until the End of World War II." In *Japanese-German Relations, War, Diplomacy and Public Opinion*, edited by Christian W. Spang and Rolf-Harald Wippich. London: Routledge, 2006

Sassen, Saskia. *The Global City: New York, London, Tokyo*. Princeton: Princeton University Press, 2001

Schein, Edgar H. *Strategic Pragmatism: The Culture of Singapore's Economic Development Board*. Cambridge, Mass.: MIT Press, 1996

Schonfield, Hugh J. *The Suez Canal in World Affairs*. New York: Philosophical Library Publishers, 1953

Searle, Ronald. *To the Kwai—and Back, War Drawings 1939–1945*. London: Souvenir Press, 2006

Sengupta, Nilanjana. *Netaji Subhas Chandra Bose: The Singapore Saga*. Nalanda-Sriwijaya Centre, Institute of Southeast Asian Studies, Singapore, n.d.

Shields, Jerry. *The Invisible Billionaire, Daniel Ludwig*. Boston: Houghton Mifflin, 1986

Shimizu Hiroshi. "The Japanese Fisheries Based in Singapore, 1892–1945." *Journal of Southeast Asian Studies* 28, no. 2 (September 1997)

Shimizu Hiroshi and Hirakawa Hitoshi. *Japan and Singapore in the World Economy: Japan's Economic Advance into Singapore, 1870–1965*. London: Routledge, 1999

Shinozaki Mamoru. *Syonan, My Story: The Japanese Occupation of Singapore*. Singapore: Times Books International, 1975

Siddique, Sharon, and Hirmada Puru Shotam. *Singapore's Little India, Past, Present, and Future*. Singapore: Institute of Southeast Asian Studies, 1982

Siegfried, André. *Suez and Panama*. London: Jonathan Cape, 1940

Sim, Glenys. "Modern Day Airport? Think 'City Within a City.' " *The Straits Times*. April 20, 2005

Singh, Pashaura, and Norman Gerald Barrier. *The Transmission of Sikh Heritage in the Diaspora*. Manohar Publishers and Distributors, 1996

Singhanat, Mahasura. "Love Poem of the Palace." Bangkok: Department of Comparative Literature, Faculty of Arts, Chulalongkorn University, 1973

Skapinker, Michael. "Management Gurus Might Rethink the Dutch Approach."*Financial Times*, February 25, 2003

Skott, Christine. "Imagined Centrality: Sir Stamford Raffles and the Birth of Modern Singapore." In Hack and Margolin, *Singapore from Temasek to the 21st Century*, 2010 Sopher, David. *The Sea Nomads: A Study Based on the Literature of the Maritime Boat People of Southeast Asia*. Singapore: Memoirs of the National Museum, no. 5, 1965

Sparke, Matthew, James D. Sidaway, Tim Bunnell, and Carl Grundy-Warr. "Triangulating the Borderless World: Geographies of Power in the Indonesia-Malaysia-Singapore Growth Triangle." *Transactions of the British Geographical Society, Trans Inst Br Geogr NS 29 485–498* (2004)

Spence, Jonathan D., and John E. Wills Jr., eds. *From Ming to Ch'ing, Conquest, Region, and Continuity in Seventeenth-Century China*. New Haven: Yale University Press, 1979

Starkey, David J., and Gelina Harlaftis, eds. *Global Markets: The Internationalization of the Sea Transport Industries Since 1850*. Research in Maritime History, no. 14. St. John's, NL: International Maritime Economic History Association, 1998

Stewart, R. M. J. "Raffles of Singapore: The Man and the Legacy." *Asian Affairs, Journal of the Royal Society for Asian Affairs* 13, no. 1 (February 1982)

Sturmley, S. G. *British Shipping and World Competition*. London: University of London, Athlone Press, 1962

Subramanian, Lakshmi. "Community, Nation, Diaspora and the Public Sphere in the Indian Ocean." In *Eyes Across the Water, Navigating the Indian Ocean*, edited by Pamila Gupta, Isabel Hofmeyr, and Michael Pearson. Pretoria: Unisa Press, 2010

Surowiecki, James. "The Talk of the Town, the Financial Page, the Box That Launched a Thousand Ships," *The New Yorker*, December 11, 2000

Syed Hussein Alatas, Khoo Kay Kim, and Kwa Chong Guan. "Malays/Muslims and the History of Singapore." Occasional Paper Series no. 1–98, RIMA, *Regional English Language Centre, Centre for Research on Islamic and Malay Affairs*. Singapore (June 1998)

Tamboer, Kees. "Albert Winsemius, 'Founding Father' of Singapore." *International Institute for Asian Studies Newsletter* 9. Leiden (Summer 1996)

Tamney, Joseph B. *The Struggle over Singapore's Soul, Western Modernization and Asian Culture*. Berlin: Walter de Gruyter, 1996

Tan, Bernard T. G. "Goh Keng Swee's Cultural Contributions and the Making of the Singapore Symphony Orchestra." In *Goh Keng Swee, A Legacy of Public Service*, edited by Emrys Chew and Chang Guan Kwa. Singapore: World Scientific, 2012

Tan Chee Huat. *Venturing Overseas: Singapore's External Wing*. Singapore: McGraw Hill, 1995

Tan, Kenneth Paul. "Sexing Up Singapore." *International Journal of Cultural Studies* (2003): 6

Tan Tai Yong, editor and chief author. *Maritime Heritage of Singapore*, privately published. Singapore: 2005

Tan Tai-Yong. "Port Cities and Hinterlands: A Comparative Study of Singapore and Calcutta. *Political Geography* 26 (2007)

Tan Wee Kiat. "Balancing Nature, Landscape and the City." In *Model Cities, Urban Best Practices*, vol. 1, edited by Ooi Giok Ling. Singapore: Institute of Policy Studies, n.d. Tate, D. J. M. *The Making of Modern Southeast Asia*, vol. 2, *The Western Impact, Economic and Social Change*. Kuala Lumpur: Oxford University Press, 1971

Thackeray, William Makepeace. *Notes of a Journey from Cornhill to Grand Cairo*. London: Elder & Company, 1879

Thomas, Evan. *Sea of Thunder: Four Commanders and the Last Great Naval Campaign, 1941–1945*. New York: Simon and Schuster, 2006

Thomaz, Luis. "The Malay Sultanate of Melaka." In *Southeast Asia in the Early Modern Era, Trade, Power, and Belief*, edited by Anthony Reid. Ithaca: Cornell University Press, 1993

Thompson, Tyler. *Freedom in Internment, Under Japanese Rule in Singapore, 1942–1945*. Singapore: Kefford Press, 1990

Thomson, John. *The Straits of Malacca, Indo-China and China: Travels and Adventures of a Nineteenth-Century Photographer*. New York: Harper and Brothers, 1875

Thum, P. J. "The United States, the Cold War and Countersubversion in Singapore." In *The Makers and Keepers of Singapore History*, edited by Loh Kah Seng and Liew Kai Khiun. Singapore: Ethos Books, 2010

Tilman, Robert O. "The Political Leadership: Lee Kuan Yew and the PAP Team." In *Management of Success: The Moulding of Modern Singapore*, edited by Kernial Singh Sandhu and Paul Wheatley. Singapore: Institute of Southeast Asian Studies, 1989

Tirpitz, Grand Admiral Alfred von. *My Memoirs, Volume 1*. New York: Dodd, Mead, 1919

Todd, Daniel. *Industrial Dislocation, The Case of Global Shipbuilding*. London: Routledge, 1991

Tongzan, Jose. "Key Success Factors for Transhipment Hubs: The Case of the Port of Singapore." *World Shipping and Port Development*, edited by Tae-Woo Lee and Kevin Cullinane. London: Palgrave Macmillan, 2005

Toynbee, Arnold. *Cities on the Move*. New York: Oxford University Press, 1970

Trace, Keith. "ASEAN Ports since 1945." In *Gateways of Asia, Port Cities of Asia in the 13th–20th Centuries,* edited by Frank Broeze. London: Kegan Paul International 1997

Translations from the Hakayit Abdulla, with comments by J. T. Thomson. London: Henry S. King, 1874

Tregonning, K. G. *Home Port Singapore: A History of Straits Steamship Company Limited, 1890–1965*. Singapore: Oxford University Press, 1967

Tremewan, Christopher. *The Political Economy of Social Control in Singapore*. London: St. Martin's Press in association with St Antony's College, Oxford, 1994

Trocki, Carl A. *Opium, Empire and the Global Political Economy, A Study of the Asian Opium Trade, 1750–1950*. London: Routledge, 1999

Trocki, Carl A. *Singapore: Wealth, Power and the Culture of Control*. London: Routledge, 2006

Tsai, Shih-Shan Henry. *Perpetual Happiness: The Ming Emperor Yong Le*. Seattle: University of Washington Press, 2001

Turnbull, C. M. *A History of Singapore, 1819–1988*. Singapore: Oxford University Press, 1992

Turnbull, C. M. "Internal Security in the Straits Settlements, 1826–1867." *Journal of Southeast Asian Studies*, no. 1 (1970)

Tuttle, Brad R. *How Newark Became Newark, the Rise, Fall, and Rebirth of an American City*. New Brunswick, N.J.: Rivergate Books, 2009

Vaillant, John. *The Tiger: A True Story of Vengeance and Survival*. New York: Knopf, 2011

Vasil, Raj. "Trade Unions." In *Management of Success: The Moulding of Singapore*, edited by Kernial Singh Sandhu and Paul Wheatley. Singapore: Institute of Southeast Asian Studies, 1989

Velayutham, Selvaraj. *Responding to Globalization: Nation, Culture and Identity in Singapore*. Singapore: Institute of Southeast Asian Studies, 2007

Vogel, Ezra F. *Deng Xiaoping*. Cambridge, Mass.: Harvard University Press, 2011

Vogel, Ezra F. *The Four Little Dragons: The Spread of Industrialization in East Asia*. Cambridge, Mass.: Harvard University Press, 1991

Vogel, Ezra F. "A Little Dragon Tamed." In *The Management of Success: The Moulding of Modern Singapore*, edited by Kernial Singh Sandhu and Paul Wheatley. Singapore: Institute of Southeast Asian Studies, 1989

Wade, Geoff. "The Zheng He Voyages: A Reassessment." *Asia Research Institute*, Working Paper Series, no. 31, National University of Singapore, October 2004

Wake, C. H. "The Changing Pattern of Europe's Pepper and Spice Imports, ca. 1400–1700. In *Spices in the Indian Ocean World*, vol. 2, edited by M. N. Pearson. Farnham: Variorum, 1996

Wake, C. H. "Raffles and the Rajas: The Founding of Singapore in Malayan and British Colonial History." *Journal of the Malaysian Branch of the Royal Asiatic Society* 48, part 1, no. 227 (May 1975)

Waley, Arthur. *The Opium War Through Chinese Eyes*. London: George Allen and Unwin, 1958

Wallace, Alfred Russel. *The Malay Archipelago: The Land of the Orang-Utan and the*

Bird of Paradise: A Narrative of Travel with Studies of Man and Nature. London: Macmillan, 1898

Waller, Edmund. *Landscape Planning in Singapore*. Singapore: Singapore University Press, 2001

Wang Gungwu. *The Chinese Overseas: From Earthbound China to the Quest for Autonomy*. Cambridge, Mass.: Harvard University Press, 2000

Warren, James Francis. *Rickshaw Coolie: A People's History of Singapore (1880–1940)*. Oxford: Oxford University Press, 1986

Watt, James C. Y., and Denise Patry Leidy. *Defining Yongle: Imperial Art in Early Fifteenth-Century China*. New York: Metropolitan Museum of Art, 2005

Wee, C. J. W.-L. "Creating High Culture in the Globalized 'Culture' Desert of Singapore." *TDR* 47, no. 1 (Winter 2003)

Wee, C. J. W.-L., and Lee Chee Keng, eds. *Two Plays by Kuo Pao Kun: Descendants of the Eunuch Admiral and the Spirits Play*. Singapore: SNP Editions, 2003

Wheatley, Paul. *The Golden Khersonese: Studies in the Historical Geography of the Malay Peninsula Before A.D. 1500*. Kuala Lumpur: University of Malaya Press, 1966

Whitfield, Peter. *Cities of the World: A History in Maps*. Berkeley: University of California Press, 2005

Wills, John E., Jr. "Maritime China from Wang Chih to Shih Lang: Themes in Peripheral History." In "Maritime Asia, 1500–1800, The Interactive Emergence of European Domination," by Jonathan D. Spence and John E. Wills Jr. *American Historical Review* 98, no. 1 (1993)

Wills, John E., Jr. "Relations with Maritime Europeans, 1514–1662." In *The Cambridge History of China*, vol. 8, *The Ming Dynasty, 1368–1644*, part 2, edited by Denis Twitchett and Frederick W. Mote. Cambridge: Cambridge University Press, 1998

Winstedt, R. O. "Gold Ornaments Dug Up at Fort Canning, Singapore." *Journal of the Malayan Branch of the Royal Asiatic Society* 42, no. 1 (July 1969)

Wint, Guy. *The British in Asia*. New York: Institute of Pacific Relations, 1954

Wise, Michael, with Mun Him Wise. *Travellers' Tales of Old Singapore*. Singapore: Times Books International, 2012

Wong Chun-han. "Salaries Cut, Singapore Leaders Are Still Well-Paid." *Wall Street Journal*, January 18, 2012

Wong, Diana. "Memory Suppression and Memory Production: The Japanese Occupation of Singapore." In *Perilous Memories, The Asia-Pacific War(s)*, edited by T. Fujitani, Geoffrey M. White, and Lisa Yoneyama. Durham: Duke University Press, 2001

Wong, John. "Goh Keng Swee and Chinese Studies in Singapore: From Confucianism to 'China Watching.' " In *Goh Keng Swee: A Legacy of Public Service*, edited by Emrys Chew and Chong Guan Kwa. Singapore: World Scientific, 2012

Wong Lin Ken. "Singapore: Its Growth as an Entrepot Port, 1819–1941." *Journal of Southeast Asian Studies* 9, no. 1 (March 1978)

Wong, May. "NEWater to Supply 30% Singapore's Water Needs by 2011: PM." Singapore News, *channelnewsasia*, March 15, 2007

Wong Tai-Chee, Belinda Yuen, and Charles Goldblum. *Spatial Planning for a Sustainable Singapore*. Singapore: Springer, 2008

Woo, Jacqueline. "Singapore Tops List of Important Maritime Capitals." *AsiaOne*, June 9, 2015

Woodcock, George. *The British in the Far East*. London: Weidenfeld and Nicolson, 1969

Wrigley, Chris. *Winston Churchill: A Biographical Companion*. Santa Barbara: ABC-CLIO, 2002

Wurtzburg, C. E. *Raffles of the Eastern Isles*. Singapore: Oxford University Press, 1984

Yap, Chris. *A Port's Story, A Nation's Success*. Singapore: Times Editions, 1990

Yeo, George. "Speech by George Yeo, Minister for Foreign Affairs, at the Official Launch of the Singapore Zheng He 600th Anniversary Celebrations on 20 June 2005." *Ministry of Foreign Affairs, Singapore Press Release*, June 30, 2005

Yeoh, Brenda S. A. *Contesting Space: Power Relations and the Urban Built Environment in Colonial Singapore*. Kuala Lumpur: Oxford University Press, 1996

Yeoh, Brenda S. A., and T. C. Chang. " 'The Rise of the Merlion': Monument and Myth in the Making of the Singapore Story." In *Theorizing the Southeast Asian City as Text, Urban Landscapes, Cultural Documents, and Interpretive Experiences*, edited by Robbie B. H. Goh and Brenda S. A. Yeoh. Singapore: World Scientific, 2003

Yep, Eric. "Singapore's Innovative Waste-Disposal System." *The Wall Street Journal*, September 14, 2015

Yeung, Henry Wai-chung, and Kris Olds. "From the Global City to Globalising Cities: Views from a Developmental City-State in Pacific Asia." A paper presented at the IRFD World Forum on Habitat, Columbia University, N.Y., June 4–6, 2001

Yeung, Y. M., and David K. Y. Chu, eds. *Fujian: A Coastal Province in Transition and Transformation*. Hong Kong: Chinese University Press, 2000

Yue, Audrey. "The Regional Culture of New Asia, Cultural Governance and Creative Industries in Singapore." *International Journal of Cultural Policy* 12, no. 1 (2000)

文獻

United Nations. *The United Nations Industrial Survey Mission*. "A Proposed Industrialization Programme for the State of Singapore," United Nations, New York, June 13, 1961: Also *The Winsemius Report*, Singapore: U.N. Commissioner for Technical Assistance, 1963

United Nations Conference on Trade and Development UNCTAD. *Review of Maritime Transport 2010*

電子書

American Association of Port Authorities (AAPA) World Port Rankings. 2010. http://aapa.files.cms-plus.com/Statistics/WORLD%20PORT%20RANKINGS%202010.pdf; http://www.worldportsource.com/ports/commerce/SGP_Port_of_Singapore_244.php

Barr, Michael D. "Lee Kuan Yew: Race, Culture and Genes." http://unpan1.un.org/intradoc/groups/public/documents/apcity/unpan004070.pdf

Debate in the House of Commons on Sir James Graham's Motion. April 1840, *Eclectic Review* 7 (June 1840)

de Borchgrave, Arnaud. "Interview: Lee Kuan Yew–Part 2." http://www.upi.com/Interview-Lee-Kuan-Yew-Part-2/93981202487191/. May 25, 2012

Dharmendra, Yadav. "Singapore 2025, David Marshall of Singapore." http://thinkhappiness.blogspot.com/2006/08/meeting-david-marshall-in-1994.html

Dow Jones 2008. *Factivs Today*, June 24, 2008. Media Corp. Press, Ltd.

Encyclopedia of the Nations. "Singapore-Industry." http://www.nationsencyclopedia.com/Asia-and-Oceania/Singapore-INDUSTRY.html

Fabbri, Dewi. "How Singapore's Port Helped Change the Country's Economy." *NewsAsia* (April 21, 2015)

Financial Times Information. Global New Wire, China Daily, July 8, 2004. "Zheng He's Oceanic Odyssey Remains a National Treasure."

Holmes, Tom. "Singapore: From Nought to Powerhouse in 50 Years." *Marine Trader*, May 13, 2015

House of Commons, Parliamentary Papers. 1859, Session 2, vol. 23, C. 2572

House of Commons Parliamentary Papers Online. "Despatch Relative to the Projected Ship-Canal Across the Isthmus of Kraa [*sic*], July 29, 1859." Sessional Papers, 1859, Session 2, Vol. XXIII, p. 459 (ProQuest) 1

Koh Swee Lean Collin. "The Malacca Strait Patrols: Finding Common Ground." *RSIS Commentary 091/2016* (April 20, 2016)

Kuttan Chitharanjan. Oral History Interview, National Archives of Singapore (September 11, 2002)

Nee, Seah Chiang. "Goodbye and Thank You." *The Star*, February 23, 2008. http://www.channelnewsasia.com/stories/singaporelocalnews/view/328684/1/.html

Oral History Centre. Transcript of Cassette Recording N. 000246/10/18. Singapore: National Archives of Singapore, n.d.

Quek Tee Dhye. Oral History Interview, National Archives of Singapore reddotrevolver. "Singapore's Language Battle: American vs 'the Queen's English.' "*Hybrid News Limited*, September 7, 2011

Reyes, Alejandro. "Rough Justice." *Asiaweek*, Hong Kong, May 25, 1994. http://goo.gl/ htRHz4

Rusli, Mohd Hazmi bin Mohd. "Maritime Highways of Southeast Asia: Alternative Straits?" *RSIS Commentary* 024/2012, February 10, 2012

Schnoor, Jerald I. "NEWater Future?" *Environmental Science and Technology*. September 1, 2009, published on Web, August 10, 2009

Schuman, Michael. *Time World*. "How to Defeat Pirates: Success in the Straits." Last modified April 22, 2009. http://content.time.com/time/world/article/0,8599,1893032,00.html

Sparke, M. "National Identity Case Study: Where Are National Identities Forming across Borders?" In AAG Center for Global Geography Education, 2010, edited by M. Solem, P. Klein, O. Muñiz-Soland, and W. Ray. Available from http://globalgeography.aag.org

The Straits Times. "Pioneers of Singapore. Lee Kuan Yew... the Man Who Built Singapore." http://news.asiaone.com/News/The%2BStraits%2BTimes/Story/Pioneers%2Bto%2Btalk%2Bon%2Bhow%2Bthey%2Bbuilt%2BS%2527pore.html

UCLA Today. "Ambassador: U.S. Investment in Singapore Reaches All-time High," August 31, 2012

UNCTAD, United Nations Conference on Trade and Development, 2015. http://unctad.org/en/pages/PublicationWebflyer.aspx?publicationid=1358 Winsemius, Albert. Oral History Interviews, 18 discs

Pwee, Timothy, and Ang Seow Leng, eds. *Singapore: Our Maritime City Resource Guide*.

Singapore: National Library Board, 2006

Yap Tim Fuan et al. *A Sense of History: A Select Bibliography on the History of Singapore*.

Library National University of Singapore, 2002

其他

Bartlett, John. *Familiar Quotations*, edited by Justin Kaplan. Boston: Little, Brown and Company, 1992

BBC News, Asia-Pacific. "Singapore Elections 2011," May 9, 2011

Bloomberg. "Global Cities Index," April 13, 2014

Deme Group. "Milestone Contract for Singapore's Tuas Mega Port Inked," April 23, 2015

"Dicing with Vice." *The Economist*, April 21, 2005

Foreign Policy. Global Cities 2010 Index, August 18, 2010

Goh Chok Tong. Speech at *The Port of Singapore Authority's Gala Dinner to Celebrate 30 Years of Containerisation in Singapore*, June 28, 2002

Goh Chok Tong. Speech at Harvard University, October 15, 2012, and personal conversation thereafter

Kausikan, Bilahari. Speech reported by *Channel NewsAsia*, January 27, 2015

Kwa Chong Guan. "From Srivijaya to Singapore: Continuing a Tradition of Trading and Knowledge Creation," from author

Lloyd's of London. *Lloyd's Registry of Ships*, 1955/1956

Malcolm McLean obituary. *The Economist*, June 2, 2001

Menon. "The Leading Maritime Capitals of the World," 2015

Ng Eng Hen, Minister for Defense. Speech at Overseas Medal Presentation Ceremony for Operation Blue Sapphire, August 5, 2013

Peninsular & Oriental Steam Navigation Company. *P&O Pocket Book*. Cambridge, Mass.: Harvard University, Adam & Charles Black, 1908.

Port of London Authority. "History of Port Post 1908," accessed 2015

Safdie, Moshe. In Charlotte Glennie. *What Actually Are Singapore's Iconic Buildings Supposed to Look Like?* CNN, April 21, 2015

Singapore Economic Development Board. "Logistics and Supply Chain Management," October 2, 2015

Singapore International Chamber of Commerce. "Economic Bulletin," 1969

Singapore Ministry of Manpower. "Singapore Workforce, 2014," November 28, 2014

Singapore Ministry of Manpower. "Summary Table: Unemployment," April 28, 2016

Singapore Port Authority. "Annual Report 2015," 2015

Stowell, Margaret. "The Port of Singapore," a Dissertation Submitted to the Faculty of the Division of the Physical Sciences in Candidacy for the Degree of Master of Science, Department of Geography, University of Chicago, August 1939

Thongsin, Amonthey. "The Kra Canal and Thai Security," thesis, Naval Postgraduate School, Monterey, Calif., June 2002

The Associated Press. "Singapore Launches Its Toilet Drive," August 19, 1996

The Economist Pocket World in Figures. 2015

未發表論文

Birney, Arielle. "A Singaporean Lesson for China: Culture Is More Than Policy, Money and Fear," seminar paper, The Fletcher School of Law and Diplomacy, Tufts University, December 2011

Ishimaki Yoshiyasu. "Maritime Security and International Cooperative Activities with Special Reference to the Strait of Malacca," MALD thesis, The Fletcher School of Law and Diplomacy, Tufts University, April 2005

O'Leary, Derek. "Post-colonial Identity in the City-state of Singapore, Independent Study," The Fletcher School of Law and Diplomacy, Tufts University, December 2013

Pearson, Richard. "Stamford Raffles as Icon for Lee Kuan Yew's Singapore," seminar paper, The Fletcher School of Law and Diplomacy, Tufts University, October 2008

Weitz, Gerald Rockford. "Lloyd's of London as a Transnational Actor: Maritime Security Cooperation in the Malacca Straits Since 9/11," PhD diss., The Fletcher School of Law and Diplomacy, Tufts University, April 2008

採訪

Stephen Bosworth. Date unrecorded

David Chin. Singapore Maritime Foundation, March 2011

Dr. Lisa Elder. July 26, 2010

Emeritus Senior Minister and former prime minister Goh Chok Tong. Conversation, October 15, 2012

Fawziah Selamat. March 9, 2012

Goh Yong Seng. Date unrecorded

Dr. Thomas Inoue, M.D. By telephone February 27, 2012

Ole Skaarup. By email, date unrecorded

Tai Ann Koh. March 2006, and by correspondence

Walter R. Wriston re Malcom McLean. By telephone October 13, 1987

George Yeo. March 8, 2006

Mike Zampa. NOL, March 14, 2011

Many anonymous friends and acquaintances who chose to be anonymous as well as a dozen or more taxi drivers always ready to talk. As Lee Kwan Yew said of the cab driver "he is the most uninhibited Singaporean you can think of " (Han Fook Kwang et al., *Lee Kuan Yew: The Man and His Ideas* [Singapore: Times Editions, 1998, 371])

註釋

序言 海洋的力量

1 Perry 1994, 203–49

2 《紐約時報》在二〇一二年七月十三日的報導引用美國國會研究處（Congressional Research Service）分析師偉恩・莫里森（Wayne Morrison）的報告指出：「截至二〇一〇年，美國在中國的累積直接投資有六百億美元，但在新加坡有一千零六十億美元。」《加州大學洛杉磯分校今日報》（*UCLA Today*）則在二〇一二年八月三十日引述美國前駐新加坡大使大衛・艾德曼（David Adelman）的說法：「美國對新加坡的直接投資高達一千一百六十億美元，是對中國的兩倍，對印度的五至六倍。」另外，美國企業如埃克森美孚、惠普、輝瑞、默克、寶鹼、亞馬遜、谷歌、IBM、貝恩策略顧問公司、美國銀行、雷神公司、陶氏化學、通用汽車等公司都對投資新加坡市場抱持高度興趣。

3 McKinsey, 2012.

4 The then minister for information and minister for health George Yeo, speech at Yomiuri Shimbun International Forum on Multi-Media, Tokyo, May 25, 1995.

5 Goh speech, October 15, 2012.

6 Florida, March 3, 2015.

7 http://www.doingbusiness.org/rankings

8 Schein 1996; Lester Thurow, preface, 1.

9 2014 GNP per capita $55,150. World Bank figure

10 World Bank, GDP per capita based on purchasing power parity (PPP), 2014.

11 Singapore Ministry of Manpower, April 28, 2016.

12 "Mens Sana in Corpore Sano," *The Economist*, July 1, 2010.

13 Winnie Hu, "Singapore Math Adopted in More U.S. Schools, *New York Times*, September 30, 2010.

14 Charles M. Blow, "Empire at the End of Decadence," *New York Times*, February 19, 2011.

15 *Financial Times*, October 1, 1973, cited by Huff 1997, 342.

16 *The Economist*, August 21, 2010.

17 *The Economist*, July 16, 2011.

18 Michael Wines, *New York Times*, April 7, 2012.

19 Jonathan Vatner, "In Flushing's Downtown and Waterfront, Developers Dream Big," *New York Times*, April 13, 2011.

20 Lee Kuan Yew 2000, 667–68.

21 Melaka (Malacca). I have use the Malay version for local place names instead of Anglicized forms.

22 麻六甲海峽每年承接將近一半的全世界海上貿易。如果船隻在此遭到阻攔，船隻就必須被迫繞道印尼群島，見*US Energy Information Administration, World Oil Transit Chokepoints*, November 10, 2014, 11；繞道可能進而引響全球航運，使得運費與商品價格上升。路透社斷言，每年有超過五萬五千艘商船行經麻六甲海峽，見*FACTBOX* Reuters, March 2, 2010。

23 *The Economist*, July 3, 2010

24 雖然對比數據每年略有不同，但新加坡長期名列世界最繁忙的貨櫃港，見*Review of Maritime Transport 2010*, United Nations Conference of Trade and Development, 140。

25 Doshi 2015, 170.

26 Address by Lee Kuan Yew at Singapore Port Workers' Union 25th Anniversary Dinner," October 11, 1991.

27 Lee Kuan Yew in 1989 interview. Schein 1996, 29.

第一章　在航海時代之前

1 胡椒與香料只有熱帶能供應。兩個原因使得香料對於大西洋世界非常有吸引力：肉類很便宜，但香料並非如此，它貴重到不能浪費在一塊不那麼新鮮的肉上。香料不僅能增添風味，許多人更相信適當的調味能發揮香料的療效，進而與疾病對抗並矯正體內掌管身體健康的四種體液的平衡。

2 Hawks 1856, 126

3 Sopher 1965, 105, quoting Abdullah ibn Abdulkadir, the "Munshi," a scribe of Malay, Arab, and Tamil ancestry who worked for Sir Stamford Raffles. Also Leonard Andaya 2008, 173.

4 Ibid., 88.

5 Ibid., 254.

6 Miksic 1985, 20, drawn from the Malay manuscripts Sejarah Melayu (Malay Annals).

7 See ibid. and Miksic and Low 2004 for elucidation.
8 Kwa, Heng, and Tan 2009, 47.
9 Kwa in Miksic 1985, 106, quoting a fourteenthcentury Chinese traveler.
10 Miksic in Hack and Margolin 2010, 128–29.
11 See Thomaz in Reid 1993 for details.
12 Cleary 2000, 89.
13 Thomaz in Reid 1993, 76.
14 See Thomaz generally.
15 Kwa n.d., 2.
16 Cortesão 1967, 287, having the seaport city of Melaka in mind specifically.
17 McNeill 1974, 57.
18 Frost 2005, 65.
19 Huang 1981, 165.
20 Spence and Wills 1979, 215.
21 Finlay 1991, 3.
22 Wade 2004, 2.
23 Recounted in speech by George Yeo, June 6, 2005.
24 Carletti 1967, 187.
25 McPhee 2007, 990.
26 Wee 2003; Kuo, *Two Plays*, epigraph.

第二章 海上強權的爭奪

1 Bogaars 1976, 156.
2 Borschberg 2002, 2:35. I am grateful to Kwa Chong Guan for this reference (as well as for much else concerning the early history of Singapore).
3 Ibid., 54
4 John Evelyn 1672, 83.
5 Phillips 1949, 2.
6 Ibid., 45.
7 Collis 1966, 26.
8 Wurtzburg 1984, 51.
9 Wake 1975, 47.
10 Wurtzburg 1984, 26.
11 Dobby 1964, 144.
12 Skott 2010, 156.

13 Kwa 2006, 264.
14 Stewart 1982, 17.
15 Bastin 1965, 177n51.
16 Raffles 1835, 1:89.
17 Raffles 1835, 1:75.
18 Murphey 1977, 97.
19 The Parliamentary Debates, vol. 11, June 17, 1824, 1446, http://ufdc.ufl.edu/UF00073533/00011
20 Heng 2010, 112.
21 Boulger 1897, 309.
22 Boulger 1897, 309.
23 Skott 2010, 155.
24 Thomson 1875, 53.
25 Wurtzburg 1984, 486.
26 Neidpath 1981, 13, citing Raffles 1830, 383.
27 See Beckert 2015, introduction.
28 Boulger 1897, 312.
29 Coupland 1946, 119.
30 Bastin 2014, 122.
31 Wong Lin Ken 1978, 59.
32 Ling and Shaw 2004, 24.

第三章　通往中國之路

1 Clammer 1985, 120–21.
2 Interview Fawziah Selamat, March 9, 2012.
3 Subramanian 2010, 52.
4 Mattar 2004, 170.
5 Subramanian 2010, 174.
6 Mattar 2004, 174.
7 Subramanian 2010, 174.
8 Ibid., 175.
9 Yeung and Chu 2000, 2–3.
10 Antony 2003, 55.
11 Rathborne 1898, 13.
12 Ee 1961, 37.

13 2007, personal experience.
14 Mattar 2004, 166.
15 Bird 1883, 149.
16 Brooke in Makepeace 1921, 294.
17 Collis 1965, 56–58, recounts this tale attributed to an anonymous junior officer aboard *Viscount Melbourne*.
18 Kwa 2009, 105.
19 Osborn 1987, 2.
20 Bird 1883, 149.
21 Wallace 1898, 17.
22 Kipling 1927, 233–34.
23 Wong Lin Ken 1978, 60, quoting Thomson 1875, 11–13.
24 Thomson 1875, 11–13.
25 Rathborne 1898, 8.
26 百分之三十五至六十的帝國稅收可能來自這些特許專賣事業，見Trocki 1999, 20。
27 Booth 1996, 81.
28 Fairbank 1940, 5.
29 Waley 1958, 65.
30 Fairbank 1940, 5–6.
31 Huff 1997, 137.
32 Bogaars 1956, 212.
33 Ibid., 161.
34 Ibid., 176.
35 Ibid., 136.

第四章　如日中天的大英帝國

1 Buckley 1902, 85.
2 *P&O Pocket Book* 1908, 19.
3 Karabell 2003, 32.
4 Schonfield 1953, 9, citing George Baldwin of the British Levant Company.
5 Ibid., 10–11.
6 Farnie 1969, 14, quoting F. Scheer, *The Cape of Good Hope versus Egypt* (London: Steil: 1839), 13, 16.
7 *Edinburgh Review*, January and April 1866, 136.

8 Bogaars 1955, 106.

9 Farnie 1969, 199, citing *Mitchell's Maritime Register*, December 6, 1871, 17iii.

10 Cited by Bogaars 1955, 101.

11 Cameron 1898, 246.

12 Siegfried 1940, 25.

13 McLeod 1997, 81.

14 Conrad 1995, 192.

15 Siegfried 1940, 152.

16 Abbas Hilmi II, "A Few Words on the Anglo-Egyptian Settlement," London: 1930, quoted in Hallberg 1931, 375.

17 Kiernan 1956, 13.

18 Singhanat 1973, n.p.

19 Parliamentary Papers, 1859 Session 2, vol 23, C 2572.

20 Ibid.

21 Ibid.

22 Loftus 1883, appendix, 45.

23 Ronan 1936, 407.

24 Loftus 1883, 16.

25 Ibid., 7 and 12.

26 Ibid., appendix, 45, citing Fraser.

27 Ibid., 37.

28 Ibid., 34.

29 Ronan 1936, 410.

30 Kiernan 1956, 152, citing Ernest Satow, memorandum on the Malayan question, June 20, 1883, FO 69/103.

31 Ronan 1936, 410.

32 Tirpitz 1909, 1:70.

33 帝國彩紙，是英國作家兼記者西蒙・溫徹斯特（Simon Winchester）的用詞。

34 Kennedy 1971, 748.

35 Headrick 1988, 110.

36 Kennedy 1971, 731.

37 若將一九〇〇年新加坡的噸位（登記淨噸為五百七十萬噸）與倫敦（進口九百五十萬噸，出口七百一十萬噸）相比，倫敦則為當時世界第一大港，見Hanley 2004, 310, and *Journal of the Royal Society of Arts*, vol. 55, "Home Industries," 319。

38 Thomson 1875, 56.
39 Carpenter 1982, 1101.
40 Tregonning 1967, 20.
41 Bogaars 1956, 129.
42 Ibid., 178, citing *The Straits Times*, March 13, 1869.
43 Ibid., 199.
44 Ibid., 217.
45 Huff 1997, 236.
46 Woodcock 1969, 91.
47 Brooke 1921, 79.
48 Wise 2012, 36, from Howard Malcolm, *Travels in South-Eastern Asia, Embracing Hindustan, Malaya, Siam, and China*, 1839.
49 Tregonning 1967, 91.
50 Blain 1940, 126.
51 Huff 1997, 120.
52 Ling and Shaw 2003, 22.
53 *P&O Pocket Book* 1908, 9.
54 Colquhoun 1902, 240.
55 Marriner and Hyde 2000, 4.
56 Jennings 1980, 3.
57 Tate 1971, 2:5.
58 Peet 1985, 10.
59 Bird 1883, 137.
60 Caine 1892, xi.
61 Thackeray 1879, 192.
62 Cable 1937, 97.
63 Caine 1892, xi.
64 Irick 1982, 121.
65 Ibid., 27.
66 Morris and Fermor-Hesketh 1986, 31.
67 Morris and Winchester 1983, 225.
68 Goldblum in T. C. Wong et al. 2008, 24.
69 Colquhoun 1902, 237.
70 Bruce Lockhart 1936, 72.
71 Colquhoun 1902, 228.

72 Ibid., 238.
73 Tregonning 1967, 41–42, for particulars.
74 Filler, May 10, 2012, 42.
75 Koolhaus 1952 visit. Koolhaus and Mau 1995, 1011.
76 Falkus 1990, 137–38.
77 Kirkaldy 1914, 452.
78 Ibid., 461.
79 Hurd 1922, 133.
80 Letter to Sir John A. Macdonald, Benians 1959, 443.
81 Wong Lin Ken March 1978, 81.
82 Shimizu and Hirakawa 1999, 136.

第五章　世界大戰與日本統治

1 Quoted by Carpenter in Hope 1982, 391.
2 Quoted by Wang Lin Ken 1978, 83.
3 Huff 1997, 284.
4 Ibid., 217–18.
5 Bruce Lockhart 1936, 97.
6 Hahn 1946, 44.
7 Ibid., 75.
8 Ibid., 98.
9 Woodcock 1969, 180.
10 Butcher 1979, 128, citing Harry L. Foster, *A Beachcomber in the Orient* (New York: 1923), 194, 217.
11 Ibid., 84.
12 Ibid., 86–87.
13 Ibid., 79.
14 Bruce Lockhart 1936, 83.
15 Ibid., 245.
16 Field 2004, 22.
17 Lichfield, May 22, 2014.
18 Neidpath 1991, 30.
19 Miller 1942, 29.
20 Maurice, October 1926, 111.
21 Bruce Lockhart 1936, 83.

22 *Parliamentary Debates*, July 23, 1923, vol. 167, cc79.
23 Ibid.
24 今天新加坡的機場代碼為SIN。長久以來都有謠傳指出改變此代碼的壓力確實存在。
25 Miller, 22, citing *Parliamentary Debates*, December 9, 1924, 179, 163.
26 Hack and Blackburn 2003, 102–5.
27 Murfett 1999, 223.
28 Parkinson 1955, 34.
29 Chew 1998, 42.
30 Ibid.
31 Neidpath 1981, 78–79.
32 Wrigley 2002, 137.
33 Brendon 2007, 424.
34 Myint-U 2006, 222.
35 Chew 1998, 63.
36 Chang Hi Museum caption.
37 Nakahara 2008, 191.
38 Krug 2001, 259, citing Military Agreements Concerning Joint Warfare, December 11, 1941.
39 Bayly and Harper 2005, 112.
40 Middlebrook and Mahoney 1977, 39.
41 Thomas 2006, 25.
42 Murfett 1999, 223.
43 Chew 1998, 16.
44 Chang Hi Museum placard.
45 Lee Geok Boi 2005, 65.
46 Krug 2001, 74, citing Ugaki Diary, 263–64.
47 Fort Siloso Museum placard quoting Sergeant Ken Harrison.
48 美國歷史學家麥斯基爾（Johanna Menzel Meskill）採用此一貼切用語作為她的著作《納粹德國與帝國日本：空洞的外交同盟》（*Nazi Germany and Imperial Japan: The Hollow Diplomatic Alliance*）的書名。
49 Latif 2007, 92.
50 Chew 1996, 69.
51 Bruce Lockhart 1936, 245, quoting a Dutch trader.
52 Blackburn 2010, 218, quoting Suong Bin Bachok, who worked for the Japanese

Navy.

53 US Embassy Cables quoted in *The Guardian*, November 24, 2010.

54 Lee Kuan Yew 1998, 67.

55 Shimizu 1999, 136.

56 Chew 1998, 70.

57 Foong 1997, 256.

58 Lee Geok Boi 2005, 110.

59 Bose 2011, 3.

60 Bose 2011, 228–29. See Hassan 1984 for an eyewitness account. Also Sander Nagashima in Krug 2001, citing German archival sources for the primary mission of the journey, which was not to carry Bose back to Asia.

61 Bucheim 1978, n.p.

62 Hachett, June 12, 2006, n.p.

63 Kwa 2012, 13. For further information, see Sengupta: n.d., also *The Economist*, August 4, 2012, 82, for women warriors.

64 Fisher 1947, 94.

65 Havens 1978, 114.

66 Collingham 2012, 311.

67 Diana Wong in Fujitani 2001, 226.

第六章　重建與獨立

1 Diana Wong, 2001, 227, quoting Ackbar Aisha, *Aishabee at War: A Very Frank Memoir* (Singapore: Landmark Books, 1990), 229.

2 Turnbull 1992, 221, citing C. Gamba, *The Origins of Trade Unionism in Malaya* (Singapore: Eastern Universities Press, 1962), 45.

3 Yadov 2006. An interview conducted in 1994.

4 Dale 1999, see 97–101.

5 Chew 1998, 63.

6 Judt 2005, 161, quoting “a wartime Chancellor of the Exchequer.”

7 Judt 2005, 162, citing Cyril Connelly, April 1947.

8 Letter dated June 25, 1897. In Pinney 1990, 2:303.

9 Tremewan 1994, 12.

10 Ibid.

11 Hanna 1964, 6.

12 Ibid.

13 Meow 1975, 118.

14 Trocki 2006, 193, quoting Marshall.

15 Ibid.

16 Tilman 1990, 60, in Sandhu and Wheatley 1989.

17 Goh Keng Swee 1972, xi–xii.

18 Nair 1987, 110.

19 Dobbs 2010, 70.

20 Nair 1987, 119.

21 Fernandez and Tan 2006, in Loh and Liew 2010, 293.

22 Ibid., 302.

23 See Thum in Loh and Lieu 2010.

24 據新加坡統計局的紀錄，在一九六〇年，新加坡十五歲以上公民的識字率為百分之五十二點六。

25 Quoted by Turnbull 1998, 278.

26 Winsemus, Disc 1.

27 Idem.

28 Lee 2000, 66.

29 Winsemius, Disc 6.

30 UN Report 1961, 1.

31 Winsemius, Disc 11.

32 UN Report 1961, ii.

33 Vasil in Sandhu and Wheatley 1989, 155.

34 UN Report 1961, iv.

35 Winsemius, Disc 16.

36 UN Report 1961, v.

37 Ibid., xii.

38 Ibid., 97.

39 見*Lloyd's Register of Ships 1955/1956*。一九五七年十二月二十六日，《格拉斯哥先驅報》(*Glasgow Herald*)報導，儘管有勞工糾紛，英國造船廠在一九五七年下水的船隻總噸數為一百四十六萬九千一百五十五噸，僅稍多於一九五六年的數字，即一百四十萬九千八百三十噸。另一方面，日本則維持其在一九五六年的領先地位，下水的船隻總噸數為兩百三十萬噸，比一九五六年多了五十五萬噸。以上資訊來源為*Google News*。

40 Shimizu and Hirakawa 1999, 200.

41 Huff 1997, 245.

42 Lankton 2008, 256–58.

第七章 被掃地出門

1 Regnier 1987, 25.
2 Nair 1987, 122.
3 Barr 2000, 81.
4 Lee Kuan Yew 2000, 19.
5 Lee, Kuan Yew 2000, 82.
6 Quoted by Kwa 2002, 112.
7 Lee, Kuan Yew 2000, 82.
8 Kraar 1997, 3.
9 Kwa 2006, 123.
10 Toynbee 1970, 55.
11 Lee Kuan Yew 2000, 623.
12 Asiaone, May 23, 2010, 1.
13 Singapore International Chamber of Commerce, Bulletin 1969, 231.
14 Asiaone, May 23, 2010, 2.
15 Bonavia, February 23, 1967, 327–28.
16 Goh Keng Swee 1972, ix.
17 Schein 1996, 35.
18 Chew 1998, foreword.
19 Schein 1996, 35.
20 Ritchie 2001, 1.
21 Tamboer, Summer 1996.
22 Schein 1996, 41–42.
23 Ibid., 20.
24 Ibid. for this anecdote.
25 Ibid., 20–21.
26 Hughes and Poh 1969, 188.
27 Quah 1995, 391–414, quoting Quah 1978, 9.
28 Wong Chun-han, January 18, 2012. Also *The Economist*, "Singapore and Lee Kuan Yew, May 19, 2011.
29 Schein 1996, 46.
30 Singh and Barrier 1996, 121.
31 新加坡是全球托福考試成績排名當中，唯一進入前三名的亞洲國家。見

reddotrevolver, September 7, 2011, "Singapore's Language Battle: American vs. 'the Queen's English,' " Hybrid News Limited from data compiled by ETS, Education Testing Service, January–December 2010。

32 Schein 1996, 36.

33 Dusenbery 1997, 745.

34 Lee Kuan Yew 2000, 76.

35 Conversations with Stephen Bosworth.

36 *The Economist*, March 28, 2015, 29.

37 Dobbs-Higginson 1995, 15.

38 Lee 2000, n.p.

39 Conversations with tutor Goh Yong Seng.

40 Lee 2000, 148.

41 Lee 2000, 76.

42 Ibid., 205.

43 Tan Wee Kiat n.d., 210.

44 Josey 1980, 167.

45 如今留長髮已經不被當成一種社會反叛的象徵，但在一九七二年，新加坡當局曾經在樟宜機場拒絕英國流行歌手克里夫·理查（Cliff Richard）入境。

46 Lee Kuan Yew in Josey 2013, 54.

47 Pearson, October 2008, n.p.

48 Yeoh 1996, 222.

49 Ibid., 223.

50 Peet 1985, 206.

51 Dale 1999, 232.

52 Blackburn 2010, 211–13.

53 Tan 2003, 413–14.

54 Goldsmith 2010, n.p.

55 Barr 2002, 34.

56 Ling and Shaw 2004, 80.

57 George 2000, 175.

58 Buruma in Koolhaas and Mau 1995, 1089.

59 Ibid., 1083.

60 See Barr 1999, 152.

61 Ibid., 153, citing a "1965 interview on Australian television."

62 Barr 2000, 194.

63 官方或許會特別指出，近期研究顯示適度涼爽的環境比起寒冷的環境可使人們更有效率。在攝氏二十五度的環境下，員工打字的正確率比在攝氏十八度的環境下要來得高。見*New York Times*, September 28, 2011, Weekly Review, 5。

64 Cited by Barr 1999, 159.

65 李光耀從未期待或要求過特殊待遇。我非常感謝許黛安教授（Professor Tai Ann Koh），她就是當時那名病人。她同時告訴我，每當李光耀總理與他的家人在餐廳吃飯時，餐廳老闆或經理總會出於禮節或敬重而拒絕接受他們付款。為了使他們臉上有光—如同華人常說的—李光耀不會跟他們理論，反而會客氣地道謝。隔天，餐錢的支票才會送達餐廳。許多關於李光耀謙遜的一面的故事四處流傳著。

66 Lee Kuan Yew 2000, 581.

67 Cited in *International Journal of Maritime History* 11:1 (June 1999): 186n.

68 Sturmley 1962, 322.

69 Ibid., 396.

70 Ibid., 401.

71 Hope 1990, 301.

72 Huff 1997, 31.

73 UNCTAD 2015.

74 Skaarup interview.

75 Shields 1986, 117.

76 Todd 1991, 13.

77 International Maritime Hall of Fame.

78 Wriston interview, April 28, 2004.

79 Ibid.

80 *The Economist*, June 2, 2001.

81 Ibid., quoting *American Shipper*.

82 Walter Wriston interview.

83 Surowiecki, December 11, 2000, 46.

84 Winsemius, Disc 10.

85 *UNCTAD* 1993, 92.

86 Trace 1977, 323.

87 Ibid., 324.

88 Levinson 2006, 283.

89 Koning 2006, n.p.

90 Parkinson 1955, 35.

91 主流說法指出新加坡從越戰獲利，但此說法缺乏事實根據。見Cheng Guan Ang, *Southeast Asia and the Vietnam War* (London: Routledge, 2009), 67。由於共產黨在東南亞的暴動漸歇，越戰對政治造成的影響遠大於經濟層面。李光耀宣稱，東南亞國協日益蓬勃的市場經濟是在越戰期間被培養出來的。見Lee 2000, 467。

92 Goh Keng Swee speech, January 30, 1967.

93 M. Chew 1998, 86.

94 M. Chew 1998, 89.

95 Ibid., 120. Also see R. Lim 1993, 120.

96 M. Chew 1998, 110.

97 Ibid., 114.

98 Ibid., 11.

99 Ibid., 124.

100 Ibid., 174.

101 Ibid., 181.

102 Huff 1997, 321, quoting *Lloyd's List*, February 5, 1990, and *Financial Times*, November 29, 1989.

103 M. Chew 1996, 213.

104 Ibid.

105 Quek Tee Dhye oral history.

106 見Goh Chok Tong, October 15, 2012。二○○二年六月二十八日，吳作棟在一場晚宴演說中說道：「我對海洋產業抱有特別的情感。我在東方海皇公司數年的工作生涯及任職新加坡國際港務集團的董事的經驗，讓我獲得內部觀點，理解海洋產業在新加坡經濟發展中扮演關鍵角色。我們確實很難想像一個沒有船隻與港口的新加坡。」

107 東方海皇公司的前身為早在一八四八年便創立的太平洋郵船公司（Pacific Mail Steamship Company）。

108 Shiptechnology.com/features/featuremega-shippers-the-worlds-10-biggest-shipping-companies-4518689, accessed April 29, 2016.

109 Ibid.

110 David Chin interview, March 17, 2011.

111 Ibid.

112 Schein 1996, 47.

113 Low 2008, 81.

114 Waller 2001, 191, quoting Mary Lee, *Asia Magazine*, 1996, 29–30.
115 Chew 1996, 7.
116 Tamney 1996, 199.

第八章　來到現在

1 Winsemius, Disc 10.
2 *The Economist* 2015, 77.
3 Chua, Beng Huat, and Rajah Ananda in Chua Beng Huat 2003, 114.
4 R. W. Apple, *New York Times*, October 1, 2006.
5 Glenys Sim, *Straits Times*, April 20, 2005.
6 澳門威尼斯人酒店曾誇口稱其大到足以容納九十架別稱為巨無霸客機的波音七四七。在酒店內部的人造運河及戶外的人造潟湖上，船夫將唱著歌、帶領遊客享受搭乘貢多拉的水上之旅，而這便是一項以威尼斯為主題的體驗活動。
7 Norimitsu Onishi, *New York Times*, June 7, 2010.
8 Chou 2008, 169.
9 Eric Yep in *Wall Street Journal*, September 14, 2015.
10 *The Economist*, February 28, 2015.
11 Ibid.
12 Kwa 2009, 207.
13 根據聯合國環境規畫署二〇一六年的報告，新加坡是全球最大砂土進口國，人均砂土使用量也最大。然而區域供應者逐漸開始實施出口限制：馬來西亞在一九九七年、印尼在二〇〇七年，而柬埔寨則在二〇〇九年。緬甸也面臨暫停出口的壓力。見 *The Economist*, February 28, 2015。
14 Cleary and Kim 2000.
15 May Wong, March 15, 2007.
16 Schnoor 2009, 6441.
17 Caballero-Anthony and P. K. Hangzo 2012, 1.
18 May Wong 2007, 1.
19 Pao 2014, 1.
20 See Kassim 2011.
21 Liss 2011, 6–7.
22 Ishimaki 2005, 23.
23 See Weitz 2008.
24 S. L. C. Koh 2016, 2.

25 Ng Eng Hen, August 5, 2013.

26 Shimaki 2005, 14, citing *U.S. Energy Information Administration World Oil Transit Chokepoints*, April 2004, available from http://www.eia.doe.gov/emeu/cabs/choke.html

27 載重噸位超過二十三萬噸的油輪便是一例，見Russli, February 10, 2012, 2。

28 Cathcart 2008, 248–55, provides figures on the volume of removal for the canal.

29 Thongsin 2002, 1a.

30 Paul, May 27, 2004.

31 Ibid.

32 *Business Times*, April 26, 2002.

33 Huff 1997, 305.

34 Macleod 1996, 440.

35 Sparke et al. 2004, 491.

36 Chew 1998, 252.

37 Ibid., 260.

38 Ibid., quoting Tan Mong Sen, president of Semba Marine Business Group.

39 Miksic 2004, 20, drawn from the Malay manuscripts *Sejarah Melayu (Malay Annals)*.

40 Sa'at 1998, 21.

41 Kausikan, January 27, 2015.

42 Safdie, April 21, 2015.

43 Ibid.

44 Ibid.

45 "Dicing with Vice," *The Economist*, April 21, 2005.

46 Amrine 2013, 16.

47 Tamney 1996, 19.

48 Quoted by Josey 1980, 162.

49 Barr 2002, 31.

50 Dharmendra 2006, 8.

51 T. A. Koh 1989, 528.

52 Ibid.

53 Hill 2000, 183, citing Milne and Mauzy 1990, 24.

54 Huang and Hong 2007, 62n.

55 Ibid., 64.

56 Vogel 2011, 291.

57 Chew and Kwa 2012, 17.

58 Clammer 1985, 160.

59 Ibid., 161.

60 *Dow Jones Factiva Today*, 3.

61 見De Borchgrave, 2。李光耀在二〇〇八年訪談中的完整回答如下：「每年最多有大約一千人，也就是損失大約百分之四至百分之五的公民。但華人和印度人為尋找更美好的生活前景而來到這裡卻彌補了這個損失。因此總的來看，我們仍是獲利者。然而我們總會迎來一天，在三十或四十年內，中國將超越世界上所有的國家，提供求職者更好的前景。」

62 見Hooi, October 6, 2012。不過民調數據仍不夠充分。二〇一〇年的一份深入研究的報告顯示，大約有百分之二十的新加坡人主動希望移民，更多見Leong and Song, March 2011, 15。

63 *International Herald Tribune*, February 1, 2002.

64 Singaporean Ministry of Trade and Industry, "Singapore in Brief," 2014.

65 Ng 2011, n.p.

66 Phillips and Yeung 2003, 710.

67 Ibid., citing The Straits Times, October 13, 1989.

68

69 Kay Kuok interview with *The Straits Times*, quoted by *Yale Alumni Magazine*, March/April 2012.

70 Bellows ibid., November/December 2012.

71 Cyranoski 2008, 1144.

72 *United States Patent and Trademark Office*, "All Technologies (Utility Patents) Report."

73 Ooi 2008, 6.

74 Terence Lee 2006, 64.

75 Chew and Kwa 2012, 297.

76 Wee and Lee 2003, 53, quoting Kuo.

77 Mahbubani 1998, 73.

78 Nee 2008, n.p.

79 Olds and Thrift 2002, 206.

80 *The Straits Times*, March 8, 1996, cited by Low 1998, 274.

81 Maureen Dowd, *The New York Times*, July 20, 2011.

82 May 14, 1987, Barr 2000, 228.

83 Reyes 1994, 1.

84 Elder, interview July 26, 2010.

85 Head, October 22, 2013.

86 *The Economist*, May 19, 2011.

87 *The Straits Times*, "Pioneers of Singapore," 1988.

第九章　邁向全球樞紐

1 O'Leary 2013, 12.

2 Fabbri, April 21, 2015.

3 Singapore Port Authority 2015.

4 Singapore Economic Development Board, October 2, 2015.

5 Kraar, August 4, 1997.

6 George Yeo interview, March 8, 2006.

7 Port of London Authority 2015.

8 Menon 2015.

9 McGrath 2002, 218.

10 AsiaOne, June 9, 2015.

11 Chan, June 18, 2015; see also Fabbri, April 21, 2015; Holmes, May 13, 2015; Deme Group, April 23, 2015.

12 Wong 2001, 234.

13 Bloomberg, April 13, 2014.

14 Gibson 2010, 39.

15 Ibid.

16 電信（Telectronic）是我新創的詞語，指的是遠距離的通訊就像電報或電話，但電子科技是此一詞語的重要意涵。該此首次使用於*Harvard Magazine* 87, no. 4 (March–April 1985): 86。

17 Koolhaas and Mau 1995, 1089.

18 George 2000, 190.

19 Bartlett 1992, 726.

八旗國際07

新加坡的非典型崛起

從萊佛士爵士到李光耀，駕馭海洋的小城大國

Singapore: Unlikely Power

作　　者　約翰・培瑞（John Curtis Perry）
翻　　譯　林添貴
編　　輯　王家軒、邱建智
校　　對　陳佩伶
封面設計　兒　日

副總編輯　邱建智
行銷總監　蔡慧華
出　　版　八旗文化／遠足文化事業股份有限公司
發　　行　遠足文化事業股份有限公司（讀書共和國出版集團）
地　　址　新北市新店區民權路108-2號9樓
電　　話　02-22181417
傳　　真　02-22188057
客服專線　0800-221029
信　　箱　gusa0601@gmail.com
Facebook　facebook.com/gusapublishing
Blog　gusapublishing.blogspot.com
法律顧問　華洋法律事務所／蘇文生律師

印　　刷　前進彩藝有限公司
定　　價　560元
初版一刷　2020年3月
二版二刷　2024年7月
ISBN　978-626-7234-50-1（紙本）
　　　978-626-7234-51-8（PDF）
　　　978-626-7234-52-5（EPUB）

國家圖書館出版品預行編目（CIP）資料

新加坡的非典型崛起：從萊佛士爵士到李光耀，駕馭海洋的小城大國／約翰・培瑞（John Curtis Perry）著；林添貴譯. -- 二版. -- 新北市：八旗文化, 遠足文化事業股份有限公司, 2023.08
　面；　公分. --（八旗國際；7）
譯自：Singapore : unlikely power
ISBN 978-626-7234-50-1（平裝）

1. 區域研究　2. 國家發展　3. 新加坡

738.7　　112008936